W0469055

organizzarsi
studiare
verificare
confrontarsi
approfondire

> Per chi studia:

- tutto il testo e molto di più, su web e su tablet, pensato per garantire un'alta leggibilità anche agli studenti con DSA (in particolare, dislessia);
- materiali per approfondire e verificare l'apprendimento;
- contenuti attivi come link, glossari e flashcard, video, cronologie, mappe e grafici con i quali interagire;
- la possibilità di evidenziare, prendere appunti e fare ricerche;

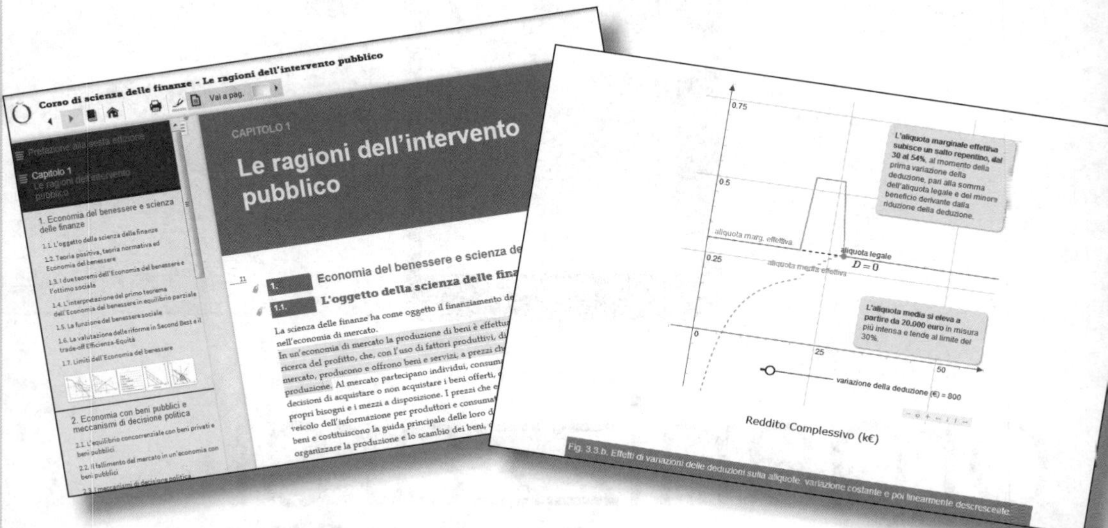

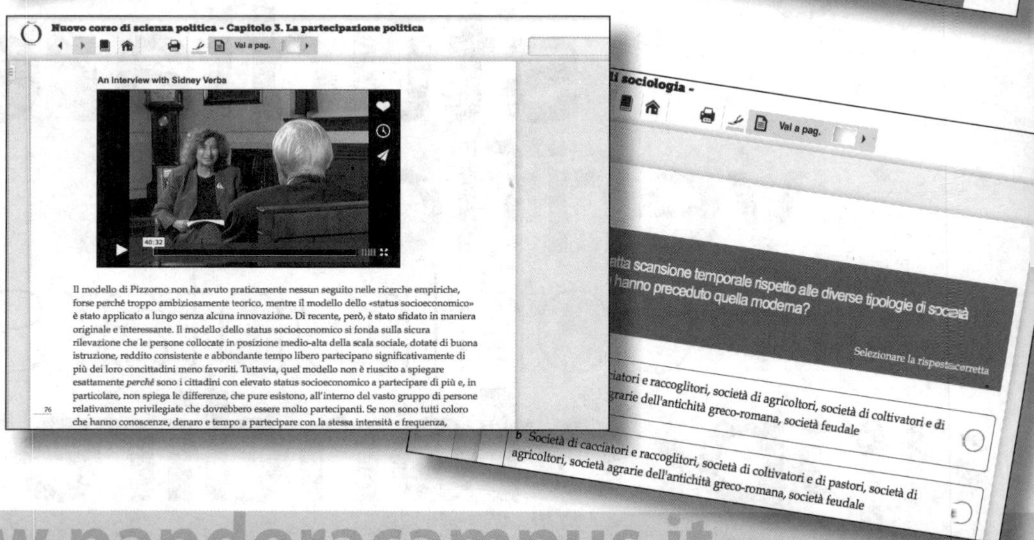

www.pandoracampus.it

www.pandoracampus.it

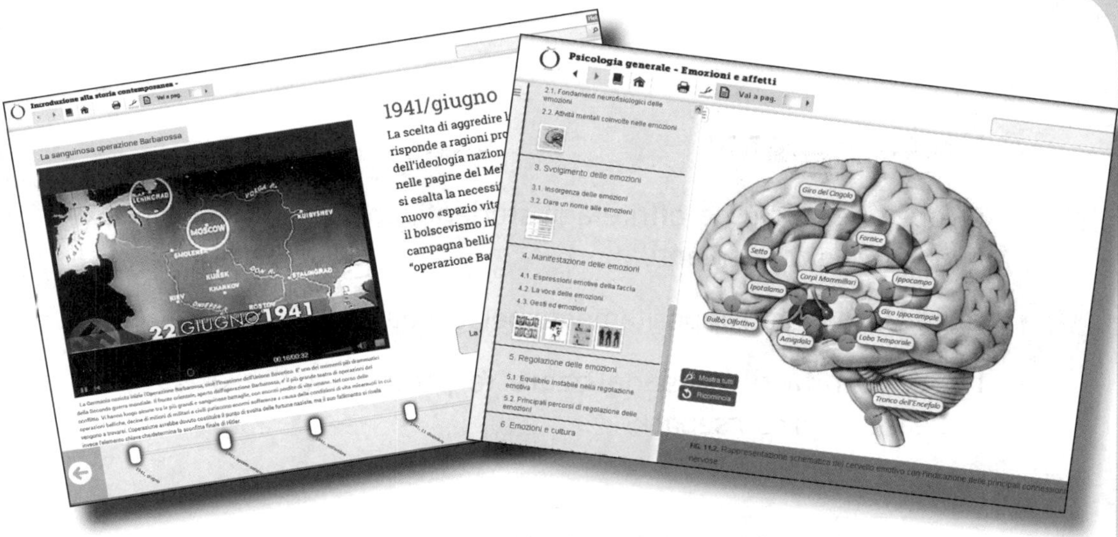

- la possibilità di confrontarsi e interagire con chi sta studiando lo stesso manuale e, quando disponibile, con un tutor a cui fare domande;
- strumenti di organizzazione dello studio per programmare l'esame e creare un calendario con gli obiettivi da raggiungere.

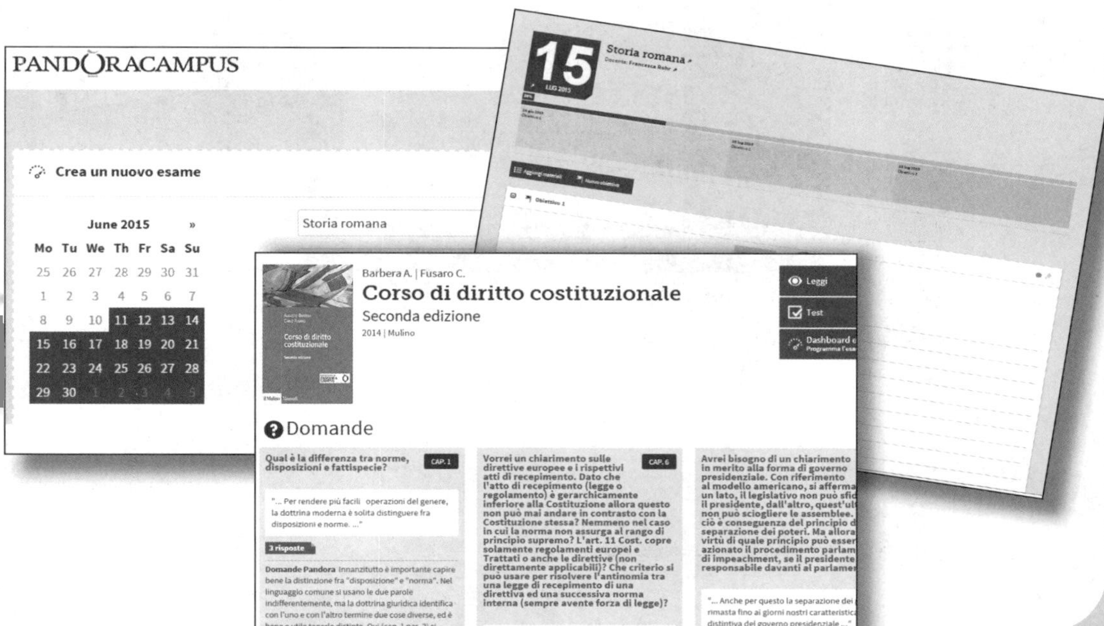

> Per chi insegna:

- un'opzione in più da offrire agli studenti, con formule di accesso innovative e convenienti;
- materiali elaborati appositamente per la didattica;
- l'opportunità di personalizzare le proprie scelte attraverso la creazione di coursepack.

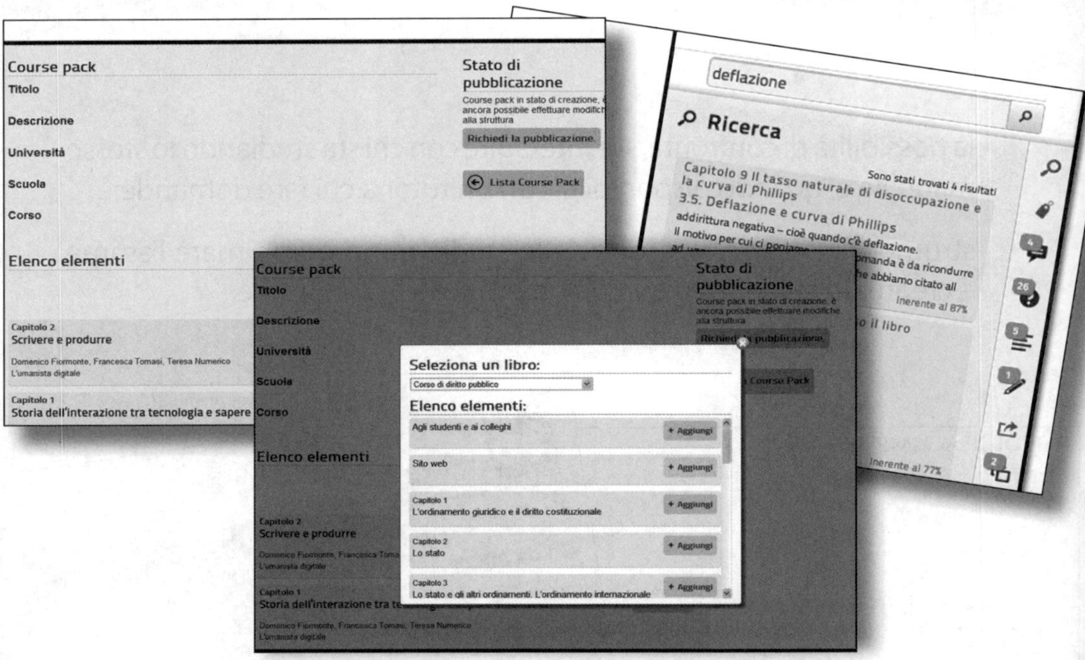

www.pandoracampus.it

MANUALI

Linguistica

I lettori che desiderano informarsi sui libri e sull'insieme delle attività della Società editrice il Mulino possono consultare il sito Internet:
www.mulino.it

MASSIMO PALERMO

Linguistica italiana

il Mulino

ISBN 978-88-15-25884-7

Copyright © 2015 by Società editrice il Mulino, Bologna. Tutti i diritti sono riservati. Nessuna parte di questa pubblicazione può essere fotocopiata, riprodotta, archiviata, memorizzata o trasmessa in qualsiasi forma o mezzo – elettronico, meccanico, reprografico, digitale – se non nei termini previsti dalla legge che tutela il Diritto d'Autore. Per altre informazioni si veda il sito **www.mulino.it/edizioni/fotocopie**

Indice

PARTE SECONDA VARIAZIONE E VARIETÀ DELL'ITALIANO, DI IERI E D'OGGI

Quadri

Premessa

La *Storia della lingua italiana*, intesa come disciplina universitaria, ha una data di nascita precisa: il 1938, anno in cui fu istituita a Firenze la prima cattedra di questa materia, affidata a Bruno Migliorini: precedentemente gli studi sulla storia linguistica dell'Italia e dell'italiano erano praticati prevalentemente nell'àmbito della filologia romanza, della linguistica comparata e della glottologia. L'anno successivo vide la fondazione, sempre a Firenze, della rivista «Lingua nostra» e l'istituzione, a Roma, della seconda cattedra di Storia della lingua, attribuita ad Alfredo Schiaffini. Il riferimento a queste date è utile non solo per ricostruire la storia dell'articolazione delle discipline in àmbito accademico, ma per capire come si siano fondati e consolidati una tradizione e un settore di studi: infatti «se è indubbio che i problemi culturali e le linee di ricerca esistono indipendentemente dal fatto che esista una specifica disciplina di riferimento, è innegabile che l'istituzione di una cattedra universitaria dedicata giovi alla promozione degli studi di quel particolare settore e, prima ancora, ne chiarisca il senso e la direzione» [Serianni 2015, 4].

Linguistica italiana è invece una denominazione che non può vantare una tradizione accademica consolidata: pur corrispondente a linee di ricerca e iniziative editoriali praticate da tempo[1], si diffonde – come espressione riferita a una disciplina di insegnamento – negli anni Novanta del secolo scorso, per effetto di innovazioni giuridiche. A partire dal 1994, con l'introduzione dei settori scientifico-disciplinari, *Linguistica italiana* è la definizione ufficiale usata per

[1] A parte un volume dal titolo *Elementi di linguistica italiana*, con le dispense di un corso universitario di Carlo Tagliavini, pubblicato a Padova nel 1936, nel dopoguerra fanno esplicito riferimento a questa denominazione iniziative come la *Bibliografia della linguistica italiana* dello statunitense Robert A. Hall jr, pubblicata dalla casa editrice Sansoni di Firenze a partire dagli anni Cinquanta, la *Società di linguistica italiana*, fondata nel 1967, che ha pubblicato e pubblica tuttora gli atti dei suoi convegni annuali con la casa editrice Bulzoni di Roma e, limitandoci alla soglia degli anni Settanta del secolo scorso, i *Saggi di linguistica italiana e italo-romanza* di R. Ruggieri (Firenze, Olschki, 1962) e due volumi dall'identico titolo, *Saggi di linguistica italiana*: il primo di G.B. Pellegrini pubblicato nel 1975 per Boringhieri, il secondo pubblicato tre anni dopo da Giulio C. Lepschy per il Mulino.

riferirsi al raggruppamento entro il quale sono inquadrati i docenti titolari di insegnamenti come Storia della lingua italiana, Grammatica italiana, Lessicografia italiana, Dialettologia italiana, Didattica della lingua italiana e altri. Dal 1999, con l'introduzione dei nuovi ordinamenti universitari (il cosiddetto «sistema 3 + 2»), la denominazione *Linguistica italiana* ha guadagnato maggiore visibilità anche fuori dall'università, fra gli studenti e le famiglie, nel senso che l'offerta formativa fa riferimento sia all'intitolazione della disciplina sia al settore scientifico disciplinare entro cui questa è inquadrata. Ciò ha peraltro generato e continua a generare qualche ambiguità tra gli studenti alle prese con la compilazione dei piani di studio, essendo *Linguistica italiana* sia la possibile denominazione di un insegnamento sia il nome del contenitore entro il quale questo e altri insegnamenti affini sono inclusi. A ogni modo le condizioni che hanno determinato, se non la nascita, la diffusione dell'espressione le hanno lasciato addosso un certo alone burocratico, inducendo alcuni colleghi a percepirla come un contenitore utile per disciplinare le carriere dei professori, ma in fondo privo di un'anima e povero di identità rispetto a discipline più accreditate, in primo luogo la disciplina «madre», cioè la Storia della lingua. Non a caso l'associazione a cui sono iscritti molti docenti e ricercatori che operano nel settore, compreso chi scrive, si chiama *Associazione per la Storia della Lingua Italiana* (ASLI).

L'istituzione delle classi di laurea successiva all'introduzione del sistema 3 + 2 ha determinato l'attivazione di insegnamenti di *Linguistica italiana* – oltre che nei corsi di laurea in Lettere – anche in altri (per es. Beni culturali, Lingue e culture moderne, Mediazione linguistica, Scienze dell'educazione e della formazione, Scienze della comunicazione). Il complessivo spostamento del baricentro sullo studio della contemporaneità in alcune di queste lauree impone di confrontarsi con nuovi àmbiti e nuovi pubblici. Questi nuovi destinatari hanno bisogno di unire alla conoscenza delle linee di sviluppo storico della lingua italiana scritta e letteraria il funzionamento della lingua orale e scritta nei suoi molteplici impieghi, unitamente a quello di altri temi, per es. il rapporto tra lingua, variazione della lingua e contesto sociale. Insomma, di una contemporaneità storicizzata più che di una storia della lingua attenta anche al presente.

Il consolidamento della *Linguistica italiana* nell'insegnamento universitario, il fatto che si tratti di una disciplina composita entro cui confluiscono àmbiti di studio diversi rende oggi necessario un tentativo di definizione e delimitazione dei contenuti da insegnare nei relativi corsi (ovviamente nel rispetto delle sensibilità e delle preferenze individuali). Per rispondere a questa esigenza nell'ultimo decennio sono stati pubblicati alcuni manuali di linguistica italiana che presentano come tratto comune il tentativo di inserire la descrizione dell'italiano contemporaneo nell'alveo delle vicende storiche che ne hanno determinato l'evoluzione. Seguendo lo stesso criterio, in questo volume ho cercato di definire quelli che a mio parere possono essere considerati oggi i confini della *Linguistica italiana*. Ma i contenuti didattici di una disciplina non possono che essere il precipitato delle linee di ricerca che al suo interno si praticano. Perciò, volgendo lo sguardo dalla didattica alla ricerca, mi piace riprendere una metafora gastronomica introdotta dal compianto Alberto Varvaro per delineare la fisionomia dello storico della lingua italiana:

> un fondo (nel senso gastronomico del termine) di preparazione linguistica, una dose prevalente di interesse per la lingua letteraria, un'aggiunta di curiosità per le metodologie della critica letteraria, larga disponibilità per l'esercizio della critica e della storiografia letteraria in sé e per sé; beninteso a supportare il tutto c'è quasi sempre la pratica personale dell'edizione critica, almeno una volta nella vita [Varvaro 1998, 100].

La ricetta è stata recentemente rivisitata da Luca Serianni [2015], il quale osserva che l'impianto di fondo tracciato da Varvaro si può sottoscrivere, precisando però che «la dose di linguistica, in particolare di linguistica storica, andrebbe rafforzata» [*ibidem*, 4] e al contempo andrebbe ridefinita la componente filologica, nel senso di sviluppare una comune sensibilità col filologo verso la capacità di «interrogare criticamente i lasciti della tradizione manoscritta» [*ibidem*, 90]. Provando a inserirmi abusivamente nella scia di questi due grandi Maestri e adattando la ricetta alla figura del linguista italiano, credo che la preparazione di fondo si possa conservare, modificando alcune dosi: per es. va aumentata l'attenzione per la variazione sociale della lingua in tutte le sue dimensioni. Da incrementare quanto basta anche la dose di linguistica sincronico-descrittiva, nella misura in cui ciò risulti utile per comprendere meglio l'organizzazione interna della lingua. Si può invece alleggerire la componente dedicata alla lingua della letteratura, a meno che questa, come è successo più volte nella nostra storia linguistica, non abbia influenzato le sorti della lingua d'uso. Quanto alla componente filologica, fermo restando che la specializzazione degli studi porta sempre più alla divaricazione delle figure del filologo e del linguista, credo si possa vedere come *trait d'union* oltre alla familiarità con l'interrogazione diretta dei testi, l'interesse per la loro dimensione concreta e le loro modalità di fruizione e circolazione nella società, poco importa che si tratti di testi letterari o d'uso, orali o scritti, digitati o in qualunque altra forma la nuvola digitale ce li restituisca.

Sulla base di queste premesse si è organizzato l'indice del volume, che si articola in tre parti: la prima (*Le strutture dell'italiano d'oggi*) comprende quattro capitoli, dedicati rispettivamente a *Fonetica e fonologia*, *Morfologia*, *Sintassi e testo*, *Lessico*. La seconda (*Variazione e varietà dell'italiano, di ieri e d'oggi*) comprende tre capitoli: *L'italiano nel tempo*, in cui si traccia un profilo storico essenziale dell'italiano e delle sue varietà. La selezione in questo caso è stata inevitabile e si è cercato di privilegiare fatti, protagonisti ed eventi che hanno costituito per una ragione o per l'altra dei momenti di svolta nella storia della lingua. Nel capitolo *L'italiano nello spazio sociale e comunicativo* si affrontano le diverse varietà del repertorio dell'italiano contemporaneo. Nel successivo, *Lo spazio geografico: dialetti, italiani regionali, lingue di minoranza*, si estende l'osservazione alle varietà che caratterizzano lo spazio linguistico italiano e al loro rapporto con la lingua comune. La terza parte (*L'italiano e le altre lingue*) si compone di due capitoli: *L'italiano nel mondo* e *Il mondo in Italia*. Vi si analizzano i rapporti intessuti nel tempo dall'italiano e dagli italiani con altre lingue e culture, nella duplice prospettiva della diffusione storica dell'italiano fuori dai confini nazionali e, specularmente, dei riflessi linguistici della recente immigrazione sul panorama e gli usi linguistici della nazione. Un tratto che caratterizza in generale la trattazione è il tentativo di innestare dove possibile la diacronia nella sincronia: le considerazioni di natura storica non sono cioè confinate nel solo capitolo *L'italiano nel tempo*, ma diffuse in tutto il volume. Spesso, ma non sempre, questo innesto è avvenuto per mezzo dei riquadri di approfondimento che accompagnano la trattazione principale.

Mi sembra che una tale impostazione possa consentire al manuale di fornire agli studenti dei corsi triennali i contenuti essenziali della disciplina nelle lauree che prevedano un unico esame nel settore *Linguistica italiana*, eventualmente a fianco di testi di approfondimento nel campo della storia della lingua, della lessicografia, della dialettologia ecc. nelle lauree che prevedano più insegnamenti ricompresi nel settore. Il volume è corredato da un duplice apparato di esercizi, realizzati da Daniele Baglioni: domande a scelta multipla poste a conclusione dei singoli capitoli dell'edizione cartacea (con le chiavi per la soluzione), altre tipologie di esercizi e analisi guidate di testi che si possono effettuare in rete grazie alla piattaforma *Pandoracampus*.

Per la trascrizione di foni e fonemi si sono utilizzati i simboli dell'alfabeto fonetico internazionale (i foni e le trascrizioni fonetiche sono tra parentesi quadre [ ], i fonemi e le trascrizioni fonologiche tra barre oblique //). L'asterisco è usato nel volume con un doppio significato: per le parole latine indica che si tratta di una base non attestata, ma di cui dobbiamo postulare l'esistenza per giustificare esiti italiani (es. *BRŪSIARE > *bruciare*); in parole ed espressioni italiane indica l'agrammaticalità (**Marco apre porta la*). Nella traslitterazione di parole del greco antico si sono adottati criteri utili a indicare la pronuncia anche al lettore che non conosca questa lingua: pertanto si è segnalato l'accento (sempre grave) sulla vocale della sillaba tonica e sul primo elemento dei dittonghi (*parà*; *dèixis*), evitando gli altri segni diacritici (accento acuto, circonflesso, spiriti).

Desidero ringraziare gli amici che mi hanno accompagnato in questa lunga fatica, incoraggiandomi a intraprenderla, dandomi preziosi consigli durante l'impostazione e la stesura del lavoro e leggendone in tutto o in parte i capitoli: Daniele Baglioni, Emilia Calaresu, Roberta Cella, Biagio Forino, Eugenio Salvatore. Un ringraziamento particolare va a Luca Serianni, che non solo ha letto queste pagine, ma ha creato col suo insegnamento le condizioni perché io abbia potuto scriverle. Resta inteso che sono l'unico responsabile per gli errori, le imprecisioni e le durezze espositive che sono rimaste nel testo.

Roma-Siena, maggio 2015

MASSIMO PALERMO

PARTE PRIMA

Le strutture dell'italiano d'oggi

CAPITOLO **I.1**

Fonetica e fonologia

Dopo aver descritto il meccanismo di produzione dei suoni linguistici, in questo capitolo analizzeremo i fonemi dell'italiano. Ci occuperemo poi del rapporto tra i fonemi e i segni grafici che li rappresentano nella lingua scritta, illustrando i casi di non corrispondenza tra i due piani. Esamineremo infine le principali caratteristiche dell'accento, della struttura della sillaba e dell'intonazione.

I.1.1. FONETICA E FONOLOGIA, FONI E FONEMI

Solo una parte dei suoni che si producono con l'apparato fonatorio è usata a fini linguistici: per esempio se si urla, si fischia o si imita il rumore di un treno si producono suoni che possono avere una funzione comunicativa, ma non fanno parte in senso stretto della lingua.

I suoni linguistici sono quindi un sottoinsieme dei suoni prodotti dall'apparato fonatorio e sono studiati, con diverse prospettive, da due discipline: la fonetica e la fonologia. La **fonetica** si occupa di descrivere e classificare i suoni linguistici da un punto di vista **concreto**, facendo riferimento ai meccanismi fisiologici necessari per la loro produzione, all'impressione acustica che producono nel ricevente, alla loro struttura fisica rilevabile con particolari strumenti (spettrografi). La **fonologia** studia i suoni da un punto di vista **astratto** e **relazionale**, cioè sulla base delle reciproche relazioni che si instaurano tra loro entro un determinato sistema linguistico. Di conseguenza la fonetica è una disciplina generale, le fonologie sono specifiche delle singole lingue. In altre parole, mentre le descrizioni fonetiche sono valide in generale (il suono [ŋ] è descrivibile come «nasale velare» in qualsiasi lingua del mondo), le regole della fonologia sono applicabili a un solo sistema linguistico: per esempio, come vedremo, il suono [ŋ] assume un valore diverso in italiano e in inglese. La fonetica ha come unità d'analisi i **foni**, la fonologia i **fonemi**[1]. In ciascuna lingua i fonemi sono i foni dotati di valore distintivo. Si dice che un fono ha valore distintivo se si riesce a individuare almeno una coppia minima, cioè se almeno una coppia di parole, a parità di contesto, differisce solo per il fonema in questione. Per esempio in italiano sono coppie minime *dado / dato*, *lago / mago*, *lego / nego*. Se soddisfano questo requisito, i foni costituiscono dei fonemi. Di conseguenza in italiano [t] e [d] costituiscono dei fonemi perché, a parità di contesto, servono a differenziare (fra le altre) le parole *dato* e *dado*; per lo stesso motivo costituiscono fonemi [k] e [tʃ] perché distinguono *baco* /ˈbako/ da *bacio* /ˈbatʃo/ e così via. Ripetendo in tutti i contesti necessari il test delle coppie minime si può arrivare a stilare il catalogo dei fonemi di una lingua.

I.1.2. LA PRODUZIONE DEI SUONI

La maggior parte dei suoni delle lingue è di tipo **egressivo**, cioè il flusso d'aria necessario a produrre il suono va dall'interno (polmoni) verso l'esterno, fuoriuscendo attraverso il naso o la bocca. Sono più rari i suoni di tipo **ingressivo**, presenti in alcune lingue asiatiche e africane, durante la cui produzione l'aria fluisce dall'esterno verso l'interno. Tutti i fonemi dell'italiano sono di tipo egressivo. La parte dell'apparato fonatorio a cui si deve la differenza tra i suoni è quella che va dalla laringe in su; tale zona prende il nome di **tratto vocale**. Le parti che all'interno del tratto vocale svolgono un ruolo attivo nel processo di produzione dei suoni sono dette **articolatóri**. Gli articolatori possono essere fissi, come il palato o i denti, o mobili, come la lingua e le labbra. Nella figura I.1.1 è riprodotto il tratto vocale coi principali articolatori. L'aria che proviene dai polmoni passa nella trachea e di qui, attraverso la laringe, incontra le corde

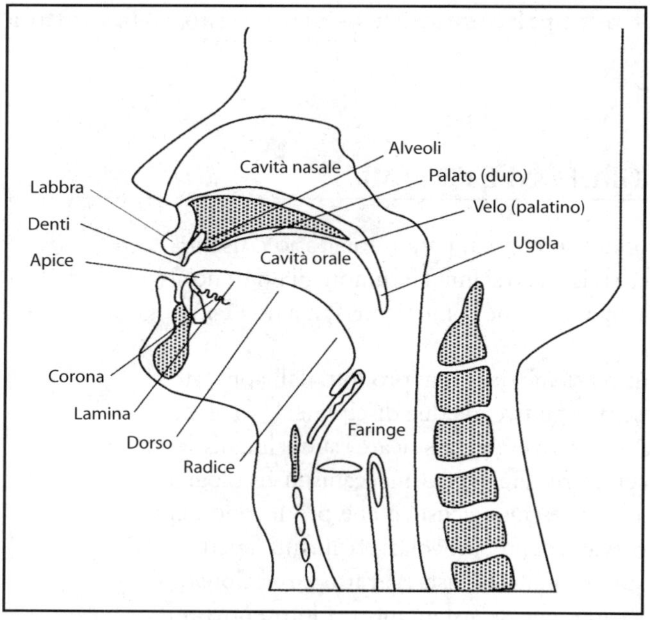

fig. I.1.1. *Il tratto vocale dell'apparato fonatorio.*

Fonte: Schmid [1999, 35].

[1] Alcune precisazioni sui simboli adottati in questo capitolo e altrove nel volume: le parentesi quadre [ ] delimitano i foni e le trascrizioni fonetiche, le barre oblique // i fonemi e le trascrizioni fonologiche, le parentesi aguzze ⟨ ⟩ i grafemi. Un trattino delimita, quando necessario, il confine di sillaba (es.: car-to-la-io). I simboli fonetici sono quelli dell'IPA (*International Phonetic Alphabet*).

vocali e poi viene espulsa all'esterno attraverso la bocca o il naso. La figura I.1.2 mostra il diverso percorso compiuto dall'aria durante l'articolazione dei foni orali (a sinistra) e di quelli nasali (a destra). L'articolatore mobile che determina la distinzione tra foni orali e nasali è il velo palatino (o palato molle): quando questo è sollevato permette la fuoriuscita dell'aria solo attraverso la bocca, quando è abbassato determina la fuoriuscita dell'aria dal naso e dalla bocca.

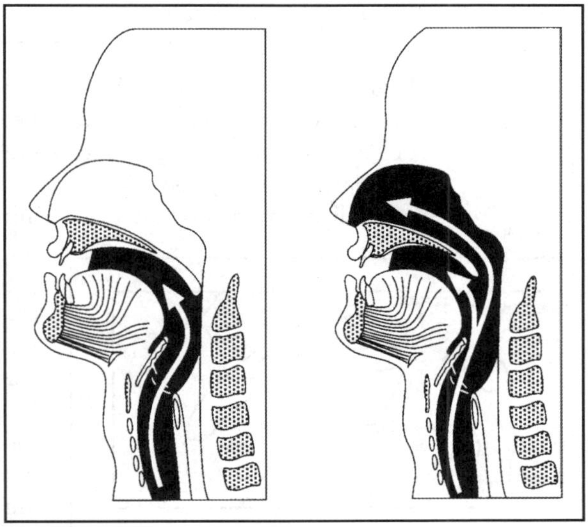

fig. I.1.2. *Foni orali (sinistra) e nasali (destra).*

Fonte: Schmid [1999, 39].

Un'altra modifica importante si ha nel momento in cui l'aria passa nella laringe, al cui interno sono collocate le corde vocali (fig. I.1.3). Se al passaggio dell'aria le corde vocali sono aperte e a riposo si creano foni **sordi**, se invece sono chiuse e vibrano si hanno foni **sonori**. Si può facilmente percepire la differenza appoggiando la punta delle dita sulla gola: se pronunciamo una vocale o una consonante sonora (per es. la /v/) sentiamo la vibrazione sulle dita, se invece pronunciamo una consonante sorda (per es. la /f/) non percepiamo nessuna vibrazione.

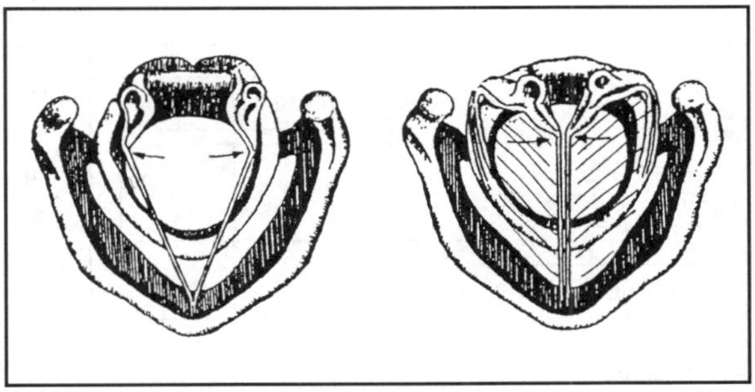

fig. I.1.3. *Foni sordi (sinistra) e sonori (destra).*

Fonte: Maturi [2014, 34].

Nei prossimi due paragrafi analizzeremo i fonemi dell'italiano standard, ben consapevoli che si tratta di un modello di pronuncia «astratto», basato sul «fiorentino emendato» (§ II.2.4) e quindi non realizzato compiutamente in nessun luogo d'Italia. Sulle particolarità di pronuncia delle varietà regionali di italiano torneremo nella seconda parte (§ II.3.2-3).

La prima distinzione che è necessario introdurre è tra **vocali** e **consonanti**: se l'aria fuoriesce senza incontrare ostacoli si hanno le vocali, se invece in un certo punto e secondo determinate modalità il tratto vocale è chiuso (per es. dalla lingua che tocca il palato o i denti), si hanno le consonanti. Esistono inoltre le **semiconsonanti** (dette anche **approssimanti**), che si producono quando l'aria, nel fuoriuscire, incontra un ostacolo più lieve di quello che dà luogo alle consonanti ma più forte di quello che dà luogo alle vocali. Non c'è accordo tra gli studiosi sulla classificazione di questi suoni né sull'eventuale ulteriore distinzione tra semiconsonanti e **semivocali** (per maggiori dettagli si veda sotto, p. 26 nota 2). Noi per semplicità li classificheremo tra le consonanti.

I.1.3. LE VOCALI

L'italiano ha sette vocali toniche (cioè portatrici di accento) e cinque vocali atone. La differenza di suono tra le vocali è determinata da vari fattori. Al momento dell'articolazione la lingua può essere più o meno alta e più o meno avanzata. Per dar conto della posizione della lingua si prendono in considerazione tre gradi di avanzamento (anteriore, centrale, posteriore) e quattro gradi di altezza (alta, medioalta, mediobassa, bassa). Grazie a queste coordinate possiamo inserire le vocali di una lingua in un **trapezio**, che è una rappresentazione astratta della cavità orale, come vediamo nella figura I.1.4. La figura I.1.5 rappresenta il trapezio con le sette vocali toniche dell'italiano.

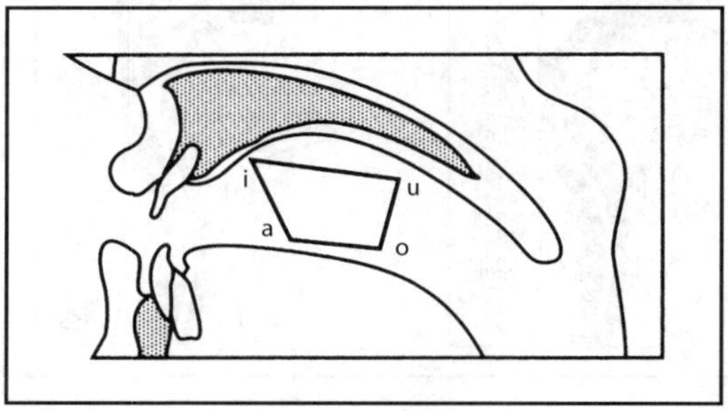

fig. I.1.4. *Il trapezio vocalico.*

Fonte: Schmid [1999, 51].

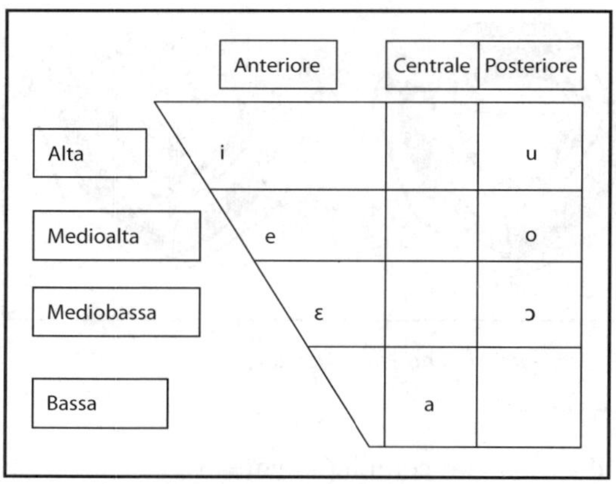

fig. I.1.5. *Le vocali toniche dell'italiano.*

Non è solo la posizione della lingua a determinare la diversità tra le vocali. Le labbra possono essere aperte a fessura, come nel caso della /e/ e della /i/, o protruse (avanzate) e arrotondate, come nel caso della /o/ e della /u/. È inoltre possibile realizzare vocali orali e vocali nasali, ma di questa distinzione non si terrà conto perché il sistema vocalico standard dell'italiano comprende solo vocali orali. Per descrivere le vocali dell'italiano sono dunque sufficienti **tre parametri**: **l'avanzamento della lingua** (anteriore, centrale, posteriore), **l'altezza della lingua** (alta, medioalta, mediobassa, bassa) **e l'arrotondamento delle labbra** (arrotondate o non arrotondate). Nella tabella I.1.1 diamo la descrizione delle vocali toniche dell'italiano, accompagnate dal simbolo fonetico, dalla lettera dell'alfabeto (grafema) corrispondente, da un esempio e dalla trascrizione fonologica.

TAB. I.1.1. Le vocali toniche dell'italiano

DESCRIZIONE	FONEMA	GRAFEMA	ESEMPIO	TRASCRIZIONE
Centrale, bassa, non arrotondata	/a/	a	casa	/'kasa/
Anteriore, mediobassa, non arrotondata	/ɛ/	e	pelle	/'pɛlle/
Anteriore, medioalta, non arrotondata	/e/	e	mela	/'mela/
Anteriore, alta, non arrotondata	/i/	i	vino	/'vino/
Posteriore mediobassa arrotondata	/ɔ/	o	soglia	/'sɔʎʎa/
Posteriore, medioalta, arrotondata	/o/	o	coda	/'koda/
Posteriore, alta, arrotondata	/u/	u	buco	/'buko/

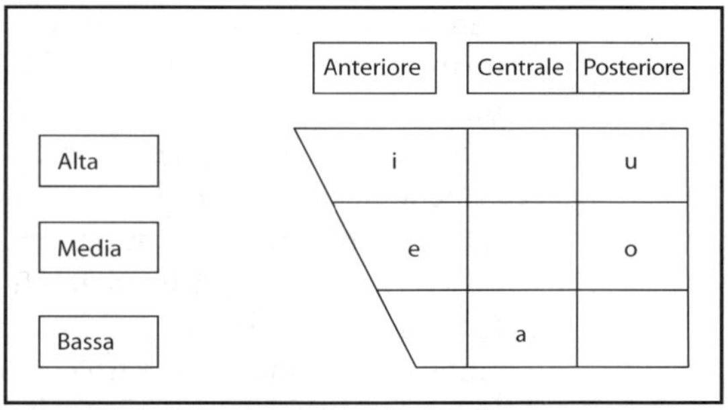

fig. I.1.6. *Le vocali atone dell'italiano.*

La distinzione tra vocali toniche aperte e chiuse appartiene al toscano e ad altre varietà regionali, ma con una distribuzione delle vocali aperte e chiuse diversa da regione a regione: per esempio *lettera* è pronunciata con vocale aperta a Firenze, con vocale chiusa a Roma; *gonna* e *colonna* sono pronunciate con vocale aperta a Firenze, con vocale chiusa a Roma; *sfogo* è pronunciato con vocale chiusa a Firenze, con vocale aperta a Roma. Esistono poi alcune pronunce regionali che neutralizzano la distinzione tra vocali aperte e chiuse: per esempio il vocalismo del siciliano presenta solo vocali aperte.

Quando le vocali si trovano in posizione atona, il sistema è ulteriormente semplificato: scompare infatti la distinzione tra vocali medioalte e mediobasse, con il risultato della riduzione delle vocali da sette a cinque. Rappresentiamo anche le vocali atone nel trapezio nella figura I.1.6.

Il sistema vocalico dell'italiano standard è piuttosto semplice in confronto a quello di altre lingue, per i seguenti motivi:

- il numero ridotto delle vocali: sette (tra atone e toniche) contro le sedici del francese, le quindici del tedesco e le dodici dell'inglese britannico. D'altro canto il sistema vocalico italiano è più complesso di quello spagnolo, che possiede solo cinque vocali. Il numero limitato consente una buona distanza articolatoria tra le vocali che, come si può osservare dalla figura I.1.5, risultano ben distribuite e distanziate lungo i lati esterni del trapezio. Ciò significa che dal punto di vista uditivo sono più facilmente distinguibili tra loro di vocali che occupino posizioni più ravvicinate nel trapezio;
- l'assenza di vocali complesse dal punto di vista dell'articolazione, come le **vocali nasali** (per es. la [ã] del fr. *blanc*) e le **vocali turbate** [y] e [ø], cioè le vocali anteriori pronunciate con le labbra arrotondate, presenti per es. in francese (*lune* 'luna', *boeuf* 'bue') e in tedesco (*Führer* 'guida' e *Goethe*);
- l'assenza della vocale centrale, detta anche *schwa* [ə], presente per es. nell'ingl. *taken* 'preso' ['teɪkən] e nel fr. *je* 'io' [ʒə]. In questo caso non si tratta di una vocale complessa; anzi, poiché occupa la posizione centrale del trapezio, si realizza con gli articolatori a riposo ed è di conseguenza molto diffusa nelle lingue del mondo.

Queste vocali sono presenti in dialetti non toscani: per es. le vocali turbate in molti dialetti settentrionali, le nasali in dialetti piemontesi e liguri, la vocale centrale *schwa* in quasi tutti i dialetti della Penisola. Questi foni possono occasionalmente transitare nelle varietà regionali dell'italiano, ma non modificano il quadro fonologico dell'italiano standard.

Dal punto di vista della quantità (cioè della durata) le vocali toniche dell'italiano possono essere brevi o lunghe; tuttavia questa distinzione, che in latino aveva valore fonologico (v. II.1.1), in italiano ha solo rilevanza fonetica in quanto è automatica e dipendente dal contesto: in posizione tonica le vocali sono brevi quando si trovano in sillaba chiusa (cioè terminante in consonante), lunghe quando si trovano in sillaba aperta (cioè terminante in vocale). Quindi la *a* di *casa* è lunga ['ka:sa], la *a* di *cassa* è breve ['kassa]. Fanno eccezione le vocali toniche in fine di parola, che sono brevi pur essendo in sillaba aperta (*caffè*, *città*). La differenza di durata non vale per le vocali atone, che sono sempre brevi. A differenza della quantità vocalica, la quantità consonantica ha valore fonologico (si veda la coppia minima appena citata *casa* ~ *cassa*). Questo esempio aiuta a capire quanto il fatto che un'opposizione fonetica abbia o no rilevanza fonologica ne determina una diversa percezione nei parlanti: la durata della consonante rende possibile distinguere tra *fato* e *fatto*, *pala* e *palla* ecc.; di conseguenza tutti i parlanti italiani sono consapevoli che esistono consonanti scempie e doppie, mentre l'esistenza di vocali brevi e lunghe è normalmente ignorata dai non specialisti. Per lo stesso motivo gli apprendenti stranieri che non hanno nella propria madrelingua tale distinzione fanno molta difficoltà a riprodurre la differenza di lunghezza consonantica tipica dell'italiano. Sempre per lo stesso motivo, un parlante italiano ha difficoltà a rendere la lunghezza vocalica in parole inglesi che presentano alternanza tra vocali lunghe e brevi, per es. *bit* 'pezzetto' e *beat* 'colpo'.

Le vocali non hanno uguale distribuzione nelle parole: per es. in fine di parola può comparire la /u/ tonica (*virtù*, *tribù*, *caucciù*), ma non compare quasi mai la /u/ atona; fanno eccezione voci onomatopeiche come *babau*, cognomi e toponimi sardi e prestiti da lingue straniere (ted. *Frau* 'donna', port. *berimbau* 'strumento musicale brasiliano'). Nelle parole tronche la *e* finale può essere aperta (*è*, *cioè*) o chiusa (*perché*, *affinché*), mentre la *o* è sempre aperta (*però*, *andò*), tranne in prestiti dal francese (*bordeaux*, *trumeau*).

I.1.4. LE CONSONANTI

Per classificare le consonanti occorre tener conto dei seguenti parametri:

• il **modo di articolazione**, cioè il tipo di ostacolo che gli articolatori oppongono al flusso d'aria. Si distinguono sette classi di consonanti: occlusive, fricative, affricate, nasali, vibranti, laterali, approssimanti. Le **occlusive** sono caratterizzate dal fatto che durante l'articolazione si ha una chiusura totale del tratto vocale, seguita dall'emissione d'aria. In italiano sono presenti sei consonanti occlusive: /p, b, t, d, k, g/. Le **fricative** hanno origine da una chiusura parziale del tratto vocale. Durante la loro produzione l'avvicinamento dei due articolatori determina una frizione durante il passaggio dell'aria. L'articolazione delle occlusive è necessariamente momentanea, l'articolazione delle fricative può avere una durata: si può facilmente verificare questa differenza provando ad articolare una /p/ e una /f/. In italiano sono presenti cinque fricative (/f, v, s, z, ʃ/). Le **affricate** sono caratterizzate dalla immediata successione di una fase occlusiva e di una fricativa. In italiano sono presenti quattro affricate, due alveolari (/ts, dz/) e due prepalatali (/tʃ, dʒ/). Nella produzione delle consonanti l'aria è normalmente espulsa dalla bocca: le **nasali** si differenziano rispetto a tutte le altre consonanti per il fatto che l'aria fuoriesce dalla bocca e dal naso contemporaneamente. In italiano sono presenti due consonanti nasali (/m, n/), più i due allofoni [ɱ, ŋ] (v. § I.1.7). Le **vibranti** sono caratterizzate dal fatto che un articolatore (per es. la lingua o l'ugola) vibra velocemente durante il passaggio dell'aria. L'unica consonante di questo tipo nel sistema fonologico italiano è la vibrante alveolare /r/, che ha come varianti la vibrante uvulare [ʀ] e la fricativa uvulare [ʁ]. Queste varianti, che in altre lingue costituiscono fonemi, in italiano costituiscono delle varianti individuali della vibrante e nel linguaggio comune prendono il nome di *erre moscia*. Le **laterali** sono caratterizzate dalla posizione della lingua, che risulta innalzata al centro, dove incontra il palato o un altro articolatore, lasciando di conseguenza passare il flusso d'aria dai lati. Nel sistema fonologico italiano le laterali sono due: /l/ e /ʎ/. Le **approssimanti** si realizzano con un avvicinamento, ma non un vero e proprio contatto, tra due organi fonatori. Questa particolare modalità di realizzazione ha portato alcuni a definire questa classe di suoni come **semiconsonanti**, per sottolineare che hanno un'articolazione intermedia tra quella consonantica e quella vocalica. Le due approssimanti dell'italiano sono la palatale /j/ e la velare /w/;

- il **luogo di articolazione**, cioè il punto in cui avviene un contatto o l'avvicinamento tra due articolatori: per es. la lingua con gli alveoli quando articoliamo una /t/, i denti con il labbro inferiore quando articoliamo una /f/ ecc.;
- la **vibrazione delle corde vocali**, che dà luogo all'opposizione tra **consonanti sorde e sonore**: per es. la /p/ e la /b/ condividono il luogo e il modo di articolazione (sono entrambe delle occlusive bilabiali), ma differiscono perché nel primo caso il suono è sordo, nel secondo è sonoro. In italiano l'opposizione sorda / sonora è molto importante perché ha un alto rendimento funzionale (per es. distingue *palla* da *balla*, *dato* da *dado*, *pacate* da *pagate* ecc.). L'opposizione tra sorda e sonora (a parità di altre condizioni) interessa sette coppie di consonanti: /p b/, /t d/, /k g/, /ts dz/, /tʃ dʒ /, /f v/, /s z/.

Ciascuna consonante può essere descritta facendo riferimento ai parametri appena esaminati: per esempio /k/ è descrivibile come «occlusiva, velare, sorda»; /g/ come «occlusiva, velare, sonora»; /n/ come «nasale, alveolare, sonora»; /ʎ/ come «laterale, palatale sonora»; /ɲ/ come «nasale, palatale, sonora» ecc. Nella pratica si può omettere l'indicazione della sonorità per quelle consonanti che hanno solo realizzazione sonora (vibranti, laterali, nasali, approssimanti): quindi /k/ si può descrivere come «occlusiva, velare, sorda»; /ʎ/ come «laterale, palatale», /n/ come «nasale, alveolare» ecc.

Le consonanti dell'italiano sono ventitré, comprese le approssimanti. Se a queste aggiungiamo le sette vocali si arriva a un totale di 30 fonemi. Rappresentiamo le consonanti nella tabella I.1.2 (tra parentesi quadre gli allofoni delle nasali, su cui torneremo nel § I.1.7). Quando due fonemi occupano la stessa casella significa che condividono il luogo e il modo di articolazione, ma differiscono per il tratto di sonorità: quello a sinistra è sordo, quello a destra sonoro.

TAB. I.1.2. Le consonanti dell'italiano

	BILABIALI	LABIODENTALI	ALVEOLARI	PREPALATALI	PALATALI	VELARI
Occlusive	p b		t d			k g
Affricate			ts dz	tʃ dʒ		
Fricative		f v	s z	ʃ		
Nasali	m	[ɱ]	n		ɲ	[ŋ]
Vibranti			r			
Laterali			l		ʎ	
Approssimanti					j	w

Nella tabella I.1.3 diamo la descrizione, la trascrizione, la corrispondenza con uno o più grafemi, un esempio concreto di ciascun fonema consonantico.

TAB. I.1.3. Le consonanti dell'italiano: corrispondenza tra grafemi e fonemi

DESCRIZIONE	FONEMA	GRAFEMA	ESEMPIO	TRASCRIZIONE
Occlusiva bilabiale sorda	/p/	p	*pancia*	/'pantʃa/
Occlusiva bilabiale sonora	/b/	b	*busta*	/'busta/
Occlusiva alveolare sorda	/t/	t	*tasca*	/'taska/
Occlusiva alveolare sonora	/d/	d	*dente*	/'dɛnte/
Occlusiva velare sorda	/k/	c (+ a, o, u) ch (+ e, i) q (+ ua, ue, ui, uo)	*canto* *chiuso* *quarto*	/'kanto/ /'kjuzo/ /'kwarto/
Occlusiva velare sonora	/g/	g (+ a, o, u) gh (+ e, i)	*gancio* *ghiro*	/'gantʃo/ /'giro/
Fricativa labiodentale sorda	/f/	f	*farfalla*	/far'falla/
Fricativa labiodentale sonora	/v/	v	*vaso*	/'vazo/
Fricativa alveolare sorda	/s/	s	*sparo*	/'sparo/
Fricativa alveolare sonora	/z/	s	*sbucciare*	/zbut'tʃare/
Fricativa prepalatale sorda	/ʃ/	sc (+ e, i) sci (+ a, o, u)	*scimmia* *sciopero*	/'ʃimmja/ /'ʃɔpero/
Affricata prepalatale sorda	/tʃ/	c (+ e, i) ci (+ a, o, u)	*cena* *ciarpame*	/'tʃena/ /tʃar'pame/
Affricata prepalatale sonora	/dʒ/	g (+ e, i) gi (+ a, o, u)	*giro* *fagiolo*	/'dʒiro/ /fa'dʒɔlo/
Affricata alveolare sorda	/ts/	z	*zampa*	/'tsampa/
Affricata alveolare sonora	/dz/	z	*zanzara*	/dzan'dzara/
Nasale bilabiale sonora	/m/	m	*maschio*	/'maskjo/
Nasale alveolare sonora	/n/	n	*nato*	/'nato/
Nasale palatale sonora	/ɲ/	gn gni (+ voc. diversa da i)	*gnocco* *bagniamo*	/'ɲɔkko/ /baɲ'ɲamo/
Vibrante alveolare sonora	/r/	r	*riga*	/'riga/
Laterale alveolare sonora	/l/	l	*lastra*	/'lastra/
Laterale palatale sonora	/ʎ/	gl (+ i) gli (+ a, e, o, u)	*figli* *famiglie*	/'fiʎʎi/ /fa'miʎʎe/
Approssimante palatale sonora	/j/	dittongo formato da *i*+ vocale	*piatto* *siepe* *pioggia* *fiume*	/'pjatto/ /'sjɛpe/ /'pjɔddʒa/ /'fjume/
Approssimante labiovelare sonora	/w/	dittongo formato da *u*+ vocale	*acqua* *guerra* *guida* *luogo*	/'akkwa/ /'gwɛrra/ /'gwida/ /'lwɔgo/

Come abbiamo visto nel sistema fonologico italiano è rilevante la distinzione di quantità tra **consonanti tenui** (o **brevi**, per esempio la /t/ di *dito*) e **intense** (o **lunghe**, per esempio la /tt/ di *rotto*). Tale opposizione si realizza solo quando la consonante è in posizione intervocalica. Tuttavia solo quindici dei ventitré fonemi consonantici dell'italiano ammettono l'alternanza di quantità (/p, b, t, d, k, g, f, v, s, l, r, m, n, tʃ, dʒ/), cinque hanno solo realizzazione intensa in posizione intervocalica (/ɲ, ʎ, ʃ, ts, dz/); tre (le approssimanti /j, w/ e la fricativa alveolare sonora /z/) hanno solo realizzazione tenue. A proposito delle consonanti /ɲ, ʎ, ʃ, ts, dz/ va detto che possono essere intense anche in principio di parola, quando nel contesto fonosintattico vengono a trovarsi in posizione intervocalica: *la sciarpa* /la ʃ'ʃarpa/, *uno gnocco* /uno ɲ'ɲɔkko/, *la zappa* /la t'tsappa/, *lo zenzero* /lo d'dzendzero/. L'unico esempio di /ʎ/ in principio di parola, se si eccettua il napoletanismo *gliommero* ('gomitolo' e fig. 'intrigo, imbroglio'), è dato dall'articolo o pronome atono *gli*; in tutti gli altri casi la sequenza di grafemi ⟨gli⟩ in posizione iniziale si pronuncia /gli/ (*glicemia*, *glicine* ecc.).
Dal punto di vista della scansione in sillabe le consonanti intense sono normalmente considerate **ambisillabiche**, cioè appartenenti a due sillabe diverse: più precisamente la prima fa parte della coda di una sillaba, mentre la seconda fa parte dell'attacco della sillaba successiva: *scap-pa-re*, *fat-to*, *pic-co-lo*.
Dal punto di vista dell'articolazione il sistema consonantico dell'italiano è sbilanciato in avanti in quanto i fonemi più arretrati sono velari. Di conseguenza sono assenti fonemi uvulari, faringali o glottidali (presenti per es. nell'arabo e nell'ebraico). Le fricative sono presenti in numero limitato: assenti la bilabiale (spagn. *nueve* 'nove' ['nweβe]), la dentale sorda (ingl *thank* ['θæŋk]) e la corrispondente sonora (ingl. *this* 'questo' ['ðɪs]). Come già osservato per le vocali, alcuni di questi suoni sono presenti nei dialetti e di lì possono transitare nelle varietà regionali: per es. nel parlato toscano sono presenti la fricativa dentale in *dito* ['diθo] e quella glottidale in *la casa* [la 'hasa] (v. § II.3.2).
Fra le caratteristiche «difficili» (cioè più complesse e meno diffuse nelle lingue del mondo) della pronuncia italiana ricordiamo l'opposizione di quantità tra consonanti brevi e lunghe, di cui abbiamo già detto, la presenza delle affricate /ts, dz, tʃ, dʒ/, della laterale palatale /ʎ/ e della nasale palatale /ɲ/. Andrà notato inoltre che l'etichetta impressionistica di «lingua sonora» attribuita all'italiano dagli stranieri (v. § III.1.1.2) ha in una certa misura una base scientifica: dei trenta fonemi dell'italiano ventidue sono sonori: le sette vocali, le due semiconsonanti (/j, w/) e tredici consonanti (/b, d, g, dz, dʒ, v, z, r, l, ʎ, m, n, ɲ/).

I.1.5. DITTONGO E IATO

Il dittongo è dato dalla sequenza di due vocali appartenenti alla stessa sillaba (*fio-re*, *cau-sa*). Pur essendo rappresentati entrambi per mezzo di vocali nell'ortografia, in realtà di questi due foni uno solo costituisce il nucleo della sillaba ed è quindi a tutti gli effetti una vocale, l'altro è classificato come semiconsonante (approssimante) se precede la vocale nucleo della sillaba (*fiore* /'fjore/), semivocale se la segue (*causa* /'kawza/). Poiché la vocale che fa da nucleo sillabico costituisce anche il picco intonativo della sillaba, quando il nucleo è preceduto da una semiconsonante si ha un **dittongo ascendente**, quando è seguito da una semivocale si ha un **dittongo discendente**. Ecco uno schema riepilogativo dei dittonghi presenti in italiano[2]:

Dittonghi ascendenti

formati da /j/ + vocale	formati da /w/ + vocale
/ja/: fiato /'fjato/	/wa/: guado /'gwado/
/jɛ/: piede /'pjɛde/	/wɛ/: quercia /'kwɛrtʃa/
/je/: piegare /'pjegare/	/we/: questo /'kwesto/
/jɔ/: chiodo /'kjɔdo/	/wi/: guizzo /'gwittso/
/jo/: fiore /'fjore/	/wɔ/: luogo /'lwɔgo/
/ju/: fiume /'fjume/	/wo/: nuotava /nwo'tava/

Dittonghi discendenti

formati da vocale + /j/	formati da vocale + /w/
/aj/: daino /'dajno/	/aw/: causa /'kawza/
/ɛj/: amerei /ame'rɛj/	/ɛw/: euro /'ɛwro/
/ej/: dei (prep. art.) /'dej/	/ew/: Europa /ew'rɔpa/
/ɔj/: poi /'pɔj/	
/uj/: altrui /al'truj/	

Quando due vocali contigue rimangono separate nella pronuncia, cioè quando ciascuna vocale è il centro di una diversa sillaba, si produce uno **iato**. Ciò avviene di solito:

- quando si incontrano due vocali diverse da *i*, *u*: *p**ae**se*, ***ao**rta*, *r**ea**me*, *at**eo***, *b**oa**to*, *can**oe***;
- quando una delle due vocali è una *i* o una *u* e porta l'accento: *ortograf**ìa***, *calpest**ìo***, *pa**ù**ra*, *fa**ì**na*, *d**ùe***, *t**ùo***;
- nelle parole derivate e composte in cui il primo elemento termina per *i* o per *u*: *biennio*, *triangolo*, *dielettrico*, *suaccennato*, *suesposto* ecc.

[2] Sulla definizione di dittongo, sulla terminologia da usare per i foni che lo compongono e sui relativi simboli fonetici non c'è accordo tra gli studiosi. Secondo alcuni i soli veri dittonghi sarebbero quelli discendenti (*daino*, *causa*), in cui il nucleo sillabico è formato da due vocali, mentre quelli ascendenti non sarebbero dittonghi in quanto le approssimanti /j/, /w/ sono da considerarsi a tutti gli effetti delle consonanti [Maturi 2014]. Per altri è opportuno distinguere tra semiconsonanti (approssimanti), presenti nei dittonghi ascendenti (*fiore*, *fuoco*) e semivocali, presenti nei dittonghi discendenti (*daino*, *causa*) [Schmid 1999; Marotta 2010]. Noi, per semplicità, useremo i simboli delle approssimanti /j/, /w/ sia per i dittonghi ascendenti sia per quelli discendenti.

I.1.6. GRAFIA E PRONUNCIA

L'alfabeto italiano deriva da quello latino, rispetto al quale presenta alcune lettere in meno (⟨k⟩, ⟨x⟩ e ⟨y⟩) e una in più, la ⟨u⟩, dato che in latino la ⟨v⟩ indicava la semiconsonante /w/. L'italiano presenta nel complesso una buona corrispondenza tra il livello fonico e quello grafico. Osservando le tabelle I.1.1 e I.1.3 si evidenziano i pochi casi in cui la corrispondenza non è biunivoca, cioè a un fonema corrispondono più lettere dell'alfabeto o viceversa. Li elenchiamo raggruppandoli per tipologia:

1. le lettere sono sottodifferenziate rispetto ai suoni, cioè **a una lettera corrispondono più fonemi**:
- ⟨e⟩ e ⟨o⟩ possono avere suono aperto /ɛ, ɔ/ o chiuso /e, o/;
- ⟨c⟩ e ⟨g⟩ possono avere suono palatale /tʃ, dʒ/ o velare /k, g/;
- ⟨i⟩ e ⟨u⟩ sono impiegati per le vocali /i/, /u/ (in *tiro*, *dritto*, *muro*, *stucco*) e per le approssimanti /j/, /w/ (in *piede*, *fiuto*, *luogo*, *tuono*);
- ⟨s⟩ e ⟨z⟩ hanno realizzazione sorda (/s, ts/) e sonora (/z/ dz/);

2. le lettere sono sovrabbondanti rispetto ai suoni, cioè **a un fonema corrispondono due lettere**. Ciò avviene in un solo caso: quando è seguita da una ⟨u⟩ l'occlusiva velare sorda /k/ può essere resa con ⟨c⟩ (*cuore*) o con ⟨q⟩ (*quanto*);

3. **alcuni fonemi si scrivono combinando due lettere** (e in questo caso si parla di **digrammi**), altri combinando **tre lettere** (e in questo caso si parla di **trigrammi**). L'italiano ha sette digrammi e tre trigrammi.

Digrammi:
- ⟨**ch**⟩ e ⟨**gh**⟩ hanno pronuncia velare (/k/, /g/) davanti alle vocali ⟨e⟩, ⟨i⟩: *che*, *chilo*, *ghetto*, *ghirlanda*; davanti alle stesse vocali l'assenza della ⟨h⟩ indica la pronuncia palatale: *cesto* /tʃesto/, *gesto* /dʒɛsto/;
- ⟨**ci**⟩ e ⟨**gi**⟩ corrispondono al suono /tʃ/, /dʒ/ davanti alle vocali ⟨a⟩, ⟨o⟩, ⟨u⟩;
- ⟨**sc**⟩ costituisce un digramma (pronuncia /ʃ/) quando è seguito dalla *e* o dalla *i*: *scelta*, *scimmia*;
- ⟨**gl**⟩ costituisce un digramma (pronuncia /ʎ/) quando è seguito dalla *i*: *scogli*, *figli*, *imbrogli*. Tra le poche eccezioni *glicerina*, *glicine*, *negligente*;
- ⟨**gn**⟩ costituisce un digramma (pronuncia /ɲ/) davanti a tutte le vocali: *sogno*, *ingegnere*, *dignità*, *cognome*, *ognuno*.

Trigrammi:
- ⟨**sci**⟩. Se *sc* oltre che dalla *i* è seguito da un'altra vocale, costituisce il trigramma ⟨sci⟩ (pronuncia /ʃ/): *sciame* /'ʃame/, *scienza* /'ʃɛntsa/, *sciopero* /'ʃɔpero/, *sciupare* /ʃu'pare/. Tra le poche eccezioni le forme del verbo *sciare* (*scio*, *scii*, *scia*, *sciamo*, *sciate*, *sciano* ecc.) e i derivati di *sci* (*sciolina*, *sciata*), nei quali la *i* va pronunciata.
- ⟨**gli**⟩. Il gruppo ⟨gli⟩, seguito da un'altra vocale, costituisce un trigramma (pronuncia /ʎ/): *aglio* /'aʎʎo/, *meglio* /'mɛʎʎo/, *foglia* /'fɔʎʎa/. Fanno eccezione

poche parole, come *barbaglio, borboglio, gorgoglio, sparpaglio* (e i rispettivi plurali *barbaglii* ecc.) in cui la *i* è tonica e va pronunciata.

- **⟨gni⟩**. Il gruppo ⟨gni⟩, seguito da un'altra vocale, costituisce un trigramma (pronuncia /ɲ/) quando fa parte della desinenza verbale *-iamo* (*sogniamo, bagniamo* /soɲ'ɲamo, baɲ'ɲamo/). Costituisce invece un digramma in *compagnia, compagnie* /kompaɲ'ɲia, kompaɲ'ɲie/.

La lettera ⟨h⟩ **non rappresenta alcun suono** in parole italiane (*ho, hai*) e nei prestiti dal latino (*habitat*); in alcuni prestiti da altre lingue (per es. in *jihad, Tsahal*) può indicare una consonante aspirata (fricativa glottidale sorda).
Queste discrepanze tra grafia e pronuncia trovano origine nel fatto che l'alfabeto latino è rimasto stabile per oltre duemilacinquecento anni, mentre le lingue parlate (prima il latino, poi le varietà romanze) si sono evolute. Le principali aree di innovazione riguardano la creazione delle affricate e dei suoni palatali. Per esempio in latino classico ⟨k⟩, ⟨c⟩ e ⟨g⟩ rappresentavano solo suoni velari, cioè CENTUM si pronunciava [k] iniziale e GENS con [g]. Le affricate prepalatali /tʃ/ e /dʒ/, createsi a partire dai primi secoli dell'era volgare per effetto della palatalizzazione prodotta dalle vocali anteriori seguenti, hanno reso necessario creare nuovi simboli grafici, non sempre concordanti nelle varie lingue romanze: per es. ⟨ch⟩ indica la pronuncia velare in italiano (*che*), quella palatale in francese e in spagnolo ([ʃ] nel fr. *chien* 'cane', [tʃ] nello sp. *ocho* 'otto'). Lo stesso problema si pose per la resa delle affricate alveolari /ts/, /dz/ (in latino classico VITIUM si pronunciava /'vitium/); in questo caso le grafie medievali oscillavano tra la resa latineggiante (*natione, condicione* cui corrispondono le pronunce /nat'tsjone/, /kondit'tsjone/) e le varianti ⟨ç⟩, ⟨tz⟩, ⟨tzi⟩. Anche i fonemi palatali /ʃ/, /ʎ/, /ɲ/ sono creazioni romanze: in questo caso l'italiano ha adattato la grafia alla pronuncia grazie ai digrammi e ai trigrammi che abbiamo esaminato sopra.
Alle soluzioni oggi codificate nel nostro sistema ortografico non si arrivò che al termine di una lunga fase di **multigrafismo medievale**. Per un lungo periodo, dalla tarda antichità fino alla codifica cinquecentesca favorita dalla diffusione dei libri a stampa, hanno convissuto convenzioni di trascrizione dipendenti dall'area di provenienza dello scrivente, dal tipo di formazione scolastica che aveva ricevuto, da abitudini individuali. Per es. nei manoscritti medievali *casa* può trovarsi scritto come *chasa* o *kasa*, *figlio* come *filglio* o *filgio*, *compagno* come *compangno* o *compangnio* ecc.
Pur con questi aggiustamenti, l'alfabeto era ancora insufficiente a rendere l'esatta pronuncia e questo problema era particolarmente sentito in Italia perché la lingua, dopo la codificazione cinquecentesca, si diffondeva fuori di Toscana soprattutto per via scritta. In questo quadro si inseriscono le varie propòste di riforma ortografica presentate da grammatici, a partire dalla prima, avanzata nel 1524 da Gian Giorgio Trìssino, che proponeva fra l'altro di rendere con le lettere dell'alfabeto greco ⟨ε⟩, ⟨ω⟩ le vocali aperte, con ⟨ʃ⟩ la ⟨s⟩ sonora, con ⟨ζ⟩ la ⟨z⟩ sonora. Il Trìssino, per provare a diffondere queste convenzioni grafiche, fece stampare secondo tale modello alcune sue opere, ma l'innovazione non riuscì ad imporsi, tranne che per la proposta di usare ⟨zi⟩ al posto della grafia latineggiante

⟨ti⟩. Parimenti sarebbero state destinate a cadere nel nulla successive proposte di riforma del sistema ortografico.

I.1.7. ALLOFONI

Come abbiamo visto non tutti i foni di una lingua costituiscono dei fonemi. Esaminiamo la coppia *pane* e *panca*: al grafema ⟨n⟩ corrispondono due foni diversi: nel primo caso si ha una nasale alveolare [n] (nel pronunciarla la lingua batte contro gli alveoli, cioè le cavità in cui sono allogati gli incisivi superiori); nel secondo caso una nasale velare [ŋ] (nel pronunciarla il dorso della lingua si avvicina al velo palatino). La differenza, che non risulta dalla grafia, è evidenziata dalle trascrizioni fonetiche: ['pa:ne], ['paŋka]. Ma, poiché in italiano non esiste nessuna coppia di parole che differisca solo per la presenza di una nasale alveolare o velare, i foni [n] e [ŋ] non hanno valore di fonemi: se due foni si alternano sulla base del contesto (cioè dei foni che seguono o precedono) non sono fonemi ma **varianti combinatorie** (o **allofoni**). La stessa coppia di foni ha invece valore distintivo in inglese, dove esistono coppie minime come *thin* /'θɪn/ 'sottile' e *thing* /'θɪŋ/ 'cosa'. Di conseguenza in inglese [n] e [ŋ] acquisiscono lo status di fonemi. Le varianti combinatorie di un fonema sono tra loro in **distribuzione complementare**, vale a dire che in un determinato contesto fonologico o si trova l'una o l'altra. Oltre alle varianti combinatorie si hanno le **varianti libere**, cioè variazioni nella realizzazione di un fonema legate a caratteristiche individuali di pronuncia: per esempio rientra in questa categoria la realizzazione uvulare [ʀ] o [ʁ] della vibrante alveolare [r], tipica del francese e del tedesco ma realizzata anche da alcuni parlanti italiani.

Il sistema fonologico dell'italiano presenta due aree di variazione allofonica:

1. le consonanti nasali si assimilano parzialmente (solo per il luogo di articolazione) alla consonante seguente. Di conseguenza la /n/ diventa:

- velare [ŋ] di fronte a occlusiva velare sorda o sonora (*panca* ['paŋka], *fango* ['faŋgo]);
- labiodentale [ɱ] quando è seguita dalle fricative labiodentali /f, v/: *convenzione* [koɱvent'sjone], *infantile* [iɱfan'tile]; lo stesso accade per le poche parole, colte o di origine straniera, che presentano la sequenza grafica ⟨mf⟩: *amfetamina*, *comfort*, *pomfo*;

2. le vocali toniche si allungano in sillaba aperta. Come abbiamo visto in italiano la durata della vocale non ha rilevanza fonologica. Esiste tuttavia una regola che determina l'allungamento automatico della vocale tonica quando si trova in sillaba aperta. Per esempio la ⟨a⟩ di *capo* è foneticamente lunga ['ka:po], mentre la ⟨a⟩ di *gatto* è foneticamente breve perché si trova in sillaba chiusa ['gatto]. Questa regola non si applica alle vocali toniche in fine di parola (*caffè*, *andò*, *giù*) che rimangono foneticamente brevi: come vedremo nel prossimo paragrafo, questa asimmetria è all'origine del fenomeno del raddoppiamento fonosintattico.

I.1.8. IL RADDOPPIAMENTO FONOSINTATTICO

Nella pronuncia dell'italiano toscano e centromeridionale la consonante iniziale di una parola si allunga, cioè viene pronunciata come intensa, in determinate circostanze per influsso della parola precedente. Per es. diciamo *a casa* [ak'kasa], *ma sì* [mas'si], *perché no?* [perken'nɔ]. Il fenomeno prende il nome di raddoppiamento fonosintattico perché non avviene all'interno di parola, ma al confine tra due parole non separate da pausa. Il raddoppiamento avviene regolarmente dopo:
• i monosillabi con accento grafico (*è*, *dà*, *lì*, *né*, *più* ecc.);
• le lettere dell'alfabeto di una sola sillaba (*bi*, *ci*, *di* ecc.) pronunciate per esteso: *pi greco* /pig'grɛko/, anche quando fanno parte di sigle: *tivvù* per *Tv*, *tiggì* per *Tg* (telegiornale), *ciddì* per *CD*;
• tutti i polisillabi tronchi: *città*, *perché*, *sentì*, *cantò*, *virtù* ecc.;
occasionalmente dopo:
• i seguenti monosillabi «deboli», senza accento grafico: *a*, *blu*, *che*, *chi*, *da*, *do*, *e*, *fa*, *fra*, *fu*, *ha*, *ho*, *ma*, *me*, *no*, *o*, *qua*, *qui*, *re*, *sa*, *se*, *so*, *sta*, *sto*, *su*, *tra*, *tre*, *tu*, *va*;
• alcuni polisillabi piani: *come*, *dove*, *qualche*, *sopra*.
Il raddoppiamento non è rappresentato dalla grafia, a meno che le due parole interessate non siano graficamente unite: *a**pp**ena* (da *a pena*), *chi**ss**à* (da *chi sa*), *cosi**dd**etto* (da *così detto*), *e**pp**ure* (da *e pure*), *fra**tt**anto* (da *fra tanto*), *gia**cc**hé* (da *già che*) ecc. Si produce anche nelle parole composte con *contra-* (*contrabbandare*, *contrappunto* ecc.) e *sopra-* (*soprattutto*, *soprannaturale* ecc.). Il fenomeno è caratteristico dei dialetti toscani e, con alcune differenze nell'àmbito di applicazione, di quelli centromeridionali. Di conseguenza negli italiani regionali è realizzato comunemente dai parlanti centromeridionali, non dai settentrionali, anche perché l'occultamento del fenomeno nella grafia non ne favorisce l'apprendimento per chi non l'abbia come tratto nativo. Esistono anche delle differenze tra pronuncia romana e fiorentina: per es. *fa'*, *va'* e *sta'* producono raddoppiamento a Roma ma non a Firenze; *da e dove* producono raddoppiamento a Firenze ma non a Roma. Dal punto di vista storico la maggior parte dei casi di raddoppiamento è spiegabile come assimilazione regressiva (v. § II.1.3) prodottasi anziché all'interno di parola (ADMITTO > *ammetto*) al confine tra due parole (AD ME > *a me* [a m'me]). Anche se il parlante comune non è consapevole che all'origine del fenomeno vi sia un processo di assimilazione si tratta di una regola ancora produttiva, come testimonia il fatto che si applica a nuove parole tronche entrate di recente in italiano (v. gli esempi già citati *tiggì*, *ciddì*).
La spiegazione sincronica del raddoppiamento va ricercata nella struttura fonotattica[3] e prosodica dell'italiano. Come abbiamo visto nel paragrafo precedente la regola dell'allungamento delle vocali toniche in sillaba aperta non si applica alle vocali toniche in fine di parola, cioè alle parole tronche. In questi casi la vocale della sillaba rimane breve pur trattandosi di sillaba aperta, generando

[3] La fonotassi è una branca della fonologia che studia le regole con cui si susseguono i foni di una lingua.

così un'asimmetria con le altre sillabe aperte toniche. Aggiungiamo ora che dal punto di vista della struttura della sillaba (v. § I.1.11) l'italiano non tollera che una sillaba tonica sia priva di coda; cioè dopo la vocale, che costituisce il nucleo della sillaba, non ci può essere immediatamente un confine di sillaba. In altre parole tutte le sillabe toniche (evidenziate in grassetto negli esempi seguenti) debbono avere «qualcosa» dopo la vocale e prima dell'inizio della sillaba successiva. Questo qualcosa può essere la seconda parte della vocale lunga, (come in *lato* ['**laa**-to], *dito* ['**dii**-to]) o una consonante (come in *campo* ['**kam**-po], *corto* ['**kor**-to]). Pertanto in una sequenza come *andò via* la sillaba finale di *andò*, se pronunciata senza raddoppiamento ([an-'**dɔ**-vi-a]), violerebbe la regola sopra enunciata. L'allungamento della consonante si spiega allora come compensazione per generare una coda sillabica e ricondurre così la struttura della sillaba alle regole prosodiche e fonotattiche dell'italiano. Questa spiegazione, accettata ormai dalla maggior parte degli studiosi, non dà conto del perché il fenomeno si verifichi occasionalmente anche dopo alcune parole piane e dopo alcuni monosillabi atoni (per es. la congiunzione *e* e la preposizione *a*) [per maggiori dettagli si vedano Serianni 1989, 62-64; Loporcaro 1997; Maiden 1998, 88-92].

I.1.9. PUNTI DEBOLI DEL SISTEMA FONOLOGICO ITALIANO

La diffusione dell'italiano è avvenuta prevalentemente per via scritta e in alcuni casi le notevoli differenze tra i sistemi fonologici dei dialetti hanno reso difficile l'imporsi di una pronuncia comune basata sul modello fiorentino (v. § II.3.4). L'uniformazione è particolarmente problematica in alcune opposizioni, che ora elencheremo nel dettaglio, accomunate da tre caratteristiche che ne rendono difficile la diffusione:

- **non sono veicolate dall'ortografia**: c'è un unico grafema ⟨e⟩ per la vocale anteriore medioalta e mediobassa, un unico grafema ⟨s⟩ per la fricativa alveolare sorda e sonora ecc.;
- **non sono prevedibili**: per il parlante non specialista non c'è nessuna regola per capire che la *e* di *freddo* è chiusa, quella di *gelo* aperta;
- hanno un **basso rendimento funzionale**, cioè danno luogo a poche coppie minime.

L'opposizione /ɛ/ ~ /e/, /ɔ/ ~ /o/

La forte differenziazione regionale fa sì che al di fuori della Toscana siano pochi i parlanti a dominare correttamente l'alternanza tra ⟨e⟩ e ⟨o⟩ toniche aperte e chiuse. Il quadro geografico è piuttosto complesso: in alcune varietà regionali, per es. nell'italiano di Sicilia, l'opposizione è neutralizzata a favore delle vocali aperte. Nell'italiano di Lombardia [e, ɛ] hanno una distribuzione diversa dal fiorentino e tale da rendere prevedibile l'apertura o la chiusura della vocale sulla base del contesto fonologico e del tipo di sillaba in cui si trova. In particolare la *e* è chiusa:

• in sillaba aperta non finale di parola (*bene* = ['bene] it. standard ['bɛne]);
• in sillaba chiusa da nasale (*tempo* = [tempo], it. standard ['tɛmpo]) e da palatale (meglio = ['meʎʎo], it. standard ['mɛʎʎo]);
• nella pronuncia del dittongo *-ie-*: *piede* ['pjede], *viene* ['vjene] (it. standard ['pjɛde]), ['vjɛne]);

la *e* è invece aperta:
• in sillaba chiusa (*quello* = ['kwɛllo], it. standard ['kwello])
• in vocale accentata in fine di parola (*perché* = [per'kɛ], it. standard [per'ke]).

Anche nelle regioni che possiedono un'alternanza libera tra vocali aperte e chiuse l'inventario non coincide con quello toscano: per es. nella varietà napoletana è pronunciata aperta la vocale degli avverbi in *-mente*, mentre le vocali dei dittonghi /jɛ/, /wɔ/ sono pronunciate chiuse ['pjede], ['bwono]; come abbiamo visto *lettera* è pronunciata con vocale aperta a Firenze, chiusa a Roma; *gonna* è pronunciata con vocale aperta a Firenze, chiusa a Roma; *sfogo* ha vocale chiusa a Firenze, aperta a Roma.
Inoltre il rendimento funzionale è basso, cioè le coppie di parole che differiscono soltanto per l'apertura della vocale tonica sono poche: per es. *pesca* /'pɛska/ 'frutto' vs /'peska/ 'atto del pescare'; accetta /at'tʃetta/ 'scure' vs /at'tʃɛtta/ indic. presente del verbo *accettare*; *colto* /'kolto/ 'istruito' vs /'kɔlto/ part. passato del verbo *cogliere*; *foro* /'foro/ 'buco' vs /'fɔro/ 'tribunale'.

L'opposizione /s/ ~ /z/

La pronuncia della ⟨s⟩ è soggetta a restrizioni sulla base del contesto fonologico in cui la consonante si trova. In inizio di parola (se seguita da vocale) e in posizione postconsonantica è sempre sorda (*sale*, *addensare*); in posizione preconsonantica si assimila alla consonante che segue, cioè è sorda prima di consonante sorda (*sparo*, *scudo*) e sonora prima di consonante sonora (*sbaglio*, *sdentato*). Se ci fermassimo qui dovremmo concludere che l'opposizione /s/ ~ /z/ non dà luogo a fonemi distinti, ma a varianti combinatorie dello stesso fonema. Ciò non è vero perché in contesto intervocalico le due consonanti alternano liberamente, cioè danno luogo a coppie minime. Queste sono tuttavia molto poche in italiano standard: *fuso* /fuso/ nel senso di 'arnese per filare', vs /fuzo/ come participio passato di *fondere*; *chiese* /'kjɛse/ come passato remoto del verbo *chiedere*, vs /'kjɛze/ come plurale di *chiesa*. Abbiamo quindi a che fare anche in questo caso con un'opposizione funzionalmente debole. Inoltre la distinzione non è presente nel repertorio di tutti i parlanti: solo in Toscana e in alcune zone limitrofe dell'Italia centrale è osservata la distinzione tra /s/ e /z/, mentre le altre regioni neutralizzano l'opposizione: la ⟨s⟩ intervocalica è realizzata sempre come sonora dai parlanti settentrionali, sempre come sorda dai parlanti centromeridionali.
Nell'italiano d'oggi si sta assistendo a una progressiva estensione della pronuncia /z/ anche nelle regioni centromeridionali, a causa del prestigio sociolinguistico della varietà regionale milanese-lombarda nonché del fatto che in alcuni settori di forte impatto del linguaggio televisivo la pronuncia regionale settentrionale è decisamente più rappresentata rispetto a quella centromeridionale.

L'opposizione /ts/ ~ /dz/

La sonorità della ⟨z⟩ non è prevedibile né in posizione intervocalica (dove si possono avere *puzza* /'puttsa/ e *razzo* /'raddzo/) né in posizione postconsonantica, dove si possono avere *forza* /'fɔrtsa/ e *orzo* /'ɔrdzo/. Possiamo osservare che in principio di parola è più comune la pronuncia sonora (*zanzara*, *zelo*, *zimbello*), ma le eccezioni sono numerose (*zampa*, *zanna*, *zappa*, *zeppa*, *zio* ecc.). Anche in questo caso sono presenti variazioni regionali: per es. al nord tende a prevalere la sonora anche in parole come *zio*, *zucchero* e tale abitudine si va diffondendo anche nell'Italia centromeridionale. Il rendimento funzionale dell'opposizione è molto basso: fra le pochissime coppie minime citiamo *razza* /'rattsa/ nel senso di 'stirpe' vs /'raddza/ 'tipo di pesce'.

Queste opposizioni deboli lasciano presagire (per quel che valgono le previsioni in fatto di lingua) una futura neutralizzazione a favore dell'elemento più diffuso arealmente o caratteristico della varietà regionale a cui viene attribuito maggior prestigio dai parlanti.

QUADRO I.1.1.

Quando i fonemi nascono dalle lettere (e non viceversa)

Come abbiamo visto (§ I.1.6), normalmente è l'alfabeto ad adattarsi alle modifiche fonetiche e fonologiche che avvengono nella storia linguistica. In italiano in un caso è successo il contrario. L'italiano standard presenta le affricate prepalatali sorda e sonora /tʃ/ /dʒ/. Delle corrispondenti fricative è presente solo la sorda /ʃ/, mentre la sonora [ʒ] è presente come variante di pronuncia nel parlato toscano (non è infatti riportata nella tab. I.1.2). Le due affricate, in contesto intervocalico, hanno subito in alcuni dialetti e nelle corrispondenti varietà regionali la deaffricazione, cioè la neutralizzazione a favore delle corrispondenti fricative, ragion per cui *bacio* si pronuncia ['baʃo] e *ragione* [ra'ʒone]. L'area che interessa il fenomeno è diversa: mentre per la sonora si tratta di un fatto limitato alla Toscana, a parti dell'Umbria e delle Marche, per la sorda la deaffricazione interessa un'ampia area di parlate centromeridionali, Toscana inclusa. Ma concentriamoci su quanto è avvenuto in fiorentino. Dall'analisi dei testi medievali si può ricavare che la deaffricazione della sonora si compie con ogni probabilità entro il secolo XI, mentre quella della sorda è databile al XIV secolo [Castellani 1952, I 2-33; Loporcaro 2006; Formentin 2010]. Dunque nel fiorentino trecentesco si sono già neutralizzate le opposizioni /tʃ/ ~ /ʃ/ e /ʒ/ ~ /dʒ/ intervocalico. In altre parole quando il fiorentino è diventato base per l'italiano il suo inventario possedeva [tʃ / dʒ], ma solo in alcuni contesti: in posizione iniziale assoluta, postconsonantica o quando la consonante era di grado intenso (*certo*, *arancio*, *faccio*, *Giorgio*, *mangio*, *maggio*). Quando il fonema era di grado tenue e in posizione intervocalica (*bacio*, *ragione*) erano possibili solo [ʃ], [ʒ]. Ci saremmo dovuti aspettare di conseguenza che il sistema fonologico dello standard fosse modellato su questa realtà. Anche in questo caso il fatto che la grafia nascondesse la distinzione di pronuncia (per es. tra *arancio* e *bacio*) non ha favorito l'estensione del modello fiorentino a livello nazionale, come del resto è avvenuto per tutte le altre opposizioni «deboli» del nostro sistema fonologico (v. § I.1.9). Le pronunce ['batʃo] e [ra'dʒone], oggi accettate come standard, sono in un certo senso creazioni «artificiali», con ogni probabilità influenzate dalla grafia, poiché come abbiamo visto quando le consonanti sono iniziali, di grado intenso o precedute da altra consonante, alle grafie ⟨ci⟩, ⟨gi⟩ corrispondono anche in fiorentino le pronunce [tʃ], [dʒ].

I.1.10. L'ACCENTO

L'accento italiano ha tre caratteristiche fondamentali:
1. è di tipo **intensivo**, cioè la sillaba tonica è pronunciata con maggiore intensità articolatoria rispetto alle sillabe atone;
2. la sua **posizione è libera**, cioè non è possibile predeterminare la sua collocazione;
3. ha **valore distintivo**, cioè la sola differenza nella collocazione dell'accento è sufficiente a distinguere parole diverse, come *calamìta* ~ *calamità*.
A seconda della sillaba colpita dall'accento le parole si distinguono in:

- **tronche** (accento sull'ultima sillaba): *sentì*, *giocherò*;
- **piane** (accento sulla penultima sillaba): *sapóne*, *tènda*, *sillabàre*;
- **sdrucciole** (accento sulla terzultima sillaba): *tàvolo*, *mènsola*, *góndola*;
- **bisdrucciole** (rare, con accento sulla quartultima sillaba): *arràmpicano*, *dìtemelo*;
- **trisdrucciole** (molto rare, con accento sulla quintultima sillaba): *rècitamelo*. Per andare oltre la quintultima sillaba occorre pensare a combinazioni di pronomi clitici più teoriche che reali: per es. *fàbbricamicelo* e simili.

Dal punto di vista statistico, l'accentazione più frequente in italiano è quella piana: appartengono a questa categoria circa il 75% delle parole di largo uso, contro un 16% di parole tronche e un 8% di parole sdrucciole.
Le norme ortografiche dell'italiano prevedono l'uso dell'accento grafico nei polisillabi tronchi (*bambù*, *colibrì*) e in alcuni monosillabi tonici (si accentano per es. *dà*, *là* ma non *qua*, *va*). Non si accentano invece le parole piane e sdrucciole: ciò comporta alcuni casi di incertezze nell'accentazione. Di là dalle accentazioni corrette segnalate da grammatiche e dizionari, nell'uso tradizionalmente questi casi dubbi erano livellati inserendo la parola nello schema accentuativo più comune, cioè quello piano (*anodìno* invece di *anòdino*, *darsèna* invece di *dàrsena* ecc.); tuttavia poiché molte parole sdrucciole dell'italiano appartengono al lessico colto, a questa tendenza si va sovrapponendo quella opposta, di tipo ipercorrettistico, a porre l'accento sulla terzultima: *èdile* (sostantivo) invece di *edìle*, *cosmopòlita* invece di *cosmopolìta*, *rùbrica* invece di *rubrìca*.
L'unico caso in cui la posizione dell'accento è vincolata è il seguente: in parole di tre o più sillabe, se la penultima è chiusa, l'accento non può cadere sulla terzultima: vale a dire che in italiano non sono possibili sequenze del tipo (C)-V-CVC-CV (C = consonante, V = vocale). Fanno eccezione pochi sostantivi (*àrista*, *màndorla*, *pòlizza*) e alcuni toponimi come *Taranto*, *Otranto*, *Agordo*, *Levanto*. Tolti questi casi, le parole sdrucciole hanno la penultima sillaba aperta: *tavolo*, *fegato*, *giovane*.

I.1.11. LA SILLABA

Malgrado la nozione di sillaba sia diffusa nella coscienza dei parlanti grazie alle pratiche ortografiche di sillabazione, dal punto di vista fonetico il fatto che esistano delle unità intermedie tra parola e fonema non è ovvio: le parole

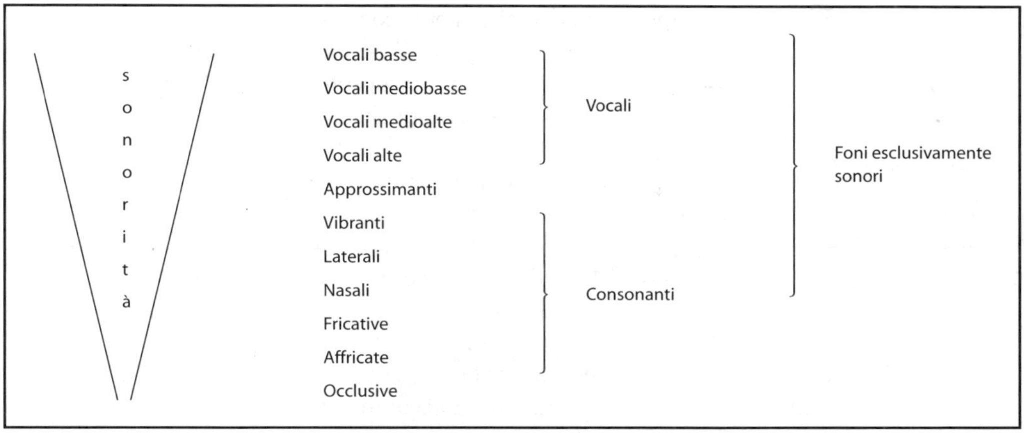

fig. I.1.7. *Scala di sonorità intrinseca dei foni.*

sono infatti pronunciate con un'unica emissione d'aria. Tuttavia, alcune regole fonotattiche dell'italiano come l'allungamento della vocale in sillaba aperta (v. § I.1.7), il raddoppiamento fonosintattico (v. § I.1.8) e alcuni mutamenti fonologici avvenuti nel passaggio dal latino all'italiano (per es. il dittongamento di tipo toscano: v. § II.1.3) possono essere spiegati solo presupponendo questa unità intermedia.

Quando articoliamo le parole, alterniamo foni vocalici e consonantici, quindi si alternano momenti di maggiore e minore apertura del canale fonatorio. Come abbiamo visto l'apertura (e dunque la sonorità) è massima nel caso delle vocali (e le vocali basse sono a loro volta più aperte di quelle alte), minima nel caso delle consonanti (e anche in questo caso si può individuare un scala di apertura decrescente che va dalle approssimanti alle occlusive). È quindi possibile immaginare una scala di sonorità intrinseca decrescente dei foni, che rappresentiamo nella figura I.1.7.

Dal punto di vista fonetico la sillaba è definibile come la porzione di parola compresa tra un minimo di sonorità e il minimo successivo. Tra questi due minimi si colloca un vertice, cioè un picco di sonorità e di intensità articolatoria, che chiamiamo **nucleo** della sillaba. Nelle lingue del mondo possono svolgere il ruolo di nucleo le vocali e le consonanti più aperte (dette sonoranti), cioè le vibranti, le laterali e le nasali. Per es. il nome sloveno della città di Trieste è *Trst*, parola monosillabica che ha come nucleo la [r]. In italiano il nucleo di sillaba può essere costituito solo da una vocale.

Il nucleo rappresenta il fulcro della sillaba ed è l'unico elemento indispensabile: esistono infatti sillabe composte dal solo nucleo come in ***a**-ni-ma*; ***e**-re-mo*. Ciò che si trova a sinistra del nucleo prende il nome di **attacco**, ciò che segue il nucleo prende il nome di **coda**. La coda è presente solo nelle sillabe chiuse: ***gat**-to*; ***por**-ta*. Come abbiamo visto anche nelle sillabe aperte (toniche) si viene comunque a creare una sorta di coda in seguito all'allungamento della vocale. La struttura della sillaba e l'andamento del grado di sonorità dei diversi componenti si possono

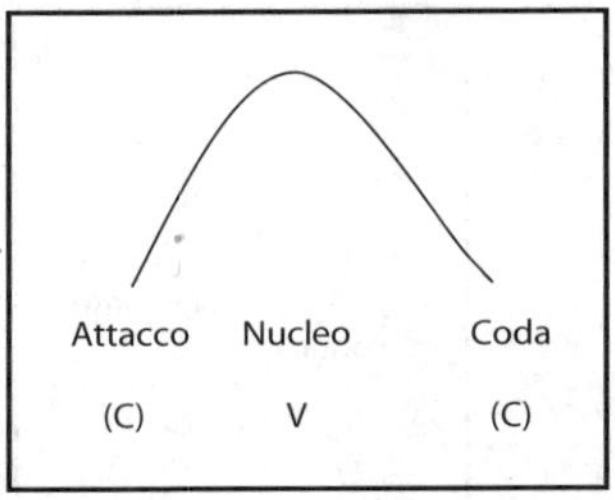

fig. I.1.8. *La struttura della sillaba.*

rappresentare graficamente come in figura I.1.8 (C = consonante, V = vocale; tra parentesi gli elementi non obbligatori).

Osservando la sequenza di consonanti e vocali nelle sillabe delle lingue del mondo e le tappe dell'acquisizione del linguaggio nei bambini si può rilevare l'esistenza di sillabe più semplici e più complesse: il tipo sillabico più diffuso e appreso più precocemente è CV. In italiano circa il 57% delle sillabe ha questa configurazione; i due tipi immediatamente successivi per frequenza sono CVC (circa il 15%) e V (7,5%) [Schmid 1999, 159]. Se la sillaba si espande oltre questi elementi, cioè diventa fonologicamente più pesante, tende ad uniformarsi a un principio universale che prevede la preferenza per teste pesanti e code leggere: in altre parole le consonanti che accompagnano il nucleo tendono ad accumularsi alla sua sinistra. In italiano l'attacco sillabico può contenere fino a tre consonanti (*spre-co*), le code sillabiche hanno normalmente un elemento, che può essere o il secondo elemento di una consonante intensa (*map-pa*) o una sonorante (r, l, n, m). In casi piuttosto rari si possono avere code biconsonantiche (*est*, *sport*, *sprint*), ma si tratta quasi sempre di prestiti da altre lingue. Ciascuna lingua ha un proprio inventario di tipi sillabici, derivante dalle diverse configurazioni possibili degli elementi dell'attacco, del nucleo e della coda. L'italiano possiede ventisei tipi sillabici, qualcuno in più dello spagnolo e del francese, ma decisamente meno delle lingue germaniche: il tedesco e l'inglese contano per esempio 39 tipi sillabici.

La lingua italiana è regolata dal principio dell'**isocronia** (= uguale durata) **sillabica**. Ciò significa che in una parola la sillaba tonica ha una durata leggermente maggiore delle sillabe atone, ma le sillabe atone hanno tra loro pressappoco la stessa durata, indipendentemente dal numero di sillabe della parola. Per esempio nelle parole *distribuzione* (5 sillabe), *distribuzionale* (6 sillabe), *distribuzionalmente* (7 sillabe) la durata delle sillabe atone è pressappoco la stessa, con la conseguenza che le parole più lunghe hanno una durata notevolmente maggiore di quelle più brevi. Altre lingue (per es. l'inglese) sono governate invece dal principio dell'**isocronia accentuativa**, cioè fermo restando che la sillaba tonica ha durata maggiore, la durata delle sillabe atone tende a essere tanto più breve quante più sillabe contiene la parola. Il fatto che una lingua segua l'uno o l'altro principio ha effetti molto importanti sul ritmo e sulla sua musicalità. Torneremo su questi aspetti in III.1 a proposito dello stereotipo della musicalità attribuito dagli stranieri all'italiano.

I.1.12. L'INTONAZIONE

Il parlante comune è normalmente in grado di riconoscere le diverse «musicalità» che contraddistinguono le varietà di lingua con cui viene in contatto, siano esse varietà regionali, dialetti, italiano parlato con accento straniero o lingue straniere. Questo tipo di valutazione, che è affidato a un'impressione soggettiva, ha come risultato il poter dire «quella persona parla con accento x» (emiliano, genovese,

tedesco ecc.). La stessa facoltà è inoltre la premessa necessaria perché abbiano successo le imitazioni dialettali fatte dagli attori comici o, per arrivare a un caso estremo, perché sia riconoscibile il *grammelot*, una tecnica di recitazione che consiste nel simulare appunto la musicalità di una lingua affidandosi a parole per lo più inventate, ma basate su sequenze di foni e tratti intonativi della lingua oggetto di imitazione.
Non è facile, ed esula dagli scopi di questo manuale, definire oggettivamente i tratti su cui si basa questo giudizio: uno degli elementi fondamentali è comunque lo studio dell'intonazione, che analizza, con l'aiuto di strumenti, la particolare modulazione di alcuni parametri come il tono, la durata, l'intensità e il ritmo con cui si pronunciano i suoni.
In una lingua come l'italiano, in cui la pronuncia standard è in buona parte una costruzione astratta, l'intonazione non è stata oggetto di normazione esplicita. Di conseguenza tra tutti gli elementi che individuano la provenienza regionale di un parlante, il più difficile da tenere sotto controllo (o, se si preferisce, il più facile da riconoscere) è proprio l'intonazione. In questo paragrafo ci limiteremo a brevi cenni sulle caratteristiche dei diversi profili intonativi dell'italiano.
Il **profilo intonativo** di un enunciato è rappresentabile come una curva che registra serie successive di movimenti ascendenti e discendenti del tono (altezza) della voce. Come per l'accento, il tono della voce è il risultato della combinazione di **tre parametri fondamentali**: la **durata**, l'**intensità** e l'**altezza**. Di questi, il più importante è l'altezza, che dal punto di vista articolatorio dipende dalla velocità di vibrazione delle corde vocali durante la produzione dei foni sonori. In generale, per ragioni fisiologiche, un enunciato tende ad avere un andamento debolmente discendente perché gradualmente perde energia in quanto si affievolisce l'iniziale emissione d'aria. Tutto ciò fino a un punto di svolta (ingl. *turning point*) collocato nella parte finale dell'enunciato. Da lì in poi il tono si alza o si abbassa più marcatamente. Dunque, schematizzando e semplificando molto, possiamo dire che ciò che contraddistingue le diverse intonazioni (dichiarativa, interrogativa, sospensiva, enfatica ecc.) è l'andamento dell'ultimo segmento dell'enunciato (generalmente dall'ultima sillaba tonica in poi), che prende il nome di **contorno terminale**. Ecco come si può rappresentare il contorno terminale (in grassetto) dei seguenti enunciati:

Viene a trovarmi do**mani** (affermazione: contorno terminale discendente)

Viene a trovarmi do**mani**? (domanda sì/no: contorno terminale ascendente)

Chi viene a trovarmi do**mani**? (domanda a risposta aperta: contorno terminale debolmente ascendente)

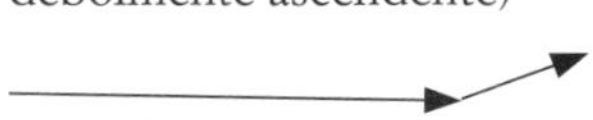

QUADRO I.1.2.

Le indicazioni di pronuncia nelle antiche grammatiche

Nei secoli passati chi imparava l'italiano all'estero non poteva reperire con la facilità di oggi buoni modelli di pronuncia. La questione era complicata poi dal fatto che spesso gli insegnanti stessi non erano madrelingua. Di conseguenza molti apprendenti si adattavano come potevano. Intorno alla metà del Cinquecento alla corte di Elisabetta I d'Inghilterra la cultura e l'arte italiane erano molto apprezzate. Nel Paese scoppiò una sorta di italomania che indusse molti londinesi a studiare i rudimenti della nostra lingua. Molti di loro, a quanto ci riferisce Roger Ascham (1516-68), autore di una grammatica di italiano per inglesi, si ritrovavano la domenica a frequentare la chiesa italiana di Londra per ascoltare le prediche in italiano [cit. in Pizzoli 2004, 16].

Le indicazioni di pronuncia presenti nelle grammatiche erano del resto molto lacunose e impressionistiche, in mancanza di una metodologia di descrizione dei suoni adeguata e di un alfabeto fonetico (l'alfabeto fonetico internazionale fu introdotto alla fine del XIX secolo). In questo quadro spicca il tentativo del gallese David Rhys, che nel 1569 pubblicò un trattato di fonetica e ortografia italiana, il *De italica pronunciatione et ortographia libellus*. Essendo un medico, il Rhys nell'affrontare la descrizione dei suoni si avvale delle conoscenze anatomiche derivanti dalla propria formazione e può così concentrare la sua attenzione sulle caratteristiche articolatorie e uditive dei suoni dell'italiano. Ecco per esempio, come viene descritta la pronuncia della *l*:

> È veramente meravigliosa la dolcezza dei Toscani nella pronuncia di questo elemento. Essi formano un suono carezzavole ['carezzevole'] e liberamente fluente, spingendo con pressione lieve la punta della lingua contro la parte del palato vicina agli incisivi superiori e schiudendo nel contempo la bocca ad assumere di per sé stessa una certa rotondità. Tutti gli altri popoli invece sembrano pronunciare la *l* con più fatica e con uno sforzo più accentuato di quanto la sua natura esiga

e quella, ancor più difficile, della laterale palatale:

> Ma se è posta tra il *g* e la *i*, così *gli*, la *l* si esprime in modo più molle e liquido che nelle altre posizioni. La lingua infatti, mobile sfiorando con una certa scivilosità, in tutta la larghezza del suo dorso, l'intera parte anteriore del palato e anche i denti superiori, coperta di una saliva sottile, produce un suono carezzavole ['carezzevole'] delicato e simile alla pronuncia di un bambino balbettante o di uno sdentato [entrambi gli esempi cit. in Maraschio 2002, 215].

Rispetto a questi valori medi le intonazioni regionali differiscono per alcuni tratti della pretonìa (ciò che precede il contorno terminale) e per lo scarto di tono, in ascesa o in discesa, del contorno terminale rispetto alla pretonia.

ESERCIZI

1. La fonologia:
a) studia i suoni in quanto entità concrete fisico-acustiche
b) è sinonimo di fonetica
c) ha per unità minime i fonemi
d) prescinde dalle relazioni tra i suoni in una determinata lingua.

2. Quale delle seguenti è una coppia minima?
a) spalle/spella
b) spella/stalla
c) stalla/stella
d) sterra/sterno.

3. Qual è l'unica vocale centrale dell'italiano?
a) /a/
b) /ɛ/
c) /e/
d) /ɔ/.

4. In italiano l'opposizione tra vocali brevi e lunghe non determina coppie minime. □ V □ F

5. Qual è il simbolo per la fricativa alveolare sorda?
a) /t/
b) /s/
c) /z/
d) /ts/.

6. Quale di queste consonanti non è sempre intensa in posizione intervocalica?
a) /dz/
b) /ts/
c) /tʃ/
d) /ʃ/.

7. Quale di questi nomi non presenta un dittongo?
a) Paolo
b) Pietro
c) Fiorella
d) Chiara.

8. In quale di queste parole è presente un trigramma?
a) pesce
b) pesciolino
c) sciata
d) schivo.

9. In italiano i foni [n], [ɱ] e [ŋ] hanno distribuzione complementare. □ V □ F

10. Nell'italiano *standard* il raddoppiamento fonosintattico è comportato da:
a) tutti i monosillabi
b) tutti i polisillabi piani

c) tutti i polisillabi tronchi
d) tutte le lettere dell'alfabeto.

11. Quale di queste parole è sdrucciola?
a) vado
b) andrà
c) istigano
d) dammelo.

12. Tutte le sillabe dell'italiano si compongono di un nucleo e di una coda. □ V □ F

13. Qual è la differenza tra la fonetica e la fonologia?

14. Che cos'è il raddoppiamento fonosintattico?

15. Quali sono i punti deboli del sistema fonologico italiano?

16. Che cosa s'intende per profilo intonativo e contorno terminale?

NOTA BIBLIOGRAFICA

Per le nozioni di fonetica e fonologia generale si vedano L. Canepari, *Introduzione alla fonetica*, Torino, Einaudi, 1969, F. Albano Leoni e P. Maturi, *Manuale di fonetica*, Roma, Carocci, 2010 (I ed. 1995) e M. Nespor, *Fonologia*, Bologna, Il Mulino, 1993. Trattazioni d'insieme di fonetica generale e di fonetica e fonologia dell'italiano sono in S. Schmid, *Fonetica e fonologia dell'italiano*, Torino, Paravia, 1999 e P. Maturi, *I suoni delle lingue, i suoni dell'italiano*, Bologna, Il Mulino, 2014 (I ed. 2006). Per le pronunce regionali si rimanda a L. Canepari, *Italiano standard e pronunce regionali*, Padova, Cluep, 1983. Il manuale di riferimento per la pronuncia standard è il DOP, *Dizionario di ortografia e pronuncia dell'italiano*, a cura B. Migliorini, C. Tagliavini e P. Fiorelli, pubblicato per la prima volta nel 1969 dalle edizioni RAI-ERI e poi più volte riedito fino al 2010. Il DOP è anche consultabile online all'indirizzo http://www.dizionario.rai.it/. Per approfondimenti sull'intonazione si veda P. Sorianello, *Prosodia. Modelli e ricerca empirica*, Roma, Carocci, 2006.
Sintesi aggiornate dei singoli problemi affrontati nel capitolo si trovano in *ENCIT*; in particolare alle voci *Fonetica* e *Sillaba* (di P.M. Bertinetto), *Fonologia* e *Intonazione* (di A. De Dominicis), *Fonetica storica* (di V. Formentin); *Grafia* e *Grafemi* (di S. Demartini), *Accento* e *Prosodia* (di B. Gili Fivela), *Raddoppiamento sintattico* (di G. Marotta).

CAPITOLO I.2

Morfologia

In questo capitolo illustreremo le caratteristiche del sistema morfologico italiano. Distingueremo tra la morfologia flessiva, che si occupa delle regole che determinano la modifica delle classi di parole variabili e la morfologia lessicale (o derivativa), che si occupa delle regole grazie alle quali da una parola base se ne possono ricavare altre attraverso la derivazione e la composizione. Per ciascuno di questi due settori descriveremo in primo luogo le principali caratteristiche dell'italiano standard, con alcuni riferimenti storici, per dedicare poi alcune osservazioni alle tendenze evolutive in atto.

I.2.1. NOZIONI GENERALI E UNITÀ DI ANALISI

Adottando una definizione molto generale possiamo dire che la morfologia si occupa dei meccanismi che regolano la struttura interna delle parole. L'unità di analisi fondamentale della morfologia è il **morfema**, cioè ciascun elemento minimo dotato di significato di cui si compongono le parole. Per esempio in *casa* distinguiamo due morfemi: *cas-*, che porta il significato lessicale (detto perciò **morfema lessicale**) e *-a*, che porta delle informazioni grammaticali, cioè il fatto che si tratta di un nome femminile singolare (detto perciò **morfema grammaticale**). Analogamente in *casereccio* distinguiamo il morfema lessicale *cas-* e il morfema *-ereccio* che, oltre a contenere nella sua parte finale informazioni grammaticali, è in grado di trasformare il sostantivo di base *casa* in un aggettivo, dal significato autonomo e solo indirettamente collegabile a quello di *casa*. La differenza sostanziale tra *casa* → *case* e *casa* → *casereccio* è che nel primo caso il risultato della modifica è una forma diversa della stessa parola, nel secondo caso il risultato è una parola nuova. Il primo tipo di trasformazione è il campo d'indagine della **morfologia flessiva**, il secondo della **morfologia lessicale**.

A questa bipartizione corrisponde la distinzione tra due tipi di morfemi: **flessivi**, quando determinano la variazione di una parola in tutte le sue forme possibili secondo le categorie del genere, del numero, del tempo, del modo ecc.: per es.

buon-o, *buon-a*, *buon-i*, *buon-e*, *cant-o*, *cant-avo*, *cant-erò*, *cant-eremo* ecc.; **derivativi**, quando danno la possibilità di creare parole nuove a partire da una base: *latte* → *latt-aio*, *latt-eria*, *latt-ico*, *al-latt-are* ecc. In italiano la flessione è realizzata prevalentemente mediante morfemi grammaticali che seguono i morfemi lessicali. Occasionalmente si può ricorrere ad altre strategie, come l'uso dell'ausiliare nei tempi composti dei verbi (*ho cantato*, *avevo cantato* ecc.), la modifica della vocale interna alla radice (*faccio* / *feci*), l'alternanza nella collocazione dell'accento (*canto* / *cantò*). Dei due procedimenti fondamentali della morfologia lessicale, la **derivazione** e la **composizione**, la prima si ottiene con l'aggiunta di **affissi** (che a loro volta si distinguono in **prefissi**: ***in***-*coerente*, **infissi**: *libr*-***ett***-*ino* o **suffissi**: *epoc*-***ale***), la seconda per mezzo della combinazione di due **parole libere** (*porta-ombrelli*) o di parole semanticamente piene ma non autonome, provenienti da lingue classiche, dette **confissi** (*biblio-teca*).

Abbiamo parlato finora di forme diverse della stessa parola. Per chiarire il concetto occorre introdurre la distinzione tra **parola** e **lessema**: il lessema è il denominatore comune a tutte le forme che può assumere una parola variabile, in pratica quella forma (in termini tecnici **lemma**) che siamo abituati a cercare quando consultiamo il vocabolario. Se per esempio un medico durante una visita ci suggerisse di sperimentare una *terapia anòdina* e non cogliessimo il significato dell'aggettivo, una volta tornati a casa, un po' preoccupati, andremmo automaticamente a cercare sul vocabolario non *anòdina*, ma la forma del maschile singolare dell'aggettivo, cioè *anòdino*. *Anòdino*, *anòdina*, *anòdini*, *anòdine* sono quindi le parole concrete in cui può articolarsi il lessema *anòdino*. Parimenti, se avessimo un dubbio sulla forma corretta di un passato remoto (per es. *scelse* o *scegliette*) andremmo a cercare sul vocabolario il lessema nella forma dell'infinito *scegliere*. Qualsiasi forma flessa di una parola variabile è, dal punto di vista dell'analisi linguistica (ma anche della coscienza del parlante), una delle possibili articolazioni del lessema corrispondente. Il fatto che il lessema sia identificato col maschile singolare nel caso dei nomi e degli aggettivi e con la forma dell'infinito nel caso dei verbi è una mera convenzione lessicografica e dipende anche dalle caratteristiche morfologiche specifiche della lingua: per esempio nei vocabolari latini i verbi sono catalogati sulla base della prima persona singolare dell'indicativo (seguita dalle altre forme necessarie per ricostruire il paradigma flessivo), i nomi sulla base del caso nominativo singolare (accompagnato dal genitivo, necessario in alcuni casi per ricostruire il paradigma flessivo). Dal punto di vista dell'analisi linguistica la morfologia flessiva esplora i processi di modifica interni al lessema. Se tuttavia ci poniamo dal punto di vista dell'utente della lingua, è facile osservare che la funzione principale della flessione è quella di segnalare, attraverso l'accordo, i rapporti fra le parole e garantire quindi la coesione testuale.

Di norma i lessemi sono costituiti da parole singole: esistono tuttavia anche lessemi complessi, come le **unità polirematiche** (dette anche **parole sintattiche**). Si tratta di espressioni formate da due o più parole graficamente separate, ma dal significato unitario: *conferenza stampa*, *macchina da cucire*, *chiavi in mano* ecc. I componenti di una polirematica, presi singolarmente, costituiscono delle parole autonome, utilizzabili anche in altri contesti; tuttavia nelle espressioni citate si comportano per molti aspetti come una parola unica: per esempio non possono essere spezzate dall'interposizione di modificatori (*una affollata conferenza stampa / una conferenza stampa affollata* ma **una conferenza affollata stampa*) e non ammettono sostituzioni sinonimiche dei singoli componenti (**apparato / *congegno da cucire*). Torneremo sulle proprietà semantiche di queste espressioni nel § I.4.7.

In una lingua i morfemi lessicali costituiscono un inventario aperto, mentre i morfemi grammaticali sono, almeno in sincronia, un inventario chiuso. Se riprendiamo l'esempio citato in apertura di paragrafo (*casa*), osserviamo che in italiano un morfema grammaticale può contenere più di un'informazione (nella fattispecie due: genere e numero). Per dar conto di questa corrispondenza non biunivoca tra forma e contenuto, alcuni modelli di analisi morfologica preferiscono distinguere due entità minime nell'analisi morfologica: il **morfo**, che è la parte fonologica di un morfema, cioè il suo significante, e il **morfema** che è ciascuna unità di significato grammaticale individuabile in un morfo. In italiano a un morfo possono corrispondere due o più morfemi, senza che sia necessariamente possibile individuare a quale parte del morfo siano attribuibili le singole informazioni grammaticali: se nella forma verbale *cant-avamo* possiamo sforzarci di segmentare la desinenza *-avamo* in più componenti (la prima *-a-* che indica la classe di coniugazione, *-v-* il tempo imperfetto, *-amo* la prima persona plurale, v. § I.3.2.2), in *alber-i* quale parte del morfo *-i* rimanda alla nozione di maschile e quale a quella di plurale? A causa di questa particolare proprietà dei morfemi grammaticali di cumulare in sé più funzioni l'italiano (come molte altre lingue romanze e indoeuropee) appartiene tipologicamente alle lingue con morfologia **flessiva** o **fusiva**[1]. Diversamente, nelle lingue **agglutinanti** (per es. il turco o il giapponese), a ciascun morfema grammaticale (preposto o posposto al morfema lessicale) corrisponde di norma una sola informazione grammaticale.

Si chiamano **morfemi liberi** quelli che possono costituire una parola da soli (*ieri*), **morfemi legati** quelli che si presentano solo in combinazione con altri morfemi (*-a* in *cas-a*). I **morfemi semiliberi** sono invece quelle parole che pur costituendo un'entità autonoma esplicano la loro funzione solo in combinazione con un'altra parola: si tratta, tipicamente, degli articoli, delle preposizioni, degli ausiliari, dei pronomi clitici, dei componenti delle unità polirematiche.

In analogia con la distinzione tra fonemi e allofoni di cui ci siamo occupati nel capitolo precedente, in àmbito morfologico si distingue tra morfemi e allomorfi. Gli **allomorfi** sono le diverse forme che un morfema può assumere in dipendenza da vincoli di vario tipo. Per esempio il prefisso *in-* dell'italiano si presenta, a seconda del contesto fonetico seguente, in varie forme. La consonante *n* può rimanere integra (*in-adempiente*, *in-coerente*) o assimilarsi parzialmente o totalmente alla consonante seguente (*impertinente*, *irripetibile*). Nel paradigma del verbo *venire* si alternano forme con radice dittongata (*vien-i*, *vien-e*) e forme monottongate (*ven-ite*, *ven-iva*). Le forme dittongate si hanno quando l'accento cade sulla radice e la vocale tonica si trova in sillaba libera (*vièni*), quelle mo-

[1] Pur concordando sulla necessità della distinzione teorica tra *morfo* e *morfema*, in questo volume per semplificare l'esposizione utilizzeremo unicamente il termine *morfema*.

nottongate quando l'accento cade sulla radice ma la vocale tonica è in sillaba chiusa (*vènni*) o quando cade sulla desinenza (*venìte*). Ancora, il plurale di *amico* /a'miko/ è *amici* /a'mitʃi/. In questo caso nel passaggio dal singolare al plurale il morfema lessicale subisce una modifica della consonante finale (che passa da occlusiva velare sorda ad affricata palatale sorda) per influsso della vocale seguente. Una forma ancora più forte di allomorfia è data dal **suppletivismo**, che si ha quando in un paradigma si alternano forme non direttamente derivabili le une dalle altre. Per esempio nel paradigma di *andare* si alternano la radice *vad-* (*vad-o*, *vad-ano*) e quella *and-* (*and-iamo*, *and-avano*). L'allomorfia può riguardare sia i morfemi lessicali sia quelli grammaticali. In tutti gli esempi finora visti gli allomorfi sono tra loro in **distribuzione complementare**, cioè in un determinato contesto o in una determinata casella del paradigma è possibile una sola forma. Si parla in questi casi di **allomorfi condizionati** (grammaticalmente o contestualmente). Quando le varianti di un morfema non sono in distribuzione complementare, ma mutuamente intercambiabili, si dà al parlante la possibilità di optare per una delle forme concorrenti sulla base di scelte personali, di registro ecc. Si parla in questo caso di **allomorfi liberi**, o non condizionati. L'italiano è stato caratterizzato, soprattutto in passato, da un alto numero di allomorfi liberi, cioè dei veri e propri doppioni. Ciò è in buona misura una conseguenza della diffusione prevalentemente scritta dell'italiano in epoca preunitaria, che proprio perciò poteva permettersi il lusso di conservare i doppioni morfologici accumulatisi col tempo nella tradizione letteraria, senza buttare via nulla. Qualche esempio: le forme a disposizione di uno scrittore fino alla prima metà dell'Ottocento per esprimere il pronome soggetto di terza persona maschile, accanto a *egli*, *lui*, *esso*, ancor oggi possibili, erano *elli*, *ei*, *el*, *e'*, *ello*, *gli*, *desso*; per la prima persona singolare dell'imperfetto indicativo, accanto a *io amavo* si usava *io amava*; per la terza plurale del passato remoto della prima coniugazione le alternative in campo (oltre ad *amarono*) erano *amaro*, *amarno*, *amorno*, *amorono*. Ovviamente queste varianti non avevano pari valore: alcune erano utilizzabili solo in poesia, altre erano viste come antiquate o addirittura obsolete; ma vi si poteva pur sempre ricorrere senza generare incomprensione o divertita ironia nel lettore come succederebbe se le usassimo oggi. Nella prospettiva di una lingua letteraria diffusa solo presso gli strati più colti della popolazione tale possibilità era vista come una ricchezza, perché consentiva di attingere a un repertorio ampio di forme che contribuivano a dare diverse coloriture stilistiche alla pagina. Tuttavia per la diffusione della lingua in ampi strati della popolazione i doppioni morfologici costituivano senza dubbio un impaccio.

Come vedremo (§ II.1.11) un forte impulso alla riduzione di questi doppioni fu dato da Alessandro Manzoni, che attraverso la riscrittura dei *Promessi Sposi* e indirettamente attraverso il grande influsso che le sue idee linguistiche ebbero nel periodo postunitario, determinò l'eliminazione di alcuni «rami secchi». L'italiano contemporaneo ha poi proseguito il suo movimento verso la semplificazione: per esempio stanno progressivamente scomparendo alcuni allomorfi sopravvissuti alla potatura manzoniana (*debbo*, *veduto*, in regresso rispetto a *devo*, *visto*). Una curiosità: rispetto all'alternanza *devo* / *debbo*, in cui è la seconda opzione a soccombere, si colloca in controtendenza la prima persona singolare del congiuntivo presente: *deva*, forma pienamente legittima, è ormai fortemente minoritario rispetto a *debba*, al punto che arriva a essere percepito come errore. Ecco un esempio da un forum di discussione in rete:

> Come al mio solito, spero non mi odierai per questo ho notato un errorino: «non è possibile che ogni volta mi deva arrabbiare, a volte vorrei essere davvero normale, sai Kurt?» Sostituisci DEVA con DEBBA, credo sia più corretto, tecnicamente non so neanche se DEVA è un errore, bah, ma mi suona male. Per il resto... nulla... mi piace *-* [http://efpfanfic.net/reviews.php?sid=1530298&a=1&offset=15].

I.2.2. MORFOLOGIA FLESSIVA

Da un punto di vista tipologico la morfologia dell'italiano è caratterizzata dalla compresenza di uno strato più antico flessivo – e dunque sintetico – ereditato dal latino e di innovazioni romanze di tipo analitico. In altre parole nella transizione latino-italiano si osserva «una trasmigrazione di funzioni dalla morfologia flessiva (interna alla parola) alla morfosintassi (cioè alla combinazione di due o più elementi tradizionalmente considerati come parole distinte)» [Pieroni 2010, 754]. Un esempio evidente di questo riassetto è dato dalla perdita del sistema dei casi, che consentiva al latino di fondere in un'unica parola il significato lessicale (veicolato dalla radice), le marche morfologiche di genere e numero e le marche relative al ruolo sintattico (veicolate dalla desinenza). In italiano la marcatura morfologica rimane nel corpo della parola, mentre il ruolo sintattico è «esternalizzato» ed espresso dalla posizione nella frase (nei casi diretti) o da una preposizione, nei casi indiretti. Rappresentiamo la differenza nella tabella I.2.1.
Torneremo a parlare nel prossimo capitolo (§ I.3.2.2) delle conseguenze sulla sintassi e sull'ordine dei costituenti di questa differente organizzazione delle due lingue.

TAB. I.2.1. Struttura morfologica del nome latino e italiano

LATINO	INFORMAZIONI MORFOLOGICHE E SINTATTICHE INTERNE ALLA PAROLA	ITALIANO	INFORMAZIONI MORFOLOGICHE (INTERNE ALLA PAROLA)	INFORMAZIONI SINTATTICHE (ESTERNE ALLA PAROLA)
bon-us amic-us	maschile, singolare, soggetto (caso nominativo)	buon amico	maschile, singolare	soggetto
bon-a amic-a	femminile, singolare, soggetto (caso nominativo)	buona amica	femminile, singolare	soggetto
bon-orum amic-orum	maschile, plurale, c. di specificazione (caso genitivo)	dei buoni amici	maschile, plurale	c. di specificazione
bon-arum amic-arum	femminile, plurale, c. di specificazione (caso genitivo)	delle buone amiche	femminile, plurale	c. di specificazione

Ulteriori tracce di analiticità dell'italiano sono offerte dalla creazione di tempi composti nella coniugazione attiva e passiva del verbo, dalle perifrasi verbali, dalla formazione analitica del comparativo e del superlativo. Scendendo più nel particolare, notiamo che in alcuni casi il parlante può scegliere tra la resa analitica o sintetica di una informazione grammaticale, per esempio usando il possessivo analitico *di lui/lei* al posto del sintetico *suo*. Si tenga inoltre presente che dal punto di vista diacronico alcune forme, ora sintetiche, sono il risultato di un processo di grammaticalizzazione di forme analitiche preromanze: per esempio il futuro *amerò* deriva da una perifrasi composta dall'infinito latino + il presente di *avere* (AMARE + *AO, forma latino volgare di HABEO) attraverso una serie di modifiche su cui non è necessario soffermarsi. Anche gli avverbi in *-mente* derivano dall'univerbazione di un aggettivo (concordato al femminile) e di MENTE, ablativo singolare del sostantivo femminile latino MENS: *fortemente*, *lungamente*.

I diversi parametri di variazione di un lessema ne determinano il **paradigma** flessionale. Un paradigma può contenere, a seconda della classe morfologica, due o più caselle: per esempio il paradigma di un nome ha di norma due caselle (singolare / plurale), quello di un aggettivo qualificativo quattro (maschile / femminile / singolare / plurale), quello di un verbo varie decine (derivanti dalle combinazioni delle categorie di tempo / modo / persona). Esempi di paradigmi sono gli schemi di coniugazione dei nomi, degli aggettivi, dei pronomi o dei verbi, organizzati in tabelle sinottiche, che siamo abituati a vedere nelle grammatiche.

Nelle linee generali la morfologia flessiva dell'italiano è caratterizzata da:

1. paradigmi relativamente complessi;

2. la maggiore trasparenza dei paradigmi di flessione verbale e pronominale, contrapposta a una certa opacità dei paradigmi di flessione nominale.

Il primo aspetto è il risultato dell'eredità del sistema latino e di alcune innovazioni romanze. Si pensi al caso dei paradigmi di flessione verbale: limitandoci ai modi finiti abbiamo otto tempi per l'indicativo, quattro per il congiuntivo, due per il condizionale, uno per l'imperativo, con desinenze distinte per ciascuna persona verbale e raggruppabili in tre schemi di coniugazione. Piuttosto complessi anche i paradigmi dei pronomi personali e del relativo. Tale ricchezza determina negli usi concreti un divario tra il ventaglio delle forme potenzialmente disponibili e quelle effettivamente impiegate. Da un'indagine sull'italiano parlato [Voghera 1992] risulta che in frase principale circa il 90% delle occorrenze verbali sono concentrate su tre soli tempi dell'indicativo (presente 72,6%; passato prossimo 9,5%; imperfetto indicativo 5,3%) e sull'imperativo (4,1%). Come vedremo più avanti nel corso del capitolo, le recenti tendenze evolutive della morfologia indicano un movimento verso la semplificazione (almeno a livello di norma, se non di sistema: v. § II.2.5) di alcuni paradigmi morfologici complessi, soprattutto nel settore verbale e pronominale.

La seconda caratteristica si può apprezzare considerando che i casi di desinenze verbali ambigue (perché condivise da caselle distinte del paradigma) sono molto pochi: le prime tre persone del congiuntivo presente (*io/tu/lui am-i*, *ved-a*, *sent-a*), le prime due del congiuntivo imperfetto (*io/tu amass-i*, *vedess-i*, *sentiss-i*), la terza del presente indicativo e la seconda dell'imperativo (*ama*), la seconda del presente indicativo e la seconda dell'imperativo (*vedi*, *senti*), la quinta del congiuntivo imperfetto e del passato remoto (*amaste*). Questa trasparenza rende possibile, almeno per i verbi regolari, ricostruire l'intero paradigma del verbo a partire da una forma flessa. L'alto grado di trasparenza della flessione verbale è però compensata dal fatto che l'irregolarità morfologica si concentra soprattutto sui verbi di più alta frequenza (*dare*, *stare*, *fare*, *andare*, *essere* ecc.). Nella morfologia nominale il grado di trasparenza delle desinenze è minore, anche perché esse sono più brevi di quelle verbali e perciò la possibilità di omofonia e omografia è maggiore: per esempio la *-e* può marcare il plurale di un nome femminile in *-a* (*cas-e*), il singolare di un nome maschile (*fior-e*) o femminile (*senap-e*). La *-i* può rappresentare il plurale di un nome maschile in *-o* (*tavol-i*) o in *-e* (*fior-i*) o di un femminile in *-e* (*madr-i*). Nell'àmbito di una tendenza generale alla semplificazione del sistema nei confronti del latino, l'italiano presenta tratti di semplificazione più evidenti nella morfologia nominale: la perdita del genere neutro, la perdita del sistema dei casi, la perdita della possibilità di declinare come un nome le forme dell'infinito. Nella morfologia verbale, accanto ad alcuni tratti di semplificazione (alleggerimento di alcuni elementi di complessità della flessione verbale, perdita della coniugazione deponente, caratterizzata da forma passiva ma significato attivo), si notano movimenti di segno opposto. I più importanti sono l'**introduzione di un nuovo modo verbale**, il condizionale (innovazione accolta in tutte le lingue romanze), le cui funzioni in latino erano di norma assolte dal congiuntivo, e la **creazione di due nuovi tempi nell'area del passato dell'indicativo**. Per esprimere un evento passato l'indicativo latino disponeva di tre tempi: l'imperfetto, il perfetto, il piuccheperfetto. Nell'italiano i tempi del passato sono cinque: l'imperfetto, il passato prossimo, il passato remoto, il trapassato prossimo e il trapassato remoto. I due trapassati esprimono un evento anteriore rispetto ad un punto di riferimento, ma il trapassato remoto è di uso raro nella lingua quotidiana e tende a essere sostituito dal passato remoto (*quando ebbe finito di lavorare uscì a fare due passi* → *quando finì di lavorare uscì a fare due passi*). La distinzione tra passato prossimo e passato remoto rende possibile esprimere due valori aspettuali differenti: il passato prossimo indica un evento concluso nel passato ponendo in primo piano gli effetti sul presente dell'azione conclusa, il passato remoto si limita a sottolineare la conclusione dell'evento, indipendentemente dai risultati e dagli effetti sul presente. Analizziamo ora separatamente le principali caratteristiche della morfologia nominale e verbale.

I.2.2.1. Morfologia nominale

Nei nomi la flessione riguarda il numero (singolare / plurale). I nomi posseggono anche un genere (maschile / femminile), ma si tratta di una categoria inerente, che non comporta, almeno per gli inanimati, la possibilità di flessione (non posso creare il femminile di *albero*). In altre parole i nomi hanno (per la maggior parte) un paradigma flessivo a due caselle (singolare / plurale), mentre gli aggettivi hanno (per la maggior parte) un paradigma a quattro caselle (maschile

/ femminile / singolare / plurale). Nei nomi inanimati l'assegnazione del genere è immotivata, nel senso che non ci sono ragioni particolari di significato per cui *sole* sia maschile e *luna* femminile. Che il genere non sia semanticamente motivato è dimostrato, fra l'altro, dal fatto che in varie lingue al medesimo referente è attribuito un genere differente: per es. *carta* è femminile in italiano, maschile in spagnolo (*el papel*), neutro in tedesco (*das Papier*). Nella categoria del genere osserviamo, rispetto al latino, la semplificazione del sistema avvenuta in seguito alla perdita del neutro. Nei nomi riferiti a esseri umani il genere è di norma attribuito in base al sesso (*amico/amica*, *maestro / maestra*, *biologo / biologa*, ma *guardia*, *sentinella*). Questa caratteristica si estende nella maggior parte dei casi anche ai nomi di animali (*gatto / gatta*, *gallo / gallina*), anche se talvolta si ha un'unica forma sia per il maschile che per il femminile (*aquila*, *volpe*, *giraffa*). A differenza di altre lingue, come l'inglese, il francese e lo spagnolo, in italiano la formazione del plurale non avviene attraverso l'aggiunta di un morfema (*dog* → *dog-s*, *chien* → *chien-s*, *perro* → *perro-s*) ma attraverso la modificazione del morfema del singolare (*can-e* → *can-i*). La marcatura del genere e/o del numero è assicurata, a livello sintagmatico, anche dall'articolo e/o da altri determinanti del nome (quando presenti) come un possessivo (*il mio / la mia / i miei / le mie gatto/a/i/e*), un dimostrativo (*questo/a/i/e gatto/a/i/e*) un quantificatore (*alcuni/e gatti/e*). Si tratta di una ridondanza, che smette però di essere tale nel caso dei nomi invariabili (*la città / le città*; *questa virtù / queste virtù*).
Per quel che riguarda la formazione del plurale i nomi italiani si possono raggruppare in sei classi, come risulta dalla tabella I.2.2.
Le classi sono ordinate per numerosità decrescente nell'insieme di riferimento costituito dai circa 4.500 lessemi del *Vocabolario di base* registrato nel *GRADIT*. Le classi 1 e 2 accolgono rispettivamente nomi maschili e femminili. Sono classi stabili nel tempo (nel senso che ne fanno parte parole entrate a far parte dell'italiano nel corso di tutta la sua storia) e sono anche produttive, nel senso che possono accogliere neologismi. La terza classe è composta all'incirca del 45% di nomi maschili, più o meno della stessa percentuale di nomi femminili e di un 10% circa

TAB. I.2.2. Classi flessive dei nomi in italiano

Classe	Desinenze (sing. / pl.)	% VDB	Esempi	Genere	Eccezioni
1	-o/-i	41,2	libro/libri	maschile	mano/mani
2	-a/-e	30,3	porta/porte	femminile	
3	-e/-i	20,6	fiore/fiori siepe/siepi cantante/cantanti	maschile femminile ambigenere	
4	invariabili	5,4	re (masch.) città (femm.) film (masch.)		
5	-a/-i	1,2	poeta/poeti	maschile	arma/armi (femm.) ala/ali (femm.)
6	-o/-a	0,2	dito/dita	alternante	

Fonte: D'Achille [2010a]; Lorenzetti [2002] con adattamenti.

di nomi ambigeneri (*cantante / cantanti*, *nipote / nipoti*). Questa classe è quasi del tutto improduttiva e si arricchisce per lo più grazie a neoformazioni create coi suffissi terminanti in *-e* come *-zione*, *-tore*, *-trice*. Fra le eccezioni si segnala il neologismo *drone*, su cui v. il Quadro I.2.1. La quarta classe presenta caratteristiche particolari, perché in senso stretto non è una classe flessionale, ma un contenitore di tutti i nomi che per ragioni diverse sono privi di flessione. Un certo numero di parole invariabili sono entrate nel nostro lessico da secoli. Si tratta di monosillabi (*re*, *gru*), di polisillabi piani divenuti tronchi per effetto della caduta della sillaba finale (*libertade* > *libertà*; *virtude* > *virtù*) o di termini di origine greca terminanti in *-i* (*analisi*, *crisi*, *ipotesi*). Confluiscono nella classe degli invariabili anche alcune parole risultato di accorciamenti: *foto*, *moto*, *bici*. Si tratta comunque di una lista comprendente un numero limitato di elementi. L'alta percentuale di frequenza assegnata alla classe nella tabella è il risultato dell'accoglimento al suo interno di molti forestierismi, che tranne rari casi entrano in italiano come sostantivi invariabili, indipendentemente dalla lingua di provenienza (*fitness*, *Realpolitik*, *gazpacho*). La percentuale di nomi invariabili sale ulteriormente (a circa il 42%[2]) se si esce dal vocabolario di base e si prendono in esame i neologismi entrati nel periodo 2000-2003 registrati nel *GRADIT*. La quinta classe è poco produttiva. I neologismi costituiti da parole non derivate sono molto pochi (per es. *acrobata*, *biota* 'ecosistema'), ma anche in questo caso la classe è tenuta viva da derivati o composti generati da suffissi o secondi elementi terminanti in *-a* (*-ista*, *-cida*, *-oma*, *-gramma* ecc.). La sesta classe è costituita da poche decine di elementi. La sua residualità è testimoniata anche dalla relativa instabilità: alcuni suoi componenti sono attratti nel parlato substandard nello schema flessivo della prima classe (*dito / diti*, *uovo / uovi*), oppure hanno sviluppato accanto al plurale in *-a* uno in *-i* con diverso significato (*braccia / bracci*; *ciglia / cigli*, *fondamenta / fondamenti*).

QUADRO I.2.1.

Il drone

Si tratta di un termine che indica un velivolo privo di pilota, di varie forme e dimensioni, usato prevalentemente come strumento militare da ricognizione e da offesa, ma recentemente impiegato anche in alcuni usi civili. La parola, entrata in italiano alla fine degli anni Ottanta del secolo scorso, è un prestito dall'inglese *drone* (pronuncia [drəʊn]) 'fuco, maschio dell'ape', e pertanto ci si poteva aspettare che fosse accolta nella quarta classe, quella dei nomi invariabili, o tutt'al più formasse il plurale secondo le regole dell'inglese (*drones*). Effettivamente in molti vocabolari il termine è ancora registrato come sostantivo invariabile. Tuttavia nell'uso si è decisamente imposto il plurale *droni*, cioè il sostantivo è entrato a far parte della terza classe flessiva del nome, come abbiamo visto considerata ormai non più produttiva, almeno per parole non derivate. Ciò è avvenuto probabilmente perché *drone* è stato accolto in italiano senza la percezione che si trattasse di un forestierismo (come dimostra la pronuncia della vocale finale) e associato ad altri nomi in *-e* del lessico tecnico-scientifico come *protone*, *elettrone* ecc.

[2] La percentuale si riferisce a un calcolo effettuato a campione sui primi 250 lessemi (su circa 1.100).

Per gli aggettivi la classe principale prevede quattro uscite (*buono* [masch. sing.] / *buona* [femm. sing.] / *buoni* [masch. plur.] / *buone* [femm. plur.]) e corrisponde formalmente alle classi 1 e 2 del nome. La seconda classe in ordine di frequenza prevede due uscite (*forte* [masch. e femm. sing.] / *forti* [masch. e femm. plur.]) e corrisponde formalmente alla classe 3 dei nomi. Infine esiste una classe di aggettivi invariabili in cui confluiscono sia nomi di colore (*rosa*, *avana*, *porpora*) sia forestierismi (*basic*, *free*, *pulp*).
Il sistema dei pronomi personali è caratterizzato da paradigmi complessi, che prevedono forme distinte in base alla funzione sintattica svolta (soggetto / complemento). Inoltre ai pronomi tonici si affiancano quelli atoni (solo complemento). Riepiloghiamoli nella tabella I.2.3.
I **pronomi tonici** si caratterizzano in primo luogo per avere un accento proprio. A questa proprietà corrisponde, dal punto di vista della collocazione, la stessa libertà di movimento dei corrispondenti sintagmi nominali o preposizionali, con i quali sono intercambiabili (*sono andato al cinema con Marco / con lui*. Per maggiori dettagli v. § I.3.2.1). Sono cioè, per il comportamento sintattico, dei morfemi liberi. I **pronomi atoni** (o **clitici**) invece devono appoggiarsi foneticamente alla parola precedente o a quella seguente. Dal punto di vista della collocazione sono pertanto necessariamente adiacenti al verbo e per tale ragione costituiscono dei morfemi semiliberi.
Se osserviamo la serie tonica riportata nella tabella I.2.3, notiamo che la distinzione tra forme soggetto e complemento non interessa l'intero paradigma, in quanto la prima e la seconda persona plurali rimangono invariate (rispettivamente *noi*, *voi*). A ciò si aggiunge la tendenza, nell'uso, all'impiego delle forme complemento al posto delle corrispondenti forme soggetto. Tale semplificazione paradigmatica interessa in primo luogo le terze persone (*lui*, *lei*, *loro* in luogo di *egli*, *ella*, *essi / esse*). In alcune varietà regionali di italiano interessa anche la seconda singolare (*te* in luogo di *tu*). La distinzione tra forme soggetto e com-

TAB. I.2.3. Paradigmi flessivi dei pronomi personali

SERIE TONICA		SERIE ATONA	
SOGGETTO	COMPLEMENTO	COMPLEMENTO	
		C. OGG. E C. DI TERMINE	
io	me	mi	
tu	te	ti	
		C. OGG.	C. DI TERMINE
egli / ella / lui / lei (esso, essa)	lui / lei	lo / la	gli / le
		C. OGG. E C. DI TERMINE	
noi	noi	ci	
voi	voi	vi	
		C. OGG.	C. DI TERMINE
essi / esse / loro	loro	li / le	gli (loro)
		C. OGG. E C. DI TERMINE	
RIFLESSIVO	sé	si	

plemento rimane pertanto salda soltanto alla prima persona singolare (*io* ~ *me*) e ciò potrà in futuro mettere in crisi la stabilità dell'intero paradigma.
Come s'è visto i pronomi atoni presentano delle restrizioni nella libertà di movimento: occupano infatti posizioni fisse adiacenti al verbo e dipendenti dal modo verbale (*mi rispondi? / rispondimi! / non vuole rispondermi*). Inoltre non coprono tutti i ruoli sintattici. I pronomi di prima e seconda persona e il riflessivo hanno un'unica forma per il complemento oggetto e il complemento di termine, quelli di terza persona hanno forme distinte per il complemento oggetto (*lo / la / li / le ascolto*) e il complemento di termine (*gli / le dico; dico loro*). Completano la serie le particelle *ci*, *ne*, che in senso locativo o per esprimere il complemento d'argomento sono atone ma non personali: *ci vado volentieri*, *ne parlo spesso*.
La forma *loro* per il complemento di termine (*ho detto loro di passare a trovarmi*) presenta caratteristiche particolari. Nella tabella è stata posta fra parentesi perché si tratta di una forma ibrida, o pseudoatona, che presenta alcune proprietà dei pronomi tonici e altre dei pronomi atoni. Per esempio a differenza degli altri pronomi atoni è collocato sempre in posizione postverbale. Le possibilità di movimento sono molto limitate: può essere separato dal verbo per l'interposizione di un avverbio (*darò sicuramente loro ciò che meritano*) o nei tempi composti può trovarsi tra ausiliare e participio (ma è una collocazione piuttosto desueta: «Li sterminerò certamente, dice l'Eterno. Non ci sarà più uva sulla vite né più fichi sul fico, e le foglie appassiranno. E anche le cose che ho loro dato saranno loro tolte» Ger. 8.13). Inoltre è bisillabo, e per tale ragione non può essere atono; non può combinarsi con altri pronomi atoni (*dirlo loro* è inaccettabile ed è sostituito anche negli impieghi più formali con *dirglielo*) e non può essere usato come pronome di ripresa nelle dislocazioni (*ai tuoi amici gli dirò cosa fare / *ai tuoi amici dirò loro cosa fare*). L'insieme di queste caratteristiche lo rendono una sorta di anello debole del paradigma, candidandolo a una futura scomparsa. In effetti *loro* tende a essere sostituito da *gli*: *ho detto loro di passare a trovarmi* → *gli ho detto di passare a trovarmi*. Di conseguenza alla norma dello standard, che prevede la distinzione tra maschile, femminile e plurale (*gli*, *le*, *loro*) si contrappone la norma del neostandard, che riduce a due le forme (*gli* maschile singolare e plurale ~ *le* femminile singolare). A questa prima riduzione paradigmatica (da tre a due caselle) se ne affianca una ancora più forte, che prevede un unico morfema indifferenziato (*gli*, usato anche per il femminile singolare). Si tratta però di un fenomeno ancora limitato al substandard.
Il paradigma dei pronomi relativi presenta tre forme principali: *che*, invariabile; art. + *quale*, variabile sia nella forma interna della parola (*quale / quali*) sia nell'accordo con l'articolo e con l'eventuale preposizione (*al quale*, *con i quali* ecc.), prep. + *cui* (*a cui*, *di cui* ecc.). Di queste tre forme, la prima è sintetica (cioè formata da un solo elemento), le altre due sono analitiche (cioè formate da più di un elemento). Quanto agli usi, due dei tre pronomi sono in distribuzione complementare (*che* per le funzioni di soggetto e oggetto / *cui* per i complementi indiretti), il terzo copre teoricamente tutti i possibili impieghi (casi diretti e indiretti), anche se è poco usato in funzione di soggetto e ancor meno come complemento oggetto.

TAB. I.2.4. Il *che* relativo analitico

COSTRUZIONI STANDARD				COSTRUZ. SUBSTANDARD (*CHE* RELATIVO ANALITICO)			
	PREPOSIZ. SEGNACASO	PRONOME RELATIVO			PRONOME RELATIVO	PR. ATONO SEGNACASO	
un medico	**a** **al**	**cui** **quale**	posso telefonare a qualsiasi ora	un medico	**che**	**gli**	posso telefonare a qualsiasi ora
una spiaggia	**in** **nella**	**cui** **quale**	torno sempre volentieri	una spiaggia	**che**	**ci**	torno sempre volentieri
sono problemi	**di** **dei**	**cui** **quali**	discutiamo da anni	sono problemi	**che**	**ne**	discutiamo da anni

Dal punto di vista funzionale i pronomi relativi assicurano sia il rinvio anaforico sia la connessione sintattica, in quanto introduttori di una subordinata. Questa caratteristica li accomuna ai connettivi. Dal punto di vista distribuzionale tendono a seguire immediatamente il punto d'attacco, a differenza di altri pronomi che possono trovarsi anche a una distanza più o meno ampia dall'elemento a cui si riferiscono.

Anche nel caso dei pronomi relativi si nota la tendenza alla semplificazione paradigmatica mediante l'espansione della forma sintetica (*che*) a scapito delle altre:

a) con l'estensione, in tutti i registri, di *che* in funzione di complemento di tempo: l'ultima volta **in cui** abbiamo parlato, l'ultima volta **che** abbiamo parlato.

b) con l'impiego, nel substandard, di *che* anche per esprimere complementi indiretti.

La costruzione rappresentata dagli esempi nella colonna destra della tabella I.2.4 prende il nome di ***che* relativo analitico**. Da un lato è caratterizzata da una semplificazione paradigmatica rispetto alla costruzione standard (uso di un solo pronome in tutti i ruoli sintattici in luogo dell'alternanza *che*/*cui*/*art.* + *quale*). Dall'altro, venendo meno la preposizione che segnala il ruolo sintattico (in termini tecnici si dice che svolge una funzione di segnacaso), si rende necessaria l'aggiunta di un pronome atono idoneo a svolgere la medesima funzione della preposizione (*gli* nel primo esempio, *ci* nel secondo, *ne* nel terzo). La costruzione del relativo analitico, presente da secoli nell'italiano, pur limitata alle varietà substandard si presenta di particolare interesse dal punto di vista della descrizione linguistica perché testimonia come il sistema tenda a riequilibrarsi di fronte a semplificazioni troppo drastiche, esprimendo con mezzi diversi le informazioni grammaticali necessarie.

Nell'àmbito dei dimostrativi l'italiano standard è caratterizzato da un sistema bipartito (*questo* ~ *quello*) mentre la lingua burocratica e l'italiano regionale di Toscana presentano un sistema tripartito (*questo* 'vicino a chi parla' ~ *codesto* 'vicino a chi ascolta'~ *quello* 'lontano da chi parla e da chi ascolta'). In questo caso la semplificazione paradigmatica, radicatasi ormai a livello di sistema, ha comportato la neutralizzazione del tratto vicinanza / lontananza rispetto al destinatario.

I.2.2.2. Morfologia verbale

Nei verbi sono soggetti a flessione il tempo, il modo, la persona. È inoltre codificato il numero, attraverso la distinzione tra le persone singolari e plurali[3]. Il participio presenta una morfologia sia di tipo verbale (variazione nel tempo, presente e passato) sia di tipo nominale (variazione in numero e genere). Quest'ultima caratteristica è propria degli usi del participio sia in proposizione subordinata (*venut-o/-a/-i/-e al mondo*), sia nei tempi composti, quando il participio si accorda col soggetto (coi verbi che richiedono l'ausiliare *essere*: *Marco è arrivato / Maria è arrivata*) o con l'oggetto (nei verbi transitivi, in particolari condizioni: *ho incontrato Maria* ma *l'ho incontrata*). Dal punto di vista diacronico si ricordi che in latino, oltre che nel participio, elementi di flessione nominale erano presenti anche nei modi gerundio e gerundivo. Contribuisce alla variazione della coniugazione verbale la diatesi (attiva, passiva, pronominale) e la presenza di alcune perifrasi verbali. Il paradigma flessivo dei verbi è costituito pertanto da molte caselle.

La struttura morfologica di una voce verbale è un po' più complessa di quella di un nome. A un primo livello di analisi possiamo distinguere, come s'è fatto finora, un morfema lessicale e uno grammaticale (*cant-avano*; *legg-eranno*, *sent-irono* ecc.). Ma, come abbiamo visto, dentro ciascun morfema si possono individuare ulteriori componenti, portatori di informazioni grammaticali specifiche. Alle radici lessicali (*cant-*, *legg-*, *sent-*) seguono delle vocali tematiche (*-a-*, *-e-*, *-i-*), che identificano la classe di coniugazione cui appartiene il verbo. Alla vocale tematica segue una marca temporale e/o modale e infine le marche personali. Sulla base di questo schema si possono costruire i paradigmi di flessione dei verbi regolari. Riproduciamo a titolo di esempio nelle tabelle I.2.5 e I.2.6 quelli dell'imperfetto indicativo e congiuntivo.

Questi schemi, riproducibili per gli altri tempi e modi, sono tuttavia soggetti ad alcune regole di neutralizzazione. Per esempio nel presente indicativo la

TAB. I.2.5. Paradigma di flessione dell'imperfetto indicativo

PERSONA	I CONIUGAZIONE	II CONIUGAZIONE	III CONIUGAZIONE	DESINENZE PERSONALI
1 sing.	radice + voc. tematica (*-a-*) + desinenza temporale / modale (*-v-*) es. *cant-a-v-*	radice + voc. tematica (*-e-*) + desinenza temporale / modale (*-v-*) es. *legg-e-v-*	radice + voc. tematica (*-i-*) + desinenza temporale / modale (*-v-*) es. *sent-i-v-*	-o*
2 sing.				-i*
3 sing.				-a*
1 pl.				-àmo**
2 pl.				-àte**
3 pl.				-ano*

* L'accento cade sulla desinenza temporale / modale: *cantàvo*, *leggévo*, *sentìvo* ecc.
** L'accento cade sulla desinenza personale

[3] A rigore per le persone verbali la nozione di plurale non è sovrapponibile a quella della morfologia nominale: *gatti* equivale a *gatto* + *gatto* mentre *noi* non è *io* + *io*, ma semmai *io* + *tu* e/o + *lui*/*lei*.

TAB. I.2.6. Paradigma di flessione dell'imperfetto congiuntivo

PERSONA	I CONIUGAZIONE	II CONIUGAZIONE	III CONIUGAZIONE	DESINENZE PERSONALI
1 sing.	radice + voc. tematica (-*a*-) + desinenza temporale / modale (-*ss*-) es. *cant-àss-*	radice + voc. tematica (-*e*-) + desinenza temporale / modale (-*ss*-) es. *legg-éss-*	radice + voc. tematica (-*i*-) + desinenza temporale / modale (-*ss*-) es. *sent-ìss-*	-i
2 sing.				-i
3 sing.				-e
1 pl.				-imo
2 pl.				-te
3 pl.				-ero

distinzione basata sulla vocale tematica è neutralizzata totalmente alla prima persona singolare e plurale (*cant-o, legg-o, sent-o; cant-iamo, legg-iamo, sent-iamo*), parzialmente alla terza singolare e plurale (*cant-a* vs *legg-e* e *sent-e*; *cant-ano* vs *legg-ono* e *sent-ono*). La distinzione basata sulla vocale tematica è neutralizzata totalmente in tutte le persone del presente congiuntivo ecc.

La distinzione tra presente e passato rispetto al momento dell'enunciazione si ritrova in tutti i modi verbali (escluso l'imperativo, poiché il comando o l'ordine, almeno in italiano, si esprime grammaticalmente solo come presente); il futuro si ha solo all'indicativo: rispetto al latino si sono perduti i futuri dell'infinito, del participio e dell'imperativo. I paradigmi sono complessivamente sbilanciati verso l'espressione del passato: come abbiamo visto l'indicativo ne distingue ben cinque tipi.

Alcuni tempi, detti deittico-anaforici (v. Quadro I.2.2) codificano la contemporaneità, l'anteriorità o la posteriorità rispetto a un momento di riferimento (rappresentato da un avverbio, da un'espressione temporale, da una subordinata) diverso dal momento dell'enunciazione. Anche per i tempi deittico-anaforici il sistema appare sbilanciato verso l'espressione dell'anteriorità rispetto al momento di riferimento – mediante i due trapassati e il futuro anteriore – mentre la posteriorità è espressa morfologicamente solo nel caso del condizionale composto usato per esprimere il «futuro nel passato»: *Il mese scorso Mario mi ha detto che sarebbe passato a salutarmi il giorno dopo*. Dal punto di vista diacronico si tenga presente che tale valore del condizionale composto si è sviluppato piuttosto recentemente nella storia dell'italiano.

I **modi** del verbo italiano sono sette: quattro finiti (indicativo, congiuntivo, condizionale, imperativo), caratterizzati da un sistema di flessione personale, tre infiniti (infinito, gerundio, participio), privi di flessione personale. Rispetto al latino si osserva la creazione di un nuovo modo finito, il condizionale, che assorbe in gran parte i valori del congiuntivo. Vari i cambiamenti nei modi infiniti: scompaiono il gerundivo, il supino, il participio futuro e l'infinito futuro, rimangono, ma fortemente ristrutturati nelle forme e nelle funzioni, il gerundio e l'infinito.

I modi sono lo strumento grammaticalmente codificato per esprimere la **modalità**, cioè l'atteggiamento del parlante nei confronti dell'enunciato o dell'atto di enunciazione. La modalità può essere però espressa anche con mezzi non morfologici: lessicali (per es. con avverbi come *forse*, *magari*, *certamente*, *probabilmente* ecc.), prosodici (una particolare intonazione), mimico-gestuali.

Al modo sono di norma abbinate determinate proprietà semantiche. Come abbiamo imparato a scuola l'indicativo presenta l'evento come certo, il condizionale come possibile, subordinandone la realizzazione al verificarsi di alcune condizioni, il congiuntivo come possibile, desiderabile ecc. Ma se si scava un po' più a fondo si nota che nell'espressione della modalità si realizza un complicato intreccio di nozioni anche temporali, sintattiche e pragmatiche. Pur essendo l'indicativo il modo della certezza, quando è usato al futuro presenta eventi possibili in quanto non ancora realizzati e pertanto si presta assai bene ad assumere valori modali. Se dico: *hanno bussato alla porta: sarà Marco*, la condizione espressa dal verbo al futuro non è temporalmente futura, quindi il tempo svolge di fatto i compiti che spetterebbero al modo (nella fattispecie fare una supposizione). Si parla, in questo e in altri casi, di **usi modali dei tempi verbali**. Il fenomeno inverso è rappresentato dall'uso del condizionale composto per il futuro nel passato, di cui abbiamo già detto. Qui il condizionale abdica ai suoi compiti modali per esprimere una nozione temporale (evento posteriore a quello espresso dal verbo della proposizione principale).
Se proviamo a disporre i modi dell'italiano lungo una scala che va dalla maggiore alla minore quantità di significati modali espressi, al livello più alto si trova il condizionale, modo in cui la natura semantica (espressione di un evento come possibile) è più evidente. In posizione intermedia si colloca il congiuntivo, per il quale esiste una certa sovrapposizione di funzioni semantiche, sintattiche e stilistiche. Dal punto di vista semantico il congiuntivo presenta un evento come collocabile lungo un *continuum* che va dalla probabilità all'impossibilità. Tale valore si coglie per esempio nelle proposizioni completive introdotte da un verbo di opinione (*credo che sia un problema difficile da risolvere*), ma occorre osservare che in simili casi il grado di certezza/probabilità con cui si presenta l'evento è espresso in piccola parte dal modo, in parte assai più rilevante dalla semantica del verbo della principale (è ben diverso presentare un'opinione facendola precedere da *affermo che*, *sono convinto che*, *credo che*, *suppongo che* ecc.). Inoltre, nell'esempio precedente, l'alternanza tra l'indicativo e il congiuntivo è anche legata alla scelta di un registro più o meno formale. Un caso limite di azzeramento del valore modale del congiuntivo in proposizioni esprimenti un'opinione può essere rappresentato da frasi come *Marco crede che Dio esista / esiste*. Qui l'alternanza tra indicativo e congiuntivo è esclusivamente legata a una scelta di registro, nel senso che il modo del verbo della subordinata non consente di fare supposizioni sul grado di religiosità di Marco [Sgroi 2013]. In altri casi il congiuntivo svolge interamente un ruolo sintattico. Per es. nelle frasi *sebbene avesse fame ha atteso il rientro della moglie per cenare* e *hanno speso molti soldi perché il figlio ricevesse un'istruzione di buon livello* le condizioni espresse dai verbi delle due subordinate (rispettivamente concessiva e finale) sono certe in quanto verificatesi nel passato. Il congiuntivo non ha quindi valore modale, ma serve esclusivamente a segnalare la subordinazione. Anche in latino il congiuntivo svolgeva sia compiti semantici che sintattici, tuttavia i casi di subordinate costruite obbligatoriamente col verbo al congiuntivo erano più numerosi che in italiano. Il modo era infatti denominato nelle grammatiche come *subiunctivus*,

QUADRO I.2.2.

Tempo fisico e tempi grammaticali

Nelle lingue flessive, come l'italiano e le altre lingue romanze, la rappresentazione grammaticale delle relazioni temporali è affidata in primo luogo alla morfologia verbale, che prevede paradigmi flessivi più o meno articolati. Tempo fisico e tempi grammaticali sono tuttavia entità concettualmente distinte. Il tempo fisico è misurabile, i tempi verbali esprimono informazioni relazionali, cioè specificano se il **momento dell'avvenimento** (MA) si colloca prima, durante o dopo un certo punto di riferimento. Il primo e più importante punto di riferimento utile per ancorare il sistema relazionale dei tempi verbali alla realtà extralinguistica è costituito dal **momento dell'enunciazione** (ME). Naturalmente questo ancoraggio può avvenire solo nel momento in cui una voce verbale non è considerata come forma astratta di un paradigma, ma è calata in un enunciato e, dunque, riferita a un sistema di relazioni spazio-temporali che si definisce **campo indicale** (v. § I.3.1.4). I tempi descrivibili con un solo punto di ancoraggio (ME) sono chiamati **tempi deittici**, perché interpretabili grazie alle informazioni relative al campo indicale dell'atto di enunciazione. Nel sistema dell'indicativo sono tempi deittici il presente, il passato prossimo, il passato remoto, il futuro semplice.

Ieri alle 8,15 sono uscito (MA) per andare al lavoro

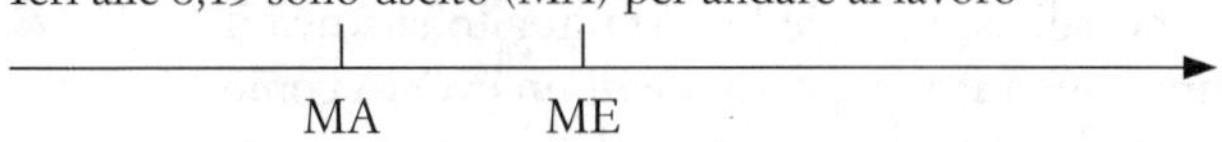

Domani alle 10,45 prenderò (MA) il treno per Bologna

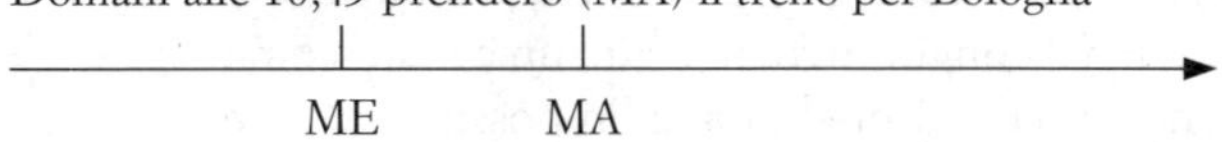

Esiste un'altra categoria di tempi verbali, detti **deittico-anaforici**, che richiede un ancoraggio doppio: a ME (come i tempi deittici), ma anche a determinazioni di tempo espresse da un'altra proposizione o da espressioni avverbiali, temporali (*quando x*, *prima che x*, *dopo che x*, *non appena x*). Tali espressioni costituiscono il secondo punto di ancoraggio, che chiamiamo **momento di riferimento** (= MR). I tempi deittico-anaforici non compaiono di norma in frasi semplici, ma in frasi complesse in cui ci sia almeno una forma verbale in relazione con un tempo deittico:

Quando sono uscito per andare al lavoro (MR), era da poco finito il notiziario delle otto (MA).

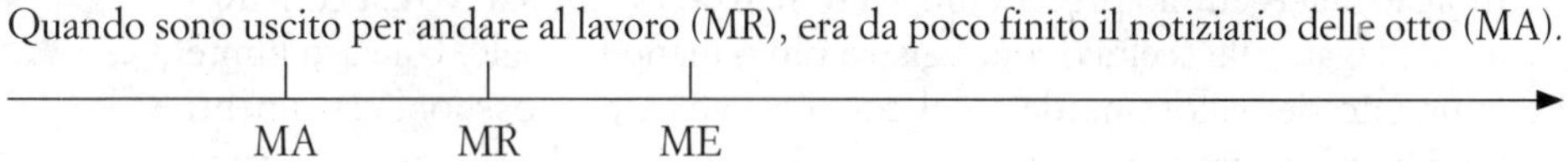

L'italiano ha quattro tempi deittico-anaforici: il trapassato prossimo, il trapassato remoto, il futuro anteriore e il condizionale passato usato per esprimere il futuro nel passato (*Marco promise che sarebbe tornato a trovarci*). Di questi, tre esprimono una relazione di anteriorità rispetto al tempo deittico di riferimento e uno (il condizionale passato) una relazione di posteriorità rispetto al tempo deittico di riferimento.

Ulteriori criteri per collocare più precisamente i tempi verbali sull'asse temporale sono dati dalle informazioni aspettuali: per esempio un'azione perfettiva individua il punto di inizio e quello finale dell'evento, un'azione imperfettiva individua il punto iniziale ma non necessariamente quello finale; un'azione momentanea è rappresentabile sull'asse temporale come un punto, un'azione durativa come un intervallo ecc. Come abbiamo visto la morfologia dell'italiano non ha un sistema di marche aspettuali specifiche in quanto le informazioni aspettuali sono strettamente intrecciate a quelle temporali.

etimo a cui sono riconducibili il fr. *subjonctif* e l'ingl. *subjunctive*. All'estremo inferiore della scala si collocano i modi infiniti, i quali non esprimono significati riconducibili alla nozione di modalità e sono invece impiegati come modi della subordinazione [Prandi 2002; Squartini 2015].

L'**aspetto**, cioè la possibilità di distinguere tra azioni concluse e non concluse, momentanee e durative ecc. non ha una vera e propria codifica morfologica in italiano. L'opposizione tra perfettività e imperfettività è realizzata mediante la scelta di tempi verbali diversi (per es. imperfetto per le azioni imperfettive vs passato prossimo o passato remoto per le azioni perfettive), ma non può essere espressa attraverso marche morfologiche specifiche interne al verbo, come avviene per es. nelle lingue slave. Per esprimere alcune sfumature aspettuali si sono sviluppate in italiano delle perifrasi. La più diffusa è quella progressiva, che esprime un evento visto nel corso del suo svolgimento (*sto/stavo guidando la macchina*). L'aspetto progressivo è intrinsecamente imperfettivo, cioè focalizza l'azione durante un momento del suo svolgimento, ma non dà informazioni, né permette di fare congetture, sul proseguimento e sulla conclusione dell'azione stessa. Per tale motivo la perifrasi progressiva è compatibile coi tempi imperfettivi dell'ausiliare *stare*, ma non con quelli perfettivi (**stette guidando la macchina*). Alcuni infissi verbali conferiscono informazioni sulle modalità con cui viene svolta l'azione, e quindi hanno un valore blandamente aspettuale: *-icchi-are*, *-acchi-are*, *-erell-are* indicano che l'azione è svolta con poco impegno o in maniera discontinua: *studiare* → *studi(a)cchiare*; *rubare* → *rubacchiare*; *giocare* → *giocherellare*.

I.2.3. MORFOLOGIA LESSICALE

La morfologia lessicale studia i meccanismi che rendono possibile l'ampliamento del lessico attraverso la **derivazione** e la **composizione**. La morfologia lessicale ha dato un grande contributo alla costruzione del lessico dell'italiano: se ci limitiamo al vocabolario di base osserviamo che oltre un terzo (il 35%) dei termini non proviene né dal latino né da altre lingue, ma è il risultato di parole nate in italiano grazie alla produttività dei processi che analizzeremo nei prossimi paragrafi. Se poi allarghiamo l'osservazione al lessico esteso dell'italiano notiamo che questa percentuale cresce ulteriormente: dei circa 260.000 lessemi registrati nel *GRADIT* oltre la metà è costituito da derivati e composti [Lorenzetti 2002].

I.2.3.1. La derivazione

La **derivazione** avviene in genere per mezzo dell'aggiunta di un **affisso** (morfema legato) a una **parola base** (morfema libero). Gli affissi si distinguono in **prefissi**, se precedono la base (*costante* → *in-costante*), **suffissi**, se la seguono (*deriv*[are] → *deriv-azione*). Se l'affisso è inserito nel mezzo della parola si parla di **infissi**. L'italiano ha pochi infissi, esempi utili possono essere gli infissi verbali (*cant-icchi-are*, *gioch-erell-are*) di cui abbiamo parlato in I.2.2.2. La suffissazione è il processo derivativo più comune: per avere un'idea degli ordini di grandezza, nel vocabolario esteso dell'italiano il rapporto tra suffissati e prefissati è di circa 4 a 1.

In italiano i derivati sono nel complesso trasparenti: nei prefissati la regolarità del processo è minimamente intaccata dall'occasionale assimilazione del prefisso alla base (*in* + *probabile* → *improbabile*, *in* + *raggiungibile* → *irraggiungibile*), nei suffissati dalla caduta della desinenza (*libr*[o] → *libreria*, *adatt*[are] → *adattamento*). La trasparenza diminuisce leggermente nel caso in cui la radice della parola base vada incontro a modifiche: *piede* / *pedata*, *fuoco* / *focoso*. È ulteriormente indebolita dalla possibilità che ha sempre avuto l'italiano di attingere direttamente al latino per incrementare il proprio vocabolario colto: per es. gli aggettivi *glaciale* e *oculare* etimologicamente derivano dagli aggettivi latini GLACIĀLEM, OCULĀREM. Ciò produce, dal punto di vista sincronico (che è poi quello del parlante), l'accostamento *ghiaccio* ~ *glaciale*, *occhio* ~ *oculare* e ciò indebolisce la trasparenza del derivato.

La suffissazione presenta due proprietà che la differenziano dalla prefissazione: la **transcategorizzazione** (o **cambio di categoria morfologica**) e la **ricorsività**. In seguito all'aggiunta di un suffisso il derivato può passare a una classe morfologica differente: *intuire* [verbo] → *intuitivo* [agg.]; *noia* [sost.] → *noioso* [agg.]. Anzi, possiamo dire che in italiano la condizione più frequente è che la suffissazione determini il cambio di categoria morfologica. Esistono, ma sono numericamente limitati, suffissi che consentono al derivato di mantenere la stessa categoria morfologica della base: *fiore* → *fiorista*, *orologio* → *orologiaio*, *cittadino* → *cittadinanza*. La suffissazione può essere ricorsiva, cioè da un derivato se ne può ottenere un altro (*fossil*[e] → *fossil-izzare* → *fossil-izz-azione*). La ricorsività è teoricamente applicabile anche alla prefissazione, ma ha limiti d'impiego assai stretti: non è possibile con la maggior parte dei prefissi **in-incompetente*; **de-destabilizzare* (ma è possibile per es. *ri-de-stabilizzare*) e ricorre più che altro in contesti scherzosi: *ho conosciuto il suo ex-ex-ragazzo*; *se non avete capito ve lo ri-rispiego un'altra volta*. Combinando i criteri della transcategorizzazione e della ricorsività i derivati possono dar luogo a sequenze di cambiamenti di categoria morfologica: *accettare* [verbo] → *accettabile* [agg.] → *accettabilità* [sost.].

La **conversione** consiste in un processo di cambiamento della categoria morfologica di una parola non segnalato da affissi: per esempio *abbasso!* come interiezione a partire dalla locuzione *a basso* o *piacere* sostantivo a partire dal verbo corrispondente. Alla conversione può essere accostata la **derivazione a suffisso zero**, cioè la creazione di una parola senza l'aggiunta di alcun suffisso, ma della sola desinenza grammaticale. Si ha in genere coi nomi creati a partire da verbi: *denunciare* → *denuncia*; *guadagnare* → *guadagno*. Un tipo particolare di derivazione consiste nella creazione di un verbo a partire da un nome o da un aggettivo tramite l'aggiunta simultanea di un prefisso e della

QUADRO I.2.3.

La retroformazione

La derivazione è un procedimento molto radicato nella coscienza linguistica dei parlanti, al punto che può generare per analogia la creazione di parole base (inesistenti) a partire da derivati (esistenti). Tale procedimento prende il nome di **retroformazione** e inverte la normale direzione della derivazione (dal derivato alla parola base anziché dalla parola base al derivato). È piuttosto comune nell'acquisizione linguistica dei bambini e nell'apprendimento dell'italiano da parte di stranieri. In tali contesti genera forme analogiche transitorie che poi regrediscono con l'aumentare della competenza linguistica. A volte una retroformazione inizia a farsi strada nella lingua comune, ma è bloccata dal filtro normativo: è ciò che sta avvenendo per l'infinito *redarre* (da *redazione* o *redatto*) in luogo di *redigere*. La forma è piuttosto usata (circa 58.000 risultati da una ricerca su Google), ma è ancora comunemente considerata un errore non solo nelle grammatiche e nei dizionari, ma nella coscienza dei parlanti: in una piccola fetta dei 58.000 risultati di cui sopra il termine ricorre in funzione metalinguistica, cioè per segnalare (in genere da parte di non specialisti) che non bisogna dire o scrivere *redarre*. Altre volte la retroformazione finisce per imporsi. È andata così per *correlare* 'mettere in correlazione', *transare* 'fare una transazione' e *candidare* 'presentare qualcuno come candidato', creati rispettivamente a partire da *correlazione*, *transazione* e *candidato* (originariamente aggettivo, erroneamente interpretato come il participio passato di un inesistente *candidare*). Un altro esempio di retroformazione è costituito da *postfazione*, generato da un errore di segmentazione di *prefazione*, in cui si è individuato erroneamente un prefisso *pre-* (in realtà *prefazione* deriva dal lat. PRAEFATIŌNEM 'dire prima'). Nel passaggio dal latino all'italiano sono stati numerosi i casi di retroformazione nella formazione di verbi a partire dal tema del participio perfetto anziché del presente (ACQUIRĔRE ~ ACQUISITUM → *acquisire*, GERĔRE ~ GESTUM → *gestire* ecc.).

desinenza dell'infinito: *vantaggio* → *avvantaggiare*, *vecchio* → *invecchiare*, *veleno* → *invelenire* ecc. I verbi così formati, piuttosto numerosi, sono detti **parasintetici**. Il procedimento è ancora produttivo, come dimostra la presenza di verbi parasintetici tra i neologismi del linguaggio giovanile di varie zone d'Italia: *impasticcarsi* 'assumere droghe', *imparanoiare*, 'entrare in uno stato di agitazione o confusione mentale', *imbruttire* come verbo intransitivo 'assumere un atteggiamento aggressivo' ecc.

Le possibilità di derivazione sono limitate da alcune restrizioni. Per es. in italiano il catalogo dei procedimenti derivativi che possono generare i nomi d'azione (nomi derivati da verbi che esprimono l'atto o l'effetto dell'azione) è molto ricco. Grazie a tale ricchezza da *tirare* si sono formati diversi derivati non sinonimici: *tiraggio*, *tiratura*, *tirata*, *tiro*. Quando però i potenziali derivati risulterebbero sinonimi di un termine già esistente si attiva una regola di blocco. Così *castigo* (deverbale a suffisso zero di *castigare*) blocca la formazione di **castigatura* **castigamento* o **castigazione*, che pure avrebbero tutte le carte in regola dal punto di vista delle regole derivative. Analogamente la presenza di *scorretto* ha tenuto finora ai margini la forma concorrente *incorretto* (attestata in italiano fin dal XIV secolo). Recentemente *incorretto* è stato però revitalizzato e conosce una certa diffusione per influsso dell'inglese *incorrect*. È pur vero che non sempre questo filtro riesce a produrre i suoi effetti: a volte nel nostro lessico convivono doppioni sinonimici (*divaricamento* / *divaricazione*).

Un'altra restrizione è data dalla tendenza di un suffisso a modificare uno e un solo tipo di base: per esempio *-oso* è utilizzato per creare aggettivi a partire da nomi (*fumo* → *fumoso*) e ciò blocca la possibilità di creare derivati in *-oso* a partire da verbi (**mangioso*, **bevoso*, **dormoso*) o da aggettivi (**agiloso*; **rapidoso*, **utiloso*). Ma si tratta di una tendenza più che di una regola; sono infatti presenti eccezioni in cui il suffisso agisce su basi verbali (*pensare* → *pensoso*) o aggettivali (*serio* → *serioso*). Inoltre tale vincolo si può violare per creare nuove parole a scopo ludico o creativo; per es. varie neoformazioni deverbali in *-oso* sono state usate in note campagne pubblicitarie: *scattosa*, *risparmiosa* (a proposito di un'automobile), *inzupposo* (a proposito di un biscotto).

Per quanto riguarda le tendenze in atto, anche nell'àmbito della derivazione si segnala il proseguimento della tendenza già ricordata alla riduzione dei doppioni (v. I.2.1). Nei vocabolari sono registrate coppie suffissali come *distruggitore* / *distruttore*, *interrompitore* / *interruttore*, *reggitore* / *rettore* anche se il primo elemento risulta ormai desueto. Da notare che in questo caso la selezione ha fatto uscire dall'uso i derivati più trasparenti, riconducibili dal parlante al tema del presente o dell'infinito del verbo (*distruggere*, *interrompere*, *reggere*) a favore di forme dotte risalenti al latino (DESTRUCTŌREM, INTERRUPTŌREM, RECTŌREM) e comunque dal punto di vista del parlante riconducibili al tema del participio passato (*distrutto*, *interrotto*, *retto*).

Notevole la vitalità di alcuni suffissi. Particolarmente produttivo *-ata*, che dà luogo a sostantivi con vari significati: 'risultato di un'operazione veloce', perché occasionale (*fare una comparsata in una trasmissione televisiva*) o poco approfondita (*ho dato una studiata al capitolo*); 'colpo inferto con x (parte del corpo o strumento)' (*randellata*, *manata*, *ginocchiata* ecc.); 'azione o comportamento (negativo e prevedibile) caratteristico di una persona o una categoria di persone' (*cassanata*, *pacchianata*, *americanata* ecc.). Il suffisso *-ato* dà origine ad aggettivi col significato di 'dotato, provvisto di', soprattutto con riferimento al corpo e alle possibilità di intervento su di esso: *muscolato*, *siliconato*, *tatuato*, *orecchinato* e addirittura *piercingato*. Molto produttivo anche *-ivo*, che può generare aggettivi a partire da verbi, sostantivi o avverbi. È particolarmente ricca di derivati in *-ivo* la terminologia medico-psicologica. A partire dagli anni Settanta del secolo scorso sono entrati in circolazione (spesso per influsso di modelli francesi e inglesi) *accuditivo*, *adattivo*, *attentivo*, *compulsivo*, *confusivo*, *divisivo*, *introiettivo*, *perseverativo*. Neoformazioni in *-ivo* si sono diffuse anche in àmbiti diversi: *divisivo*, che già esisteva in italiano nel senso di 'divisorio' per designare referenti inanimati, ha avuto una certa fortuna nel lessico politico per designare un leader che per la sua storia e le sue idee è più abile nel dividere che nel ricomporre le alleanze. Un altro caso interessante è *immersivo*, diffuso nel linguaggio tecnico-informatico. La *realtà virtuale immersiva* è quella capace di far immergere con tutti i sensi il soggetto in un esperimento di simulazione.

I.2.3.2. L'alterazione

L'alterazione è un procedimento di formazione delle parole a metà strada tra la flessione e la derivazione. Grazie a questo procedimento un affisso si aggiunge a una parola base modificandone alcuni tratti semantici accessori, soprattutto valutazioni del parlante circa le dimensioni (*librino*, *librone*), la simpatia o la bellezza (*amichetto*, *tesoruccio*, *posticino*), la bruttezza o il degrado (*quartieraccio*, *filmaccio*, *ragazzaccio*) di un referente. I suffissi alterativi sono caratterizzati da una certa elasticità semantica: *bottiglietta* e *villino* si riferiscono primariamente alle dimensioni dei referenti, ma *attricetta* e *dottorino* non si riferiscono primariamente all'età o alla corporatura: esprimono piuttosto una valutazione negativa sulle rispettive capacità professionali; il suffisso *-one* oltre al significato accrescitivo (*camicione*, *bustone*) può assumerne due valutativi, di segno opposto: negativo (*accattone*, *sporcaccione*) o positivo (*macchinone*, *filmone*, *concertone*). Ma si tratta pur sempre di valutazioni soggettive: nel film *Accattone* (1961) di Pier Paolo Pasolini il termine non è certo connotato negativamente, così come sulla connotazione positiva di *macchinone* non tutti sarebbero d'accordo. Anche *professorone*, un tempo usato elogiativamente per riferirsi a un luminare (*si è fatto visitare da un professorone*) si sta progressivamente degradando nell'uso politico-giornalistico. In alcuni casi gli alterati esprimono uno specifico valore pragmatico-discorsivo: se incontro un amico e gli dico *ti va una birretta?* non sto tentando di risparmiare sul conto offrendogli una birra piccola, ma sto cercando di manifestare attraverso il diminutivo il mio atteggiamento di cortesia, confidenza ecc. nei suoi confronti.
Nel caso in cui l'alterato assume un significato distinto rispetto alla parola base siamo di fronte a un processo di **lessicalizzazione** (v. Quadro I.2.4). La lessicalizzazione è piuttosto frequente con gli alterati e in particolare col suffisso *-ino* può accompagnarsi a un cambio di genere (*calza* → *calzino*, *finestra* → *finestrino*). Con l'accrescitivo il cambio di genere di solito non determina la lessicalizzazione: un *tappone* è una tappa ciclistica lunga e impegnativa, un *donnone* è una donna alta e dalla corporatura robusta ecc. (ma *rosone* 'decorazione architettonica' da *rosa* è un alterato lessicalizzato). L'esistenza di un alterato lessicalizzato blocca l'uso del suffisso alterativo nelle sue funzioni originarie: per riferirci a un piccolo fiore dobbiamo usare *fiorellino* in quanto sia *fiorino* sia *fioretto* sono già impiegati come alterati lessicalizzati.
L'alterazione si applica primariamente ai nomi, ma può riguardare anche i verbi (in questo caso si realizza per mezzo di infissi: *ridacchiare*, *giocherellare*), avverbi (*benone*, *maluccio*) e occasionalmente altre classi morfologiche. Nella maggior parte dei casi si realizza grazie a specifici suffissi, ma può essere ottenuta anche per mezzo di infissi (abbiamo appena visto gli esempi di verbi) e dei prefissoidi *mini-*, *maxi-*, *super-*, *iper-*, *mega-* (*mini-appartamento*, *maxi-sconto* ecc.). Fra le lingue romanze l'alterazione è un procedimento morfologico caratteristico dell'italiano (e in parte dello spagnolo). Altre lingue per esprimere le stesse informazioni devono ricorrere a perifrasi.

I.2.3.3. La composizione

La composizione ha in comune con la derivazione il risultato del processo: la creazione di una parola nuova a partire da elementi preesistenti. Se ne differenzia perché mette insieme due parole libere e non una parola libera e un morfema legato.

Dal punto di vista ortografico i composti possono essere scritti uniti (*spazzacamino*), staccati (*filo spinato*) o uniti dal trattino (*afro-americano*), senza che ciò influisca sulle loro proprietà morfosintattiche. I composti possono costituire talvolta la base per dei derivati: *croce rossa* → *crocerossina*, *pallavolo* → *pallavolista*. L'italiano può creare composti a partire da parole appartenenti a diverse classi. La lista dei tipi di composti dell'italiano è riportata nella tabella I.2.7.

Un primo dato che emerge dalla tabella è che nella maggior parte dei casi il processo di composizione dà origine a un nome. Inoltre degli undici tipi elencati solo tre risultano pienamente produttivi (N + N; Agg. + Agg.; V + N). La composizione Agg. + N non è quasi più produttiva, anche se si registrano alcune neoformazioni rientranti in questo tipo come *malasanità* e *mezzobusto*.

Dal punto di vista diacronico è necessario precisare che nel lessico tradizionale dell'italiano i composti erano relativamente pochi (fra quelli entrati in italiano prima del 1500 ricordiamo *beccamorto*, *biancospino*, *caciocavallo*). La quasi totalità dei composti presenti nel nostro lessico sono entrati in circolazione a partire dalla fine del Settecento. Quindi, a differenza della derivazione, che è stata un importante fattore di arricchimento lessicale lungo tutta la storia dell'italiano, la composizione ha agito in tal senso prevalentemente negli ultimi due secoli.

Esistono diversi criteri per classificare i composti (d'ora in avanti chiameremo C il composto, A e B rispettivamente il primo e il secondo componente). Possiamo fare una prima distinzione tra composti **endocentrici** ed **esocentrici**. Prendendo a prestito la terminologia che utilizzeremo per descrivere la struttura del sintagma, che prevede la distinzione tra testa e modificatori (v. § I.3.2.2)

TAB. I.2.7. Tipi di composti in italiano

CLASSE DEI COMPONENTI	CLASSE DEL COMPOSTO	ESEMPI	PRODUTTIVITÀ
N + N	N	capostazione, pescespada	+
Agg. + Agg.	Agg.	dolceamaro, verdeazzurro	+
V + V	N	saliscendi, giravolta	–
Avv. + Avv.	Avv.	malvolentieri, sottosopra	–
V + N	N	scolapasta, cantastorie	+
V + Avv.	N	buttafuori, cacasotto	–
N + Agg.	N	camposanto, cassaforte	(+)
N + V	V	manomettere, crocefiggere	–
Agg. + N	N / Agg.	biancospino, gentiluomo, giallo limone	(+)
Prep. + N	N	sottopassaggio, oltretomba	–
Prep. + V	V	contraddire, sottomettere	–

Fonti: Scalise e Bisetto [2008]; Iacobini [2010] con adattamenti.

possiamo dire che nei composti endocentrici uno dei due elementi (di solito A) costituisce la testa del composto. Un esempio di composto endocentrico è *capostazione*. Questi composti ereditano dalla testa la classe morfologica, i tratti flessivi (*ca**po**stazione* è di genere maschile e il plurale è *ca**pi**stazione*) e i principali tratti semantici: per es. *capostazione* prende il tratto [+ animato] di *capo*, non il tratto [– animato] di *stazione*. In accordo con l'ordine dei costituenti caratteristico dell'italiano nei composti endocentrici la testa tende a essere l'elemento di sinistra: *pescespada*, *guardalinee*, *apribottiglie*. Presentano la testa a destra alcune parole che derivano da locuzioni latine (*terremoto* 'movimento della terra'), i composti neoclassici (*biologo*), che conservano l'ordine dei costituenti del greco e del latino e alcuni composti entrati di recente in italiano per influsso dell'inglese (*computer-grafica*, *baby-gang*) di cui parleremo tra poco. I composti la cui testa è collocata fuori dal composto (cioè non coincide né con A né con B) si chiamano **esocentrici**. Esempi di composti esocentrici sono *casco blu*, *berretto verde*, *pellerossa*. Composti del genere sono parafrasabili all'incirca con «X ha A e B / è caratterizzato da A e B». Come si vede, nessuno dei componenti contribuisce a dare il significato fondamentale al composto: per es. nessuno dei componenti dei tre esempi proposti possiede il tratto [+ animato], eppure i composti che ne derivano designano delle persone, poiché ereditano questo tratto semantico dalla testa. Da questa caratteristica consegue che in molti casi il significato dei composti esocentrici non è ricostruibile con facilità a partire da quello dei componenti: difficile ad es. inferire che i *caschi blu* sono dei militari dell'ONU impegnati in missioni di pace, i *berretti verdi* dei membri di corpi scelti dell'esercito statunitense, che *pellerossa* è il termine spregiativo con cui venivano chiamati dai coloni europei gli appartenenti alle popolazioni indigene del nord America.

Una seconda distinzione, che si sovrappone alla prima, riguarda il rapporto di significato tra gli elementi del composto: in *caffelatte*, *giallorosso*, *studente lavoratore* i componenti contribuiscono paritariamente alla creazione del significato e possono essere parafrasati all'incirca con «C è sia A sia B». Questi composti sono detti **coordinativi**. Nei composti **subordinativi** il significato di A è gerarchicamente sovraordinato a B. Ne è un esempio *pescegatto*; una possibile parafrasi potrebbe essere: «C è un A con alcune caratteristiche più o meno rilevanti di B» Per es. un *pescegatto* è un pesce (non un gatto!) con alcune caratteristiche particolari (la presenza dei barbigli, una specie di baffi) che ricordano quelli del gatto. Infine composti come *cassaforte*, *viso pallido*, *discorso fiume* sono detti **attributivi** o **appositivi**. Sono all'incirca parafrasabili con «C è un A che assume (un po' / del tutto) le caratteristiche predicate da B». Come si vede il significato del componente può essere figurato (*fiume* nel senso di 'molto lungo, prolisso') o uno dei possibili significati del termine (*forte* 'robusta, resistente', non ad es. 'muscolosa').

Nell'àmbito dello studio dei processi che danno origine a parole nuove può non essere agevole individuare i confini tra la morfologia e la sintassi. Non sempre è chiaro dove porre il confine tra i composti, che sono il risultato di processi morfologici, e le unità polirematiche (v. § 1.4.7), che derivano da un processo di lessicalizzazione di costruzioni sintattiche autonome. Per esempio *numero verde* e *telefono azzurro*, da alcuni classificati come composti, presentano anche proprietà in comune con unità polirematiche come *conferenza stampa*, *anno luce*, *anima gemella* [Gaeta e Ricca 2009].

Presenta caratteristiche a sé la **composizione neoclassica**. In italiano, come nella maggior parte delle lingue di cultura, una buona fetta del lessico colto è stata creata attingendo dal serbatoio delle lingue classiche (in primo luogo il greco, ma anche il latino). Soprattutto a partire dalla seconda metà del Settecento si è sfruttata questa possibilità per creare composti che designano le diverse scienze o discipline (*geologia*, *glottologia*, *archeologia* ecc.). Ricorrono tuttora alla composizione neoclassica molti linguaggi specialistici, in particolare quello della medicina (*cardiopatia*, *laparoscopia* ecc.). Il progresso tecnologico ha fatto sì che molti composti di questo tipo abbiano varcato le soglie del lessico specialistico e siano entrati a far parte del vocabolario comune (*telefono*, *frigorifero*, *termometro*) o addirittura del vocabolario di base (*citofono*, *semaforo*).

A partire dallo schema iniziale, il tipo compositivo si è esteso e può comprendere un primo elemento classico e un secondo italiano (*telecomando*) o viceversa (*paninoteca*). Gli elementi che danno luogo alla composizione neoclassica presentano alcune caratteristiche proprie degli affissi in quanto non sono delle parole autonome (lo erano nelle lingue di provenienza), altre proprie delle parole libere, perché presentano una pienezza di tratti semantici che gli affissi non hanno. Per tale motivo si definiscono **confissi** oppure, per distinguerli in base alla posizione che occupano, **prefissoidi** (*bio-* in *biodinamica*) o **suffissoidi** (*-antropo* in *filantropo*). Un'altra differenza rispetto alla composizione realizzata con parole italiane è che la testa si trova a destra, in accordo con le regole di ordine dei costituenti del greco e del latino.

Si tratta di una modalità compositiva in forte espansione nel lessico recente, in particolare nello schema col primo elemento di origine classica e il secondo italiano (*televisione*, *videointervista*). L'ampia fortuna di questi composti ha determinato la creazione di nuovi prefissoidi, con un significato autonomo rispetto a quello che avevano nella lingua di origine. Vediamo alcuni esempi. *Auto-*, oltre a valere 'da solo, di sé stesso' (*autocombustione*, *autocritica*), ha assunto per accorciamento il significato di 'automobile' in *autostrada*, *autoraduno*. Lo stesso procedimento si è avuto per *foto-* che da 'luce, relativo alla luce' (*fotosintesi*, *fototermico*) è passato a significare 'fotografia' (*fotoritocco*, *fotomontaggio*) e per *eco-* che da 'casa' (*economia*) o 'ambiente' (*ecosfera*) ha assunto il significato di 'ecologico' (*ecomostro*, *ecoincentivo*). Il confisso *euro-* (da *Europa*) ha sviluppato ben due significati secondari: 'relativo all'Unione Europea' (*euroburocrate*, *euroscetticismo*) e 'relativo all'euro' inteso come moneta (*euroconvertitore*). Per alcuni studiosi i composti creati a partire da questi significati secondari dei prefissoidi greco-latini andrebbero classificati non come composti neoclassici, ma come composti a tutti gli effetti. Sempre nell'àmbito della diffusione recente di confissi andrà ricordata la grande fortuna di alcuni prefissoidi indicanti le dimensioni di qualcosa (*micro-*, *maxi-*, *mega-*, *iper-*) usati come abbiamo visto (§ I.2.3.2) per procedimenti di alterazione.

QUADRO I.2.4.

La lessicalizzazione

I processi attivati dalla morfologia lessicale sono caratterizzati dalla prevedibilità della parola risultante: data una base e un affisso possiamo prevedere la categoria morfologica, il genere grammaticale e i principali tratti semantici del derivato. Inoltre derivati e composti possiedono di norma un significato composizionale, cioè ricostruibile a partire dal significato dei singoli componenti. Sulla base di questa doppia regolarità in genere siamo in grado di ricostruire il significato di un derivato o di un composto. Se tale regolarità si attenua o si annulla del tutto siamo di fronte a un procedimento di **lessicalizzazione**: per esempio *aspettativa* 'sospensione temporanea dell'attività lavorativa' e *condotta* 'tubatura' costituiscono dei casi di lessicalizzazione poiché sviluppano degli aspetti o dei nuclei di significato delle basi (*aspettare*, *condurre*). Nell'àmbito della composizione un caso di lessicalizzazione può essere costituito da *belladonna* 'erba con proprietà medicinali', il cui significato non è affatto ricavabile dalla somma dei componenti. Un po' diverso il caso di *portabagagli*. Di fronte a questa parola (almeno senza l'aiuto di un contesto) possiamo essere in dubbio tra l'interpretazione agentiva (il facchino, cioè chi porta i bagagli) e quella strumentale (struttura da fissare sul tetto della macchina o sul retro di una moto o di una bicicletta che serve per trasportare i bagagli). Il procedimento di lessicalizzazione è possibile anche con gli alterati (v. § I.2.3.2): *spazzola* → *spazzolino*, *occhiali* → *occhialetti*, *capanna* → *capannone*. Gli alterati che hanno subito lessicalizzazione sono registrati come lemmi indipendenti sul vocabolario, a differenza degli altri, che vengono elencati al termine del lemma base. Costituiscono inoltre il risultato di processi di lessicalizzazione le unità polirematiche (v. § I.4.7).

Per quanto riguarda le tendenze in atto, si registra una certa fortuna dei composti nominali misti anglo-italiani con ordine modificatore + testa [Dardano, Frenguelli e Puoti 2008]. Tali composti, diffusi a partire da modelli inglesi (*street-food*, *talk-show*), possono presentare il primo elemento inglese e il secondo italiano (*baby-pensioni*, *cyberbulli*), il primo elemento italiano e il secondo inglese (*pigiama-party*, *nonno-sitter*) e, in casi più limitati, entrambi i componenti italiani: *calciomercato*, *sieropositivo*, *telefonino-dipendente*, a cui si aggiunge il tipo '*X*-pensiero' dove *X* sta per il nome di un personaggio noto: *Sicurezza stradale, il Renzi-pensiero* [titolo del quotidiano «la Repubblica», 13 agosto 2014]. L'eventuale diffusione nel lessico corrente di composti con questo ordine costituirebbe una violazione forte nei criteri di formazione dei composti italiani, anche se queste innovazioni potrebbero appoggiarsi al modello dei composti neoclassici. Va però osservato che, per quanto la lista di questi composti sia lunga, spesso si tratta di creazioni occasionali realizzate per finalità scherzose o per esigenze di brevità, che sono ancora confinate in particolari generi testuali come la scrittura giornalistica e la comunicazione radio-televisiva. Inoltre, come ulteriore testimonianza della resistenza del sistema ad accogliere innovazioni non di lessico ma di struttura, si osservi che la tendenza a creare composti con ordine all'inglese è controbilanciata dalla diffusione di composti nominali anglo-italiani con ordine dei componenti testa + complemento (*batterio-killer*, *film-culto*, *centro-fitness*, *pensioni-baby* ecc.).

Piuttosto produttivi anche i composti N + N con ellissi della preposizione o di altri elementi di collegamento (*effetto serra*, *partito azienda*, *banca dati*, *linee guida*) in cui il secondo elemento è subordinato al primo, ma rimane sottinteso il tipo di rapporto subordinativo che si instaura. Per altre ragioni rimane implicito il legame sintattico nei composti nominali anglo-italiani come *baby-pensioni*, *laser-chirurgia* di cui ci siamo appena occupati.
Si registra infine una certa vitalità del tipo V + N per creare composti inanimati indicanti strumenti o macchinari atti a compiere operazioni utili (*chiudiporta*, *copritastiera*, *salvagocce*). Lo stesso meccanismo riscuote una certa fortuna nel linguaggio giornalistico per formare composti che sintetizzino in una sola parola la finalità (esplicita o occulta) di un provvedimento legislativo: (legge/decreto) *taglia-deficit*, *salva-ladri*, *sblocca-Italia*. A tale vitalità corrisponde la residualità dei composti dello stesso tipo riferiti a esseri umani, spesso usati per indicare nomi di mestieri a cui è attribuito uno scarso prestigio (*accalappiacani*, *beccamorto*) o per riferirsi ad attività poco nobili (*portaborse*, *tagliagole*, *rubagalline*).

ESERCIZI

1. Nella parola *teatro* si riconoscono:
a) due morfemi lessicali
b) un morfema lessicale e un morfema flessivo
c) un morfema lessicale e un morfema derivativo
d) un morfema derivativo e un morfema flessivo.

2. Il genere del nome è sempre motivato semanticamente. ☐ V ☐ F

3. Quale di queste forme verbali è costruita in modo analitico?
a) perdo
b) perderò
c) perdevo
d) ho perso.

4. Nel passaggio dal latino all'italiano:
a) la flessione verbale ha perso di trasparenza a tutto vantaggio della flessione nominale
b) il sistema dei tempi verbali ha conosciuto una drastica riduzione
c) è stato introdotto un nuovo modo verbale
d) si è conservata la coniugazione deponente.

5. Quale di queste forme pronominali può essere definita pseudoatona?
a) io
b) te
c) vi
d) loro.

6. Nella lingua letteraria il dimostrativo *codesto* esprimeva:
a) vicinanza a chi parla
b) vicinanza a chi ascolta

c) lontananza da chi parla e da chi ascolta
d) un significato perfettamente sovrapponibile a quello di *questo*.

7. Quale di questi verbi è coniugato in un tempo deittico-anaforico?
a) parla
b) ha parlato
c) aveva parlato
d) parlò.

8. La proprietà per la quale da *monte* si ricava l'agg. *montano* da cui, a sua volta, si ricava il sost. *montanaro* è la ricorsività. □ V □ F

9. L'interiezione *accidenti!* è stata ricavata dal sostantivo *accidenti* per:
a) suffissazione
b) retroformazione
c) derivazione a suffisso zero
d) conversione.

10. Quale di queste parole è un composto?
a) previsione
b) televisione
c) revisione
d) condivisione.

11. Che cos'è un morfema? E qual è la differenza tra morfema e morfo?

12. Quali sono le caratteristiche generali della morfologia flessiva dell'italiano?

13. Come possono essere classificati i composti?

14. Nella morfologia nominale, quante classi flessive si riconoscono e quali sono le caratteristiche di ciascuna classe relativamente al genere, alla formazione del plurale e alla produttività?

15. Qual è la struttura morfologica di una voce verbale?

16. In che cosa consiste la suffissazione e quali proprietà la differenziano dalla prefissazione?

NOTA BIBLIOGRAFICA

Un'ottima visione d'insieme delle caratteristiche del sistema morfologico italiano è il saggio di M. Berretta, *Morfologia*, in A. Sobrero, *Introduzione all'italiano contemporaneo*. I. *Le strutture*, Roma-Bari, Laterza, 1993, pp. 193-245 a cui si possono affiancare i capitoli sulla morfologia dei più recenti L. Lorenzetti, *L'italiano contemporaneo*, Roma, Carocci, 2002, pp. 56-81 e P. D'Achille, *L'italiano contemporaneo*, Bologna, Il Mulino, 2003 (III ed. 2010), pp. 117-145. Per una descrizione più dettagliata, S. Scalise e A. Bisetto, *La struttura delle parole*, Bologna, Il Mulino, 2008 e le voci di *ENCIT*: *Coniugazione del verbo* (di R. Cimaglia), *Morfologia*, *Formazione delle parole*, *Derivazione*, *Composizione* (di C. Iacobini), *Alterazione* (di L. Gaeta), *Aspetto* (di N. Grandi), *Latino e italiano* (di S. Pieroni), *Lessicalizzazione* (di C. Marello), *Lingua d'oggi* (di P. D'Achille), *Lingue romanze e italiano* (di R. Simone), *Modi del verbo* (di L. Squartini).

Sui meccanismi di formazione delle parole costituisce un punto di riferimento per il rigore della trattazione e la completezza M. Grossmann e F. Rainer (a cura di), *La formazione delle parole in italiano*, Tübingen, Niemeyer, 2004. Sui procedimenti specifici di derivazione si veda M. Dardano, *Costruire parole. La morfologia derivativa dell'italiano*, Bologna, Il Mulino, 2009. Sulle classi flessive del nome si vedano P. D'Achille e A. Thornton, *La flessione del nome dall'italiano antico all'italiano contemporaneo*, in *Italia linguistica anno Mille – Italia linguistica anno Duemila.* Atti del XXXIV congresso internazionale di studi della SLI, a cura di N. Maraschio e T. Poggi Salani, Roma, Bulzoni, 2003, pp. 211-230; P. D'Achille, A. Thornton, *I nomi femminili in -o*, in *Prospettive nello studio del lessico italiano.* Atti del IX congresso della Società Internazionale di Linguistica e Filologia Italiana (Firenze, 14-17 giugno 2006), a cura di E. Cresti, 3 voll., Firenze, Firenze University Press, 2008, vol. II, pp. 473-481. Le considerazioni quantitative sui meccanismi morfologici sono basate sullo spoglio del *GRADIT*, *Grande dizionario italiano dell'uso*, ideato e diretto da T. De Mauro con la collaborazione di G. Lepschy e E. Sanguineti, 6 voll. più l'appendice *Nuove parole italiane dell'uso*, Torino, UTET, 1999-2003 (si è utilizzata la versione elettronica del 2007, che include i neologismi dell'appendice cartacea).

CAPITOLO **I.3**

Sintassi e testo

La sintassi studia le modalità con cui le parole si combinano in unità maggiori, i criteri che regolano tali combinazioni e le funzioni che esse assumono. L'analisi del testo indaga il modo in cui le frasi e i componenti di frase intessono relazioni reciproche che assicurino al prodotto definitivo (il testo) la coesione e la coerenza. In questo capitolo analizzeremo la struttura e le funzioni delle unità d'analisi fondamentali della sintassi dell'italiano: il sintagma, la frase semplice e la frase complessa. Alle nozioni essenziali di linguistica del testo saranno riservati dei paragrafi specifici (I.3.1.1-5), anche se l'attenzione alla prospettiva testuale e alle interazioni sintassi-testo caratterizzeranno l'intero capitolo. Data la vastità dei fenomeni che rientrano in questo campo d'indagine si è resa necessaria una selezione, che ha privilegiato la trattazione degli argomenti più utili a mettere in luce le caratteristiche del tipo linguistico italiano: la collocazione dei costituenti secondo il principio della costruzione a destra; la relativa libertà di movimento dei costituenti e le modalità attraverso cui questa possibilità è sfruttata per veicolare l'informazione e distribuirla nell'edificio testuale; la facoltatività del soggetto e le sue conseguenze sulla costruzione della frase.

I.3.1. LA PROSPETTIVA TESTUALE

La comunicazione, dai contesti più informali a quelli più elaborati, avviene per mezzo di testi. Le stesse frasi – che sono unità d'analisi autonome e compiute dal punto di vista del significato – non esistono come entità astratte ma prendono vita nel momento in cui sono calate in un contesto, che contribuisce ad assegnare loro parte del senso. Per capire cosa voglia dire *Ieri Marco è rimasto per un minuto in silenzio* devo conoscere Marco e devo sapere quando e dove è stata pronunciata la frase: in primo luogo per ancorare alla realtà extralinguistica l'avverbio di tempo *ieri*, in secondo luogo perché a seconda della situazione in cui viene pronunciata (per es. dopo che Marco è stato lasciato dalla fidanzata, dopo che l'insegnante gli ha fatto una domanda, durante una commemorazione funebre e così via) il suo senso complessivo può mutare sensibilmente. Evidentemente la frase ha un nucleo di significato invariabile, ma una parte del suo senso può esserle assegnata solo sulla base della conoscenza delle coordinate contestuali. Una frase (o una parte di frase) collocata in un contesto comunicativo e dotata di significato prende il nome di **enunciato**. L'enunciato può costituire un testo da solo o, come accade più spesso, in combinazione con altri enunciati. Il **testo** è un atto linguistico realizzato in forma orale, scritta o trasmessa. Un testo, per essere tale, dev'essere dotato di senso, collocato all'interno di opportune coordinate contestuali e svolgere una funzione comunicativa.

L'analisi testuale è un livello dell'analisi linguistica che affianca la grammatica (fonologia, morfologia e sintassi); tuttavia questo livello non si aggiunge semplicemente agli altri ma li integra, perché implica l'adozione di un diverso punto di osservazione. In estrema sintesi questi sono gli elementi che caratterizzano la prospettiva testuale rispetto a quella strettamente grammaticale:

- poiché la comunicazione avviene attraverso lo scambio di testi, questo è il piano in cui l'emittente e il ricevente entrano in contatto e condividono le proprie conoscenze per garantire il successo della comunicazione;
- le regole testuali hanno uno statuto diverso rispetto a quelle della grammatica di frase: sono meno facili da individuare (è più semplice decidere se e perché una frase è ben formata o no rispetto a un testo) e la loro violazione, nella maggior parte dei casi, non determina un enunciato agrammaticale, ma piuttosto uno meno efficace, cioè meno adeguato allo scopo, alle circostanze e al destinatario;
- il testo (insieme al lessico) costituisce il punto di raccordo tra il sistema linguistico e la realtà extralinguistica.

Dal punto di vista cognitivo per interpretare un testo dobbiamo integrare attività di segno opposto: da un lato compiamo delle operazioni di **decodifica**, grazie alle quali componiamo le unità più piccole in unità via via maggiori: compiamo dunque un percorso ascendente, che va dal piccolo al grande o dal basso all'alto; dall'altro compiamo delle operazioni di **inferenza**, che a partire dalle nostre conoscenze generali di carattere extralinguistico ci aiutano a comprendere meglio il significato del testo: compiamo dunque un percorso che va dal grande al piccolo, o dall'alto verso il basso. L'attività di comprensione globale svolge un ruolo di primo piano: è infatti l'insieme del testo che consente di attribuire ai suoi componenti un senso univoco; ogni nuovo elemento contribuisce all'incremento di informatività e l'informazione nuova non si somma a quella già data ma si combina con essa, lasciando al ricevente il compito di far andare d'accordo il tutto. Per svolgere al meglio questo compito occorre integrare competenze linguistico-grammaticali, competenze testuali e conoscenza del mondo. Di conseguenza nella prospettiva testuale la comprensione non è vista come un percorso lineare di composizione di mattoncini che si combinano a formare strutture sempre più grandi, ma come un processo globale e simultaneo, in cui tutti i livelli della competenza interagiscono. Rappresentiamo nella figura I.3.1 l'interazione tra i vari livelli della competenza linguistica nell'assicurare il processo di comprensione. Come si vede, se tutti i livelli presuppongono cono-

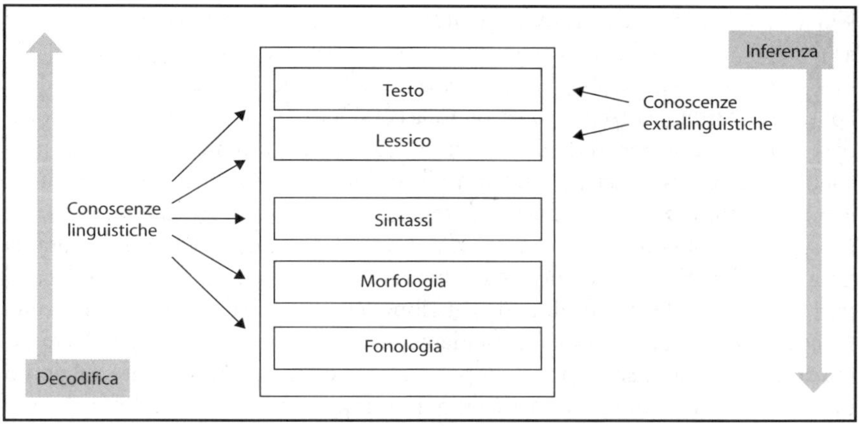

fig. I.3.1. *Stratificazione della competenza linguistica e comprensione dei testi.*

scenze linguistiche interne al sistema, solo due (il testo e il lessico) consentono al sistema linguistico di aprirsi alla realtà esterna.
Poiché l'analisi linguistica si occupa prevalentemente dei processi di decodifica, finora abbiamo seguito un percorso di esposizione degli argomenti che partiva dalle unità più piccole per passare a unità di estensione maggiore. Lo abbiamo fatto nella progressione dei capitoli che compongono la prima sezione del volume (fonetica, morfologia, sintassi); lo faremo in questo capitolo, analizzando prima il sintagma, poi la frase semplice e infine quella complessa. Nell'integrare la grammatica con la testualità occorre quindi conciliare una **prospettiva intrasistemica** (le relazioni grammaticali che si instaurano internamente al sistema) con una **extrasistemica** (i punti di contatto e di raccordo tra le regole di sistema e la realtà esterna).

I.3.1.1. Le fondamenta del testo: coerenza e coesione

Un testo può svolgere la sua funzione comunicativa se gli si può attribuire continuità di senso (questa caratteristica prende il nome di **coerenza**) e se è ben formato dal punto di vista delle relazioni grammaticali (questa caratteristica prende il nome di **coesione**).

(1) La dolce Indonesia. Non è solo un modo di dire. Il Paese disteso nei caldi mari equatoriali, la più popolosa nazione islamica (240 milioni di anime) dove però la tolleranza è la cifra della convivenza, è stato a lungo il maggior produttore di canna da zucchero del mondo. Almeno fino a metà degli anni Trenta dello scorso secolo, quando duecento fabbriche trasformavano il prodotto della terra in cristalli color oro pronti per la raffinazione. Certo, tanta opulenza e capacità produttiva era dovuta soprattutto alle politiche coloniali del mondo occidentale, in particolare dell'Olanda, sempre in cerca di nuove terre da mettere a frutto. [*Io donna*, supplemento al *Corriere della Sera* del 30/1/2015].

Nel testo (1) la coesione è garantita dalle varie forme di accordo grammaticale: fra articolo, nome e aggettivo, fra soggetto e verbo, tra soggetto e predicato nominale (*il Paese... è stato... il maggior produttore*) dalla concordanza dei tempi ecc. I connettivi (sottolineati) contribuiscono alla coesione perché esplicitano il rapporto di senso tra due segmenti di testo. A discrezione dell'emittente alcuni di essi possono essere omessi, lasciando al lettore il compito di ricostruirli (per es. l'autore avrebbe potuto scrivere *La dolce Indonesia. Non è solo un modo di dire.* ***Infatti****, il Paese, disteso nei caldi mari equatoriali...*). Insomma la coesione è assicurata da strumenti di vario tipo che operano a breve o più lungo raggio e tessono legami tra i vari punti del testo, facilitando l'attribuzione di senso da parte del ricevente. La coesione e la coerenza sono le fondamenta che sorreggono l'edificio del testo, ma non sono sullo stesso piano di importanza: un enunciato traballante dal punto di vista delle relazioni grammaticali, per esempio il testo (1) prodotto da uno straniero che conosca poco l'italiano e che presenti pertanto varie lacune grammaticali (*Il dolce Indonesia... la più popolosa naziona islamica...*) può comunque assolvere al proprio compito comunicativo nella misura in cui il ricevente, pur con un po' di sforzo, riesce ad attribuirgli un senso. Diversamente un enunciato ben formato grammaticalmente ma privo di senso (per es. *Il prato è stato innaffiato con regolarità. La crisi economica, invece, ha prodotto un brusco calo dei consumi*) non è in grado di svolgere la sua funzione comunicativa. In altre parole diciamo che coerenza e coesione cooperano per tenere insieme un testo, ma solo la prima è condizione necessaria perché il testo funzioni: la seconda, per quanto importante, svolge una funzione di supporto.

I.3.1.2. Il ruolo del contesto

Solo le frasi create a tavolino da grammatici e linguisti sono prive di contesto. Nella comunicazione reale ciascuna nostra produzione è calata in un contesto enunciativo (il *qui e ora* in cui avviene l'atto di enunciazione). L'esistenza di un contesto condiviso costituisce un importante fattore di economia nella comunicazione perché consente all'emittente di considerare alcune conoscenze come condivise e quindi di non esplicitarle. Prendiamo la seguente frase:

(2) Qui fa troppo freddo per far lievitare la pasta! Prendiamo il tavolo e spostiamolo laggiù vicino alla stufa!

Per interpretarla ricorriamo a due livelli distinti di informazioni contestuali:
- il **contesto situazionale**, cioè il fatto che condividiamo con chi parla il luogo e il tempo dell'enunciazione. Il contesto situazionale ci viene in aiuto perché ci permette di sapere che la pasta è appoggiata sul tavolo e di interpretare correttamente espressioni come *qui* e *laggiù*;
- il **contesto linguistico** (o **cotesto**) è costituito da ciò che è presente (prima o dopo) nel testo: siamo in grado di decodificare il pronome *lo* perché si riferisce a un elemento del cotesto precedentemente menzionato (*il tavolo*).

L'interpretazione è poi resa possibile dal fatto che esistono altre conoscenze condivise, di tipo enciclopedico, cioè la nostra **conoscenza del mondo**; in (2) consideriamo coerente il testo in quanto sappiamo che il calore favorisce la lievitazione di un impasto.

I.3.1.3. Contenuti impliciti ed espliciti

Nei testi solo parte del contenuto informativo è espresso in maniera esplicita, il rimanente rimane sullo sfondo e la sua attivazione è lasciata alla capacità del ricevente di ricavare da ciò che è esplicitamente asserito anche il «non detto», cioè i significati impliciti. In pratica abbiamo una sorta di suddivisione del lavoro tra emittente e ricevente: il primo decide se lasciare implicite o no alcune informazioni; il secondo, ricorrendo all'inferenza, deve interpretare opportunamente il non detto. Scendendo più nello specifico possiamo distinguere nell'àmbito dei significati impliciti tra **presupposizioni**, **implicazioni e inferenze**.
Le **presupposizioni** si hanno quando una certa informazione è ricavabile sulla base del significato di uno degli elementi della frase:

(3) a. Un cugino di Marco lavora a Londra.
    b. Andrea ha smesso di fumare.

Se riflettiamo sul significato delle frasi (3) vediamo che in (3a) il termine *cugino* obbliga a presupporre che (almeno) uno dei genitori di Marco abbia (almeno) un fratello o una sorella e che questo/a abbia (almeno) un figlio maschio; in (3b) la presenza di *smettere* obbliga a presupporre che in precedenza Andrea abbia fumato. Le presupposizioni, a differenza di altri significati impliciti, sono integrazioni obbligatorie del significato del testo veicolate da precisi elementi lessicali (*cugino* e *smettere* in 3a-b). Sono, per così dire, incorporate nel significato delle parole e rimangono valide anche se l'enunciato viene negato, reso interrogativo o ipotetico. Eseguiamo questo semplice test:

(3) a_1. Il cugino di Marco non lavora a Londra.
    a_2. Il cugino di Marco lavora a Londra?
    a_3. Se il cugino di Marco lavorasse a Londra andrei a trovarlo volentieri;
    b_1. Andrea non ha smesso di fumare.
    b_2. Andrea ha smesso di fumare?
    b_3. Se Andrea avesse smesso di fumare starebbe meglio.

Le **implicazioni** ci consentono di attivare significati impliciti del testo a partire dalla nostra conoscenza del mondo e da eventuali elementi linguistici. Analizziamo le seguenti frasi:

(4) a. Marco aveva fame e ha mangiato.
    b. Marco aveva fame e non ha mangiato.

In entrambi i casi abbiamo due proposizioni collegate per mezzo della congiunzione coordinativa *e*, che non ci dice molto sul rapporto logico tra i due segmenti. Sulla base delle nostre conoscenze extralinguistiche (di solito quando si ha fame si mangia) per attribuire a (4a) e (4b) continuità di senso ipotizziamo nel primo caso una relazione di causa-effetto tra i due segmenti, nel secondo caso una relazione di causa-effetto disattesa. L'emittente può aiutare il ricevente a formulare la corretta implicazione inserendo degli aiuti linguistici. Proviamo a riformulare le frasi:

(5) a. Poiché aveva fame, Marco ha mangiato.
    b. Anche se aveva fame, Marco non ha mangiato.

In questo caso le implicazioni sono agevolate dalle congiunzioni: *poiché* è un connettivo che segnala un rapporto causale, *anche se* un rapporto concessivo. Vediamo ora la seguente frase:

(6) Anche se aveva fame, Marco non ha mangiato le patatine.

In questo caso, in assenza di contesto, per interpretare (6) siamo costretti a fare delle ipotesi (Marco odia le patatine? è a dieta? è allergico a uno degli ingredienti?). Le implicazioni valide in assoluto, cioè indipendentemente dal contesto (come in 4, 5), sono chiamate **implicazioni convenzionali**. Le implicazioni valide entro determinate condizioni contestuali (come in 6) sono chiamate **non convenzionali**.
Le **inferenze** sono il risultato di un ragionamento probabilistico che sulla base della nostra conoscenza del mondo e a partire da una o più premesse ritenute vere ci consente di ricavare una conclusione statisticamente vera. Analizziamo il seguente dialogo:

(7) A: Vieni a vedere il film?
    B: È pieno di inseguimenti ed effetti speciali.

Per attribuire continuità di senso allo scambio di battute la nostra conoscenza del mondo (un film pieno di inseguimenti ed effetti speciali è probabilmente un film di azione) interagisce con le conoscenze contestuali: se a B piacciono i film di azione interpretiamo la sua risposta come affermativa, in caso contrario come negativa.

I.3.1.4. Anafora, catafora, deissi

Dal testo si diparte una fitta rete di rinvii sia verso altri luoghi del testo sia verso il contesto esterno. I rinvii interni sono solitamente realizzati per mezzo di pronomi e possono essere orientati verso sinistra (come in 8) o verso destra (come in 9), ossia verso ciò che precede o ciò che segue nel testo:

(8) Prendete una zucchina e tagliatela a fettine.

(9) Dopo averla sbollentata, adagiate la zucchina sul fondo di una teglia.

In (8) abbiamo un rinvio **anaforico** (dal greco *anà* 'sopra' e *phèrein* 'portare'), cioè la forma di ripresa si riferisce a un elemento precedentemente menzionato; in (9) abbiamo un rinvio **cataforico** (dal greco *katà* 'sotto' e *phèrein* 'portare'), cioè la forma di ripresa si riferisce a un elemento non ancora menzionato. L'elemento a cui si riferisce il pronome si chiama **punto d'attacco** [o **antecedente**]. Lasciamo da parte i rinvii cataforici, che svolgono funzioni stilistiche precise (in genere creano un effetto di attesa) ma non costituiscono la modalità di ripresa «naturale» e occupiamoci dei rinvii anaforici. Questi assicurano la **continuità** (o la **discontinuità**) **del riferimento**, cioè consentono di capire se in un testo stiamo continuando a parlare dello stesso referente o no. Nel testo (10) per esempio sono attive due serie di rinvii anaforici (o **catene anaforiche**), riferite rispettivamente al *cane* e al *lupo*; gli elementi sottolineati chiariscono se chi scrive intende riferirsi all'uno o all'altro referente, evitando così ambiguità interpretative:

(10) Una ciotola di spaghetti separa il cane dal lupo. Per dirlo con chi si intende di genetica, Fido avrebbe sviluppato nel corso dell'evoluzione qualche modifica nel suo Dna che gli permette di digerire e sfruttare l'amido molto meglio di quanto non sappia fare l'intestino del suo fratello selvaggio, che è rimasto decisamente più attaccato alla bistecca. E qui starebbe, almeno in parte, il segreto della domesticazione del nostro amico, stando a un ultimo studio dell'Università di Uppsala, in Svezia, pubblicato su Nature. La storia di come, dove e quando gli esseri umani e i cani abbiano cominciato la loro convivenza è tanto affascinante quanto oscura. [...] Per la genetica, la domesticazione cominciò di certo almeno 10 mila anni fa, forse in Asia sudorientale o mediorientale. In molti, comunque, ritengono che questi animali siano stati addomesticati più di una volta da popolazioni diverse e che poi si siano anche occasionalmente incrociati con i lupi (www.galileonet.it).

La continuità del riferimento è espressa tramite la **ripetizione** e la **sostituzione**. La categoria morfologica più utilizzata per la sostituzione è quella dei pronomi. La mancanza di tratti semantici propri rende disponibili i pronomi come sostituti 'vuoti', che di volta in volta si riempiono del significato dell'elemento verso cui rinviano. La sostituzione può essere realizzata anche per mezzo di elementi lessicali non pronominali come i **sinonimi**, gli **iperonimi** (*questi animali*; sugli iperonimi v. § I.4.6) e le **perifrasi sinonimiche** (*del suo fratello selvaggio*; *del nostro amico*).

La sostituzione pronominale e quella lessicale non sono del tutto equivalenti. Quest'ultima consente non solo di riprendere un referente testuale, ma anche di aggiungere a esso ulteriori informazioni, per cui il rapporto che si instaura tra punto d'attacco e anafora non è di semplice ripresa, ma può anche essere di arricchimento semantico. Si può sfruttare questa possibilità per suddividere su più elementi del testo le informazioni relative a un certo referente. Un esempio di arricchimento denotativo realizzato per mezzo della ripresa anaforica può essere il seguente:

(11) Questa sera Amos Oz sarà ospite di una trasmissione televisiva. Lo scrittore israeliano presenterà il suo ultimo libro.

In (11) la ripresa anaforica consente non solo di non ripetere il punto d'attacco (funzione sostitutiva), ma di specificare che cosa fa e da dove viene Amos Oz. La sostituzione lessicale consente perciò una **ridistribuzione del carico informativo** fra punto d'attacco e anafora. L'arricchimento denotativo non esclude quello connotativo. Eventuali modificatori possono aggiungere valutazioni sul personaggio, positive o negative:

(12) a. Questa sera Amos Oz sarà ospite di una trasmissione televisiva. Il grande scrittore israeliano presenterà il suo ultimo libro.
b. Questa sera Amos Oz sarà ospite di una trasmissione televisiva. Il controverso scrittore israeliano presenterà il suo ultimo libro.

Anche in (10) la scelta di *fido* come sinonimo di *cane* attiva precise sfumature denotative e connotative, così come avviene per la perifrasi *fratello selvaggio* che sostituisce *lupo*. Quando la forma di ripresa arricchisce l'antecedente sul piano connotativo si parla di **anafora valutativa**.
Fra i sostituti lessicali rientrano gli **incapsulatori anaforici**. Come suggerisce il termine si tratta di forme nominali che «inglobano, come se si trattasse di una capsula, porzioni più o meno ampie del testo precedente» [D'Addio 1988]. Come i sostituti lessicali, anche gli incapsulatori possono essere denotativi (13) o valutativi (14-16):

(13) Gli investigatori stanno procedendo ad un'attenta analisi della scena del crimine. **L'operazione** durerà non meno di una settimana.
(14) Quando si aspetta un bambino, dopo un periodo di inspiegabile segretezza da agenti CIA, arriva il momento di dare **la lieta notizia** a famiglia e conoscenti [www.tuttoperifigli.it].
(15) Nel 2011 il Giappone è stato colpito da un violento terremoto e da uno tsunami. **Le due tragedie** hanno messo a dura prova la popolazione.
(16) Ad alcuni operai è stato suggerito di non rinnovare la tessera sindacale. **La minaccia** è stata pronunciata in sala mensa da un caposquadra.

In (14) la valutazione è espressa da un modificatore, in (15) è inglobata nel significato lessicale del termine di ripresa, in (16) infine la reinterpretazione coinvolge

il piano pragmatico, poiché qualifica il suggerimento come atto linguistico di minaccia [gli esempi 13-16 sono tratti da Palermo 2013, 86-87].
Gli incapsulatori svolgono un ruolo molto importante nell'articolazione e nella strutturazione del testo. Possono infatti riprendere non soltanto referenti circoscritti, ma anche porzioni più ampie di testo e consentono all'emittente di esprimere il proprio punto di vista sui fatti. Sono perciò molto usati nei testi espositivi e argomentativi.
I rinvii possono rimandare anche al piano extratestuale. Immaginiamo che Carla, andando a casa di Maria e osservando le zucchine che spuntano dalla busta della spesa dica:

(17) Dove **le** hai comprate?

In questo caso il pronome *le* non è interpretabile rimanendo all'interno del testo, ma ha bisogno di un ancoraggio esterno. Si attiva cioè un rinvio **deittico** (dal greco *dèixis* 'indicazione'), cioè dal testo ad un elemento della realtà extralinguistica. La deissi è realizzata per mezzo di tutti gli elementi che ancorano un testo alla situazione enunciativa in cui è stato prodotto come i pronomi personali di prima e seconda persona (che identificano i ruoli di parlante e ascoltatore), le determinazioni di tempo (*ora*, *allora*, *in quel momento*), di luogo (*qui*, *lì*, *sotto*, *sopra*) e i tempi verbali. I rinvii deittici funzionano nella misura in cui parlante e ascoltatore condividono il contesto. La frase

(18) Oggi qui fa molto caldo. Apri la finestra per favore?

è decodificabile senza problemi se pronunciata ad un interlocutore durante una conversazione faccia a faccia. Se volessimo trasportarla in un testo scritto, decontestualizzandola, dovremmo esplicitare alcune informazioni, cioè trasporre linguisticamente il contesto in forma di cotesto:

(19) La mattina di mercoledì 4 giugno Marco disse a Giulio «Oggi qui fa molto caldo. Apri la finestra per favore?».

Io, *qui* e *ora* sono i tre parametri fondamentali del riferimento deittico e costituiscono il **campo indicale**, cioè definiscono le coordinate spazio-temporali in cui si realizza la comunicazione. Il campo indicale si definisce ulteriormente attraverso l'***origo*** [Bühler 1934-1983] cioè l'orizzonte visuale del parlante. Con l'*origo* si definisce il *qui* e l'*ora*, cosa è vicino e cosa è lontano nello spazio e nel tempo. Ne consegue che nella conversazione il campo indicale rimane costante, ma l'*origo* muta col mutare del parlante e, di conseguenza, si intrecciano tanti campi indicali parzialmente coincidenti – ma diversamente orientati – quanti sono coloro che prendono parte alla conversazione. In altre parole «l'*origo* segue il parlante come il guscio segue la chiocciola» [Prandi e De Santis 2013, 195].

I.3.1.5. La distribuzione dell'informazione

L'efficacia della comunicazione si basa sul giusto dosaggio di informazioni note e nuove: se un testo contiene solo o principalmente informazioni già note al ricevente sarà facilmente comprensibile ma poco informativo; se al contrario contiene solo o prevalentemente informazioni nuove sarà molto informativo ma anche difficile da comprendere. Su questo delicato equilibrio si fondano i criteri che governano la distribuzione dell'informazione. L'emittente, nel codificare un testo che rispetti questo equilibrio, deve tener conto di alcune limitazioni oggettive, per esempio del fatto che nella nostra memoria a breve termine trova posto solo un numero limitato di informazioni e quindi non la si può sovraccaricare. Occorre inoltre che segnali opportunamente al ricevente quale informazione intende trattare come sfondo della comunicazione e quale come nucleo di predicazione, quella cioè che aggiunge ulteriori informazioni. La porzione di enunciato che svolge il ruolo di punto di partenza per la comunicazione costituisce il **tema**, quella che aggiunge ulteriori informazioni, cioè assicura all'enunciato la funzione predicativa, svolge il ruolo di **rema**. Di solito il tema coincide con informazioni già note (o, meglio, che l'emittente presuppone siano note al ricevente) il rema con informazioni nuove (o presupposte come tali). La seguente frase:

(20) Il corriere ha consegnato un pacco in portineria;

si può sottoporre ad almeno tre piani di analisi, che ne individuano rispettivamente la **struttura tematica**, la **struttura delle conoscenze**, la **struttura logico-sintattica**:

	Il corriere	ha consegnato	un pacco	in portineria.
STRUTTURA TEMATICA	TEMA	REMA		
STRUTTURA DELLE CONOSCENZE	DATO	NUOVO		
STRUTTURA LOGICO-SINTATTICA	SOGGETTO	PREDICATO VERBALE	C. OGGETTO	C. DI LUOGO

Come si vede il soggetto coincide col tema e con l'informazione data e occupa la porzione sinistra della frase, il predicato coincide col rema e con l'informazione nuova e occupa la porzione destra della frase. Questa è la situazione ritenuta statisticamente più diffusa, che tuttavia non esclude soluzioni diverse. Occorre però soffermarsi su una differenza importante fra i tre livelli di analisi: la struttura logico-sintattica è invariabile; ciò significa che nell'enunciato in questione *il corriere*, *un pacco* e *in portineria* svolgono rispettivamente il ruolo di soggetto, complemento oggetto e complemento di luogo in qualsiasi contesto. La struttura tematica e la struttura delle conoscenze sono invece variabili. Per esempio la frase (20), se pronunciata con intonazione normale, presenta l'articolazione in tema e rema rappresentata sotto. A tale struttura, a seconda del contesto, possono corrispondere diverse analisi della struttura delle conoscenze. Favoriamo la contestualizzazione delle frasi immaginandole come risposta a domande:

	Il corriere	ha consegnato	un pacco	in portineria.
	TEMA	REMA		
Che cosa è successo?	NUOVO			
Che cosa ha fatto il corriere?	DATO	NUOVO		
Dove ha consegnato il pacco il corriere?	DATO			NUOVO

Nel primo caso l'enunciato si presenta, dal punto di vista di chi pone la domanda, come interamente nuovo; nel secondo si presuppone come noto il corriere; nel terzo si presuppongono come noti il corriere e il fatto che abbia consegnato un pacco, quindi l'informazione nuova è solo il luogo in cui il pacco è stato consegnato. Il fatto che l'ordine delle parole sia facilmente modificabile in italiano rende possibile al parlante disallineare questa configurazione canonica per evidenziare alcune parti dell'enunciato e collocarne sullo sfondo altre. Si tratta delle costruzioni marcate, di cui ci occuperemo nel § I.3.2.6.

I.3.2. ASPETTI DELLA SINTASSI DELL'ITALIANO

Nei prossimi paragrafi analizzeremo le principali unità della sintassi, vale a dire il sintagma, la frase semplice e la frase complessa, cercando di integrare la prospettiva sintattica con quella testuale. Dedicheremo inoltre un paragrafo alla punteggiatura, strumento che serve a segmentare il testo e guidare il lettore nella sua interpretazione, e che coinvolge perciò tanto la struttura sintattica che quella testuale.

I.3.2.1. Il sintagma

Il sintagma è un'unità intermedia tra la parola e la frase, dalla cui struttura dipendono alcuni comportamenti caratteristici della sintassi di una lingua. Analizziamo le seguenti frasi:

(21)	a.	Maria	legge un libro
	b.	La ragazza	legge un libro di storia
	c.	La ragazza bionda	legge un libro di storia medievale
	d.	La ragazza bionda di Milano	legge un libro di storia medievale sulle crociate
		SN	SV

Le frasi (21a-d) sono composte da un sintagma nominale (SN) e da un sintagma verbale (SV). Come vedremo tra poco i sintagmi sono sequenze lineari diverse per estensione (possono essere composti da una sola parola o da un gruppo di parole) e per stratificazione interna (possono contenere o no altri sintagmi); tuttavia sono accomunati da alcune proprietà. Elenchiamo le principali:

a) sono **intercambiabili**, come si vede dal fatto che le frasi (21) sono tutte ben formate e dotate di senso;

b) costituiscono un'**unità sintattica coesa**; ne è prova il fatto che i sintagmi sono spostabili entro certi limiti all'interno della frase, ma se si spostano lo fanno tutti insieme: *legge un libro, Maria*, oppure *legge un libro, la ragazza bionda di Milano* ecc. Se provo a spostare solo parti del sintagma ottengo frasi non ben formate: **ragazza legge un libro la*; **la ragazza legge un libro bionda*; **di storia legge un libro medievale* ecc.;

c) possono essere **enunciati in isolamento**, cioè in determinati contesti possono costituire frasi autonome, per esempio in risposta alle domande *Chi legge un libro? Che cosa legge Maria?*

Oltre ai sintagmi nominali e verbali, esistono **sintagmi aggettivali** (SA, per es. *sono orgoglioso delle sue vittorie*), **sintagmi preposizionali** (SP, *Maria gode di ottima salute*), **sintagmi avverbiali** (SAVV, *Maria ha mangiato molto velocemente*). Come altre unità della sintassi, anche il sintagma pur presentandosi come una sequenza lineare di elementi possiede una struttura gerarchica. L'elemento più importante è la **testa**, che dà il nome al sintagma e gli assegna le funzioni sintattiche: per es. la testa di un SN è un nome e il SN può svolgere il ruolo di soggetto o oggetto; la testa di un SV è un verbo e il SV svolge la funzione di predicato verbale; la testa di un SA è un aggettivo e il SA può avere funzione predicativa, per es. quando si trova dopo il verbo *essere* usato in funzione di copula (*sono molto contento*) e così via. Gli elementi che accompagnano la testa sono chiamati **modificatori**, o **complementi**. La testa è dunque l'elemento costitutivo del sintagma, ed è anche l'unico obbligatorio nel caso del SN, del SV, del SA e del SAVV (per es. *Maria legge* è una frase ben formata, composta da un SN e un SV che coincidono rispettivamente col nome e il verbo). Nel caso del SP invece la testa attribuisce la funzione sintattica ma non è autonoma, dato che dev'essere accompagnata da almeno un modificatore: *Maria legge un libro di storia* ma **Maria legge un libro di*.

In italiano di norma i sintagmi sono continui, cioè le parole che li compongono non sono intervallate da altre parole. Possono esserci delle eccezioni: per es. possono formare sintagmi discontinui i verbi sintagmatici, cioè quelli formati da verbo + preposizione (*tirare fuori*, *portare giù* ecc.): *non tirare più fuori questa storia*. Tuttavia la possibilità di interrompere l'unità dei sintagmi è molto limitata e possono interporsi solo pochi elementi (per lo più avverbi). Non costituiscono esempi di sintagma discontinuo le inserzioni con funzione di inciso (v. § I.3.2.8): *Marco sta prendendo, per così dire, una brutta strada*. In altre lingue, come l'inglese e il tedesco, i sintagmi discontinui ricorrono con maggiore frequenza e l'elemento interposto può essere un intero sintagma. Per es. in inglese in molti verbi sintagmatici transitivi il verbo e la preposizione possono essere separati dall'inserzione del complemento oggetto (per es. *call back* 'richiamare' → *I call you back in the afternoon* 'ti richiamo nel pomeriggio'; *wash out* 'sciacquare' → *Wash this teapot out, please!* 'sciacqua questa teiera, per favore!)

I.3.2.2. Struttura del sintagma e ordine dei costituenti

Dal punto di vista tipologico le lingue possono essere classificate in base all'ordine dei costituenti nel sintagma nominale. Si veda il seguente esempio:

(22) Il convegno internazionale di oftalmologia si terrà la settimana prossima.

La frase (22) contiene due SN (*il convegno internazionale di oftalmologia* e *la settimana prossima*); i modificatori si collocano dopo le rispettive teste (*internazionale* e *di oftalmologia* dopo *convegno*; *prossima* dopo *settimana*).
Nella corrispondente frase inglese si osserva l'ordine inverso di disposizione degli elementi, cioè i modificatori precedono le teste:

(23) The international ophtalmology meeting will take place next week.

Le lingue come l'italiano e le altre lingue romanze, in cui la testa precede i modificatori, sono chiamate a **costruzione progressiva**. In esse i principali modificatori del SN (l'aggettivo, il complemento di specificazione e la frase relativa) tendono a seguire il nome. Le lingue come l'inglese e il tedesco, che presentano l'ordine modificatore + testa sono chiamate a **costruzione regressiva**.
Questa caratteristica, che appare con maggiore evidenza nella struttura del sintagma nominale, si può riscontrare parzialmente anche nel sintagma verbale. Nelle lingue a costruzione progressiva ci aspettiamo che sia il verbo (cioè la testa del sintagma) a occupare la prima posizione; dopo il verbo si collocano l'oggetto (se presente), gli eventuali altri argomenti del verbo, escluso il soggetto (*Maria regala un libro a Giorgio*; per la nozione di argomento v. § I.3.2.3), gli avverbi che modificano il significato del verbo (*mangia velocemente*, *abita lontano*).
Nella classificazione tipologica delle lingue basata sull'ordine dei costituenti basici (Soggetto, Verbo e Oggetto) l'italiano rientra nel tipo SVO, il latino nel tipo SOV [Grandi 2003]. Se teniamo conto di quanto appena detto a proposito della struttura del sintagma verbale appare chiaro che gli ordini SVO e SOV non sono che casi particolari del principio della costruzione progressiva e regressiva: le lingue a costruzione progressiva tendono ad avere come tratto caratteristico *anche* l'ordine SVO, quelle a costruzione regressiva hanno come tratto caratteristico *anche* l'ordine SOV. Ma non sempre questa correlazione si verifica: per

es. il latino presenta costruzione regressiva e ordine SOV, l'inglese costruzione regressiva ma ordine SVO.
La tipologia basata sull'ordine dei costituenti si manifesta primariamente a livello di struttura del sintagma e degli elementi nucleari della frase semplice, ma può interessare anche altri livelli d'analisi. Complessivamente l'italiano rappresenta abbastanza bene il tipo a costruzione progressiva:
1. nella **collocazione degli elementi nei composti**: i modificatori sono collocati generalmente dopo la testa (*capotreno*, *apribottiglie*, v. I.2.3.3);
2. nella **collocazione dei modificatori del nome nel SN** (*un problema di fisica sperimentale*; *l'amica genovese di Marco*);
3. nella **collocazione dell'oggetto e degli altri argomenti del verbo interni al SV** (*ho mangiato una mela*; *ho regalato una collana a Giorgia*);
4. nella **collocazione delle frasi nel periodo**: si pensi alla tendenza della frase complessa a essere costruita secondo l'ordine principale + subordinata.
In generale le lingue a costruzione progressiva tendono a espandere il nucleo informativamente più rilevante con aggiunte a destra, quelle a costruzione regressiva nella direzione inversa. I tipi linguistici sono comunque delle astrazioni ideali a cui le singole lingue aderiscono con maggiore o minore fedeltà. Per esempio in inglese convivono tratti della costruzione regressiva (l'aggettivo precede il nome) con altri di quella progressiva (la relativa segue il nome, l'oggetto segue il verbo). Il latino aderiva ancor più fedelmente alla tipologia regressiva: l'aggettivo, il complemento di specificazione e l'oggetto tendevano a precedere il verbo. L'italiano, anche se come abbiamo visto rappresenta piuttosto fedelmente il tipo a costruzione progressiva, colloca alcuni modificatori del nome (l'articolo, il possessivo, il dimostrativo, i numerali, i quantificatori) alla sua sinistra: *il mio gatto* (ma in alcune varietà di italiano è possibile *il gatto mio*), *questo gatto*, *cinque gatti*, *alcuni gatti* ecc.
Abbiamo visto che il latino presentava una collocazione di tipo SOV e quindi la costruzione regressiva, con tutte le conseguenze che questa caratteristica comporta a livello di ordine dei costituenti. Inoltre, grazie al sistema dei casi, era possibile un'ampia libertà nella collocazione delle parole all'interno della frase. Le lingue romanze rappresentano compattamente il tipo SVO e la costruzione progressiva; inoltre, avendo perso il sistema dei casi, affidano l'individuazione del ruolo sintattico di un costituente proprio alla sua collocazione all'interno della frase e ciò limita fortemente le possibilità di movimento delle parole nella frase (v. § II.1.3).
Entro questo quadro tipologico generale l'italiano presenta una possibilità relativamente ampia di modificare l'ordine basico. Tali spostamenti sono utilizzati a livello testuale per realizzare delle costruzioni con ordine marcato (v. § I.3.2.6) che hanno la funzione di mettere in rilievo alcuni elementi e porre altri sullo sfondo.

I.3.2.3. La frase semplice

Dal punto di vista logico la frase assolve a una **funzione predicativa**, cioè serve a dire qualcosa a proposito di qualcos'altro. Dietro questa apparente semplicità funzionale si cela in realtà un complesso intreccio di rapporti. Come è stato osservato, «all'ombra dell'unicità del nome, la sintassi della frase non è una realtà omogenea ma una confederazione di diversi strati e ordini di strutture» [Prandi 2015, 29]. Come in una rete ferroviaria esistono snodi di particolare rilevanza, dove transita la gran parte del traffico, così la frase è per molti aspetti lo snodo cruciale per il funzionamento globale del sistema linguistico perché proprio in essa convergono, si sovrappongono e si integrano livelli di informazione diversi. Abbiamo visto al § I.3.1.5 che nella frase sono individuabili tre livelli distinti: la struttura tematica, la struttura delle conoscenze, la struttura logico-sintattica. Tale stratificazione consente alla frase di svolgere la funzione predicativa e di far ciò tenendo conto della progressione delle informazioni a livello testuale e delle conoscenze condivise tra emittente e ricevente. Di conseguenza, nella forma canonica della frase il soggetto tende a coincidere col tema e con l'elemento dato, il predicato col rema e con l'elemento nuovo. Vedremo inoltre fra poco che nella frase è possibile individuare un nucleo, i cui elementi sono legati tra loro da rapporti grammaticali «forti», e una parte esterna al nucleo, in cui i legami sono determinati più dal senso che dalle relazioni grammaticali.

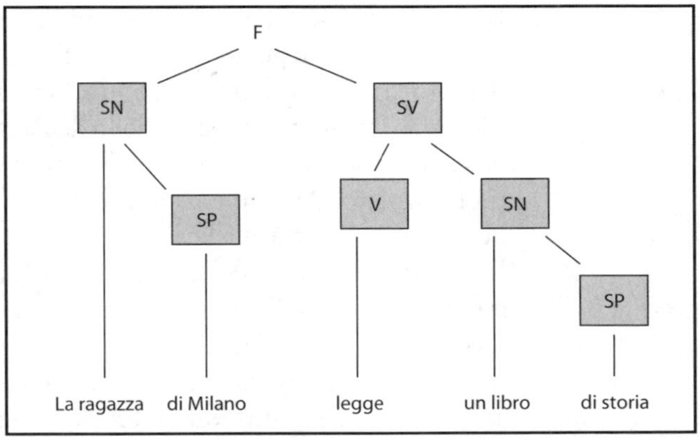

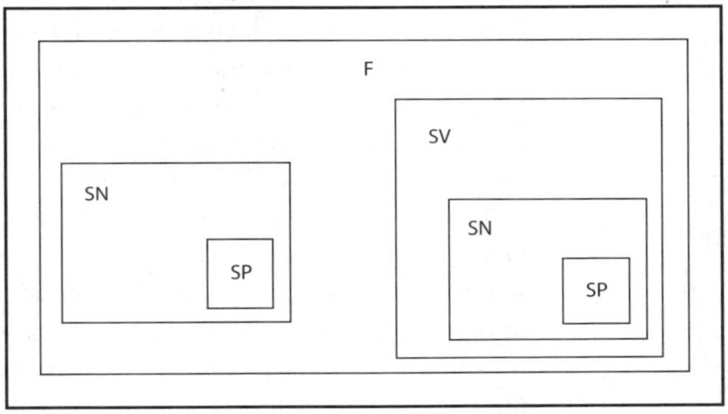

figg. I.3.2.-I.3.3. *Le relazioni gerarchiche tra sintagmi nella frase semplice.*

Anche la frase, come il sintagma, si presenta come una sequenza lineare regolata da rapporti gerarchici non visibili tra gli elementi che la compongono. Abbiamo già accennato al fatto che un sintagma può contenerne altri: per es. nella frase *La ragazza di Milano legge un libro di storia* il SN *la ragazza di Milano* contiene un SP (*di Milano*), il SV *legge un libro di storia* contiene un SN (*un libro*), che a sua volta contiene un SP (*di storia*). I sintagmi che ne contengono altri sono definiti **complessi**. I sintagmi contenuti in sintagmi complessi sono chiamati **incassati** o subordinati. Abbiamo dunque a che fare con una struttura verticale analoga a quella che regola i rapporti tra le frasi nel periodo. Le relazioni tra i sintagmi in una frase si possono evidenziare mediante i diagrammi ad albero (fig. I.3.2) o per mezzo di rappresentazioni grafiche come quella in figura I.3.3 (F = frase), che evidenzia il fatto che i sintagmi possono essere incassati uno dentro l'altro come delle scatole cinesi.

L'analisi proposta dallo strutturalismo e rappresentata nelle figure I.3.2-I.3.3 dà conto dei rapporti gerarchici tra i costituenti della frase, ma non entra nel merito del loro significato e della loro funzione nella frase. D'altro canto non appare soddisfacente nemmeno il modello dell'analisi logica della grammatica tradizionale, che spiega in maniera a volte approssimativa i rapporti logico-semantici tra il soggetto, il verbo e gli altri complementi senza dar conto della gerarchia di rapporti che ne è alla base.

Il modello di analisi della frase che seguiremo è basato sulla **struttura argomentale del verbo**. La sua elaborazione risale alla fine degli anni Cinquanta del secolo scorso e si deve al linguista francese Lucien Tesnière. Questa prospettiva di analisi considera il verbo l'elemento centrale della frase, in grado di legare a sé gli altri elementi. Per spiegarla si può ricorrere a una metafora presa a prestito dalla chimica: come i singoli elementi chimici sono caratterizzati da una **valenza**, cioè dal numero di elettroni necessari per saturare gli orbitali intorno al nucleo e renderlo «stabile», così nella frase c'è bisogno di un certo numero di **argomenti** per saturare il significato del verbo, cioè per dar luogo a un'espressione di senso compiuto. In italiano il numero degli argomenti può variare da zero a tre. Esistono verbi **zerovalenti**, che sono per così dire autosufficienti, cioè formano da soli frasi autonome (per es. i verbi meteorologici *piove*, *nevica*, *grandina*, *fa freddo*), verbi **monovalenti**, che necessitano di un soggetto (*Marco corre*), verbi **bivalenti**, che hanno bisogno di un soggetto e di un oggetto (*Marco legge un libro*) o di un soggetto e un complemento indiretto (*Marco abita a Milano*), verbi **trivalenti** che necessitano di un soggetto, un oggetto e un oggetto indiretto (*Marco dà un consiglio a Paolo*). Precisiamo subito che, poiché i verbi possono avere più significati, anche la loro struttura argomentale può variare. Per esempio *ricevere* è trivalente in *Marco ha ricevuto un regalo da Paolo*, bivalente in *questa radio non riceve bene il segnale*; *trattare* è bivalente in *questo saggio tratta di un problema attuale*, trivalente in *alcune aziende trattano i cibi con conservanti nocivi*. Il verbo e i suoi argomenti costituiscono il **nucleo** della frase, la sua configurazione minima obbligatoria. Attorno a questo nucleo si possono aggiungere ulteriori elementi:

(24) Marco legge un libro → La sera, dopo cena, Marco legge un libro sul divano del soggiorno.
(25) Marco abita a Milano → Da alcuni mesi Marco abita a Milano in un appartamento in affitto.

Queste aggiunte costituiscono una sorta di cornice che chiarisce le circostanze entro cui avviene ciò che è descritto nel nucleo e non sono obbligatorie, cioè la frase è autonoma dal punto di vista del senso anche in loro assenza. Gli elementi esterni al nucleo sono definiti **circostanziali** (o **extranucleari**). Nella figura I.3.4 vediamo una rappresentazione della struttura della frase basata sulla struttura argomentale del verbo.

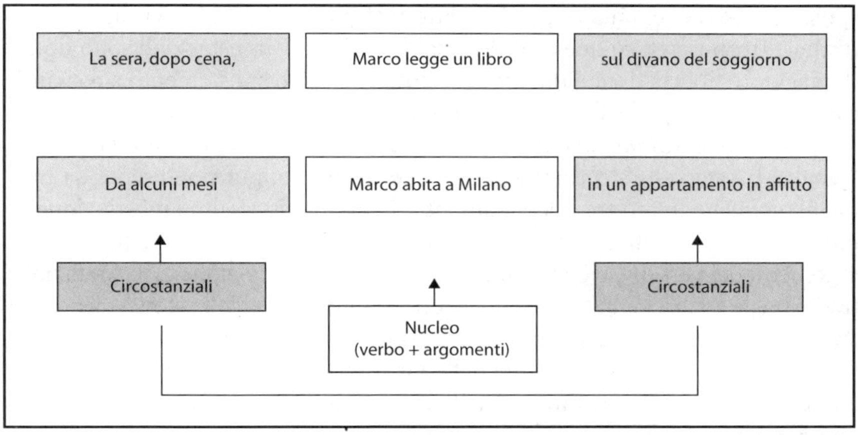

fig. I.3.4. *La frase: nucleo ed elementi extranucleari.*

Gli elementi esterni al nucleo possono essere ulteriormente distinti sulla base della loro **portata**, cioè del fatto che modificano e integrano il significato di un sintagma (in 26) o dell'intera frase (in 27):

(26) Marco ha tagliato le verdure *col coltello di ceramica*.
(27) *Alle sette di sera* Marco ha tagliato le verdure col coltello di ceramica.

La diversa portata appare se proviamo a separare il circostanziale dal resto della frase costruendo due frasi autonome:

(28) Marco ha tagliato le verdure. Lo ha fatto col coltello di ceramica.
(29) Marco ha tagliato le verdure col coltello di ceramica. È successo alle sette di sera.

Nel primo caso l'elemento di collegamento si riferisce all'azione espressa dal SV (*tagliare le verdure*) e pertanto si usa come elemento di ripresa un verbo di significato generale sostitutivo dell'azione come *fare*; nel secondo l'elemento di ripresa si riferisce a tutta la frase; di conseguenza la ripresa dev'essere realizzata mediante un verbo che si riferisce alla frase nel suo insieme, come *succedere*, *accadere* e simili [Prandi e De Santis 2013][1].
Il diverso ruolo svolto dagli argomenti e dai circostanziali ha degli effetti sulla loro collocazione nella frase: gli elementi nucleari tendono a occupare posizioni fisse: il soggetto precede il verbo, l'oggetto segue il verbo, l'oggetto indiretto segue l'oggetto. Possono essere spostati dalla loro posizione canonica, ma il loro

[1] La terminologia utilizzata per definire gli elementi extranucleari non è uniforme. Se per alcuni autori è sufficiente la distinzione tra elementi nucleari ed extranucleari [Salvi e Vanelli 2004], per altri è necessaria un'ulteriore suddivisione, sulla base della portata e di altri fattori legati all'autonomia sintattica dal nucleo, tra *circostanti* ed *espansioni* [Sabatini, Camodeca e De Santis 2011]. Altri ancora preferiscono distinguere tra un centro (il nucleo) e una periferia (gli elementi extranucleari, detti anche *margini*) della frase [Prandi e De Santis 2013].

spostamento ha dei limiti e produce effetti importanti sul piano pragmatico e testuale (torneremo su questi aspetti nel § I.3.2.6); i circostanziali sono dotati di maggiore libertà di movimento e gli effetti del loro spostamento sul significato complessivo della frase sono minimi (*da alcuni mesi Marco abita a Milano / Marco abita a Milano da alcuni mesi / Marco abita da alcuni mesi a Milano*). L'analisi basata sulla struttura argomentale del verbo, pur non esente da problemi, come vedremo tra poco, consente di mettere in risalto la distinzione di comportamento sintattico tra ciò che è interno al nucleo (soggetto, verbo e argomenti del verbo) e ciò che gli è esterno. Questa distinzione è oscurata nella tradizionale analisi logica, che colloca tutti i complementi sullo stesso piano. Gli argomenti sono dunque *grosso modo* i complementi della tradizionale analisi logica, ma rianalizzati in funzione del contributo che danno a completare il significato del verbo. Per comprendere la differenza si pensi che per l'analisi logica un complemento di luogo e di tempo sono sempre tali, in virtù del significato che introducono (il complemento di tempo chiarisce le collocazione temporale dell'evento, il complemento di luogo lo spazio entro cui si colloca l'evento ecc.), indipendentemente dal verbo a cui si legano. Nell'analisi basata sulla struttura argomentale del verbo invece, tolti i ruoli di soggetto, oggetto e oggetto indiretto, che se presenti sono necessariamente argomenti, per altri complementi indiretti la distinzione tra lo status di argomento e di circostanziale non è definibile in astratto, ma è determinata dalla valenza del verbo: per esempio in *Marco abita a Milano* il complemento di luogo è un argomento, in *Marco frequenta l'università a Milano* lo stesso complemento è un circostanziale. Verifichiamo il diverso comportamento sintattico con un test, che consiste nell'isolare il complemento di luogo costruendo due frasi autonome. Tale trasformazione è possibile solo quando il complemento è un circostanziale, non quando è un argomento, come si vede dall'agrammaticalità di (30b):

(30) a. Marco abita a Milano.
b. *Marco abita. Lo fa a Milano.
(31) a. Marco frequenta l'università a Milano.
b. Marco frequenta l'università. Lo fa a Milano.

Analogamente i complementi di tempo, che di solito sono circostanziali, possono avere funzione di argomento con verbi che esprimono durata: *Il concerto è durato due ore* (argomento) / *Marco ha corso nel parco (per) due ore* (circostanziale). Uno dei problemi che l'analisi della frase basata sulla struttura argomentale del verbo non riesce a risolvere è quello di determinare i limiti entro cui un argomento può essere sottinteso. Per esempio l'oggetto si può facilmente sottintendere con alcuni verbi (per es. con *leggere*, *mangiare*, *cantare*, *stirare*), con altri tendenzialmente no (per es. con *accusare*, *costruire*, *progettare*, *distruggere*). In parte ciò dipende dalla prevedibilità dei possibili oggetti (alta con verbi come *leggere*, *mangiare*, *cantare*, bassa negli altri casi). Tuttavia con un'opportuna cornice testuale, che restringa il ventaglio degli oggetti possibili, anche verbi del secondo tipo possono essere usati con l'oggetto sottinteso:

(32) A causa della speculazione edilizia, sulle nostre spiagge si è costruito troppo.
(33) Quella formazione politica è interessata più a distruggere che a creare.

Oltre alla cornice testuale (il cotesto) anche il contesto, cioè la nostra conoscenza del mondo, consente di sottintendere degli argomenti. Vediamo la frase:

(34) L'insegnante ha dato le pagelle agli studenti.

Data la struttura trivalente di *dare* abbiamo tre argomenti: il soggetto, l'oggetto, l'oggetto indiretto. Tuttavia nel contesto di una conversazione tra studenti di liceo l'omissione dell'oggetto indiretto sarebbe del tutto plausibile, anzi costituirebbe sicuramente la realizzazione più comune. La stessa frase però funzionerebbe meno bene senza l'oggetto indiretto nel caso si parlasse di alunni delle scuole elementari, perché le pagelle potrebbero essere state consegnate anche ai genitori. Anche in altri casi l'obbligatorietà o non obbligatorietà di un complemento può essere decidibile solo sulla base del contesto, quindi adottando una prospettiva testuale. Lasciamo la parola a Luca Serianni:

> In realtà, in molti casi il contesto è decisivo per promuovere un circostante [= un elemento circostanziale] o un'espansione ad argomento: *viaggiare* è un verbo monovalente, ma in certi casi è indispensabile il complemento indiretto che indica il mezzo di trasporto. Immaginiamo che, in un inverno piovoso, Anna dica a Paolo: «Non metterti in viaggio con questo tempo!» e Paolo risponda: «Ma io viaggio *in treno*!». Qui il complemento è obbligatorio (= viaggio in treno, quindi non corro i rischi di chi usa l'auto) e rispondere semplicemente «Io viaggio» non darebbe senso o ne darebbe uno diverso (= viaggio lo stesso, non m'importa niente del maltempo). O [...] non è detto che «Andrea sbadiglia» rappresenti una frase autosufficiente. O meglio: può funzionare come tale in quanto schema astratto, non nella sua reale effettività testuale. Immaginiamo un contesto in cui qualcuno consigli alla mamma di Andrea, studente appena diplomato al liceo scientifico, di farlo iscrivere alla facoltà di ingegneria, e lei risponda: «Andrea sbadiglia *alle lezioni di matematica*» (cioè «Non è portato per le materie scientifiche»); l'elemento in corsivo è un'espansione o piuttosto un argomento, indispensabile al senso della frase? Così *pulire* è un verbo bivalente e una frase come «Il portinaio pulisce il pavimento» è autosufficiente. Ma immaginiamo una discussione tra condòmini in cui il signor Rossi lamenti la scarsa efficienza del dipendente appena assunto, che non pulirebbe a dovere le scale; la signora Bianchi replicherebbe con alcune espansioni (le indico in corsivo) che diventano essenziali per dare senso al suo messaggio: «Ma Dan pulisce *prima delle otto ogni mattina* il pavimento *con acqua e detersivo*». Se la signora dicesse solo «Ma Dan pulisce il pavimento» la replica sarebbe inadeguata, anzi inaccettabile (ma che fa? finge di non capire? potrebbe chiederle il suo interlocutore); qui sono i particolari (il fatto che la pulizia avvenga prima delle otto, cioè prima dell'orario di guardiania, e che sia eseguita con acqua e detersivo) che contano [Serianni in stampa].

Insomma per determinare le condizioni entro cui il ricevente può recuperare in maniera più o meno agevole un argomento sottinteso occorre integrare la prospettiva sintattica con quella testuale, che tiene conto del fatto che per attribuire (o non attribuire) senso a una frase integriamo le nostre conoscenze linguistiche con le informazioni che ricaviamo dal contesto. In altre parole **sintassi e testo cooperano all'assegnazione del senso**. I limiti ora osservati non inficiano l'efficacia descrittiva del modello di frase basato sulla struttura argomentale del verbo; sono piuttosto una conferma di ciò che si è detto più volte in questo capitolo, e cioè che sintassi e testo interagiscono per dare senso a ciò che diciamo e la frase è il terreno privilegiato di questo incontro [Ferrari 2008; Prandi e De Santis 2013]. Dopo aver esaminato la struttura della frase, nei prossimi due paragrafi esamineremo alcune proprietà sintattiche dei due elementi principali che la costituiscono: il soggetto e il verbo.

I.3.2.4. Il soggetto

In italiano il soggetto è caratterizzato da due proprietà fondamentali:
1. **determina l'accordo col predicato** nei verbi di modo finito. L'accordo riguarda la persona e il numero (*tu canti / il ragazzo canta / i ragazzi cantano*) e in alcuni casi si estende anche al genere (per es. coi verbi intransitivi e passivi coniugati nei tempi composti e con quelli copulativi: *Mario è andato a scuola / Maria è andata a scuola*; *quel particolare è stato notato da tutti / quella particolarità è stata notata da tutti*; *Mario è simpatico / Maria è simpatica*);
2. **precede il verbo**, poiché in italiano l'ordine non-marcato è S(oggetto) V(erbo) O(ggetto). Tuttavia, essendo l'italiano una lingua a ordine dei costituenti parzialmente modificabile è possibile, per ragioni pragmatiche, invertire l'ordine SV in VS: *ho avuto io l'idea*. Inoltre con alcune classi di verbi e in particolari strutture frasali l'ordine pragmaticamente non marcato del soggetto è postverbale: *è arrivata una lettera*; v. § I.3.2.5.

Se ci limitassimo a queste due proprietà non avremmo detto granché sul ruolo semantico del soggetto e sul contributo che tale elemento fornisce allo sviluppo testuale complessivo. Il soggetto è infatti una funzione grammaticale complessa, che si manifesta su più piani: logico-semantico, morfologico, sintattico e testuale e per questo motivo sfugge ai tentativi di elencarne tutte le proprietà in una definizione semplice. È solo parzialmente vera la definizione della grammatica tradizionale secondo cui il soggetto è l'elemento della frase che compie l'azione. Questa definizione funziona in alcuni casi (per es. in *Marco canta una canzone, Giulia legge un libro*), ma non in altri (per es. *Maria ha subito un torto*; *Marco prova interesse per la musica*). Ci aiuta a risolvere il problema la distinzione tra funzione grammaticale e ruolo semantico. I **ruoli semantici** descrivono la funzione che un argomento assume nell'evento descritto dal verbo, dipendono quindi in ultima istanza dalla struttura argomentale del verbo. Il soggetto, pur mantenendo sempre la medesima funzione grammaticale, può svolgere ruoli semantici distinti: in *Marco canta una canzone* svolge il ruolo di agente, in *Maria ha subito un torto* svolge il ruolo di paziente, in *Marco prova interesse per la musica* svolge il ruolo di esperiente.

Un'altra distinzione di cui tener conto è quella tra tema e soggetto. Se consideriamo la struttura stratificata della frase presentata nel paragrafo precedente, vediamo che il tema non coincide necessariamente col soggetto grammaticale. Per es. in frasi come: *a Marco piace la pizza*; *non mi convince il suo racconto* dobbiamo distinguere tra soggetto grammaticale (*la pizza*, *il suo racconto*) e tema (*a Marco*, *mi*). Alcune grammatiche parlano in questo caso di **soggetto logico** (o, meno precisamente, **psicologico**) distinto dal soggetto grammaticale.
Se proviamo a integrare tutti questi livelli d'analisi, possiamo descrivere la funzione soggetto come risultante della diversa configurazione di un insieme di **parametri**, proprio come abbiamo fatto nel capitolo sulla fonetica per descrivere i foni (v. §§ I.1.3-I.1.4). Alcuni di questi parametri sono binari (tema / rema; dato / nuovo), altri, come il ruolo semantico (agente, paziente, esperiente, ecc.) e la funzione sintattica (soggetto, oggetto diretto, oggetto indiretto ecc.) non sono binari. Analizziamo la frase

(35) Marco mangia una pizza.

Immaginando un contesto in cui Marco sia conosciuto dagli interlocutori, la configurazione dei tratti distintivi di *Marco* sarebbe [soggetto, agente, tema, dato]. Tale configurazione, che possiamo immaginare come canonica, non è però l'unica possibile.
In italiano **l'espressione del soggetto è facoltativa**. Questo è un parametro molto importante per la classificazione tipologica delle lingue. Si distinguono infatti lingue a soggetto obbligatorio, come l'inglese e il francese, in cui il soggetto è sempre espresso, e lingue a soggetto facoltativo, come l'italiano, lo spagnolo o il latino, in cui l'espressione del soggetto non è necessaria. Dal punto di vista funzionale in italiano la presenza di un soggetto espresso è nella maggior parte dei casi ridondante, in quanto la morfologia del verbo consente di recuperare senza ambiguità le informazioni su numero e persona del soggetto. Se esprimerlo o ometterlo è dunque una scelta del parlante, legata all'opportunità di disambiguare il soggetto quando la sua individuazione risulti problematica oppure di evidenziarlo quando abbia un qualche rilievo testuale. Per es. il soggetto è di solito espresso con forme verbali che presentano desinenze identiche per diverse persone: *non sono sicuri che* Ø [= *io* / *tu* / *lui*] *dica la verità*, oppure quando nel cotesto non è stato menzionato da molto tempo. Il soggetto è infine obbligatorio nei seguenti casi:
a) quando è focalizzato, cioè quando rappresenta il rema (o focus). Questa funzione è svolta in genere dal soggetto quando è posposto al verbo (*passo io a prenderla*) o nella frase scissa: *sei tu che vuoi litigare*, v. § I.3.2.6;
b) nelle frasi nominali, dove, mancando il verbo, diventa elemento necessario per la comprensibilità dell'enunciato (*ancora lui! la smetterà di tormentarmi?*);
c) quando si trova in coordinazione con un altro pronome o un sintagma nominale: *né tu né lui avete il diritto di protestare*; *o tu o lui dovrete occuparvene*;
d) quando è accompagnato da una determinazione (per es., un numerale: *noi due faremo grandi cose*; o una relativa: *tu, che te ne intendi, consigliaci un buon vino*).

QUADRO I.3.1.

L'espressione del soggetto in italiano, in fiorentino e nei dialetti

L'italiano, come il latino, è caratterizzato dall'espressione facoltativa del soggetto. Se ne potrebbe ricavare che nulla è cambiato al riguardo. In realtà dietro questa apparente continuità si celano profonde innovazioni. Se esaminiamo testi fiorentini e toscani medievali siamo colpiti dal fatto che il pronome è espresso frequentemente, anche in contesti che appaiono non accettabili per la nostra sensibilità linguistica. Si vedano ad esempio questi tre passi, il primo tratto dal *Tristano riccardiano*, testo in prosa del Duecento, il secondo dal *Decameron*, il terzo dalle *Prediche* quattrocentesche di Bernardino da Siena:

ed ella disse ched ella non ne berebe [avrebbe bevuto] (*Tristano riccardiano* 44,10).

tu avevi quinci sù [quassù] una giovinetta che tu tenevi a tua posta [a tua disposizione] (*Decameron*, VIII, 6, 53).

ciò ch'io dirò, io il dirò a buon fine (*Prediche*, VI, 18).

Considerando anche altri fattori, come la presenza a partire dalla metà del Trecento di pronomi soggetto atoni (per es. *la dice*, *e' canta*) e la presenza di soggetti vuoti (*Egli convien* [è necessario] *ch'e' muoia*; *Decameron*, III, 8, 15), che abbiamo visto essere caratteristici delle lingue a soggetto obbligatorio, si può ipotizzare che il fiorentino e altre varietà toscane medievali stessero evolvendo verso questo tipo linguistico, arrivando ad assumerne pienamente tutte le caratteristiche tra il Cinquecento e il Settecento. Oggi infatti il dialetto fiorentino esprime obbligatoriamente il soggetto.

Come mai allora l'italiano, pur modellato nelle sue strutture portanti sul fiorentino, per questo importante aspetto se ne differenzia? Le ragioni vanno cercate nelle modalità attraverso cui nel Cinquecento avvenne la codificazione grammaticale dell'italiano, nell'influsso modellizzante esercitato dal latino e in altri fattori che non è possibile qui ripercorrere dettagliatamente [per maggiori dettagli cfr. Renzi 1983; Palermo 1997].

Se consideriamo che i dialetti settentrionali presentano – come il fiorentino – l'espressione obbligatoria del soggetto, dal punto di vista dei rapporti tra lo standard e i dialetti ne risulta un'interessante asimmetria: mentre per molti tratti fonomorfologici l'italiano appare più simile ai dialetti centromeridionali che a quelli settentrionali (come vedremo al § II.3.2 la più importante linea di confine dialettale che attraversa la Penisola è quella che congiunge La Spezia a Rimini e separa i dialetti altoitaliani da quelli centromeridionali, inclusi i toscani), per quanto riguarda l'espressione del soggetto e altri fenomeni sintattici il fiorentino e altri dialetti toscani tendono a fare sistema coi dialetti settentrionali [per maggiori dettagli cfr. Zamboni 2000; Loporcaro 2013, 88].

Nelle subordinate implicite il soggetto non è quasi mai espresso (può esserlo in casi particolari come *avendo io fretta non sono passato a ritirare il pacco all'ufficio postale* e simili). Anche in questo caso è però facilmente identificabile dal ricevente perché coincide necessariamente con quello della reggente:

(36) Marco$_1$ disse di $\emptyset_1$ essere stanco.

(37) Paolo$_1$, $\emptyset_1$ uscendo dal parcheggio, ha urtato un palo.

Fanno eccezione pochi verbi come *pregare*, *chiedere* e *ordinare*, in cui il soggetto della subordinata coincide con l'oggetto o il complemento di termine della reggente:

(38) Marco pregò Paolo$_1$ di $Ø_1$ fare presto.
(39) Marco chiese a Paolo$_1$ di $Ø_1$ fare presto.

Come avviene nelle lingue a espressione facoltativa, in italiano il soggetto deve essere **semanticamente pieno**, cioè deve rimandare a un referente extralinguistico. Per questo motivo i verbi meteorologici non ammettono un soggetto (abbiamo visto infatti nel paragrafo precedente che sono zerovalenti: *piove*, *nevica*, *grandina*, *fa freddo*). Nelle lingue a soggetto obbligatorio, poiché la posizione soggetto non può rimanere priva di espressione, viene espresso anche in questi casi: fr. *il pleut*, ingl. *it rains*, ted. *es regnet* 'piove'. Dato che in questi casi il soggetto non rimanda a un referente extralinguistico si parla di **soggetto vuoto** (o **non referenziale**). In italiano eventuali usi dei verbi meteorologici con soggetto espresso (*gli sono piovute addosso valanghe di insulti*) sono possibili, ma richiedono un'interpretazione figurata del verbo. Casi di pronome soggetto vuoto si trovano in italiano antico, per le ragioni che sono state illustrate nel Quadro I.3.1.

I.3.2.5. Il verbo

In questo paragrafo analizzeremo alcune delle caratteristiche che determinano il comportamento del verbo nella frase. Una prima distinzione utile è fondata sulla 'pienezza' del significato dei verbi e sul contributo che danno alla frase nell'assolvere alla funzione predicativa (v. § I.3.2.3). I **verbi predicativi** hanno un significato pieno e costituiscono il predicato verbale insieme agli eventuali argomenti contenuti nel SV; i **verbi copulativi** hanno invece un significato più leggero e mettono in relazione il soggetto col predicato, che in questo caso è costituito dal predicato nominale: *Maria è simpatica*, *Maria sembra simpatica*, *Maria risulta simpatica* ecc.
La **diatesi** (dal gr. *diáthesis* 'disposizione') serve a dar conto del tipo di azione espressa dal verbo e delle conseguenze di ciò sulle relazioni semantiche coi suoi argomenti, in particolare col soggetto. Si distinguono tre tipi di diatesi: **attiva**, **passiva** e **media**. La diatesi attiva esprime tipicamente una relazione in cui il soggetto ha un ruolo dinamico, che avvia e controlla l'azione nel corso della sua durata: *Marco guida la macchina*. Di solito il ruolo semantico del soggetto è quello di agente animato. La diatesi passiva rappresenta un tipo di azione in cui il soggetto ha tipicamente il ruolo semantico di paziente, cioè lo stesso che contraddistingue in genere il complemento oggetto nella diatesi attiva: *La macchina è guidata da Marco*. La diatesi media condivide parzialmente i tratti di quella attiva e di quella passiva, cioè rappresenta un'azione che è avviata da un soggetto attivo, ma i cui effetti ricadono sul soggetto stesso: *Marco si lava i*

capelli. In italiano abbiamo maggiore familiarità con le prime due categorie, in quanto a esse sono abbinati schemi di coniugazione verbale diversi. La diatesi media non ha un paradigma di flessione proprio (come avveniva per es. in greco antico): se ne trovano delle tracce da un lato nella coniugazione riflessiva, dall'altro in alcune costruzioni pronominali del verbo che esprimono un forte coinvolgimento del soggetto nei risultati dell'azione: gli intransitivi pronominali *arrabbiarsi, pentirsi, vergognarsi*; le costruzioni transitive attive rinforzate dal *si* (*mangiarsi una pizza, bersi una birra, farsi una passeggiata*) ecc. [Ježek 2003; Masini 2012]. Come si vede si tratta in tutti i casi di costruzioni ottenute grazie all'uso del pronome atono (v. § I.2.2.1). Come si sarà notato, finora per descrivere i tipi di diatesi abbiamo fatto in continuazione uso di espressioni come *tipicamente, di solito, generalmente.* Ciò perché i tre tipi individuati rappresentano in un certo senso delle astrazioni, delle idee prototipiche del rapporto tra il soggetto e gli altri argomenti del verbo e non si adeguano a tutti i casi concreti. Per esempio la riflessione grammaticale tradizionale ha elaborato la nozione di soggetto a partire dall'idea di diatesi attiva, e ciò spiega perché la definizione tradizionale di soggetto, cioè 'l'elemento della frase che compie l'azione' non sia valida in assoluto.

Un'altra opposizione importante è quella tra verbi **transitivi** e **intransitivi**. I verbi transitivi sono caratterizzati dal passaggio (dal lat. TRANSĪRE 'passare') dell'azione del verbo su un oggetto, che si chiama diretto in quanto non introdotto da preposizione. Dal punto di vista della valenza i verbi transitivi possono avere due argomenti (il soggetto e l'oggetto diretto, per es. *amare, comprare, costruire*), o tre (soggetto, oggetto diretto, oggetto indiretto, per es. *donare, ricevere, consegnare*). I verbi transitivi prototipici sono quelli che esprimono un cambiamento di stato realizzato da un soggetto con ruolo semantico di agente, che produce i suoi effetti su un oggetto, il quale svolge il ruolo semantico di paziente: *rompere una bottiglia; ferire qualcuno*. I verbi intransitivi non ammettono il complemento oggetto. Dal punto di vista della valenza hanno tipicamente un solo argomento, il soggetto. Sono presenti anche verbi intransitivi a due argomenti, come nel caso di *abitare* (che, oltre al soggetto, richiede una determinazione di luogo), *dedicarsi* (che richiede una determinazione finale) ecc.

Se esaminiamo il valore semantico e il comportamento sintattico notiamo che i verbi intransitivi si possono a loro volta suddividere in due categorie: gli **inergativi** e gli **inaccusativi**. Dal punto di vista semantico i verbi inergativi tendono a esprimere «attività intenzionali (*lavorare, camminare, passeggiare, nuotare, ballare, parlare, combattere, brindare*, ecc.) o funzioni o reazioni corporee non propriamente controllate, colte nel loro procedere (*dormire, russare, respirare, piangere, ridere, tremare, sospirare*, ecc.)». Gli inaccusativi sono invece «verbi che esprimono un cambiamento di stato repentino, indipendente dalla volontà del referente del soggetto (*cadere, guarire, esplodere, sparire, morire*), un cambiamento di posizione a seguito di un moto direzionato (*arrivare, entrare, fuggire, scendere*), uno stato (*restare, rimanere, sedere* nel senso di 'essere seduto'), un avvenimento (*accadere, avvenire, occorrere, succedere*), ecc.» [entrambe la citazioni da Ježek 2011b]. Della categoria degli inaccusativi fanno parte anche i

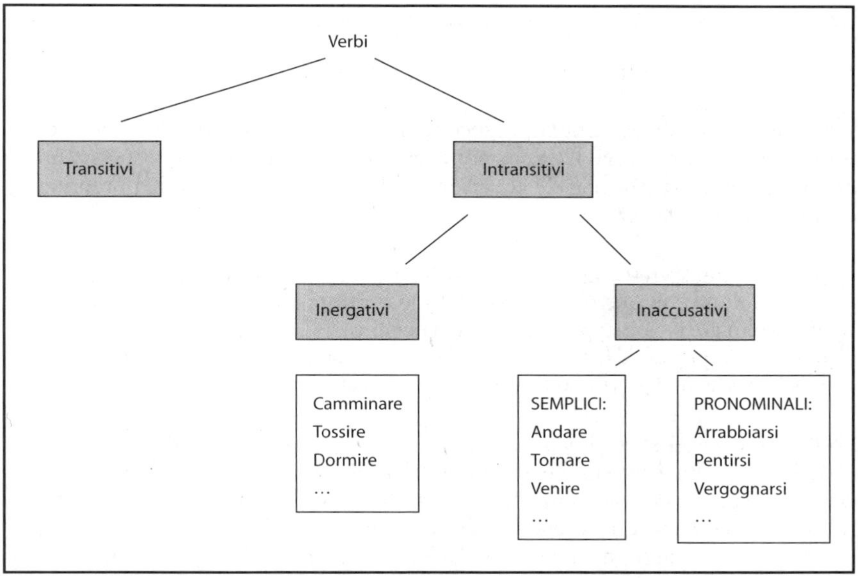

fig. I.3.5. *Classificazione dei verbi italiani.*

verbi pronominali (*arrabbiarsi*, *riposarsi* ecc.). Alcuni verbi hanno una doppia costruzione, inaccusativa e transitiva:

(40) la durata media della vita è aumentata, / i progressi della medicina hanno aumentato la durata media della vita.
(41) il paziente è migliorato / la nuova terapia ha migliorato le condizioni del paziente.

Vi sono vari test sintattici per riconoscere a quale categoria appartiene un verbo intransitivo; il più semplice è quello dell'ausiliare: i verbi inergativi richiedono *avere* (*camminare*, *lavorare*, *squillare* ecc.), gli inaccusativi richiedono *essere*: *cadere*, *nascere*, *sparire* ecc. Quest'ultima categoria è la più numerosa: tra le lingue romanze, l'italiano sembra essere quella che possiede il maggior numero di verbi inaccusativi [Ježek 2011a].
Riportiamo nello schema in figura I.3.5 una rappresentazione della ripartizione dei verbi italiani.
Oltre alla differente selezione dell'ausiliare, un'altra importante proprietà sintattica caratterizza i verbi inaccusativi: mentre il soggetto dei verbi inergativi possiede caratteristiche confrontabili con quelle del soggetto dei verbi transitivi, il soggetto degli inaccusativi è caratterizzato da alcune proprietà che lo rendono simile all'oggetto dei verbi transitivi, come la sua collocazione dopo il verbo, nel posto di solito occupato dall'oggetto: *è arrivato Paolo*; *è saltata la luce*. In queste frasi la successione VS non è frutto di una costruzione marcata (v. § I.3.2.6), ma costituisce l'ordine naturale. Lo si nota tra l'altro dal fatto che la posizione del soggetto a destra del verbo non si accompagna alla sua pronuncia con accento intensivo (come avviene per es. in *ho comprato IO il pane*).

QUADRO I.3.2.

Espansione della costruzione transitiva

Tra le tendenze in atto nell'italiano contemporaneo merita un cenno l'estensione della costruzione transitiva a verbi intransitivi. L'uso ha nobili ascendenze letterarie; ne troviamo un esempio in una famosa lettera di Machiavelli al Vettori del 1513, in cui il segretario fiorentino usa transitivamente *giocare* e *dormire*:

> Appresso al desiderio harei [avrei] che questi signori Medici mi cominciassino adoperare ['cominciassero a servirsi di me'; in questo periodo infatti lo scrittore era in esilio], se dovessino cominciare a farmi voltolare un sasso; perché, se poi io non me gli [li] guadagnassi, io mi dorrei di me; e per questa cosa, quando la fussi letta, si vedrebbe che quindici anni, che io sono stato a studio all'arte dello stato, non **gli** [li] ho né dormiti né giuocati.

Nel Novecento l'uso è caratteristico di varie scuole poetiche e in particolare degli ermetici [Mengaldo 1991, 142]. Di qui, come molte abitudini della poesia novecentesca, l'estensione della transitività viene accolta occasionalmente nei testi di canzoni: «E tu scrivimi, scrivimi se ti viene la voglia e raccontami quello che fai: se cammini nel mattino e ti addormenti di sera e se dormi **che** dormi e che sogni che fai» (F. De Gregori, *Natale*) [traggo l'esempio da Antonelli 2010, 108], per finire alle canzonette per l'infanzia: «è un azzurro albero, gioca**lo** con me» (*L'albero azzurro*, sigla di una trasmissione televisiva per bambini).
Queste estensioni hanno in comune il tentativo di rendere in maniera immediata (cioè senza l'intermediazione di una preposizione) il rapporto tra il verbo e il complemento e possono essere innescate dalla collisione tra il significato originario del verbo e verbi di significato affine. Un esempio può essere dato da *viaggiare*, che si appropria del valore transitivo di 'esplorare, attraversare in lungo e in largo' (*viaggiare il mondo*, *l'Europa*, *la Patagonia*). La stessa estensione sta interessando *leggere* e *scrivere*, verbi in realtà già transitivi ma che per ragioni semantiche selezionavano solo un numero limitato di oggetti. Nella lingua d'oggi si registra l'uso di *leggere* nel senso di 'analizzare, interpretare criticamente' (*leggere un avvenimento*, *una partita di calcio*) e, specularmente, quello di *scrivere* nel senso di 'raccontare, esprimere per mezzo della scrittura' («pur provando lo stesso disagio di quel lettore, non ho saputo scriverlo»; M. Serra su «la Repubblica» del 19-10-03).
Nei casi finora osservati si tratta di violazioni consapevoli e creative dei confini imposti dalla norma. Tuttavia a volte l'estensione della reggenza è entrata a pieno titolo nell'uso. *Vivere*, originariamente usato solo intransitivamente o transitivamente ma solo con l'oggetto interno (*vivere una vita meravigliosa*), ha conosciuto una progressiva modificazione del significato e della costruzione, che ha portato dapprima all'uso transitivo nel senso di 'trascorrere' (*vivere un anno*, *un periodo*, *una stagione*). Questa prima estensione ha reso possibile, a partire dagli inizi del XX secolo, un ulteriore sviluppo del significato del verbo, che ha assunto il senso di 'sperimentare, sentire profondamente' (*vivere un'emozione*, *un'esperienza indimenticabile*, *la fede*) [Palermo 2001]. Per quanto recente, questa accezione è ormai comunemente registrata nei dizionari. Nel *GRADIT* è addirittura etichettata come appartenente al lessico fondamentale dell'italiano.

I.3.2.6. Le costruzioni con ordine marcato

Il temine «marcato» ha varie accezioni in linguistica. Il significato originario è quello di 'dotato di una marca in più'. Per es. l'inglese *dogs* e lo spagnolo *perros* ‘cani’ sono marcati rispetto alle forme del singolare (*dog* e *perro*) perché presentano il morfema *-s* come marca del plurale. Da questo significato se ne è sviluppato un altro, e cioè ‘più complesso, meno naturale, meno frequente’. In questa seconda accezione lo utilizzeremo qui, per descrivere alcune costruzioni dell’italiano. Più precisamente, faremo riferimento a due livelli di marcatezza:

1. la **marcatezza sintattica**, che si ha quando i costituenti si susseguono secondo un ordine diverso da quello normale, per l’italiano SVO. Quando si parla di ordine marcato ci si riferisce a variazioni nella collocazione degli elementi nucleari della frase. Come abbiamo visto (§ I.3.2.3) gli elementi circostanziali possono posizionarsi con più libertà, e ciò non necessariamente dà origini a costruzioni marcate;
2. la **marcatezza fonologico-intonativa**, che si ha quando la frase presenta pause, interruzioni o accenti enfatici che non si manifesterebbero nella corrispondente frase non marcata. La marcatezza intonativa non è visibile nel testo scritto, non a caso nei nostri esempi per evidenziarla ricorriamo all’artificio grafico del maiuscolo.

Attraverso la marcatezza sintattica e/o quella fonologico-intonativa si può ottenere la **marcatezza pragmatica**. Una frase pragmaticamente marcata ci dice qualcosa in più (o di diverso) dalla corrispondente frase non marcata ed è utilizzabile solo in particolari contesti.

Facendo riferimento all’appropriatezza contestuale dobbiamo di nuovo, come abbiamo fatto più volte nel corso di questo capitolo, immaginare la dimensione sintattica come dipendente da quella testuale e informativa. Come è stato osservato «non appena si esaminano frasi all’interno di contesti di discorso, la sintassi di un enunciato si mostra in qualche misura dipendente dalla sua funzione informativa» [Lombardi Vallauri 2009, 9]. Per rendercene conto esaminiamo le seguenti frasi:

(42) a. Marco ha vinto la gara.
b. MARCO ha vinto la gara.
c. È stato MARCO a vincere la gara.

Tutte e tre hanno lo stesso contenuto informativo, ma è evidente che (b) e (c), varianti marcate di (a), presentano delle sfumature aggiuntive di significato e delle limitazioni nei possibili contesti d’uso. Per contestualizzare le frasi possiamo presentarle come risposte a una domanda precedente. Per es. (b) e (c) costituiscono risposte appropriate a *Chi ha vinto la gara?* e sottolineano che è stato Marco, non qualcun altro. Non risulterebbero pertanto contestualmente appropriate in risposta alla domanda *Che cosa ha fatto Marco?* Il concetto di marcatezza è pertanto **relativo** e **oppositivo**: si può definire una frase marcata solo se le si può paradigmaticamente affiancare una corrispondente struttura non marcata, come negli esempi visti finora. Una frase esclamativa come *Quanto è difficile questo problema!* presenta un soggetto postverbale, ma non per questo può essere definita marcata perché non è possibile in italiano la frase corrispondente con ordine SVO **Quanto questo problema è difficile!*

Come abbiamo visto (§ I.3.1.5) la frase tende a presentare un allineamento tra la struttura tematica, la struttura delle conoscenze e la struttura logico-sintattica; tale allineamento si realizza ponendo in prima posizione il tema, l'elemento dato e il soggetto, in seconda posizione il rema, l'elemento nuovo, l'oggetto e gli altri argomenti. Le costruzioni marcate servono a segnalare che questo allineamento non si verifica, per es. nei casi in cui vogliamo segnalare il soggetto come rema o l'oggetto come tema. Nel prenderle in esame distingueremo tra **costruzioni tematizzanti**, che servono ad evidenziare il tema, e **costruzioni focalizzanti**, che servono ad evidenziare il rema (o *focus*).

Costruzioni tematizzanti

La costruzione più diffusa in italiano per segnalare che un elemento della frase diverso dal soggetto svolge il ruolo di tema è la cosiddetta **dislocazione a sinistra**[2]:

(43) Il pane, lo compro tutte le mattine al forno sotto casa.

La corrispondente frase non marcata è *compro il pane tutte le mattine al forno sotto casa.* Dal punto di vista formale la dislocazione a sinistra consiste nel posizionamento di un costituente della frase diverso dal soggetto – in questo caso il complemento oggetto – a sinistra del verbo. Nel parlato, a questo posizionamento si accompagna una pronuncia della frase caratterizzata da una pausa dopo l'elemento dislocato e da una differenza nel tono con cui questo viene pronunciato. L'insieme di queste manovre prosodiche serve a isolare ed evidenziare il costituente. Nello scritto queste operazioni vengono per lo più rappresentate da una virgola. Per ricucire la frattura in (43) si inserisce un pronome atono tra l'elemento dislocato e il resto della frase. Oltre all'oggetto, possono essere dislocati a sinistra altri complementi (44-46) e intere proposizioni (47):

(44)	Di questo argomento,	ne	abbiamo parlato a sufficienza.
(45)	A Marco,	gli	ho raccontato la trama del film.
(46)	A cinema,	ci	vado sempre più raramente.
(47)	Che fosse una persona timida,	lo	avevamo capito da tempo.

La **costruzione a tema sospeso** è un tipo particolare di dislocazione a sinistra:

(48) Promesse, ne hanno fatte già abbastanza!
(49) Marco, gli sono sempre piaciuti i film dell'orrore!

2 Usiamo qui e altrove il termine *dislocazione* perché più diffuso in bibliografia, anche se tale denominazione è stata oggetto di critiche in quanto presuppone uno spostamento rispetto a un'idea di collocazione rigida e predeterminata dei costituenti, rispetto alla quale si determinerebbero, nelle costruzioni marcate, degli spostamenti. Si potrebbe forse parlare, meno impegnativamente, di *anteposizione del tema* e rispettivamente di *posposizione* del tema per la dislocazione a destra.

La funzione pragmatica è la stessa: evidenziare un tema diverso dal soggetto; la differenza consiste nel fatto che l'elemento dislocato non è preceduto dalla preposizione, che svolge una funzione di segnacaso, quindi manca l'indicazione della sua funzione sintattica. Tale informazione viene però recuperata grazie al pronome atono di ripresa. La mancanza della preposizione conferisce al costrutto una minore coesione e lo rende più frequente in contesti di parlato spontaneo. Nelle costruzioni a tema sospeso l'elemento anticipato può essere ripreso anche per mezzo di un pronome tonico o di un SN (*Marco, a lui / a quel ragazzo gli sono sempre piaciuti i film dell'orrore!*).
La **passivizzazione** rientra nelle strategie di tematizzazione perché anticipa in posizione preverbale l'oggetto della corrispondente frase attiva, presentandolo come soggetto. In tal modo si realizza un riallineamento tra tema e parte sinistra della frase analogo a quello ottenuto con la dislocazione a sinistra:

(50) a. Marco ha preparato il piatto più difficile [frase non marcata].
b. Il piatto più difficile è stato preparato da Marco [passivizzazione].
c. Il piatto più difficile l'ha preparato Marco [dislocazione a sinistra].

La differenza tra (50b) e (50c) è di canale (il passivo si usa di preferenza nello scritto, la dislocazione nel parlato) e di registro: formale in (50b), informale in (50c).
La **dislocazione a destra** interessa le stesse tipologie di costituenti, cioè l'oggetto, un complemento, un'intera frase:

(51)	Ne	abbiamo parlato a sufficienza,	di questo argomento.
(52)	Gli	ho raccontato la trama del film,	a Marco.
(53)	Ci	vado sempre più raramente,	al cinema.
(54)	Lo	avevamo capito da tempo,	che fosse una persona timida.

In realtà non è del tutto esatto parlare di uno spostamento a destra, poiché l'elemento dislocato occuperebbe la stessa posizione anche nella corrispondente fase non marcata. Ciò che caratterizza la dislocazione a destra è la particolare configurazione prosodica (come nella dislocazione abbiamo una discontinuità intonativa, rappresentata nello scritto dalla virgola) e il rinvio pronominale, che in questo caso non è anaforico ma cataforico, speculare rispetto a quello delle dislocazioni a sinistra.
La dislocazione a destra svolge due funzioni distinte:
1. evidenzia il rema e, conseguentemente, **pone in secondo piano il tema**: in questa funzione la troviamo spesso utilizzata in atti linguistici di offerta (*la vuoi, una birra?*);
2. nel parlato spontaneo può essere il risultato di un **ripensamento**: *ho sempre dimenticato di dirtelo, come finiva il film*. In questo caso il costituente viene dapprima introdotto nella forma pronominale e successivamente ripreso per ragioni di chiarezza.

Costruzioni focalizzanti

La focalizzazione di un costituente, cioè la messa in evidenza del suo ruolo di rema, può avvenire attraverso il suo spostamento rispetto alla posizione che occupa normalmente nella frase. Di conseguenza per focalizzare il soggetto lo si pospone al verbo:

(55) Ha pensato LUI a tutto!

Specularmente, per focalizzare un costituente che normalmente si trova a destra del verbo, lo si anticipa alla sua sinistra mediante una costruzione che prende il nome di **anteposizione contrastiva**:

(56) A MARCO, dovresti chiedere scusa.

L'anteposizione contrastiva è in apparenza simile alla dislocazione a sinistra: in particolare nel testo scritto, in assenza dell'intonazione, le due costruzioni differiscono solo per la presenza o l'assenza del pronome atono di ripresa: *A Marco, dovresti chiedere scusa* / *A Marco, gli dovresti chiedere scusa.* La realizzazione orale dei due enunciati mostrerebbe però che solo nel primo caso l'elemento anteposto porta l'accento contrastivo. Per verificare la differente strategia di evidenziazione realizzata nei due casi si consideri che solo l'anteposizione contrastiva costituisce una risposta adeguata alla domanda *A chi dovrei chiedere scusa?*, che focalizza l'attenzione sull'elemento rematico e nuovo (*Marco*), mentre la dislocazione può costituire una risposta adeguata alla domanda *Come dovrei comportarmi con Marco?* in cui Marco è il tema e l'elemento dato.
Un'altra costruzione usata per focalizzare un costituente è la **frase scissa**:

(57) Dovresti chiedere scusa a Marco → È A MARCO che dovresti chiedere scusa.

In questa costruzione la frase non marcata idealmente sottostante viene divisa in due proposizioni, la prima caratterizzata dal verbo *essere* + l'elemento focalizzato, la seconda dal *che* + il resto della frase (senza l'elemento focalizzato). Questa costruzione può focalizzare qualsiasi costituente della frase, inclusi il soggetto e intere proposizioni:

(58) È MARCO che non vuole parlarmi.
(59) È DI MARCO che vorrei parlarti.
(60) È CON MARCO che dovresti scusarti.
(61) È DI RIPETERE SEMPRE LE STESSE COSE che sono stufo!

Quando l'elemento focalizzato è il soggetto, la frase scissa presenta una variante implicita, costruita con *a* + verbo all'infinito:

(62) È MARCO a non volermi parlare.
(63) Sei TU a dover prendere l'iniziativa.

Le frasi scisse, poiché utilizzano sia la marcatezza intonativa sia quella sintattica, evidenziano chiaramente la struttura informativa della frase anche nella lingua scritta. Sono perciò più facilmente utilizzabili nel testo scritto rispetto alle anteposizioni contrastive.
Simili alle frasi scisse sono le **pseudo-scisse**, caratterizzate da tipi formali diversi:

(64) Chi ci ha impiegato più tempo sono stati loro.
(65) Quello che volevo dirti è che sono molto arrabbiato.
(66) Se ti dico questo è perché ti sono amico.

Queste frasi hanno in comune con le scisse canoniche il fatto che la potenziale frase non marcata di partenza viene spezzata in due segmenti mediante il ricorso a una struttura copulativa: è infatti presente in tutti i casi una forma del verbo *essere* che isola e introduce il costituente focalizzato. Le costruzioni (64) e (65) presentano come frase introduttiva una relativa, in (66) abbiamo invece a che fare con una pseudoipotetica: il *se* non ha valore condizionale, cioè non mette in dubbio il valore di verità della proposizione che introduce, ma la contrassegna come tema. Le frasi pseudo-scisse collocano l'elemento focalizzato alla destra dell'enunciato, non alla sinistra come avviene nelle frasi scisse canoniche.

I.3.2.7. La frase complessa

La frase complessa è costituita dall'unione di più frasi semplici. Il collegamento si può realizzare attraverso:

a) la **coordinazione** (o **paratassi**) → Ha preso le chiavi ed è uscito.
b) la **subordinazione** (o **ipotassi**) → Ha dimenticato le chiavi perché è uscito di corsa.

È possibile mettere in relazione due segmenti di testo anche in maniera implicita, attraverso la **giustapposizione** → *ho fatto tardi: non farò colazione*.

La scelta tra la connessione subordinativa, coordinativa e la giustapposizione può configurare diverse strategie testuali. Osserviamo le seguenti frasi:

(67) a. Siccome è tardi non esco.
b. Sebbene piovesse non ho preso l'ombrello.

(68) a. È tardi e non esco.
b. Piove, ma non ho preso l'ombrello.

(69) a. È tardi: non esco.
b. Piove: non ho preso l'ombrello.

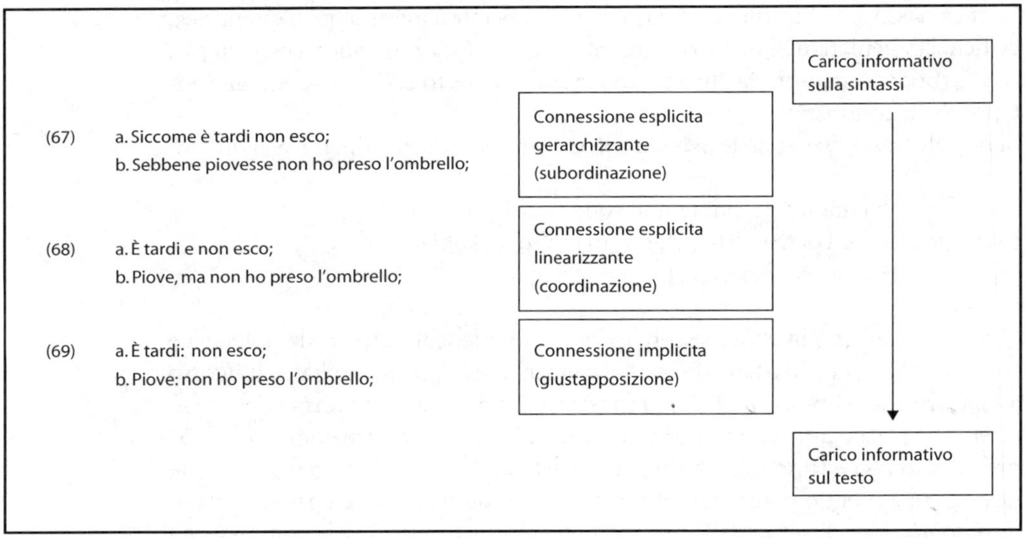

fig. I.3.6. *Subordinazione, coordinazione, giustapposizione.*

Fonte: Palermo [2013, 199].

Il medesimo rapporto semantico tra le frasi è segnalato per mezzo di un connettivo subordinante in (67), di uno coordinante in (68), della semplice giustapposizione (col segno interpuntivo a segnalare il confine tra i due membri), in (69). Passando da (67) a (69) osserviamo una progressiva diminuzione del livello di esplicitezza della connessione e il conseguente scarico dell'informazione dalla sintassi al testo.

Con la coordinazione si istituisce una relazione paritaria tra i due elementi. Le grammatiche individuano di solito cinque tipi di coordinazione: **copulativa** (realizzata mediante *e né*, *anche*, *pure* ecc.); **avversativa** (realizzata mediante *ma*, *però*, *tuttavia*, *eppure*, *anzi*, *bensì* ecc.); **disgiuntiva** (*o*, *oppure*, *ovvero*); **conclusiva** (*quindi*, *pertanto*, *perciò*); **dichiarativa** (*infatti*, *cioè*).

La coordinazione copulativa rappresenta in un certo senso la coordinazione prototipica, in quanto combina due proposizioni per semplice aggiunta di una all'altra:

(70) Marco ha mangiato una pizza e ha bevuto una birra.

L'indeterminatezza semantica rende *e* polifunzionale. Di conseguenza non sono infrequenti casi in cui la congiunzione può sottintendere una relazione temporale (71), causale (72), ipotetica (73) ecc. Abbiamo quindi una connessione tra le frasi che dal punto di vista formale è coordinativo, ma da quello logico-semantico è assimilabile alla subordinazione:

(71) Ha preso le chiavi e è uscito di casa.
(72) Sono stanco e non mi va di uscire.
(73) Fallo un'altra volta e ti metto in punizione.

I confini tra la coordinazione e la subordinazione appaiono sfumati non solo nel caso della *e*. Per es. si può rendere attraverso il *ma* (congiunzione coordinativa) un rapporto concessivo (subordinativo):

(74) a. Ero molto stanco, ma non sono andato a dormire.
b. Anche se ero molto stanco non sono andato a dormire.

Inoltre le avversative introdotte da *quando* o *mentre* sono tradizionalmente classificate tra le subordinate; in realtà dal punto di vista logico-semantico «corrispondono piuttosto a una coordinata avversativa» [Serianni 1988, 513]:

(75) a. Sei stato zitto, mentre (quando) avresti dovuto esporre le tue ragioni.
b. Sei stato zitto, ma avresti dovuto esporre le tue ragioni.

Per tali motivi negli studi più recenti si tende a presentare la distinzione tra coordinazione e subordinazione come un *continuum* piuttosto che come un'opposizione netta [Colombo 2012].
Con la subordinazione si istituisce una **relazione gerarchica**: uno dei due elementi è presentato come dipendente dall'altro. La proposizione da cui dipende la subordinata è detta anche reggente. A differenza di quanto avviene nella coordinazione, la classificazione delle subordinate si presenta molto più frammentata, perché sono più vari i rapporti logico-semantici che intercorrono tra la reggente e la subordinata. L'analisi del periodo prevede una casistica piuttosto dettagliata di proposizioni subordinate: temporali, causali, condizionali, finali, consecutive, concessive ecc. Tali etichette evidenziano il modo in cui la subordinata aiuta a circoscrivere, determinare o completare il significato della reggente. Poiché la classificazione è basata sul significato, presenta alcuni margini di soggettività, soprattutto nell'individuare i confini tra subordinate minori. D'altro canto è evidente che le subordinate possono essere raggruppate in famiglie per affinità: per es. le causali, le finali, le concessive, le consecutive sono accomunate dall'esprimere, seppure in maniera diversa, dei rapporti di causa-conseguenza. Si può arrivare a una classificazione meno frammentaria se immaginiamo la frase complessa come proiezione su scala più ampia della frase semplice tenendo conto della distinzione tra elementi nucleari ed extranucleari (§ I.3.2.3). In tale prospettiva le subordinate sono riconducibili a tre grandi categorie:

- **argomentali**. Costituiscono l'espansione di uno degli argomenti del verbo della frase principale; rientrano in questa categoria le soggettive, che possiamo immaginare come espansioni del soggetto: *è necessaria la sua rinuncia* [*la sua rinuncia* = soggetto] → *è necessario che lui rinunci* [*che lui rinunci* = soggettiva]; le oggettive, che costituiscono espansioni dell'oggetto: *riconosco la sua bravura* [*la sua bravura* = oggetto] → *riconosco che è bravo* [*che è bravo* = oggettiva]; le completive oblique, espansioni di un complemento indiretto: *è convinto della propria innocenza* [*della propria innocenza* = complemento indiretto] → *è convinto di essere innocente* [*di essere innocente* = completiva obliqua];

- **non argomentali**. Svolgono una funzione analoga a quella degli elementi extranucleari della frase semplice, cioè consentono di determinare o specificare alcuni aspetti di quanto è detto nella principale. Rientrano in questa categoria tutte le subordinate (temporali, causali, finali, ipotetiche, consecutive, concessive ecc.) che non sono né argomentali né relative;
- **relative**. Costituiscono una categoria a sé perché a differenza delle precedenti non sono un'espansione del verbo della frase reggente, ma del punto d'attacco del pronome relativo, cioè di un elemento nominale: *Hai visto il film di cui ti ho parlato*?

I.3.2.8. Incisi e costruzioni assolute

La progressione lineare di un testo può essere interrotta dall'inserzione di segmenti di diversa estensione che hanno l'effetto di porre le informazioni su un piano diverso e accessorio rispetto a quello principale. Tali inserti prendono il nome di **incisi** e nello scritto sono facilmente identificabili perché racchiusi tra parentesi, lineette o virgole:

(76) Vi ricordate il Brics? Era quell'acronimo che individuava i paesi emergenti inclusi dal 2010 nel Fondo monetario internazionale (Brasile, Russia, Cina, India e Sudafrica). Se sino a ieri (e anche oggi in verità, visto che da quando le tendenze vengono intercettate a quando si trasformano in collezioni passano circa due anni) erano queste le regioni del mondo coi mercati più forti che dettavano legge in fatto di gusto e di moda, nell'immediato futuro la musica cambierà. Perché saranno i paesi del Mint (Messico, Indonesia, Nigeria e Turchia) a farla da padrone e a ispirare i nuovi creativi del fashion. [da *Corriere della sera*, *Fashion*, 13/1/2015].

Gli incisi, pur raccordati col testo principale, sono sintatticamente autonomi. Quindi non stabiliscono una gerarchia sintattica, quanto piuttosto una gerarchia semantica, nel senso che aiutano a collocare le informazioni su livelli diversi, distinguendo ciò che è in primo piano da ciò che rimane sullo sfondo. Gli incisi possono veicolare dei contenuti accessori, che si affiancano alla linea informativa principale introducendo una precisazione, un commento, un'integrazione (nel primo e nel terzo dei casi presenti in 76) o un «punto di vista alternativo a quello principale» [Ferrari 2014, 85] nel secondo caso.
L'integrazione sintattica col piano principale del testo può essere modulata. In (77) il contenuto della parentesi è sintatticamente autonomo, ma può essere integrato trasformandolo in una proposizione subordinata (78):

(77) La poesia è (pare un assurdo) quanto di meno irrilevante, di più terrestre e di maggior tenuta circola tra gli uomini, e proprio oggi, in una civiltà che promuove l'oggetto, invece, di rapido consumo, l'oggetto-lusso, l'oggetto destinato a cambiare, destinato a essere utilizzato [G.L. Beccaria, Recensione alle poesie di Giorgio Caproni, cit. in Cignetti 2012, 62].

(78) La poesia è (anche se pare un assurdo) quanto di meno irrilevante, di più terrestre e di maggior tenuta circola tra gli uomini, e proprio oggi, in una civiltà che promuove l'oggetto, invece, di rapido consumo, l'oggetto-lusso, l'oggetto destinato a cambiare, destinato a essere utilizzato.

Nel caso degli incisi costituiti da proposizioni subordinate non si può parlare di indipendenza sintattica, ma rimane la funzione di articolare il testo in una linea semantica principale e in una secondaria.
Gli incisi sono di solito indipendenti tra loro, nel senso che ciascuno interviene a modificare la frase entro cui è inserito e di solito non stabilisce relazioni con eventuali incisi precedenti o successivi. In alcuni casi possono infatti essere interconnessi e svolgere così una funzione di testo parallelo, che si sviluppa in filigrana rispetto a quello principale:

(79) – Cristo Vince', mettiti nei suoi panni: tua madre sta morendo di cancro e tu non puoi starle vicino perché non vuole vederti, e però lei chiede continuamente della tua ex (e sottolineo, ex) moglie. Non ti sentiresti depresso? Non credi che sarebbe più nobile da parte tua cercare di risolvere questa situazione assurda senza farlo sapere alla tua ex (e risottolineo, ex) moglie, piuttosto che vantartene? [D. De Silva, *Mia suocera beve*, Torino, Einaudi, 2010, p. 101].

Abbiamo visto che una subordinata, sia esplicita sia implicita, può essere collocata incidentalmente all'interno della principale:

(80) Marco, dal momento che era arrivato molto in ritardo, non riuscì a vedere il primo tempo del film.
(81) Marco, essendo arrivato molto in ritardo, non riuscì a vedere il primo tempo del film.
(82) Marco, risolto il problema della macchina, riuscì a farla ripartire.

In questi casi la subordinata presenta un rapporto di dipendenza sintattica con la frase entro cui si colloca ed è ulteriormente integrata con essa perché, secondo le regole dell'italiano, il soggetto dev'essere lo stesso della principale (v. § I.3.2.4). Diverso è il caso delle proposizioni costruite col participio o col gerundio che non sono sintatticamente dipendenti dalla principale e presentano un soggetto diverso:

(83) arrivato Marco, la cerimonia ebbe inizio.
(84) finito il film, il pubblico uscì dalla sala.

La differenza rispetto a (80-82) consiste nel fatto che il soggetto della costruzione realizzata col participio o col gerundio non coincide con quello della principale. Queste strutture sono chiamate **costruzioni assolute** (si parla rispettivamente di participio e di gerundio assoluto). Si tratta di costruzioni tipiche dei registri formali della lingua, che costituiscono un'eredità dell'ablativo assoluto latino.

Analogamente a quanto avviene per gli incisi, le costruzioni assolute non presentano rapporti di dipendenza sintattica col resto della frase, ma svolgono un'importante funzione testuale, in quanto «partecipano all'articolazione informativa dell'enunciato, fornendo informazioni di sfondo, che costituiscono il quadro entro cui va inteso l'evento codificato nella frase principale» [De Roberto 2010].

I.3.2.9. Le nominalizzazioni

Attraverso la derivazione (§ I.2.3.1) possiamo ricavare nomi da verbi: *assestare* → *assestamento*; *costruire* → *costruzione*; *lavare* → *lavaggio*. I nomi deverbali si comportano come nomi dal punto di vista della morfologia, cioè variano nel numero ma non nel tempo, nel modo e nell'aspetto; dal punto di vista semantico si comportano invece come verbi perché indicano un'azione e possono avere una struttura argomentale. Per es. *progettare* è un verbo transitivo bivalente, cioè richiede due argomenti: soggetto e oggetto. La stessa struttura argomentale è ereditata dal deverbale *progettazione*:

(85) a. L'ingegnere ha progettato il viadotto → b. La progettazione del viadotto da parte dell'ingegnere.

La trasformazione di (85a) in (85b) si definisce **nominalizzazione**.
Esiste un secondo tipo di costruzioni assimilabili alle nominalizzazioni, in cui il verbo è presente ma semanticamente povero. Si tratta delle costruzioni con verbo supporto + nome (*dare una controllata* in luogo di *controllare*; *prendere una decisione* in luogo di *decidere*); in questo caso si assiste alla suddivisione dei compiti tra il verbo, che veicola le categorie di tempo, modo, aspetto e il nome, che veicola l'informazione semantica e quella argomentale. Si può dunque immaginare una scala di verbalità decrescente che preveda, nell'ordine, il ricorso alle tre soluzioni rappresentate in figura I.3.7.

fig. I.3.7. *Scala di verbalità decrescente.*

Fonte: Palermo [2013, 201].

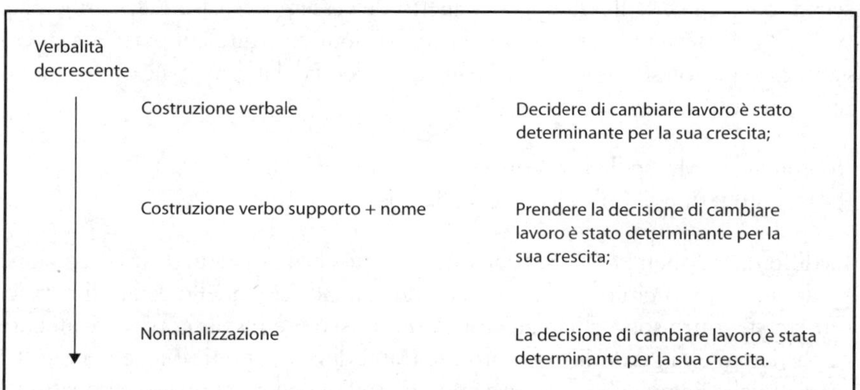

La possibilità di scegliere tra stile verbale e stile nominale ha importanti conseguenze sull'organizzazione del testo. Le nominalizzazioni consentono di fondere due proposizioni in una, quindi riducono il tasso di subordinazione. In tal modo, se la struttura del periodo si alleggerisce, le singole proposizioni diventano più lunghe e semanticamente più dense. In altre parole la complessità si trasferisce dal piano della frase complessa a quello della frase semplice.
Le nominalizzazioni determinano la perdita di informazioni su tempo, modo, aspetto e persona del verbo. Si confrontino (86) e (87):

(86) Il sindaco ha diminuito / sta per diminuire / vuole diminuire la tassa sui rifiuti.
(87) La diminuzione della tassa sui rifiuti da parte del sindaco.

Gli enunciati che contengono nominalizzazioni sono quindi meno trasparenti. Se si vogliono recuperare le informazioni che nella frase verbale sono affidate alla morfologia del verbo si rende necessario esplicitarle con mezzi lessicali: per es. si potrebbe così integrare (87): *la attesa / promessa / annunciata / realizzata diminuzione della tassa sulla casa* (*da parte del sindaco*). Inoltre le nominalizzazioni, così come le costruzioni passive, consentono di esprimere facoltativamente l'agente. Si confronti (88) con (89) e (90):

(88) Il maggiordomo ha rubato il quadro.
(89) Il quadro è stato rubato (dal maggiordomo).
(90) Il furto del quadro (da parte del maggiordomo).

Le ragioni che determinano la frequenza delle nominalizzazioni in un testo vanno ricercate nelle modalità di progettazione del testo, nella scelta del canale (prevalgono nella scrittura formale), nell'adeguamento a convenzioni testuali e discorsive (vi si ricorre con maggiore frequenza nei testi espositivi e regolativi). Nell'italiano d'oggi le nominalizzazioni, insieme con altri procedimenti sintattici come l'uso del passivo e la deagentivizzazione, cioè la tendenza a sottintendere l'agente, sono caratteristici di molti linguaggi specialistici, del linguaggio burocratico e di quello politico-giornalistico. L'insieme di questi procedimenti concorre a conferire astrattezza, generalità e impersonalità al testo (torneremo su questi aspetti al § II.2.7).

I.3.2.10. I connettivi

I connettivi collegano porzioni più o meno ampie di testo (sintagmi, frasi semplici, frasi complesse, segmenti sovrafrasali), stabilendo dei rapporti di coordinazione o di dipendenza gerarchica: in tal senso sono uno strumento per realizzare la **coesione**. Al tempo stesso articolano dal punto di vista logico e semantico il testo in unità minori e guidano il ricevente nell'interpretazione: in tal senso sono uno strumento al servizio della **coerenza**. In altre parole i connettivi svolgono sia una funzione sintattica (come operatori di coordinazione o di subordinazione) sia semantica, nel senso che possono darci informazioni sulla natura del collegamento. A seconda dei casi la componente sintattica e quella semantica possono variare notevolmente. Si considerino le seguenti frasi:

(91) a. Il libro è appoggiato sul tavolo.
b. Conto sul tuo aiuto.

(92) a. Leggo perché ne ho voglia.
b. Se ne ho voglia, leggo.
c. Marco è convinto che il tempo migliorerà.
d. Marco dubita che il tempo migliorerà.
e. Marco nega che il tempo migliorerà.

In (91a) la preposizione *su*, oltre a collegare sintatticamente il nome al verbo, arricchisce la relazione di significato, in quanto colloca nello spazio il nome che introduce. In (91b) invece la preposizione *su* è un semplice operatore di subordinazione, semanticamente vuoto, che serve a collegare il verbo al nome: la relazione è puramente formale e, per così dire, imposta dal verbo (non è possibile dire *contare sotto / accanto / al fianco di qualcuno*). Lo stesso discorso vale per le congiunzioni. In (92a-b) *perché* e *se* stabiliscono rispettivamente un rapporto di causa / conseguenza e di condizione / conseguenza tra le proposizioni. In (92c-e) *che* è invece un operatore di subordinazione, semanticamente vuoto; la differenza di significato tra le frasi dipende infatti dal significato del verbo della reggente. Le classi morfologiche dedicate a svolgere la funzione di connettivo sono le preposizioni e le congiunzioni. Possono svolgere funzione di collegamento anche **avverbi** (*così, peraltro*), verbi parzialmente desemantizzati (*senti, non sopporto questo modo di fare*), **locuzioni** (*in sostanza, in proposito, al riguardo*), o **proposizioni** (*Metti che; Si pensi a*).
Si può operare una distinzione tra **connettivi semantici** e **connettivi pragmatici** (o **segnali discorsivi**) [Bazzanella 2005]. La differenza tra le due classi può essere così chiarita: i connettivi semantici si riferiscono al contenuto dei segmenti collegati, contribuendo a definirne i rapporti logico-concettuali; corrispondono nella maggior parte dei casi alle congiunzioni (*che, perché* ecc.) e alle locuzioni congiuntive (*anche se, per quanto* ecc.) e introducono relazioni coordinative (avversative, copulative ecc.) o subordinative (causali, temporali, ipotetiche, concessive ecc.). I connettivi pragmatici segnalano l'apertura o la chiusura di un testo o di sue sottosezioni o esprimono il punto di vista del parlante sull'enunciato o sull'atto di enunciazione. Di là da questa evidente differenza, le due classi condividono in parte tratti comuni. L'affinità è rafforzata dal fatto che alcune congiunzioni possono fungere sia da connettivo semantico che da connettivo pragmatico. Vediamo alcuni esempi:

(93) a. Non ti ascolto perché sono davvero stufo.
b. Hai finito di parlare? Perché sono davvero stufo!

(94) a. Se migliorano le sue condizioni di salute, allora il centravanti potrà giocare.
b. Allora, come va la tua salute?

In (93a) e (94a) *perché* e *allora* hanno valore semantico ed esprimono un rapporto di causa e di conseguenza logica tra le proposizioni collegate. Gli stessi connettivi, presenti nelle corrispondenti frasi (93b) e (94b), sono parzialmente svuotati del significato originario e ne assumono uno diverso o, meglio, spiegabile facendo riferimento al piano dell'enunciazione e non a quello dei contenuti [Calaresu 2015]. Se proviamo a parafrasare i connettivi in (93b) e (94b) ci accorgiamo che il significato che assumono le particelle può essere colto appieno solo conoscendo il contesto dell'enunciazione. Una possibile parafrasi di (93b) potrebbe essere *Ti dico questo perché sono davvero stufo*. In (94b) *allora* serve semplicemente a iniziare un turno di conversazione.
Vediamo ora ulteriori proprietà che distinguono le due classi di connettivi:

a) i connettivi semantici sono di norma collocati tra i due segmenti di testo connessi; i connettivi pragmatici tendono ad essere collocati all'inizio dell'enunciato (si confrontino 93a e 94a con 93b e 94b);
b) i connettivi pragmatici cadono nel passaggio dal discorso diretto al discorso indiretto:

(95) a. Guarda, sono veramente stufo!
b. Paolo ha detto che era veramente stufo.
c. *Paolo ha detto che guarda era veramente stufo.

c) i connettivi semantici non sono cumulabili, i connettivi pragmatici possono esserlo:

(96) a. Andrò a trovare Marco perché mi trovo molto bene con lui.
b. Perché, sai, con Marco mi trovo molto bene.

I connettivi pragmatici si usano prevalentemente nel parlato spontaneo e nella conversazione, anche se non sono assenti nella lingua scritta. La loro classificazione presenta dei problemi perché si tratta di elementi **polifunzionali**, che possono assumere funzioni diverse a seconda del contesto. Possiamo distinguere le funzioni **interattive**, che esprimono il punto di vista del parlante sulla conversazione in corso, da quelle **metatestuali**, che danno indicazioni sulla segmentazione del testo, il suo svolgimento, la negoziazione del suo sviluppo ecc. [Bazzanella 1995; 2005]. Le principali **funzioni interattive** dei connettivi pragmatici sono [traggo la classificazione e gli esempi da Palermo 2013, 214-217]:

a) **presa di turno.** Possono essere usati, anche cumulativamente, per avviare un turno di conversazione:

(97) Allora, io appunto volevo un pochino relazionare su come va; in generale va abbastanza bene lui viene questa è la cosa più importante mi sembra già un obiettivo raggiunto visto le premesse [*LIP*].
(98) Sì, ecco, no, probabilmente siccome è un modello sperimentale di aggiornamento forse era per quello che lei pensava che potesse essere interessante eh [*LIP*].

b) richiesta di attenzione. In questa funzione sono usati soprattutto verbi all'imperativo (*senti*, *guarda*, *ascolta*), eventualmente cumulati con altre espressioni (*un po'*, *un attimo*, *un momento* ecc.):

(99) Senti, Patrizia, dimmi una cosa: come è andata la conferenza stampa? [*LIP*].

c) modulazione (attenuazione o rafforzamento) del contenuto proposizionale dell'enunciato. Segnali di attenuazione sono *praticamente*, *in un certo senso*, *in qualche modo*, *per così dire* e simili; per il rafforzamento si ricorre a *proprio*, *appunto*, *davvero*, che quindi servono anche a focalizzare l'attenzione su ciò che segue:

(100) Quindi praticamente viene centodiecimila lire a coppia, insomma [*LIP*].
(101) E di fatto nessuno si interessa di sapere quello che è successo immediatamente prima del conflitto del fatto che eh appunto l'Iraq usciva da una guerra che aveva contratto moltissimi debiti [*LIP*].

d) feedback. Servono per assicurarsi che il contenuto proposizionale dell'enunciato sia stato correttamente ricevuto dall'ascoltatore ed eventualmente averne conferma:

(102) – Allora ci vediamo da Mario, eh?
– Perfetto!
(103) Per cui si diceva se tu ci potevi eh dire due informazioni sul sul taglio su sul perché se insomma... ecco... capito? [*LIP*]

Le principali **funzioni metatestuali** ricoperte dai connettivi pragmatici sono:

a) demarcativa. Chi parla o scrive segnala per mezzo di essi l'articolazione delle parti che compongono il testo. Si distinguono segnali di apertura (104), di proseguimento (105), di chiusura (106):

(104) Bene, ti interrompi un attimo e torniamo a Vanacore e al contratto degli edili iniziato alcuni mesi fa [*LIP*].
(105) Abbiamo qui una lama a tre stelle una lama che vi permetterà di macinare, triturare, sminuzzare qualsiasi tipo di verdura, di carne, ortaggi. Qualsiasi cosa voi vogliate il Daily lo farà per voi. In seguito abbiamo un altro dischetto a sei fori, anche questo vi permetterà di eh sminuzzare,

QUADRO I.3.3.

Coordinazione e subordinazione nel parlato e nello scritto

Secondo un assunto spesso ripetuto, nella costruzione del periodo il parlato si affiderebbe maggiormente alla coordinazione, lo scritto alla subordinazione. In questa affermazione c'è del vero, ma sarebbe semplicistico porre solo in questi termini la questione della differenza tra la sintassi del parlato e dello scritto. In realtà la mescolanza tra coordinazione e subordinazione caratterizza qualsiasi testo, orale o scritto, e il parlato, come lo scritto, è caratterizzato da un'ampia variazione, che dipende innanzitutto dal carattere monologico o dialogico della produzione: i turni di dialogo di una conversazione spontanea sono necessariamente più brevi di un monologo (per es. una lezione universitaria) e l'organizzazione sintattica del testo non può non risentirne. In secondo luogo l'organizzazione del testo attiva una forte escursione di registro, che dipende dalla situazione, dall'argomento trattato, dai rapporti tra gli interlocutori ecc. Al netto di questa variabilità, studi sulla sintassi del parlato basati sull'analisi di testi reali hanno evidenziato che questi sono caratterizzati da una sintassi che si avvale di molte costruzioni marcate, che preferisce le costruzioni centrate sul verbo alle nominalizzazioni, che ricorre spesso a enunciati ellittici, che nell'organizzazione del periodo preferisce uno sviluppo del testo per addizione di elementi anziché per gerarchizzazione logica dei contenuti. Di conseguenza l'organizzazione sintattica è caratterizzata dalla necessaria alternanza tra proposizioni coordinate e subordinate, ma con una subordinazione poco «profonda», che di solito si ferma al primo grado, e con una forte selezione, rispetto allo scritto, dei tipi utilizzati (le relative, le completive e le ipotetiche) e delle congiunzioni che li introducono. Su altre differenze tra il parlato e lo scritto torneremo al § II.2.3.

triturare ortaggi, verdura, frutta, qualsiasi cosa voi vogliate. Terza cosa un dischetto eh inclinato e questo servirà per eh preparare la panna montata per preparare i vostri cocktail [*LIP*].

(106) I rami del parlamento svolgono le stesse identiche funzioni; l'ultima fase l'ultima fase è la fase cosiddetta eh riguarda la promulgazione e la pubblicazione nei manuali si chiama anche fase integrativa dell'efficacia, poi capiremo perché integrativa dell'efficacia comunque in due parole la legge è già stata approvata dal Parlamento che è il titolare del potere legislativo: la promulgazione e la pubblicazione non fanno altro che eh, completare integrare ecco appunto esattamente eh il lavoro del parlamento ecco [*LIP*].

b) parafrasi, correzione e riformulazione. Servono a precisare o riformulare quanto già affermato. Rientrano in questa categoria *cioè*, *diciamo*, *per meglio dire*, *in altre parole*, *anzi*, *insomma*:

(107) Sì, ecco, ora, cioè dal diciotto febbraio anzi, al limite, allora si poteva calcolare da quando è venuto l' ufficiale giudiziario che è venuto il ventuno marzo [*LIP*].

(108) In altre parole l'*e* paraipotattico non è semplicemente additivo: segnala piuttosto un evento inatteso.

(109) Un simile ipotizzato proposito ignorava la più elementare osservazione, starei per dire orografica, che è dato compiere sulla cronologia interna dell'individuo [G. Contini, *Varianti e altra linguistica*, Torino, Einaudi, 1970].

c) esemplificazione. Si usano quando l'emittente vuole introdurre un esempio, per farsi capire meglio o argomentare più efficacemente la propria posizione. Rientrano in questa categoria *mettiamo*, *diciamo*, *prendiamo* ecc.:

(110) [...] arrivavano su a Gerusalemme, a Gerusalemme vicino al tempio comprava questi animali che offriva poi come sacrificio al signore. Ora lasciamo perdere che eran anche un po' dei dei ladri perché han fatto delle ricerche storiche e hanno visto che un agnello che normalmente mettiamo costava centomila lire, durante il pellegrinaggio a Gerusalemme in città veniva venduto un milione un milione e mezzo cioè dalle dieci alle quindici volte di più [*LIP*].

I.3.2.11. Il ruolo della punteggiatura

Come abbiamo osservato più volte in questo capitolo, le unità sintattiche si presentano come sequenze lineari che «nascondono» una struttura gerarchica. La scrittura si avvale della punteggiatura come sistema di istruzioni che integra il testo e aiuta il lettore a individuare le sue partizioni e le gerarchie interne. Il sistema interpuntivo segnala confini e transizioni: di natura **sintattica** (quando indica un confine di unità), **informativa** (quando segnala un passaggio tra le unità informative che compongono il testo), **enunciativa** (quando riguarda la transizione tra le varie modalità del discorso riportato).
In questo paragrafo ci concentreremo sulla funzione demarcativa della punteggiatura, che però svolge anche altri compiti. Per es. le virgolette utilizzate per segnalare che si sta usando una parola in un senso particolare assolvono a una funzione metalinguistica; il punto interrogativo, esclamativo e i puntini di sospensione segnalano il profilo intonativo della frase.
Nell'italiano d'oggi i segni interpuntivi segnalano una gerarchia di confini articolata su tre livelli: **confine forte** (segnalato dal punto), **confine intermedio** (segnalato dal punto e virgola), **confine debole** (segnalato dalla virgola). Un quarto livello è assicurato dalla differenza tra il **punto** e il **punto e a capo**, che nei testi a stampa si accompagna anche al rientro della riga successiva e consente di distinguere tra periodo e capoverso. Il punto, a differenza di altri segni che segnalano confini minori, induce il lettore a una «sosta cognitiva» [Ferrari 2003, 68], cioè a una pausa forte che serve a metabolizzare e immagazzinare nella memoria a breve termine quanto letto fino a quel momento, per poter poi proseguire nel processo interpretativo del testo nel suo insieme.
Una funzione del tutto diversa, cioè di messa in rilievo di un costituente, è svolta dal punto che invece di segnalare la fine di un'unità sintattica la interrompe. Si

trova dunque in una posizione in cui normalmente useremmo una virgola (in 111) o nessun segno di interpunzione (in 112-114):

(111) L'ambiente comunque è giocoso. La gente simpatica. Il tifo genuino. Sincero. Sportivo. [«la Repubblica», 8/1/1996, cit. in Giovanardi 2000, 103].
(112) La perdita di riferimenti territoriali ha investito anche l'Unione Europea. Vista con favore dal 27% degli italiani: 22 punti meno del 2010. E 5 punti meno dell'anno scorso [«la Repubblica», 29/12/2014].
(113) Sono la quattordicenne che è stata picchiata fuori dalla scuola da tre ragazze sedicenni a Vigevano la scorsa settimana. Una cosa che vorrei dire sul bullismo: questa gente dimostra solo vigliaccheria. Suggerisco a tutti quei ragazzi e bambini che vengono picchiati dai bulli di raccontarlo ai genitori o comunque di parlare con un adulto di cui possono veramente fidarsi. Lunedì tornerò a scuola con papà. A testa alta. [«Corriere della sera», 23/1/2015].
(114) I pettegoloni però non hanno dubbi: i due si amano. Tanto. [«Messaggero», 7711/1997, cit. in Giovanardi 2000, 102].

Si tratta di un fenomeno relativamente nuovo per quanto riguarda la sua diffusione (nella prosa giornalistica si afferma negli anni Novanta del secolo scorso), ma già sperimentato in àmbito letterario per creare particolari effetti stilistici. Nel seguente esempio Carlo Emilio Gadda usa il punto che separa il verbo *allontanarsi* dal suo complemento per attirare l'attenzione del lettore sul finale inatteso:

(115) Il gufo dimorava le rovine: e vi attendeva il poeta, che a suspirar vi andasse. Discesa la notte, udì sospirare lungamente. Verso l'alba, che si moriva dal sonno, scorse il poeta allontanarsi. Con la ragazza. [C.E. Gadda, *Il Primo libro delle favole*, a cura di C. Vela, Milano, Garzanti, 2008].

In questi casi il punto è usato in un certo senso per ingannare il lettore, facendogli presumere un inesistente confine testuale e obbligandolo a una pausa innaturale, con l'effetto di concentrare la sua attenzione su ciò che segue. È un po' come se lungo una strada fosse collocato un segnale stradale che invita a dare la precedenza in prossimità di un incrocio inesistente; il guidatore, prima di accorgersi che si tratta di un falso allarme, rallenterebbe per un attimo. È proprio ciò che avviene in questi casi e l'effetto del nostro rallentamento nella lettura è quello di proiettare in primo piano l'elemento collocato dopo il punto, facendogli assumere così un forte rilievo. Poiché l'effetto è quello di vivacizzare il dinamismo comunicativo del testo abbiamo proposto in altra sede di chiamarlo **punto dinamizzante** [Palermo 2013, 223-29]. La strategia è tanto più efficace quanto più breve è la porzione di testo isolata alla destra della frase e quanto più forte è il legame sintattico che il punto interrompe: il nesso tra la principale e una coordinata copulativa (112), i componenti di un sintagma (113-115).
Sdoganato dalla scrittura giornalistica, l'uso del punto dinamizzante è gradito anche in altri àmbiti di scrittura «creativa»: dai pubblicitari, che se ne servono per

separare, in luogo dei due punti o della virgola, i membri di uno slogan (*Silenzio. Parla Agnesi*; *Altissima. Purissima. Levissima*; *Panda. Se non ci fosse bisognerebbe inventarla*); da alcuni blogger, con intento ironico (*Accorpando i referendum alle amministrative avremmo risparmiato 400 milioni di euro. Di champagne*; www.spinoza.it., cit. in Rossi e Ruggiano [2013, 205]). Occorre però ricordare che «spinta all'eccesso, la frantumazione sintattica obbliga il lettore a un continuo defatigante lavoro di ristrutturazione delle frasi spezzettate» [Mortara Garavelli 2003, 63]. Un po' diverso è il caso speculare, in cui il punto cade dopo il primo sintagma di un testo, isolandolo alla sua sinistra e svolgendo la funzione di titolo o parola-chiave dell'intero testo:

(116) Un pogrom. Diciamola la parola, per terribile che possa apparire. Quello di Torino è stato un pogrom in senso proprio, come quelli che avvenivano nella Russia ottocentesca. O nella Germania degli anni Trenta. Di quei riti crudeli ha tutti gli elementi, a cominciare dall'uso distruttivo del fuoco, per liberare la comunità dall'intruso considerato infetto (per «purificarla», si dice). [«il manifesto», 13/12/2011, cit. in Palermo 2013, 228].

Il **punto e virgola** indica un confine di rango minore rispetto al punto e maggiore rispetto alla virgola. Si alterna con la virgola, il punto e talora coi due punti e il suo uso dipende in buona misura da abitudini individuali; si possono tuttavia individuare due funzioni fondamentali del segno [Serianni 1988, 62; 2001, 253-255]: **separare proposizioni coordinate complesse**, come in (117); **separare i componenti di enumerazioni complesse** come in (118). In entrambi i casi si ricorre al punto e virgola in presenza di virgole o di parentesi nei componenti da separare, per creare una demarcazione di rango superiore:

(117) La società si manifesta come collasso, come frana, come cancrena (o, nelle sue apparenze meno catastrofiche, come vita alla giornata); e la letteratura sopravvive dispersa nelle crepe e nelle sconnessure, come coscienza che nessun crollo sarà tanto definitivo da escludere altri crolli [I. Calvino, *Una pietra sopra. Discorsi di letteratura e società*, Torino, Einaudi, 1980].

(118) Le perdite del Pd sembrano essere sostanzialmente correlate a quelle aree che avevano aperto il credito a Renzi con le elezioni europee e adesso sono in parte rientrate. In sostanza si tratta di tre segmenti: ceti professionalizzati che, dopo aver investito sul premier, tendono a tornare nell'area di centrodestra (in particolare Forza Italia); i bassi titoli di studio, le persone di età medio/alta, le casalinghe, da un lato più esposti alla crisi, dall'altro più delusi nelle attese (qualche volta messianiche) verso il governo, che si orientano maggiormente verso la destra (Lega e FdI); infine giovani e studenti, che si orientano verso la Lega in primis e poi le forze centriste [«Corriere della Sera», 18/1/2015].

I **due punti** possono avere sia funzione demarcativa, quando introducono un elenco o segnalano il confine tra il discorso indiretto e il discorso diretto (119), sia funzione sostitutiva di un connettivo (120), quando segnalano a chi legge che tra il segmento a sinistra e quello a destra esiste una relazione logica di vario tipo (esplicativa, di causa-effetto, di conseguenza ecc.):

(119) Nel retro di copertina del suo libro *Maledetta globalizzazione* si legge: «La disobbedienza sociale, in alcune circostanze, è un preciso dovere morale, anzi di più, è il sale della democrazia» [«Corriere della Sera», 18/1/2015].
(120) Se i nove giudici della più alta magistratura degli Usa decideranno per il sì, come tutti i loro recenti pronunciamenti in questo campo lasciano prevedere, le nozze gay, che già oggi vengono celebrate in ben 36 Stati americani, diventeranno legali in tutto il Paese: nessuno Stato potrà più opporsi perché non ci sarà la possibilità di legiferare in modo difforme rispetto al precetto costituzionale [«Corriere della Sera», 18/1/2015].

La **virgola** è il segno interpuntivo il cui uso e più difficile da ricondurre a norme univoche che non risentano delle abitudini e dello stile individuali. Inoltre le norme che regolano l'uso delle virgole sono cambiate nel tempo: per esempio fino all'Ottocento era piuttosto diffusa l'abitudine di porre indistintamente una virgola prima delle congiunzioni *e* e *che*, e possono cambiare tra le diverse lingue. Segnaliamo qui due funzioni fondamentali della virgola, che trascendono le abitudini individuali:

a) segnalare un inciso:

(121) Il cambiamento di strategia impresso dal segretario Salvini sta dando frutti sia in termini di popolarità del leader, attualmente al secondo posto dopo Renzi con valori raddoppiati rispetto a un anno fa, sia di intenzioni di voto [«Corriere della Sera», 18/1/2015].

L'inciso, anche se lungo, non può contenere segni interpuntivi analoghi o di rango maggiore. Se volessimo scandire ulteriormente il lungo inciso presente in (121), dovremmo utilizzare altri segni, per es. le parentesi o i trattini:

(122) Il cambiamento di strategia impresso dal segretario Salvini sta dando frutti sia in termini di popolarità del leader, attualmente al secondo posto (dopo Renzi) con valori raddoppiati rispetto a un anno fa, sia di intenzioni di voto [«Corriere della Sera», 18/1/2015].

b) separare unità della stessa natura. Si tratta dell'uso della virgola per separare gli elementi di un elenco, siano essi singole parole o espressioni più complesse:

(123) Marco ha studiato storia, geografia e geometria.
(124) Vi sono molte specie di narcisismi: lieto e malinconico, delicato ed enfatico, olimpico e dionisiaco [P. Citati, *Tolstoj*, Milano, Adelphi, 1983].

QUADRO I.3.4.

Quando un punto (o una virgola) cambiano il significato

Lo spostamento di un segno interpuntivo può suggerire una diversa segmentazione della frase e determinare di conseguenza un cambiamento del significato:

a. Sono vivo e vegeto.
b. Sono vivo. E vegeto.

Un errore nella collocazione di un segno interpuntivo, o la sua omissione, possono di conseguenza alterare il senso del testo. Per il primo caso (errore di collocazione) citiamo un riassunto di un articolo di giornale eseguito da uno studente universitario. L'articolo riguardava la rielezione del Presidente degli Stati Uniti Bill Clinton nel 1996 nonostante gli scandali di natura sessuale che lo avevano coinvolto. Lo studente si esprime così per riferirsi alla prima elezione di Clinton:

> Clinton non lo aveva capito neppure nel 1991, quando venne eletto, nonostante avesse evitato il servizio militare e fumato marijuana da giovane. [cit. in Serianni 2007, 49].

La seconda virgola, posta dopo *eletto*, è stata inserita probabilmente per segnalare un confine sintattico (tra la reggente e la concessiva), ma la sua presenza trasforma *quando venne eletto* in un inciso. Il risultato è un testo non coerente.
Per il secondo caso (omissione) vediamo un esempio tratto da una legge:

> I comuni possono deliberare agevolazioni sui tributi di loro competenza, fino alla totale esenzione per gli esercizi commerciali e artigianali situati in zone precluse al traffico a causa dello svolgimento di lavori per la realizzazione di opere pubbliche che si protraggono per oltre sei mesi [l. 549/1995, art. 1, cit. in Rossi e Ruggiano 2013, 213].

L'intenzione del legislatore è quella di consentire agevolazioni fiscali agli esercizi commerciali che si trovano nelle condizioni descritte (cioè *situati in zone precluse al traffico a causa dello svolgimento di lavori per la realizzazione di opere pubbliche che si protraggono per oltre sei mesi*). *Fino alla totale esenzione* dovrebbe dunque essere un inciso, e come tale va racchiuso tra virgole. La mancanza della virgola dopo *esenzione* fa assumere al testo tutt'altro significato, cioè che i comuni possono concedere esenzioni fiscali a tutti gli esercizi commerciali, e che tali esenzioni possono essere totali solo per gli esercizi nelle condizioni descritte.

All'interno della frase semplice la virgola è usata facoltativamente per separare un circostanziale dal nucleo. La scelta può essere influenzata da vari fattori: per es. la lunghezza del costituente può favorire l'inserimento della virgola, ma le preferenze individuali sono determinanti. Per es. in (125) la virgola è presente, in (126) è assente:

(125) a conferma di questo duro verdetto, ecco che nei narratori della generazione più giovane il personaggio dell'io-lirico-intellettuale non esiste più [I. Calvino, *Il midollo del leone*, in Id., *Una pietra sopra. Discorsi di letteratura e società*, Torino, Einaudi, 1980].

(126) Nella maggior parte delle discussioni tra gli esperti | si constata che le soluzioni organizzative e il calcolo delle convenienze universitarie cambiano senza che nascano domande critiche sui soggetti che dispongono del sapere e sui diritti di chi ne è escluso [G. Tognon, *La crisi del potere accademico in Italia*, Bologna, Il Mulino, 2008].

La virgola non può essere usata per separare i costituenti del nucleo: il soggetto dal predicato, il predicato dall'oggetto e dagli altri argomenti del verbo né, a maggior ragione, il nome dall'aggettivo o dal complemento di specificazione. Questa regola non vale se i costituenti sono collocati in un ordine diverso da quello canonico. Come abbiamo visto (§ I.3.2.6), nelle dislocazioni è proprio una virgola a segnalare un cambiamento del profilo intonativo della frase e a individuare il confine fra l'elemento tematizzato e il resto della frase.

ESERCIZI

1. La presupposizione che si può trarre dalla frase *Il paziente riaprì gli occhi* è che:
a) il paziente sia il soggetto della frase
b) il paziente costituisca l'elemento dato
c) il paziente costituisca il tema, mentre il rema è il fatto che ha riaperto gli occhi
d) il paziente prima avesse gli occhi chiusi.

2. Nella frase *Passò a breve distanza una macchina a tutta velocità: la cosa lo spaventò molto*, il sintagma *la cosa* funge testualmente da:
a) perifrasi sinonimica
b) punto d'attacco
c) incapsulatore anaforico
d) iperonimo cataforico.

3. Nella frase *Oggi Carlo ha detto che andrà lui stesso a lamentarsi*, l'elemento con funzione deittica è:
a) *oggi*
b) *Carlo*
c) *lui stesso*
d) il pronome enclitico *si*.

4. La testa del sintagma *in un albergo a ore* è *in*. ☐ V ☐ F

5. In quale di queste frasi il verbo è monovalente?
a) Marco non beve alcolici
b) Il fattorino ha consegnato il pacco in ritardo
c) Sono due mesi che non piove
d) Sandro non dorme bene.

6. Nella frase *Stasera Veronica sente freddo*, il ruolo semantico del soggetto è di:
a) agente
b) paziente
c) esperiente
d) strumento.

7. Quale di questi è un verbo intransitivo inergativo?
a) andare
b) venire
c) camminare
d) partire.

8. La frase *Ne abbiamo già parlato di questo argomento* è:
a) una dislocazione a sinistra
b) una dislocazione a destra
c) una costruzione a tema sospeso
d) una frase scissa.

9. Le proposizioni temporali sono subordinate non argomentali. □ V □ F

10. Nella frase *Allora, Francesco, anche se arrivi in ritardo non fa niente*:
a) *allora* è un connettivo semantico
b) *anche se* è un connettivo semantico
c) *anche se* è un connettivo pragmatico
d) non ci sono connettivi.

11. Che cosa s'intende in linguistica per testo e quali sono le sue caratteristiche?

12. Qual è la differenza tra presupposizioni, implicazioni e inferenze?

13. Quali elementi s'individuano nella struttura tematica di un enunciato?

14. Che cos'è un sintagma e quali sono le sue proprietà?

15. Che differenza c'è tra funzione grammaticale e ruolo semantico?

16. Come possono essere classificati i verbi intransitivi?

17. Quali sono le costruzioni tematizzanti dell'italiano?

18. In che cosa consiste la nominalizzazione?

19. Come si possono classificare i connettivi e quali sono le loro funzioni?

20. Quali sono le funzioni dei principali segni interpuntivi in italiano (punto, punto e virgola, due punti e virgola)?

NOTA BIBLIOGRAFICA

Come introduzioni alla linguistica del testo si vedano C. Andorno, *Linguistica testuale. Un'introduzione*, Roma, Carocci, 2003 e A. Ferrari, *Linguistica del testo*, Roma, Carocci, 2014. I due manuali, di impianto generale, si possono integrare, per una prospettiva centrata sulla lingua italiana e la sua storia, con M. Palermo, *Linguistica testuale dell'italiano*, Bologna, Il Mulino, 2013. Una grammatica generale dell'italiano molto sensibile alla prospettiva testuale è M. Prandi e C. De Santis, *Le regole e le scelte. Manuale di linguistica e di grammatica italiana*, seconda edizione, Torino, UTET, 2013. Sui connettivi nel parlato e sulla distinzione tra contenuti espliciti e impliciti nel testo si vedano C. Bazzanella, *Linguistica e pragmatica del linguaggio. Un'introduzione*, Roma-Bari, Laterza, 2009 [I ed. 2005] e M. Sbisà, *Detto non detto. Le forme della comunicazione implicita*, Roma-Bari, Laterza,

2007. Sulla distribuzione dell'informazione brilla per chiarezza espositiva E. Lombardi Vallauri, *La struttura informativa. Forma e funzione negli enunciati linguistici*, Roma, Carocci, 2009.
Per un'introduzione allo studio generale della sintassi si veda G. Graffi, *Sintassi*, Bologna, Il Mulino, 1994; per l'italiano, N. La Fauci, *Compendio di sintassi italiana*, Bologna, Il Mulino. 2009. Utili anche i volumi della collana pubblicata da Carocci e diretta da G. Graffi, *Grammatica tradizionale e linguistica moderna*, che cercano di raccordare la prospettiva d'analisi della grammatica tradizionale con le recenti teorie linguistiche: A. Colombo, *La coordinazione* (2012); A. Ferrari, *Tipi di frase e ordine delle parole* (2012); G. Graffi, *La frase: l'analisi logica* (2012); M. Prandi, *L'analisi del periodo* (2013); S. Telve, *L'italiano: frasi e testo* (2013).
Sulla punteggiatura costituisce un riferimento primario B. Mortara Garavelli, *Prontuario di punteggiatura*, Roma-Bari, Laterza, 2003. Per un approfondimento storico e geografico B. Mortara Garavelli (a cura di), *Storia della punteggiatura in Europa*, Roma-Bari, Laterza, 2008. Per un approccio più divulgativo si veda F. Serafini, *Questo è il punto. Istruzioni per l'uso della punteggiatura*, Roma-Bari, Laterza. 2012. Sull'uso della punteggiatura negli scrittori si rimanda a E. Tonani, *Punteggiatura d'autore. Interpunzione e strategie tipografiche nella letteratura italiana dal Novecento a oggi*, Firenze, Cesati, 2012.
Costituiscono ottimi punti di partenza per approfondimenti e ragguagli bibliografici sui singoli argomenti trattati alcune voci di *ENCIT*: in particolare *Testo (struttura del), Tematica (struttura), Anafora*, *Catafora*, *Connettivi* (di A. Ferrari); *Sintassi* e *Frasi nucleari* (di R. Simone); *Argomenti* (di M.G. Lo Duca); *Soggetto* (di M. Palermo); *Verbi* (di E. Ježek); *Ordine degli elementi* e *Diatesi* (di N. Grandi); *Assolute (strutture)* (di E. De Roberto); *Dislocazioni* (di F. Faloppa); *Focalizzazioni* (di E. Lombardi Vallauri); *Paratassi* (di E. Cresti); *Sintagma (tipi di)*, *Sintagma nominale*, *Sintagma preposizionale*, *Sintagma verbale* (di E. Strudsholm); *Punteggiatura* (di L. Cignetti).

CAPITOLO **I.4**

Lessico

In questo capitolo vedremo come si è formato il lessico italiano grazie agli apporti del latino, ai prestiti da altre lingue, ai neologismi. Esamineremo poi la composizione attuale del lessico: quali parole appartengono al vocabolario comune, a quello tecnico-scientifico, letterario, quante sono di provenienza dialettale e regionale ecc. Ci occuperemo infine dei principali rapporti di significato che si stabiliscono tra le parole.

I.4.1. NOZIONI GENERALI E UNITÀ DI ANALISI

Lo studio del lessico è affidato a due discipline distinte: la **lessicologia** e la **lessicografia**. La prima si occupa dello studio scientifico del lessico, delle proprietà caratteristiche delle parole, del modo in cui entrano in rapporto tra loro. La seconda ha finalità più pratiche e tenta di individuare le modalità più efficaci per descrivere e catalogare il lessico di una lingua.

Il lessico è l'insieme della parole di una lingua: queste sono descritte nei loro significati e raccolte in un supporto (cartaceo o digitale) che è il **dizionario**. Finora abbiamo fatto genericamente riferimento alle parole, ma in realtà l'unità di analisi fondamentale per lo studio del lessico è il **lessema** (v. § I.4.1), che costituisce il denominatore comune a cui si possono ricondurre tutte le forme flesse di un nome, un aggettivo, un verbo e delle altre classi di parole variabili. Il concetto di lessema è spesso associato a quello di **lemma**. I due termini non sono però sinonimi: mentre il lessema è un'unità concettuale astratta, il lemma è la controparte lessicografica del lessema, cioè il lessema nel momento in cui entra a far parte di un dizionario e viene descritto secondo le abituali convenzioni lessicografiche. Possiamo inoltre distinguere tra il lessico di un individuo (la sua competenza lessicale) e quello potenziale, o collettivo, di una comunità di parlanti in un dato momento. Gli studi sull'apprendimento sono più interessati allo sviluppo della competenza lessicale individuale, mentre la lessicologia e la lessicografia hanno come obiettivo la descrizione del lessico di

QUADRO I.4.1.

Il lessico e gli altri livelli dell'analisi linguistica

Tutti gli elementi che compongono il sistema di una lingua sono in relazione reciproca. Tuttavia alcuni livelli intrattengono rapporti più stretti e presentano aree di sovrapposizione più ampie col lessico.

La **semantica**, che studia il significato, è intuitivamente associata allo studio del lessico perché quando pensiamo a una parola pensiamo in primo luogo ad abbinare la sua veste formale, o significante, con un significato. Questo non vuol dire che le parole siano gli unici elementi dotati di significato (lo sono anche i morfemi e alcune relazioni grammaticali), ma semplicemente che sono immediatamente associabili a un referente extralinguistico. D'altro canto appare evidente che non tutte le parole sono dotate di significato nella stessa misura: possiamo distinguere tra **parole semanticamente piene** (nomi, aggettivi, verbi, alcuni avverbi) e **parole grammaticali** (articoli, preposizioni, pronomi, congiunzioni). Queste ultime, pur non del tutto prive di significato, svolgono in primo luogo una funzione grammaticale aiutando a determinare un'espressione, a metterla in relazione con altre, a stabilire delle gerarchie logiche ecc. L'associazione tra significante e significato è un processo arbitrario, che viene realizzato in maniera differenziata nelle diverse lingue: in italiano *tempo* si usa sia per il tempo atmosferico sia per quello naturale o percepito sia per quello grammaticale; in inglese ci sono tre parole distinte: *weather* è il tempo atmosferico, *time* quello naturale, *tense* quello grammaticale. Se poi ci spostiamo verso lingue culturalmente più distanti il disallineamento tra significanti e significati può essere ancora più marcato: è molto citata nei manuali di linguistica (seppure ridimensionata da studi recenti: cfr Pullum [1991]) l'osservazione risalente alle ricerche condotte dall'antropologo Franz Boas (1858-1942) e poi riprese dal linguista Benjamin Whorf (1897-1941) secondo cui nella lingua eschimese degli Inuit vi sarebbero circa trenta termini diversi per indicare quello che alle nostre latitudini è sufficiente indicare con una sola parola: *neve*.

La **testualità** interagisce col lessico e con la semantica per almeno due motivi: le informazioni che acquisiamo e gestiamo attraverso la dimensione testuale contribuiscono al processo di interpretazione da parte del ricevente, quindi sono parte integrante del senso di un enunciato. Inoltre i meccanismi che governano i processi di interpretazione del testo sono aperti al mondo extralinguistico esattamente come lo è lo studio del significato. In altre parole sia per la testualità che per il lessico e la semantica le conoscenze linguistiche interagiscono fortemente con quelle extralinguistiche (v. § I.3.1).

Più evidenti sono infine i rapporti tra il lessico e la **morfologia lessicale**, quella parte della morfologia che descrive i processi attraverso i quali una lingua crea parole nuove a partire da parole esistenti (v. § I.2.3).

una comunità. Il lessico mentale è costituito prevalentemente, ma non solo, di parole singole: costituiscono a vario titolo delle unità lessicali anche unità di maggiore estensione come le **polirematiche** e altre combinazioni di parole di cui ci occuperemo nel § I.4.7.

Le lingue sono spesso paragonate a organismi vitali, continuamente esposti alla variazione e all'evoluzione. Questa caratteristica è all'origine di mutamenti che si verificano a tutti i livelli di analisi. Tuttavia il lessico possiede caratteristiche proprie che lo rendono ancora più esposto al mutamento. Innanzitutto è una **categoria aperta**: l'introduzione di nuovi elementi avviene fisiologicamente, da un lato attraverso i prestiti da altre lingue e i neologismi, di cui ci occuperemo in questo capitolo, dall'altro attraverso i meccanismi di formazione delle parole che abbiamo analizzato nel capitolo I.2. Inoltre è lo **strato più esterno** di una lingua, in un duplice senso: in primo luogo è più esposto al contatto e all'interazione con le altre lingue; in secondo luogo è una sorta di varco attraverso cui il sistema linguistico si apre alla realtà extralinguistica poiché le parole, attraverso il loro significato, rinviano più o meno direttamente alla realtà. Per tutte queste ragioni il lessico di una lingua è in costante movimento: la nascita di nuove parole, la loro uscita di scena, le eventuali variazioni di significato di parole esistenti ne rappresentano la fenomenologia concreta. A differenza dei mutamenti grammaticali, quelli lessicali sono più facilmente percepibili perché possono avere tempi più rapidi: una persona nel corso della propria vita assiste all'entrata in scena di molte parole nuove e, seppure in misura più limitata, al cambiamento di significato e all'uscita di scena di altre parole, ma difficilmente potrà percepire i mutamenti grammaticali, che si impongono su periodi più lunghi. Da ciò nasce l'impressione di una forte mutevolezza del lessico in opposizione alla relativa stabilità delle strutture grammaticali. Se in una certa misura ciò è vero, per altri aspetti la volatilità del lessico si può immaginare come una corrente di superficie che scorre su un mare più profondo e stabile: quasi i due terzi delle parole del nostro vocabolario di base (v. § I.4.3.1) sono entrate nell'uso nel corso del Duecento e del Trecento, cioè dei secoli fondativi della nostra tradizione scritta, a fronte di meno del 5% di ingressi in un secolo e mezzo di storia postunitaria.

I.4.2. TIPOLOGIA DEL PRESTITO LINGUISTICO

Come abbiamo visto nel paragrafo precedente il lessico è il settore della lingua più esposto al contatto con altre lingue e culture. Parlando del lessico non si può perciò fare a meno di esaminare i risultati di questo contatto. Le vie attraverso le quali una parola o un'espressione possono entrare a far parte del lessico di un'altra lingua sono sostanzialmente due: il **prestito** e il **calco**. Nel corso del capitolo esamineremo i forestierismi entrati nelle varie epoche nel lessico dell'italiano, mentre nel § III.1.2.9 affronteremo l'altra faccia della medaglia, cioè la diffusione degli italianismi in altre lingue.

Il prestito consiste nell'accogliere un'espressione straniera. Useremo il termine in ossequio a una lunga tradizione, sebbene sia improprio in quanto presuppone la restituzione; cosa che nei prestiti linguistici, a differenza di quelli materiali e monetari, di solito non avviene. Un'eccezione è data dai cosiddetti **prestiti di ritorno**, cioè da parole date in prestito ad altre lingue e poi ritornate a casa, dopo molto tempo e col significato modificato. Ne sono un esempio il francese *baguette* 'filone di pane di forma allungata', che risale all'italiano *bacchetta*, prestato al francese nel Cinquecento e poi restituitoci quattro secoli dopo nel nuovo significato. *Disegno* ha fatto un giro più lungo: è passato dapprima in francese (*desseign*, poi *dessin*), da qui in inglese (*design*) e in questa forma è stato ripreso dall'italiano intorno alla metà del Novecento nel significato di 'aspetto, stile di un prodotto'. In un senso più esteso costituiscono dei prestiti di ritorno anche gli anglolatinismi (v. §§ I.4.3.2, I.4.4.5), cioè parole latine prese a prestito dall'inglese e per questa via ritornate in italiano.

Per quanto riguarda il significato occorre precisare che di solito un termine accolto in un'altra lingua non porta con sé tutte le accezioni che ha nella lingua d'origine. Due esempi: *target*, molto usato nella terminologia del marketing per indicare la fascia dei potenziali destinatari di una campagna commerciale, non ha portato in italiano il significato militare di 'obiettivo, bersaglio' e *pusher*, usato gergalmente per indicare lo spacciatore di droga, non conserva il valore di 'burocrate, passacarte, scribacchino'. Osserveremo questa caratteristica anche negli italianismi presenti nelle lingue straniere.

Per quanto riguarda la forma si distingue tra **prestito non adattato**, se mantiene la struttura fonologica e morfologica originaria (ingl. *film*, fr. *collage*, ted. *Witz*) e **prestito adattato**, se si verifica un'assimilazione totale o parziale alle strutture della lingua ospite. In italiano sono prestiti adattati *bistecca* (ingl. *beefsteak*), *mangiare* (fr. *manger*) e *manichino* (fr. *mannequin*), parole che si sono italianizzate tanto nella grafia quanto nella fonetica e nella morfologia, al punto che il parlante non specialista non riconosce più che si tratta di prestiti. Un adattamento parziale si ha nel caso sia normalizzata solo la grafia, come in *disc* (ingl. *disk*) o solo la morfologia, per esempio nei verbi presi a prestito dall'inglese, che normalmente sono inseriti nella prima coniugazione mediante l'aggiunta della desinenza *-are*: *loggare*, *surfare*, *chattare*. Mentre coi verbi si ha di solito l'adattamento morfologico, l'italiano contemporaneo tende a non adattare i nomi (*show*, *governance*, *mission*) e gli aggettivi (*basic*, *cool*). In realtà anche nei prestiti non adattati si ha un avvicinamento piuttosto che un'aderenza totale alla pronuncia originaria: l'inglese *surf* mantiene la grafia originaria ma viene pronunciato /sɛrf/ e non /sɜ:f/, lo spagnolo *movida* è pronunciato /mo'vida/ e non /mo'βiδa/. I vocabolari forniscono normalmente sia la trascrizione fonetica della pronuncia adattata sia di quella originaria. Ciò accade perché i prestiti possono contenere foni estranei all'italiano: oltre agli esempi sopra citati il ted. *würstel* presenta la vocale turbata /y/, il francese *beige* e l'arabo *jihad* la fricativa palatale sonora /ʒ/. Tali suoni vengono resi più o meno accuratamente nella pronuncia italiana, ma ciò non comporta un allargamento dell'inventario dei fonemi della nostra lingua.

Il calco può essere di due tipi: strutturale o semantico. Il **calco strutturale** (o di traduzione) si ha nei composti o nelle espressioni polirematiche e consiste nella traduzione dei singoli elementi: sull'inglese *week end* si è calcato *fine settimana*, sul ted. *Eisenbahn* [letteralmente ferro+strada] *ferrovia*, sul ted. *Übermensch superuomo*. Esempi di calchi di traduzione di espressioni polirematiche sono *guerra fredda* (dall'ingl. *cold war*) e *arrampicatore sociale* (dall'ingl. *social climber*). A volte i calchi di traduzione sono il frutto di traduzioni libere (ingl. *offside* → *fuorigioco*) o addirittura di errori: per esempio *cartoni animati* aggiunge all'originale (*cartoons*) il determinante *animati* e traduce in modo impreciso *cartoons*, che in questa accezione significa 'disegni'. Tuttavia, una volta entrate nell'uso, anche queste traduzioni imprecise o errate fanno parte di diritto del lessico italiano. I **calchi semantici** consistono nell'aggiunta di un significato nuovo a una parola italiana già esistente per influsso di un'altra lingua: *stella* ha preso il significato di 'personaggio celebre del mondo dello spettacolo' per influsso dell'ingl. *star*, *falco* ha assunto nel linguaggio politico e giornalistico il significato di 'militarista, guerrafondaio' e, più recentemente, quello di 'sostenitore di una linea politica intransigente' (anche con riferimento alla politica interna) per influsso dell'ingl. *hawk*.

I.4.3. LA STRATIFICAZIONE STORICA

Normalmente l'analisi della stratificazione del lessico di una lingua fa riferimento a tre categorie distinte: le **parole ereditarie**, i **prestiti** da altre lingue e le **formazioni endogene**, cioè le parole formatesi a partire da elementi della lingua stessa. Nel caso dell'italiano occorre aggiungere una quarta categoria, poiché il contatto col latino si è manifestato su due piani distinti: il primo, quello dei **lessemi ereditari**, accomuna l'italiano alle altre lingue romanze. È dato dalla presenza di parole provenienti dal latino parlato e arrivate a noi per tradizione ininterrotta nei secoli della transizione latino-romanza. Si tratta di termini della vita quotidiana, che si sono evoluti nella forma e talvolta nel significato (HŎMO > *uomo*, DŎMINAM > *donna*, CIVITĀTEM > *città*, FŎCUM > *fuoco* ecc.). Il passaggio è avvenuto senza che i singoli parlanti ne avessero la percezione: un po' come succede per i fenomeni geologici, che avvengono su una scala temporale tale da non essere avvertibili dall'individuo nel corso della sua esistenza.
Il secondo livello del contatto è il risultato del rapporto intenso e prolungato con la cultura latina di chiunque esercitasse una professione intellettuale, contatto che ha assunto forme differenti nei vari secoli, ma ha dato i suoi frutti fino a oggi in termini di arricchimento lessicale. In particolare nei secoli medievali, poi nell'età umanistico-rinascimentale, e con modalità diverse nell'era moderna – *grosso modo* fino al Settecento – il latino è stato per molti aspetti una lingua viva, seppure non utilizzata in tutti gli àmbiti comunicativi: era impiegato come lingua di cultura sovranazionale (prevalentemente – ma non solo – scritta) ed è stato per un lasso di tempo ancora maggiore la lingua della liturgia della Chiesa cattolica (fino al Concilio Vaticano II, 1962-1965). In tale quadro una fetta di popolazione viveva una situazione per cui, pur parlando e scrivendo in volgare, praticava continuamente il latino per tutti gli àmbiti della cultura alta, circostanza che ha permesso il passaggio per osmosi di molte parole latine nel lessico intellettuale dell'italiano. Come si vedrà il patrimonio delle parole ereditarie spazia soprattutto nell'àmbito della vita quotidiana e della cultura materiale, ma è piuttosto povero di lessico astratto intellettuale, per il semplice fatto che le persone colte scrivevano principalmente in latino. Di conseguenza ogniqualvolta chi scriveva opere in volgare avesse necessità di arricchire il vocabolario con termini del diritto, della filosofia, delle scienze, aveva a disposizione una strada assai comoda: pescare dal serbatoio del latino dal quale, con minimi adattamenti, le parole si potevano trasferire all'italiano. Questi termini, presi a prestito dal latino dei libri in vari momenti della nostra storia linguistica, prendono il nome di **latinismi** (o **cultismi**). Anche altre lingue

europee di cultura hanno conosciuto un percorso analogo, tuttavia i latinismi hanno lasciato un'impronta maggiore nell'italiano, che anche per questa ragione è percepito all'estero come lingua molto vicina al latino.
I lessemi ereditari e i latinismi sono anche denominati **parole popolari** e **parole dotte**. Tuttavia queste espressioni – in cui gli aggettivi *popolare* e *dotto* non si riferiscono alla parola, ma alla trafila da essa seguita per transitare nella lingua italiana – possono risultare ambigue in quanto inducono a cadere nell'errore di prospettiva di ritenere, riferendole al contesto attuale, le parole popolari appartenenti al lessico comune, le dotte al lessico intellettuale. Un solo esempio per dimostrare che non necessariamente è così: da VĬTIUM abbiamo avuto una parola di trafila popolare (*vezzo*) e una di trafila dotta (*vizio*), seppure nel lessico di oggi la prima parola sia di impiego più raro e ricercato della seconda. Per questo motivo già Bruno Migliorini, in un saggio del 1939, preferì indicare le parole di trafila popolare come «patrimoniali» o «ereditarie».
Nei due prossimi paragrafi esamineremo separatamente questa doppia eredità latina; in 1.4.3.3 esamineremo invece altre componenti che in epoca anteriore alla prima documentazione del volgare hanno esercitato un influsso sull'italiano.

I.4.3.1. Lessemi ereditari

In termini assoluti le parole ereditarie sono circa 4.500, dunque non numerosissime, ma assai importanti perché costituiscono l'ossatura del nostro lessico: vi appartengono le parole grammaticali, i verbi, i nomi e gli aggettivi di più alta frequenza, le parole degli àmbiti più caratterizzanti della lingua (i numeri, i nomi di parentela, delle parti del corpo, dei fenomeni naturali ecc.). Oltre la metà del vocabolario di base è composto da parole ereditarie. Esse possono essere abbastanza diverse nella forma dalla base latina (PLĀTĔAM > *piazza*; PIPIŌNEM > *piccione*; GLĀRĔAM > *ghiaia*) in quanto hanno subito dei processi di evoluzione fonetica e morfologica (v. § II.1.3).
Oltre alla forma può aver subito modifiche anche il significato: TĔSTAM, che significava 'vaso di terracotta' ha preso il significato di CĂPUT, FŎCUM 'focolare' quello di ĬGNIS. Talvolta questi mutamenti mostrano delle regolarità, nel senso che hanno avuto per risultato un ampliamento o una restrizione del significato originario. Al primo caso appartengono soprattutto alcuni verbi: STĀRE, che in latino significava 'stare in piedi, stare immobile' e in italiano ha assunto una parte dei significati di *essere*, inclusa la possibilità di impiego come ausiliare in alcune perifrasi verbali (per es. *sto leggendo*); LAXĀRE, che significava 'allentare, sciogliere' ha assunto vari significati, fra cui 'abbandonare, consentire, dimenticare in un luogo'. Al secondo caso sono riconducibili NECĀRE, che significava genericamente 'mandare a morte, uccidere' e ha assunto il significato più specifico di 'uccidere (o morire) per affogamento' (cfr. *annegare*), COGNĀTUS, che dal generico 'parente, consanguineo' è passato a indicare il 'fratello della moglie o del marito' o il 'marito della sorella'.

In alcuni casi i termini del latino volgare non sono attestati nella documentazione finora nota, ma sono stati ricostruiti per congettura perché sulla base delle leggi fonetiche sono gli unici in grado di spiegare determinati esiti. In tali casi la base latina ricostruita è preceduta da un asterisco: per es. si pensa che *rozzo* derivi da *RŬDIUS comparativo neutro dell'aggettivo RŬDIS in quanto le leggi fonetiche non consentono di ipotizzare una trafila che partendo da RŬDIS porti alla parola italiana. Lo stesso valore ha l'asterisco nelle basi etimologiche di parole provenienti da antiche lingue germaniche di cui ci occuperemo al § I.4.3.3.
Il latino è anche stato il tramite attraverso cui l'italiano ha acquisito parole di origine greca e di altre lingue che in Italia coesistevano col latino prima dell'espansione di Roma, dette **lingue di sostrato**. Al sostrato etrusco risalgono *persona*, *popolo*, *catena*, a quello celtico *betulla*, *becco*, *carro*, a quello osco-umbro *lupo*, *scrofa* e così via.

I.4.3.2. Latinismi

I latinismi dell'italiano censiti dal *GRADIT* sono circa trentamila. Poiché dal punto di vista strutturale sono dei prestiti, possiamo affermare che il latino ha dato all'italiano più parole dell'inglese e di tutte le altre lingue moderne messe insieme. Questo, come già detto, è stato il risultato di un contatto plurisecolare con la cultura scritta latina.
Nel Due e Trecento, i secoli fondativi della nostra tradizione scritta, si consolidarono le convenzioni formali e il lessico di molti generi testuali. Un buon numero di latinismi passò allora nel lessico volgare attraverso le traduzioni di opere latine (dette *volgarizzamenti*). Grazie a queste opere fecero il primo ingresso nella nostra lingua parole astratte (*alleanza*, *amicizia*, *difficoltà*), e tecnicismi di vario àmbito: del diritto (*cessione*, *contraente*, *dazione*), della geometria (*equilatero*), della medicina (*arteria*, *cervello*, *costola*, *femore*), dell'architettura (*cemento*). Ma bisogna anche ricordare che a volte il traduttore poteva scegliere, invece di italianizzare il termine latino, di attualizzarlo con un sinonimo o quasi sinonimo più aderente alla realtà dell'Italia medievale per farsi comprendere meglio dai suoi lettori: così troviamo *comune* al posto di *respublica*, *ambasciatore* al posto di *legatus*, *cavalleria* al posto di *exercitus* [Cella 2010]. Un forte impulso alla latinizzazione del lessico fu dato da Dante, che nelle sue opere volgari introdusse parole di volta in volta necessarie all'argomento trattato. Nella *Vita nova* troviamo termini del linguaggio della psicologia e degli affetti: *intimo*, *ineffabile*, *mirabile*, *orribile*; nel *Convivio* termini della filosofia: *intellettuale*, *speculativo*, *essenza*; anche la *Commedia* accoglie un gran numero di latinismi appartenenti a diverse aree semantiche. Sulla stessa scia si mossero dopo di lui tanti altri e di conseguenza un po' tutti i secoli della storia linguistica italiana sono caratterizzati da un continuo attingere degli intellettuali (includiamo nella categoria sia gli scriventi colti sia gli scrittori) dal serbatoio del latino. Va però ricordato che non solo il lessico

della scienza e della filosofia, ma anche àmbiti semantici più concreti e legati alla quotidianità si sono arricchiti grazie a prestiti dal latino medievale: termini alimentari (*raviolo*, *salame*), nomi di professione (*fruttivendolo*, *portinaio*), termini legati all'edilizia e all'architettura (*calcestruzzo*, *corridoio*). Un altro periodo di intenso afflusso di latinismi si ebbe nei secoli XV e XVI, per effetto della cultura umanistico-rinascimentale. Tuttavia, per strano che possa sembrare, la maggior parte dei trentamila latinismi di cui si diceva in apertura di paragrafo è entrata in italiano in epoca piuttosto recente, tra Otto e Novecento: si tratta di circa 15.000 termini che ancor oggi costituiscono la base delle terminologie specialistiche della botanica, della zoologia e in misura minore di altre discipline (medicina, farmacologia, geologia ecc.).

In filigrana rispetto a questa continuità possiamo tuttavia intravedere nella nostra storia linguistica l'alternarsi di momenti e correnti culturali che esaltavano il ruolo del latino (si pensi, per tutti, al periodo umanistico) e di altri caratterizzati da una reazione antilatina. Citiamo alcuni episodi significativi di questo secondo atteggiamento: la reazione all'esaltazione umanistica della cultura latina classica diede vita nel teatro comico del Cinquecento alla parodia del dotto (il pedante), che per ostentare la propria cultura parlava «per lettera» (cioè in latino). Facendo le debite differenze, è un po' come se oggi un comico prendesse in giro chi per darsi un tono infarcisce le proprie frasi di parole inglesi. Sempre a fini parodistici si creò, più o meno nello stesso periodo, un vero e proprio genere letterario – la poesia macaronica – che prendeva in giro i pedanti facendo il percorso inverso, cioè latinizzando morfologicamente parole della tradizione volgare e dialettale.

In un clima culturale del tutto diverso, nel primo Ottocento il purismo manifestò l'avversione culturale verso il latineggiamento: i latinismi erano considerati al pari di tutte le altre parole prese in prestito da lingue straniere degli elementi da evitare nelle buone scritture, che invece dovevano trovare ispirazione nell'italiano dell'aureo Trecento.

I latinismi, oltre ad aver arricchito il nostro lessico colmando lacune nel vocabolario ereditario, hanno determinato altre conseguenze a livello di sistema:

1. hanno creato dei doppioni (detti **allòtropi**). Vediamone alcuni esempi nella tabella I.4.1.

TAB. I.4.1. Allotropi lessicali

BASE LATINA	ESITO DI TRAFILA POPOLARE (EREDITARIO)	ESITO DI TRAFILA DOTTA (LATINISMO)
ANGŬSTIA(M)	angoscia	angustia
CŌPULA(M)	coppia	copula
FLĒBILE(M)	fievole	flebile
PARABOLA(M)	parola	parabola
PLATĒA(M)	piazza	platèa
PLĒBE(M)	pieve	plebe
SPĂTHULA(M)	spalla	spatola
VERECŬNDIA(M)	vergogna	verecondia

Fonte: Aprile [2015] con adattamenti.

Come si può vedere le parole di tradizione dotta sono nella forma molto più vicine alla base latina in quanto essendo penetrate in italiano per via scritta non hanno subito il processo di evoluzione fonetica che ha caratterizzato i lessemi ereditari. Naturalmente i termini elencati nella seconda e nella terza colonna della tabella sono dei doppioni solo dal punto di vista etimologico, nel senso che derivano dalla stessa base, non da quello semantico, poiché hanno sviluppato significati distinti, a volte così differenti che il parlante comune non percepisce alcun legame tra loro;
2. hanno determinato lievi modifiche delle regole fonotattiche (cioè delle possibili sequenze di fonemi) dell'italiano, rendendo possibili alcuni nessi consonantici. Per esempio nella tabella I.4.1. troviamo parole inizianti per consonante + *l* (*flebile*, *platea*); questo nesso nelle parole di tradizione popolare si è evoluto in consonante + /j/ (*fievole*, *piazza*). Per lo stesso motivo i latinismi presentano il nesso *-ns-* (*pensare*, *mensile*) che in corrispondenti parole ereditarie si è semplificato con la caduta della nasale (*pesare*, *mese*).
3. hanno incrementato il contingente di parole sdrucciole. Il lessico del fiorentino antico, da cui deriva in larga misura quello italiano, era costituito perlopiù da parole accentate sulla penultima sillaba. Ciò fu il risultato della tendenza alla caduta della vocale postonica (SPĂTH(U)LA(M) > *spalla*, CŌP(U)LAM > *coppia*), che modificava la struttura sillabica e accentuativa della base latina, rendendo piane (cioè accentate sulla penultima sillaba) parole originariamente sdrucciole. I corrispondenti allotropi dotti hanno invece mantenuto l'accentazione sdrucciola (cioè sulla terzultima sillaba). Naturalmente anche i grecismi hanno offerto un contributo alla diffusione di parole sdrucciole in italiano: sia quelli transitati direttamente in italiano (*filantropo*, *monarchico*, *zoologo*) sia quelli arrivati in italiano attraverso il latino (*anfora*, *bossolo*, *porpora*).
Accanto ai latinismi esaminati finora, che sono assimilabili ai prestiti adattati, nel nostro vocabolario sono presenti poco più di un migliaio di **latinismi non adattati**, i quali mantengono la veste fonomorfologica originaria. Solo in pochissimi casi si tratta di parole entrate nel vocabolario di tutti i giorni (*curriculum*, *virus*), per lo più si tratta di termini di àmbito giuridico (*referendum*, *omissis*, *quorum*), della medicina (*herpes*, *ictus*) o di altri àmbiti settoriali. In alcuni casi la somiglianza fonetica rende non distinguibili questi termini dalle parole italiane: è il caso del già citato *agenda* (lat. AGENDA 'le cose da fare', dal verbo AGĔRE 'fare') e dell'espressione latina, seppure ormai non percepita come tale dai più, *grosso modo* (lat. medievale *grosso modo* 'in maniera generica'). Fra i latinismi non adattati vanno considerati a parte gli anglolatinismi, cioè le parole latine entrate in italiano per tramite dell'inglese: *auditorium*, *focus*, (*mass*) *media*.
Un capitolo del fitto rapporto intessuto dagli scrittori italiani col latino è rappresentato dall'uso dei **latinismi semantici**. Si tratta di un caso particolare di calco semantico e consiste nell'uso di parole italiane che accanto al significato corrente ne assumono un altro per influsso dell'originario significato latino. Il ricorso a questi termini è stato sempre caro ai nostri scrittori, al punto che se ne trovano esempi in tutta la tradizione, sia in prosa sia in verso.
Quando Dante, nel canto XXXIII dell'*Inferno* parla di «cagne magre, studiose e conte» evidentemente non usa *studioso* nel significato corrente, ma recupera

QUADRO I.4.2.

Il latino del popolo

Fa da controcanto all'influsso alto del latino sull'italiano la reazione distorta e straniante al contatto da parte di chi il latino non lo conosceva, cioè la stragrande maggioranza della popolazione. L'abitudine all'ascolto di passi della Bibbia e la familiarità col latino della liturgia (l'uso di celebrare la messa in latino fu abolito dal Concilio Vaticano II, 1962-1965) hanno determinato, in italiano e nei dialetti, un patrimonio di modi di dire in cui si cela un'espressione latina storpiata o risemantizzata. In questi casi il latino è del tutto privo della solennità e della sacralità che lo contraddistingueva ed è abbassato alla sfera della quotidianità [Beccaria 1999, da cui traggo la maggior parte degli esempi].
Una differenza fondamentale tra questi latinismi e quelli di cui ci siamo occupati nel § I.4.3.2 riguarda i modi della trasmissione. Mentre i latinismi colti passavano dal latino in italiano per via scritta, quelli deformati della tradizione popolare originano da un contatto orale (ascolto e ripetizione di formule e preghiere). Valga per tutti un esempio. L'espressione italiana *essere in visibilio* 'essere entusiasti, come in estasi' risale alla storpiatura di un passo del *Credo* (Credo in unum Deum, Patrem omnipotentem, Factorem caeli et terrae, visibilium omnium et invisibilium [= Credo in un solo Dio, Padre onnipotente, Creatore del cielo e della terra, di tutte le cose visibili e invisibili]). La distorsione ha origine in un errore di segmentazione dell'aggettivo *invisibilium*, reinterpretato come *in visibilium*. Questo tipo di errore si manifesta di solito per le parole ascoltate, non per quelle lette.
Vediamo qualche altro esempio dai dialetti. La lentezza e la ripetitività dei riti e delle liturgie si riflette in varie espressioni risalenti a *Kyrie eleison*, invocazione liturgica diffusa nel latino medievale, a sua volta adattamento di un'espressione greca che significa 'Signore pietà'. Sempre dalla stessa base si è originato in siciliano *a minchialeisonni*, che si dice irriverentemente di qualcosa fatto in modo superficiale, approssimativo, pasticciato. *Amen*, l'espressione conclusiva delle preghiere, che risale attraverso il latino e il greco a una parola ebraica che significa 'davvero, certamente', nel dialetto umbro di Foligno ha dato luogo a *ámmene* che si dice di chi ha l'abitudine di arrivare sempre in ritardo agli appuntamenti. Anche le desinenze latine, affiancate o innestate a parole volgari, diventano bersaglio polemico. *Parlare in busse e 'n basse* 'usare paroloni' è un'espressione toscana che evoca le desinenze latine del dativo e dell'ablativo plurali *-ibus*. Manzoni ricorre allo stesso procedimento mettendo in bocca a Renzo la famosa invettiva contro il *latinorum* usato dagli uomini di potere per imbrogliare la povera gente.
In varie epoche scrittori e poeti hanno attinto a questo repertorio per creare effetti comici. Franco Sacchetti, novelliere toscano trecentesco, nel riprodurre il discorso di un popolano un po' sempliciotto fa diventare il *da nobis hodie* [= dacci oggi] del *Padre nostro* una figura femminile, cioè «quella puttana di donna Bisodia» [*Trecentonovelle*, XI]. Ricorre spesso a questo espediente comico anche il Belli. Per es. una frase del *Vangelo* di Matteo *Si autem vis ad vitam ingredi, serva mandata*, cioè 'se vuoi entrare nella vita eterna, osserva i comandamenti' spinge un popolano romano a chiedersi: «Ma sta serva chi è? Chhi cce la manna?» ['chi ce la manda?'] (son. 1590). Oppure il *Miserere mei Deus secundum magnam misericordiam tuam* [= abbi pietà di me, o Dio, secondo la tua grande misericordia] del Salmo 51, che si recitava durante la Settimana santa, gli offre lo spunto per immaginare un altro fraintendimento: il *magna(m)* latino ('grande') è confuso col verbo *mangiare* (in romanesco *magnà*). Ecco allora che la folla pregante indugia sulla pronuncia della parola equivocata: «Oggi sur "magna" ce sò stati un'ora; / e ccantata accusì, ssangue dell'ua! [sangue dell'uva, 'per bacco'], / quer maggna è una parola che innamora» (son. 1834).

quello latino di 'avido'. E Petrarca, nel sonetto proemiale del *Canzoniere*, quando dice «e ben veggio or sì come al popol tutto / favola fui gran tempo», usa *favola* nel senso di 'soggetto di chiacchiere, di pettegolezzi' che era proprio del lat. *fabula*. Machiavelli, nel *Principe*, osserva che i generali romani dovevano «sopportare la crudeltà e avarizia de' soldati» e usa *avarizia* nel senso latino di 'avidità'. Due secoli più tardi Parini nel *Giorno* descrive così il complicato meccanismo dell'orologio del Giovin Signore: «avvi [= vi sono] per fino / piccioli cocchi e piccioli destrieri / finti in oro così, che sembran vivi». I cocchi e i destrieri che descrive non sono 'falsi', ma 'modellati, cesellati' nell'oro. Questa accezione del termine è resa possibile dal fatto che il lat. FINGĔRE aveva, fra i suoi significati, quello di 'plasmare, scolpire'.

Nell'epoca del purismo si sviluppò una reazione di rifiuto verso tutti i prestiti da lingue straniere (allora chiamati barbarismi), inclusi i latinismi. Leopardi nello *Zibaldone* dedicò alcune riflessioni al tema, osservando che se l'uso dei barbarismi toglie eleganza alle scritture, i latinismi semantici non presentano questo difetto, perché sono meno evidenti e ostentati e nobilitano il significato di parole a tutti gli effetti italiane. Nei suoi scritti infatti adotta spesso questo procedimento, per esempio usando *ferocia* nel senso di 'superbia' anziché di 'crudeltà', *imbecillità* per 'debolezza' e non per 'mancanza di intelligenza', *sentenza* non nel senso giuridico ma come equivalente di 'giudizio, opinione'.

I latinismi semantici continuano a essere usati, in particolare in poesia, fino al Novecento. Anche Montale, per molti aspetti forte innovatore del lessico poetico, vi ricorre talvolta. Per esempio nei *Mottetti* si rivolge a Clizia dicendo «fingevi col tuo trillo d'aria / Lakmé [= protagonista dell'opera lirica omonima del compositore francese Léo Delibes] nell'Aria delle Campanelle [= aria del secondo atto dell'opera]». Qui abbiamo di nuovo una ripresa del verbo latino FINGĔRE, stavolta nel senso di 'recitare, interpretare la parte di': lo stesso significato e la stessa base etimologica che ha dato luogo all'anglolatinismo di àmbito televisivo *fiction*.

I.4.3.3. La componente greca, germanica, araba

Nel valutare l'apporto di elementi esogeni al lessico dell'italiano occorre fare una prima distinzione tra le parole entrate durante i secoli della tarda latinità e dell'alto Medioevo, cioè durante la transizione tra il latino e l'italiano, e le parole entrate in italiano dopo la data di nascita del volgare, che viene di solito fissata nel 960 d.C. Questa data è puramente convenzionale: occorre sempre tenere presente il fatto che il latino almeno fino al XII secolo ha svolto un ruolo di filtro per l'assunzione e l'adattamento fonomorfologico dei termini esogeni. Cominciamo la nostra analisi dalla prima componente. Affronteremo i forestierismi di epoca più recente nel § I.4.4.5.

È necessaria un'altra avvertenza preliminare: lingue come il greco e l'arabo hanno esercitato un influsso di lungo periodo sull'italiano, iniziato nel caso del greco già durante la latinità, nel caso dell'arabo intorno al VII-VIII secolo d.C., ma in entrambi i casi perdurato fino ai giorni nostri. Saremo quindi costretti, nell'esaminare l'apporto di queste lingue, a varcare i limiti cronologici da noi stessi fissati.

I **grecismi** presenti nel lessico italiano sono diverse migliaia, e in buona parte sono entrati attraverso il latino, che ha avuto una plurisecolare storia di contatti con la cultura greca. Si tratta di nomi di piante (*ciliegio*, *ulivo*, *mandorlo*), di animali, soprattutto marini (*acciuga*, *balena*, *tonno*), di parti del corpo (*gamba*, *spalla*, *braccio*), di oggetti quotidiani (*ampolla*, *anfora*, *lampada*), di nomi delle principali scienze dell'antichità (*filosofia*, *retorica*, *aritmetica*, *geometria*, *geografia*). Anche molte parole del lessico religioso cristiano risalgono al greco, e sono anch'esse arrivate in italiano attraverso il latino: *battesimo*, *carisma*, *basilica*, *vescovo*, *monaco*. Il contatto tra il greco e l'italiano perdurò nei secoli medievali grazie alla dominazione bizantina. A questa fase risalgono termini come *anguria*, *argano*, *molo*, *ormeggiare*. Un altro momento di fortuna dei grecismi fu il periodo umanistico, durante il quale entrarono in italiano (e nelle altre lingue europee) termini chiave del lessico intellettuale come *catastrofe*, *entusiasmo*, *dialetto*, *periodo*. In epoca moderna (specie a partire dalla metà del Seicento) il greco lascia traccia di sé in interi settori delle terminologie specialistiche, in particolare della medicina e delle scienze naturali e matematiche. Attraverso questo canale entrano in italiano migliaia di grecismi, a volte realizzati attraverso il meccanismo della composizione neoclassica (v. I.2.3.3).

Non numerosissimi ma ben insediati nel lessico quotidiano i **germanismi**, cioè i prestiti dalle lingue delle antiche popolazioni germaniche. Poiché i contatti tra il mondo romano e la Germania (termine che già nel I secolo d.C. indicava una provincia romana) iniziarono in età imperiale, alcuni germanismi sono entrati prima in latino e da qui sono transitati in italiano: sono parole del lessico comune come *alce* (l'animale era sconosciuto ai romani), *sapone*, *vanga*. Tuttavia la maggior parte dei germanismi risale al periodo in cui prima i Goti (493-553), poi i Longobardi (568-774) infine i Franchi (dal 774 al X secolo) dominarono alcune regioni d'Italia. Poiché si tratta di lingue prive di documentazione scritta, la ricostruzione delle basi etimologiche è fatta per congettura attraverso le leggi della linguistica storico-comparativa; inoltre a volte è incerta l'attribuzione all'una o all'altra lingua germanica. Alla componente gotica appartengono parole della vita quotidiana come *fiasco* e termini militari come *albergo* (che originariamente significava 'alloggio per l'esercito'), *elmo* e *guardia*. Numerosi i termini risalenti al longobardo: molti indicano parti del corpo umano (*anca*, *guancia*, *schiena*, *stinco*), altri oggetti riferiti alla casa e all'arredamento: *balcone*, *scaffale*, *gruccia*. Tracce della dominazione longobarda si hanno nella toponomastica, per es. *Gualdo*, che compare nel nome di alcuni comuni italiani, risale al longob. **wald* 'foresta' (cfr. il tedesco moderno *Wald*). Alcuni longobardismi hanno subito un processo di **degradazione semantica**: *sgherro*, che oggi significa 'uomo d'armi prepotente e privo si scrupoli', risale a una base **skarrjo* 'capitano'; *stamberga*, che oggi sta per 'abitazione squallida e sporca', deriva probabilmente da **stainberga* letteralmente 'casa di pietra', cioè una casa solida e di valore. Poiché i Franchi conquistarono l'Italia quando erano già latinizzati linguisticamente, non sempre è chiaro se le parole derivanti dalla loro lingua (il *fràncone*) siano entrate direttamente in italiano o siano passate attraverso un adattamento latino medievale o galloromanzo. Esempi di franconismi sono *banco*, *guanto*, *roba*. Nel complesso alle varie componenti germaniche risalgono parole legate alla cura del cavallo: *briglia*, *staffa*, *stallone*.

Gli **arabismi** si collocano a cavallo della linea di demarcazione da noi tracciata in apertura del paragrafo. Un primo consistente gruppo di prestiti risale a prima del X secolo e questa è la ragione per cui ne parliamo in questo paragrafo. D'altro canto la lingua araba (e le sue varietà dialettali) hanno continuato a fornire parole all'italiano fino ai giorni nostri e questo secondo tipo di arabismi è considerabile alla stregua dei prestiti da altre lingue moderne. I primi contatti tra il mondo arabo e l'Italia si ebbero a partire dal VII-VIII secolo. Tali contatti si intensificarono quando nel IX secolo la Sicilia venne conquistata dagli arabi e rimase per oltre due secoli sotto il loro dominio. Nei secoli dell'alto Medioevo attraverso la cultura araba arrivarono in Europa opere di filosofia, geometria, matematica, astronomia e scienze naturali. Di conseguenza i prestiti dall'arabo si collocano sul doppio binario della cultura materiale e del lessico intellettuale. Al primo aspetto si riferiscono i molti nomi di prodotti agricoli o alimentari importati dagli arabi (*albicocca*, *arancio*, *carciofo*, *limone*, *zafferano*, *zucchero*) e di termini legati al commercio e alla marineria (*ammiraglio*, *darsena*, *magazzino*); al secondo una fetta consistente di lessico scientifico (*alambicco*, *alchimia*, *algebra*, *algoritmo*, *zenit*, *nadir*). Ben visibili anche i lasciti nella toponomastica siciliana: sono adattamenti dall'arabo i nomi di comuni che hanno come primo componente *cala-* 'castello' (per es. *Calatafimi*), *gibil-* 'monte' (per es. *Gibilmanna*). Una curiosità: come è noto anche i numeri sono un lascito della cultura araba. Ebbene, nella numerazione araba, a differenza di quella romana, è prevista una cifra vuota, lo zero, che assume un valore in combinazione con altre cifre, rendendo enormemente più semplici la numerazione e i calcoli aritmetici. Un riflesso di tale eredità è in due termini provenienti dalla stessa parola araba, *ṣifr* 'vuoto': da essa derivano sia *cifra* cioè ciascuno dei segni usato per rappresentare i numeri sia, attraverso il latino medievale *zephiru(m)*, *zero*, cioè la cifra «vuota». L'area di contatto mediterranea ha favorito l'ingresso di arabismi in italiano anche in epoche più recenti, fino ai giorni nostri: nel XX secolo sono entrate in italiano oltre duecento parole, fra cui ricordiamo termini alimentari (*kebab*, *hummus*), termini legati alla cultura e religione islamica: *halal*, che designa un cibo conforme ai precetti della legge islamica, *niqab* 'tipo di velo indossato dalle donne arabe', termini legati ai conflitti politici mediorientali, diffusi su scala mondiale attraverso la stampa e la televisione (*fedayn*, *intifada*).

I.4.4. LA COMPOSIZIONE ATTUALE

Quante parole ci sono in italiano? La risposta cambia radicalmente se ci riferiamo ai lessemi o alle parole (per la distinzione rimandiamo al § I.4.1). Nel primo caso ci vengono in aiuto i vocabolari: un dizionario in un solo volume registra in media tra i 100.000 e i 150.000 lessemi, mentre quelli in più volumi ne accolgono un numero maggiore: il *GRADIT*, che prenderemo come punto di riferimento per le considerazioni quantitative di questo capitolo, conta circa 260.000 lemmi[1]. Se invece prendiamo come unità di misura la parola il numero sale decisamente, ma non abbiamo calcoli esatti, dobbiamo basarci su stime, secondo le quali in italiano il rapporto tra parole e lessemi sarebbe di circa 1 a 10. Lo scarto si spiega facilmente, tenendo conto che ciascun nome ha di norma due forme, ciascun aggettivo può averne fino a quattro, l'articolo determinativo ne ha sei, ciascun verbo alcune decine, che gli alterati in genere non vengono considerati come lemmi autonomi nella tradizione lessicografica ecc. Di conseguenza possiamo affermare, con approssimazione, che il numero delle parole dell'italiano ammonta a due milioni e mezzo [Lorenzetti 2002].

I.4.4.1. Il vocabolario di base, comune, corrente, esteso

Abbiamo visto che i vocabolari contengono un numero variabile, ma comunque molto alto di lessemi. È facile immaginare che nessun italiano, per quanto colto, arrivi a dominare una così ampia quantità di lessico. Ciò non deve stupirci: il vocabolario è un deposito di parole, è la somma delle competenze dei parlanti; vi sono raccolte le parole che usiamo tutti i giorni, quelle di uso più raro, quelle ormai desuete, quelle di uso specialistico, una parte di quelle di provenienza dialettale o regionale. Un buon vocabolario, oltre a elencare la forma e i significati dei termini che accoglie, deve dunque darci le necessarie informazioni relative al loro àmbito d'uso. Generalmente questa operazione è realizzata dai lessicografi ricorrendo a particolari **marche d'uso**, abbreviazioni che ci dicono se un lessema (o una sua accezione) è d'uso dialettale, regionale, se appartiene al vocabolario botanico, chimico, medico ecc.

Il nucleo del nostro lessico è costituito dal **vocabolario di base:** circa 6.700 lessemi che corrispondono all'insieme dei vocaboli necessari per capire e farsi capire nelle situazioni comunicative più frequenti. Al suo interno possiamo individuare tre componenti: il **vocabolario fondamentale** (circa 2.000 lessemi), il **vocabolario di alto uso** (circa 2.700), il **vocabolario di alta disponibilità** (circa 2.000).

Ma come si fa a stabilire quali sono le parole che compongono il vocabolario di base? Una prima risposta può venire dalla sensibilità del lessicografo o del docente. Chi ha a che fare con l'insegnamento dell'italiano si è sempre interrogato su questo problema, e non solo in tempi recenti. Lo scrittore e critico letterario Giuseppe Baretti, che nella seconda metà del Settecento si guadagnava da vivere a Londra insegnando italiano e pubblicando manuali per l'apprendimento della nostra lingua, osservava nella sua prefazione alla *Easy Phraseology* (una raccolta di dialoghi) che era riuscito a inserire nei testi circa diecimila vocaboli, ossia

[1] Questo numero si riferisce soltanto ai lemmi semplici, ed esclude le unità polirematiche (circa 130.000).

quanti ne bastano anche a un nativo per cavarsela nella maggior parte delle situazioni comunicative [Palermo e Poggiogalli 2010, 26]. Seguendo unicamente il suo intuito Baretti aveva trovato una soluzione che non si discosta di molto da quanto affermano gli studi odierni sull'apprendimento del lessico, collocando l'asticella un po' più su del vocabolario di base. Fino a tempi recenti (si ricordi almeno l'importante Baldelli e Mazzetti [1974]) le raccolte del lessico fondamentale dell'italiano sono state realizzate su base empirica. Tali stime erano però basate interamente sull'esperienza soggettiva (che non significa necessariamente infondata) del lessicografo. Lo sviluppo dell'informatica ha reso possibile porre la questione su basi statistiche: il vocabolario fondamentale è quello più utilizzato dai parlanti e dagli scriventi. Per delimitarlo è però necessario disporre di un vocabolario di frequenza, che ordina i lemmi non alfabeticamente ma, appunto, in base alla loro presenza in un corpus di riferimento. Per l'italiano il primo strumento di questo tipo è stato il *LIF* (*Lessico di frequenza dell'italiano contemporaneo*), pubblicato nel 1971 e basato su un corpus di circa 500.000 occorrenze tratte da testi scritti (teatrali, giornalistici, romanzi, cinema e sussidiari). Nei primi anni Novanta è stato pubblicato il *LIP* (*Lessico di frequenza dell'italiano parlato*), basato anch'esso su un corpus di circa 500.000 occorrenze tratte da vari tipi di produzione orale (monologhi, conversazioni faccia a faccia e telefoniche, trasmissioni radio e TV ecc.).

Sulla base dei vocabolari di frequenza si sono individuate le prime due componenti del vocabolario di base, vale a dire il vocabolario fondamentale (come s'è detto i primi 2.000 lemmi) e quello di alto uso (i successivi, fino a quota 4.700 circa). Ai primi posti dei lessici di frequenza compaiono le parole grammaticali: articoli, preposizioni, congiunzioni, avverbi. Tra i primi 20 lemmi registrati nel *LIP* troviamo gli articoli *il* e *uno*, le preposizioni *di*, *a*, *in*, *da*, le congiunzioni *e*, *che*, i verbi ausiliari *essere* e *avere*, il dimostrativo *questo*, il pronome di terza persona singolare *lui* e alcuni verbi di largo uso come *dire* e *fare*. Scendendo nella lista, ma rimanendo nel vocabolario di base, troviamo parole del lessico di tutti i giorni (pochi esempi, scegliendo a caso dalla lettera «f»: *forza*, *frase*, *francese*, *fratello*, *freddo*). I lemmi del vocabolario di alto uso sono leggermente meno diffusi (sempre scegliendo a caso dalla lettera «f» vi troviamo *fine*, *finestrino*, *fingere*, *fiocco*, *fischiare*). Fino a questo punto il criterio guida per l'individuazione dei lemmi è stato di tipo statistico. Ma, come abbiamo visto, esiste una terza componente del vocabolario di base. Per motivi vari (fra cui la limitatezza del corpus e degli argomenti trattati nei relativi testi) operando un taglio all'incirca a quota 5.000 della lista di frequenza sarebbero rimaste escluse parole e referenti comuni, come *forbice*, *frigorifero*, *frittata*. Inoltre sarebbero rimaste incomplete delle serie semantiche omogenee: per es. fra le posate *coltello* rientra nel lessico fondamentale, *cucchiaio* in quello di alto uso, mentre *forchetta*, che forse è la posata più usata, sarebbe rimasta esclusa. Si è deciso pertanto di integrare le prime due componenti con ulteriori 2.000 vocaboli definiti «di alta disponibilità» che, seppure collocati più in basso in base a un puro calcolo statistico, corrispondono «ad atti e oggetti di grande rilevanza nella vita quotidiana» [De Mauro 1999, XX]. Insomma, per definire il vocabolario di base è stato necessario integrare il metodo statistico con l'analisi soggettiva del lessicografo.

A un livello intermedio tra il vocabolario di base e il vocabolario esteso possiamo individuare il **vocabolario comune**, che comprende tra le 40.000 e le 45.000 parole. Aggiungendole al vocabolario di base si arriva all'incirca a 50.000

fig. I.4.1. *Composizione del vocabolario italiano per fasce d'uso.*

Fonte: GRADIT.

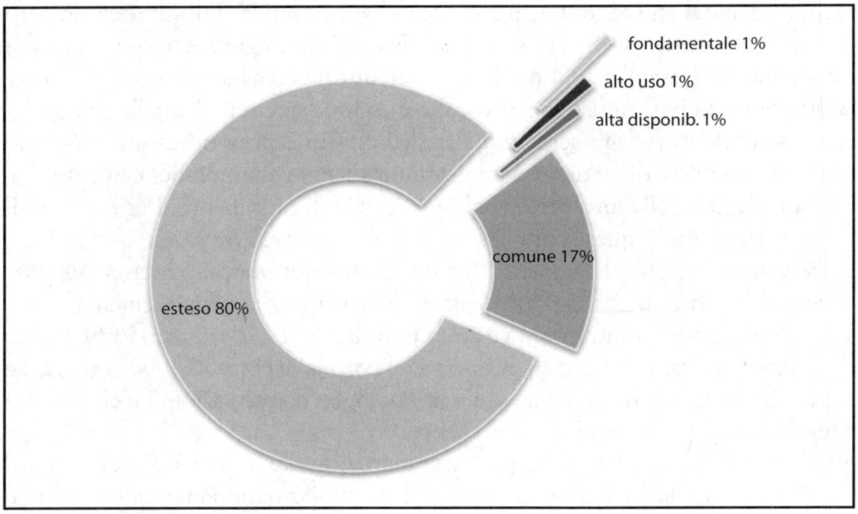

fig. I.4.2. *Composizione interna del vocabolario esteso.*

Fonte: GRADIT.

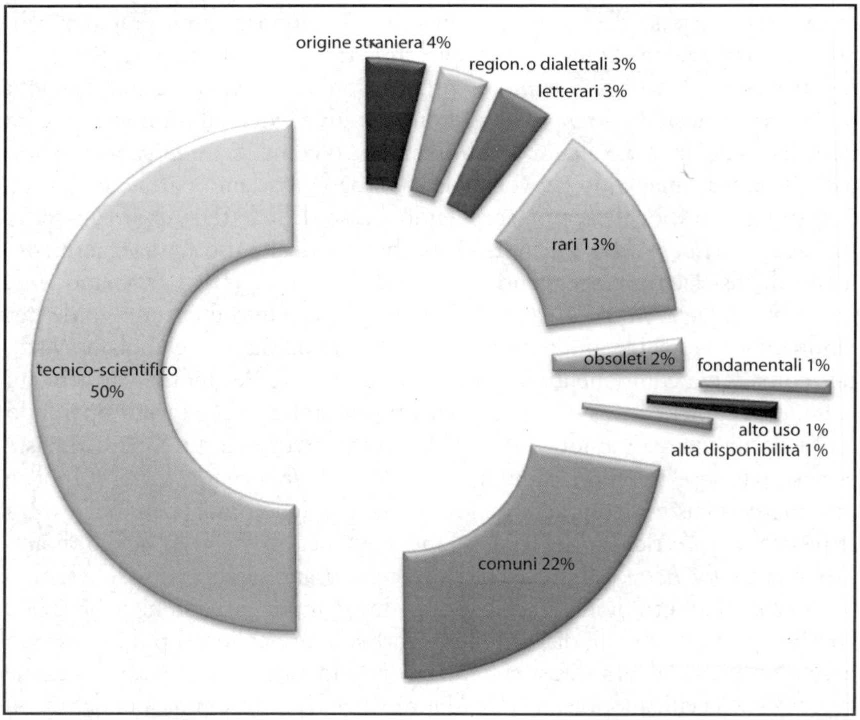

lemmi, che costituiscono il **vocabolario corrente**, ossia l'insieme di tutti i termini che potrebbero essere «usati o compresi indipendentemente dalla professione che esercitiamo o dalla collocazione regionale e che sono generalmente noti a chiunque abbia un livello medio superiore di istruzione» [De Mauro 1999, XX]. Insomma tutto ciò che si trova nel vocabolario e che non sia connotato in senso regionale, stilistico o tecnico-specialistico. Va però precisato che si tratta di un insieme solo potenzialmente accessibile. Per esempio, scorrendo la lettera «m», troviamo accanto a parole effettivamente di uso comune (*mimetizzato*, *minatorio*, *minestrone*) altre che potrebbero essere note – ma non necessariamente lo sono – «a chiunque abbia un livello medio superiore di istruzione» (*mastellata*, *millenaristico*, *mingere*). Riportiamo nella figura I.4.1 la composizione del vocabolario italiano.

Il vocabolario corrente, nel suo insieme, equivale a circa il 20% del **vocabolario esteso**. Tutto il resto (oltre 200.000 voci), comprende termini che sono in qualche modo connotati: in quanto appartenenti a uno o più àmbiti tecnico-professionali (tecnicismi), in quanto provenenti da un'area geografica specifica (regionalismi e dialettismi), in quanto limitati all'uso letterario o aulico. Costituiscono un gruppo a sé le parole d'origine straniera che, a seconda del radicamento nell'uso, possono appartenere al vocabolario di base, a quello comune o a quello esteso. Nella figura I.4.2 è rappresentata la composizione interna del vocabolario esteso.

Nei prossimi paragrafi approfondiremo gli aspetti più rilevanti delle singole componenti.

I.4.4.2. Regionalismi e dialettismi

Non tutti gli studiosi concordano sull'opportunità di distinguere i regionalismi dai dialettismi, anche perché non sempre è agevole individuare criteri univoci per delimitare le due categorie. Posiamo dire che entrambe accolgono termini di origine geograficamente circoscritta; la differenza risiede piuttosto nella percezione e nell'uso. I regionalismi sono impiegati soprattutto nella regione d'origine: *carnezzeria*, termine siciliano per 'macelleria', difficilmente sarà usato fuori dalla Sicilia, e lo stesso vale per *mesticheria*, che in Toscana designa un negozio di ferramenta e articoli per la casa. Un parlante di altre regioni potrà comprendere i termini, ma difficilmente li userà. Al contrario i dialettismi sono termini d'origine locale che hanno varcato i confini originari e sono compresi e usati da parlanti di aree diverse. La diffusione dei dialettismi può essere dovuta all'assenza di corrispondenti termini italiani per indicare un particolare referente: si pensi, in àmbito alimentare, al siciliano *cannolo*, al napoletano *mozzarella*, al piemontese *grissino*, al milanese *panettone*. In altri casi i dialettismi sono parole che hanno avuto successo perché dotate di valore espressivo o connotativo. Qualche esempio: il romanesco *coatto* 'ragazzo di periferia dai modi volgari o violenti', il milanese *bauscia* 'sbruffone, fanfarone', i napoletani *ammuina* 'confusione' e *fetenzia*

'sporcizia', i siciliani *caruso* 'ragazzo', *pizzino* 'biglietto di carta', il veneto *cagnara* 'confusione'. Ma, come si diceva, nella realtà i confini tra le due categorie sono spesso sfumati, ragion per cui in questo paragrafo tratteremo insieme di entrambe.
Come si vede regionalismi e dialettismi sono spesso legati alla cultura materiale: oltre al **lessico alimentare**, di cui abbiamo già visto degli esempi, altre aree semantiche rappresentate sono le seguenti:

- **mestieri tradizionali**: piemontese *mondina* 'lavoratrice stagionale addetta alla monda del riso', genovese *camallo* 'scaricatore di porto', romanesco *barcarolo* 'barcaiolo', meridionale *stagnaro* 'idraulico'. A volte i nomi di mestiere di origine dialettale hanno una connotazione negativa: romanesco *magnaccia* 'sfruttatore di prostitute', *cravattaro* 'strozzino', napoletano *pennarulo* 'scrittore mediocre';
- **nomi di utensili da cucina**: romanesco *sgommarello* 'mestolo', centromeridionale *buzzico* 'recipiente di latta per l'olio', napoletano *caccavella* 'pentola di terracotta', siciliano *bummulo* 'recipiente di terracotta per l'acqua';
- **nomi di abitazioni**: trentino *maso*, pugliese *trullo*; sardo *nuraghe*;
- **nomi di elementi del paesaggio naturale e del territorio**: friulano *foiba* 'fossa, voragine carsica', abruzzese *tratturo* 'sentiero per il passaggio di greggi', romanesco *marana* 'fosso di scolo dell'acqua', meridionale *fiumara* 'fiume a carattere torrentizio'.
- **nomi della sfera della criminalità e della marginalità sociale**: *mafia*, *camorra* e *'ndràngheta* sono ormai entrate nel vocabolario comune. *Mafia* è purtroppo anche uno degli italianismi più diffusi nel mondo e si usa ormai anche senza riferimenti alla realtà d'origine (si parla per esempio di mafia russa, cinese). Originari della Lombardia sono *teppa* e *teppista*; da Napoli vengono invece *palo* 'chi fa la guardia ai compagni durante una rapina' e *guappo* 'camorrista, persona violenta e senza scrupoli'.

La presenza di regionalismi e dialettismi nel vocabolario dell'italiano contemporaneo è numericamente significativa: nel *GRADIT* ne sono registrati circa 7.700, più dell'intero vocabolario di base. Per quel che conta la divisione interna, di essi solo una piccola parte (592) è classificata come dialettismi. L'ingresso in italiano di questi termini risale nella grande maggioranza dei casi agli ultimi due secoli. La loro presenza è l'effetto del travaso nella lingua comune di parole legate alla quotidianità e alla cultura materiale avutasi in seguito all'italianizzazione postunitaria e al superamento della tradizione precedente caratterizzata da una netta separazione tra la cultura scritta (italiana), che si occupava soprattutto di argomenti alti e astratti, e la cultura orale (dialettale), legata alla concretezza e alla quotidianità. Per quanto riguarda la provenienza geografica, escludendo il fiorentino e gli altri dialetti toscani, per i quali la definizione stessa di dialettismo è complicata, la fetta più consistente è data da parole provenienti dal romanesco. Seguono, in ordine decrescente, parole ed espressioni di origine milanese, napoletana, siciliana [De Mauro 2005, 149].
Dal punto di vista formale i regionalismi e i dialettismi di solito si comportano come dei prestiti adattati, nel senso che sono stati integrati all'italiano sia nella fonetica che nella morfologia (es. *tortellino* < emil. *turtlein*; *grissino* < piem. *ghersin*). Occasionalmente possono rivelare nella fonetica o nella morfologia tracce

della loro provenienza: per es. il mancato adattamento morfologico si osserva nel milanese *sciur* 'signore' e nel sardo *seadas* 'dolci al formaggio ricoperti di miele'. Termini di origine romanesca come *palazzinaro*, *fruttarolo* denunciano proprio per i suffissi *-aro* e *-arolo* in luogo dei corrispondenti fiorentini *-aio* e *-aiolo* la loro provenienza. Grazie alla fortuna del dialetto romanesco tali suffissi sono diventati produttivi, al punto che possono essere attaccati a basi non romanesche: *rockettaro*, *graffitaro*, e, rispettivamente, *bombarolo*, *twittarolo* 'chi usa frequentemente Twitter'. La forma adattata e quella non adattata possono convivere: per es. nel ligure *belin* / *belino* 'organo sessuale maschile', nel siciliano *sfinciuni* / *sfincione* 'tipo di focaccia'. Raramente i dialettismi presentano suoni estranei all'inventario fonologico dell'italiano. Un esempio è il lombardo *casoeula* /ka'sœla/ 'piatto con carne di maiale e verza' cotto in casseruola (*casoeula*). I dialettismi più recenti devono la loro fortuna a testi letterari di ampia diffusione, al cinema, alla televisione o ad altri mezzi di comunicazione di massa. Per esempio l'alto numero di termini romaneschi di cui si diceva sopra è il risultato del fatto che la realtà romana è stata tante volte rappresentata nei romanzi, al cinema e alla televisione; per lo stesso motivo molti termini siciliani sono oggi in voga grazie ai gialli di Camilleri e alla loro fortunata versione televisiva.
Un tipo particolare di regionalismi sono i **geosinonimi**, termini diversi che designano lo stesso referente su scala regionale. Come i sinonimi essi hanno un significante diverso e un significato identico o simile; a differenza dei sinonimi la loro diffusione areale è limitata. Per es. l'anguria è chiamata nelle varie regioni *cocomero*, *mellone*, *citrone*, il balcone *poggiolo*, *terrazzo* o *loggia*, la calza da uomo *calzino*, *calzetto* o *pedalino*, la scopa *ramazza* o *granata* e così via. Un caso classico di variazione regionale è quello dell'espressione usata per 'marinare la scuola', che solo per fare alcuni esempi a Milano si dice *bigiare*, in Veneto *bruciare*, a Bologna *fare fughino*, in Toscana *bucare* o *fare forca*, a Roma *fare sega*, a Napoli *fare filone*, in Sicilia *caliare*. Alcuni geosinonimi hanno perso quasi del tutto la connotazione regionale e sono diventati quindi sinonimi di rango nazionale: è il caso di *somaro* e *asino*, ormai intercambiabili nell'uso comune seppure il primo sia di origine meridionale il secondo settentrionale. Come per i sinonimi, anche nel caso dei geosinonimi l'equivalenza di significato non sempre è totale. Prendiamo il caso di *lavabo*: il toscano *acquaio* e lo standard *lavello* si riferiscono soprattutto alla piccola vasca che si trova in cucina e viene usata per lavare alimenti e stoviglie, il settentrionale *lavandino* (così come l'emiliano e veneto *scafa* e il centromeridionale *sciacquaturo*) ha un significato più ampio e può riferirsi anche all'impianto collocato in bagno e usato per la pulizia personale. L'italiano postunitario conosceva un numero di geosinonimi più alto, poi gradualmente il passaggio dalla civiltà rurale a quella industriale ha comportato l'imporsi di un nome unico per molti manufatti e nomi di mestieri. Negli anni Cinquanta del secolo scorso un linguista tedesco, Rudolf Rüegg, fece un'inchiesta in cui chiedeva a un campione di italiani come chiamassero oggetti legati alla vita quotidiana (abbigliamento, alimenti, parti del corpo ecc.): dall'indagine risultò che una sola nozione, il caffè preso al bar, veniva resa con un unico termine, *espresso*, mentre tutte le altre conoscevano da un minimo di due a un massimo di tredici geosinonimi.

I **geoomonimi** sono invece parole uguali che a seconda dell'area geografica assumono un significato diverso. Possono avere la stessa etimologia o rappresentare la casuale confluenza dell'evoluzione di basi distinte. Due soli esempi: *fetta* significa 'piede' in romanesco e 'pezza' in emiliano; *fregno* può significare 'persona abile, scaltra' (in Abruzzo) o 'persona buffa, sciocca' (a Roma e nel Lazio).

I.4.4.3. Tecnicismi

Le esigenze della comunicazione legata ad àmbiti specifici della vita sociale e professionale sono alla base della formazione dei linguaggi settoriali, di cui ci occuperemo più diffusamente in II.2.8. Qui ci limiteremo ad analizzare l'apporto dato dai termini settoriali (o tecnicismi) alla formazione del lessico italiano.
Dal punto di vista del significato i tecnicismi sono caratterizzati dalla **monosemia**, ossia da un significato tendenzialmente univoco e condiviso, mentre le parole comuni hanno spesso più di un'accezione, ossia sono **polisemiche**. Inoltre, le comunità di scienziati e specialisti hanno bisogno di una terminologia condivisa a livello internazionale, con minime differenze dovute all'adattamento dei termini nelle singole lingue (it. *elettrone*, fr. *électron*, ingl. *electron*, sp. *electrón*, ted. *Elektron*). Per questo motivo il lessico scientifico è caratterizzato da un forte livello di internazionalizzazione.
Il contributo dei tecnicismi alla formazione del lessico italiano è stato e continua ad essere molto rilevante: 126.000 lemmi, vale a dire circa la metà del vocabolario esteso (v. fig. I.4.2), appartengono a questa categoria. Le vie attraverso le quali si possono creare dei tecnicismi sono fondamentalmente tre:

- si può prendere in prestito il termine da altre lingue: come abbiamo visto, nel corso dei secoli l'italiano ha attinto dapprima al latino classico e medievale, poi al francese, infine all'inglese;
- si può coniare un nuovo termine attingendo alle risorse della morfologia lessicale. La tendenza alla monosemia che abbiamo rilevato in generale a proposito dei tecnicismi si riscontra anche al livello dei processi di formazione delle parole. Spesso le scienze ricorrono a suffissi dal significato univoco e facilmente comprensibile: per esempio nel linguaggio della fisica il suffisso *-one* si usa per denominare le particelle subatomiche: *protone*, *fotone*, *bosone*. Questo meccanismo rende trasparente e facilmente ampliabile il lessico disciplinare: se un giorno qualcuno scoprirà una nuova particella sarà facile estendere la serie creando **patasone* o qualcosa del genere. Analogamente trasparenti sono i termini creati grazie al meccanismo della composizione neoclassica: sul modello utilizzato per creare nomi di discipline o sottodiscipline, negli ultimi anni si sono formati *archeozoologia*, *astropsicologia*, *nanotecnologia*;
- si può rideterminare il significato di una parola o di un'espressione già esistente. Questo processo prende il nome di risemantizzazione e può andare in diverse direzioni: 1) **dalla lingua comune a un linguaggio specialistico**: *forza*, *campo*, *momento* sono esempi di termini comuni riutilizzati come tecnicismi della fisica;

2) **da un linguaggio specialistico a un altro**. Per esempio *rivoluzione* e *orbita* sono termini originari del linguaggio dell'astronomia. Il primo è transitato al linguaggio della politica, il secondo ha avuto ben due passaggi: al linguaggio della medicina per riferirsi a ciascuna delle due cavità craniche che ospitano il bulbo oculare, al linguaggio della fisica con riferimento alle traiettorie degli elettroni intorno al nucleo dell'atomo. Possono verificarsi anche casi di **detecnificazione**, cioè passaggi da un linguaggio specialistico alla lingua comune: l'uso dell'espressione *non ti fare troppe paranoie* per 'non crearti problemi inutili' nel linguaggio giovanile ne è un esempio. *Paranoia* è infatti un termine della psichiatria e indica una forma di malattia mentale.

I.4.4.4. Parole rare, letterarie, desuete

Come abbiamo visto il lessico di una lingua è un organismo vitale che si rinnova continuamente con l'introduzione di parole nuove e l'uscita di scena di altre. È compito del lessicografo registrare, oltre al vocabolario corrente, almeno una parte delle espressioni arcaiche, letterarie e desuete proprie della tradizione, quelle che proprio in quanto non del tutto defunte hanno ancora la possibilità di dialogare con noi. Possono servirci a capire i classici della letteratura (*piaggia* 'pendìo' o *calle* 'sentiero' usati da Dante) o, pur disusate nella lingua comune, essere ancora vive a livello regionale: per es. *doccio*, desueto nel significato di 'grondaia', sopravvive nell'uso regionale toscano per indicare la 'cannella di una fontana'. Nel *GRADIT* le parole contrassegnate come 'obsolete', 'letterarie' o 'rare' sono circa 55.000, pari al 18% del vocabolario esteso (cfr. fig. I.4.2).
L'uscita di scena può riguardare una parola nel suo complesso (per es. *indelibato* 'vergine' è ormai decisamente raro) oppure solo alcune accezioni: *partito*, comune nel senso di 'associazione politica', è un po' più ricercato nel senso di *decisione* (*non so che partito prendere*), decisamente disusato nel significato di 'votazione'. Vale la pena di ricordare che le sorti di una parola non sono segnate per sempre; ciò che sembra fuori gioco in un determinato periodo può in seguito trovare nuova linfa vitale. Proprio a proposito del termine *obsoleto*, nel 1877 i lessicografi Pietro Fanfani e Costantino Arlìa scrivevano:

> Latinismo che adorna certi scritti che vogliono parere di stile solenne e sostenuto, ma in fondo son robaccia che non ne mangerebbero neppure i cani. Dunque lascia *Obsoleto* a' pedanti, e a coloro che hanno l'orecchio foderato di prosciutto, e serviti in quella vece di *Dismesso, Disusato, Vieto, Rancido, Antiquato* [*Lessico della corrotta italianità*, cit. in Scavuzzo 1994, 469].

Per ironia della sorte oggi *obsoleto*, se non è proprio una parola che usiamo tutti i giorni, fa parte a pieno titolo del vocabolario comune, e certo è più vitale almeno di una delle alternative proposte da Fanfani e Arlìa, cioè *vieto*. Insomma una parola che sembra desueta in un determinato periodo, può resuscitare e recuperare almeno parte della sua vitalità. Una recente iniziativa proposta dalla *Società Dante Alighieri* esorta il pubblico della rete a rivitalizzare, adottandole, parole a cui si è affettivamente legati e che stanno cadendo in disuso: ai vertici della classifica delle parole da salvare troviamo *sollucchero*, *smargiasso*, *pusillanime*, *giulivo*, *gaglioffo*, *malandrino*, termini oggi dal sapore un po' *démodé* ma che solo un paio di generazioni fa erano ancora d'uso comune.

I.4.4.5. Forestierismi

I vocaboli di origine straniera registrati nel *GRADIT* sono diverse migliaia, al netto delle parole di origine greca, araba e germanica antica che abbiamo analizzato in I.4.3.3. Nella tabella I.4.2 riportiamo la consistenza numerica degli apporti delle dieci lingue che hanno contribuito in maniera più significativa ad arricchire il lessico italiano.

Una prima avvertenza, necessaria per leggere correttamente la tabella, è che i conteggi si basano su un lemmario molto ampio e dunque includono anche termini di uso ultraspecialistico. La seconda è che la tabella schiaccia in una fotografia del presente un lungo film. Il film è costituito dai secoli di rapporti tra l'italiano e le altre lingue, che a partire dal X secolo sono entrate in contatto con la nostra per ragioni di vicinanza geografica, culturale, di rapporti commerciali o di dominazioni militari. Conseguenza di queste vicende storiche è il fatto che, al di là dei numeri assoluti, le diverse lingue hanno lasciato un'impronta più o meno significativa nel nostro vocabolario. Per valutare il peso di questa impronta ci vengono in aiuto la terza e la quarta colonna della tabella, che danno la misura della presenza dei forestierismi nel vocabolario comune e in quello di base.

La lingua che ha influenzato maggiormente l'italiano è il **francese**. Va precisato che nella tabella si includono nella categoria dei francesismi anche i provenzalismi, entrati molto numerosi nel lessico italiano soprattutto nel Duecento e nel Trecento (*ambasciatore*, *leggiadria*, *lusinga*). Per questo motivo alcuni studi preferiscono parlare di gallicismi o di prestiti galloromanzi. Ad ogni modo i primi influssi lessicali risalgono alla dominazione carolingia (secc. IX e X) e

TAB. I.4.2. Termini di origine straniera nel lessico italiano

PROVENIENZA	VOC. ESTESO	VOC. COMUNE	VOC. DI BASE
Inglese	8.196	349	31
Francese (+ provenzale)	5.683	871	291
Spagnolo	1.126	143	31
Tedesco	695	54	9
Giapponese	281	8	0
Russo	258	20	1
Portoghese	221	22	6
Turco	183	22	4
Ebraico	172	3	0
Cinese	76	5	0
Totale	17.561	1.526	373

Fonte: *GRADIT*.

proseguono ininterrottamente fino ad oggi, naturalmente a fasi alterne. Lo scambio tra Italia e Francia fu molto intenso nei secoli medievali, e il risultato è stato la penetrazione in italiano di termini chiave del lessico dell'organizzazione feudale: *conte*, *marchese*, *cavaliere*, *vassallo*; della vita militare: *bersaglio*, *freccia*, *giavellotto*, *sergente* (che in origine significava 'servitore'). Importanti anche i termini del lessico alimentare (*burro*, *formaggio*, *mostarda*) e di azioni della vita quotidiana (*parlare*, *mangiare*, *svegliarsi*). L'apporto di francesismi fu meno significativo nel Cinquecento, anche a causa della concomitante supremazia militare spagnola sull'Italia. Il francese riacquistò una posizione centrale a partire dalla metà del Seicento, quando si avviò a diventare la lingua di cultura sovranazionale europea, ruolo che avrebbe ricoperto per circa tre secoli. In questo lungo lasso di tempo, ma con un deciso picco nel Settecento, il francese incide profondamente sulla cultura materiale (dal francese provengono termini della moda, come *cravatta*, *giarrettiera*, *stoffa* e della gastronomia, come *bignè*, *purè*, *ragù*), ma soprattutto ha un ruolo chiave nella formazione del lessico intellettuale dell'italiano (e di molte altre lingue europee). L'influsso francese si apprezza in particolare nei campi della politica (*abdicare*, *patriota*), dell'economia (*contabilità*, *conto corrente*), della filosofia (*empirismo*, *fanatismo*, *libertinaggio*, *pregiudizio*). Al periodo della rivoluzione francese e dei successivi sviluppi risalgono altri termini costitutivi dell'attuale lessico politico come *democrazia*, *eguaglianza*, *federalismo*, *rivoluzionario*. Di poco successivo l'accoglimento di *destra* e *sinistra* nell'accezione politica. L'influsso del francese sul volgare medievale è stato così intenso che oltre alle parole, ha dato all'italiano anche alcuni suffissi come *-aggio*, *-iere* e incrementato la produttività di suffissi già presenti come *-anza* e *-ura*.

Anche lo **spagnolo** ha lasciato un'impronta significativa nel lessico italiano. La maggior parte degli ispanismi entra in italiano nel Cinquecento e nel Seicento: oltre a termini legati alle relazioni sociali come *disinvoltura*, *brio*, *fanfarone*, *imbarazzo*, *puntiglio*, i due settori più rappresentati sono quello marinaresco (*abbordare*, *baccalà*, *flotta*, *lancia*, *mozzo*) e quello militare (*guerriglia*, *recluta*, *ronda*, *squadriglia*). La Spagna è stata anche il tramite col Nuovo Mondo e di conseguenza attraverso lo spagnolo sono giunte in italiano parole originarie di lingue amerindiane che designavano i nuovi referenti conosciuti grazie alla scoperta delle Americhe: *cacao*, *mais*, *patata*, *tabacco*.

Nel caso dell'**inglese** i prestiti medievali sono pochissimi (per es. *parlamento* nell'accezione politica). Alla fine del Cinquecento il filosofo Giordano Bruno, recatosi a Londra, osservava che per vivere in Inghilterra non era necessario conoscere l'inglese perché sia a corte che in tutti gli altri luoghi in cui si svolgeva una conversazione colta ci si esprimeva o in latino o in altre lingue di cultura moderne: il francese, lo spagnolo o l'italiano. E aggiunse un'osservazione che fa pensare, alla luce di quel che è successo nei secoli successivi: cioè che la «lingua inglesa non viene in uso [= non si usa] se non dentro quest'isola [= l'Inghilterra]» [G. Bruno, *La cena delle ceneri*, cit. in Palermo e Poggiogalli 2010, 15]. I prestiti dall'inglese iniziano a infittirsi dalla seconda metà del Settecento, in seguito all'espansione economica e militare dell'impero britannico e alla con-

QUADRO I.4.3.

Machiavelli, Leopardi e l'utilità dei prestiti

Pur rappresentando la fisiologia e non la patologia del contatto linguistico, nei secoli le parole straniere sono state guardate con diffidenza. La testimonianza più eloquente di ciò è nella parola stessa che dall'antichità classica fino al secolo scorso è stata usata per indicarle, cioè *barbarismi*. La linguistica ottocentesca introdusse il più neutro *prestito*, ma anche in questo termine è facile vedere il riflesso di una visione puristica, che ammetteva il ricorso a termini stranieri solo in casi di necessità e presupponeva che ci si dovesse sbarazzare al più presto dell'ospite, sostituendolo con una parola autoctona o assimilandolo attraverso l'adattamento fonomorfologico.
Già nel Cinquecento però troviamo una riflessione sul tema di segno diverso nel *Discorso intorno alla nostra lingua* del Machiavelli. Lo scrittore fiorentino osserva che i forestierismi sono la conseguenza dello scambio delle idee e non possono costituire un pericolo, ma un'occasione di arricchimento per una lingua:

> [...] qualunque volta viene o nuove dottrine in una città o nuove arti, è necessario che vi venghino nuovi vocaboli, e nati in quella lingua donde quelle dottrine o quelle arti son venute;

il prestito deve arricchire il lessico, ma non può stravolgere le strutture della lingua ospite: perché ciò non avvenga è necessario che la lingua adatti alle proprie caratteristiche fonomorfologiche i nuovi vocaboli. Solo così

> li vocaboli forestieri si convertono in fiorentini, non li fiorentini in forestieri; né però [= perciò] diventa altro la nostra lingua che fiorentina. [...] Oltra di questo, io voglio che tu consideri come le lingue non possono esser semplici, ma conviene che sieno miste con l'altre lingue. Ma quella lingua si chiama d'una patria, la quale convertisce i vocaboli ch'ella ha accattati [= presi] da altri nell'uso suo, et è sí potente, che i vocaboli accattati non la disordinano, ma ella disordina loro [*Discorso intorno alla nostra lingua*, a cura di P. Trovato, Padova, Antenore 1982, pp. 29-50].

Un po' diversa la posizione di Giacomo Leopardi. Il poeta recanatese dedica al tema alcune riflessioni dello *Zibaldone*, scagliandosi contro i puristi che con le loro campagne contro i barbarismi (allora perlopiù francesismi) rischiavano di tagliar fuori l'Italia dalla circolazione delle idee:

> Da qualche tempo tutte le lingue colte di Europa hanno un buon numero di voci comuni, massime [= soprattutto] in politica e in filosofia, ed intendo anche quella filosofia che entra tuttogiorno nella conversazone, fino nella conversazione o nel discorso meno colto, meno studiato, meno artifiziato. Non parlo poi delle voci pertinenti alle scienze, dove quasi tutta l'Europa conviene [= usa la stessa terminologia]. [...] Grandissima parte, dico, di queste voci, sono le stesse in tutte le lingue colte d'Europa, eccetto piccole modificazioni particolari, per lo più nella desinenza. [...] Ora la massima parte di questo Vocabolario universale manca affatto [= del tutto] alla lingua italiana accettata e riconosciuta per classica e pura; e quello ch'è puro in tutta l'Europa, è impuro in Italia. Questo è voler veramente e consigliatamente [= deliberatamente] metter l'Italia fuori di questo mondo e fuori di questo secolo [G. Leopardi, *Zibaldone*, 1213].

Se dal piano della comunicazione filosofico-scientifica ci si sposta su quello della lingua letteraria il discorso cambia, e l'abuso di forestierismi può essere nocivo:

> Quanto poi all'eleganza, quelle voci e modi, non essendo più pellegrini [= lontani dall'uso comune], non sono più eleganti. Anzi non c'è cosa più *volgare* e ordinaria di quelle voci e modi *forestieri*. Come accade appunto in Italia oggidì, che *non si può nè parlare nè scrivere in un italiano più volgare e corrente, che parlando e scrivendo in un italiano alla francese* [G. Leopardi, *Zibaldone*, 2508].

Insomma Leopardi distingue nettamente tra il piano della comunicazione colta, in cui è opportuno che si accolgano i termini stranieri, in particolare quelli appartenenti al lessico intellettuale (che egli chiamò *europeismi*), per stare al passo con la cultura europea e il piano della scrittura letteraria, in cui è preferibile recuperare l'eleganza con il ricorso al lessico della tradizione italiana.

comitante rivalutazione da parte degli intellettuali europei della letteratura, della cultura e delle istituzioni politiche inglesi. A questo periodo risalgono influssi sul lessico intellettuale di termini della politica e dell'economia, ma si tratta soprattutto di anglolatinismi (per es. *opposizione*), cioè di parole prese a prestito dall'inglese ma risalenti a una base etimologica latina, dunque più facilmente integrabili nel lessico italiano. Contemporaneamente entrano anche altri prestiti, sia adattati (*locomotiva*, *vagone*), sia non adattati (*brandy*, *gin*, *whisky*). I prestiti non adattati entrati in italiano fino alla prima metà del Novecento mantengono traccia del passaggio per via scritta nel fatto che rimane invariata la grafia, ma si adatta spesso la pronuncia (*bus*, *tunnel*, *watt*). A partire dalla seconda metà del Novecento l'influsso dell'inglese è stato amplificato a dismisura dall'egemonia economica e culturale assunta dagli Stati Uniti. Oltre che dei numerosi prestiti, il modello angloamericano è alla base della diffusione di calchi di traduzione: *altoparlante* (da *loudspeaker*), *fuorilegge* (da *outlaw*) e di calchi semantici. Il dato rilevante è che molti di questi hanno alla base un anglolatinismo, cioè una parola inglese presa a prestito dal latino: *realizzare* (da *to realize*) 'rendersi conto', *evidenza* (da *evidence*) 'prova', *missione* (da *mission*) 'obiettivo primario di un'azienda, un'associazione', *visione* (da *vision*) 'lo scenario futuro che un'azienda o una comunità si propongono di raggiungere sulla base dei loro obiettivi o ideali'. Il fatto che si tratti di anglolatinismi rende più facile lo scambio di significati col termine italiano preesistente. Dal punto di vista quantitativo la crescita esponenziale degli anglicismi in italiano negli ultimi tre secoli è ben riassumibile nei seguenti dati: degli oltre ottomila anglicismi registrati nel *GRADIT* una settantina risale al XVIII secolo, poco più di cinquecento al XIX secolo, 697 alla prima metà del XX secolo, i rimanenti alla seconda metà del secolo. Tuttavia si tratta di termini che non hanno avuto a disposizione un arco temporale sufficiente per radicarsi nel vocabolario di base. Solo una trentina ne fanno parte: *bar*, *canguro* [dall'inglese *kangaroo*, a sua volta da una parola australiana], *film*, *festival*, *goal*, *plaid* e poche altre. L'elenco potrebbe allungarsi un po' tenendo conto del fatto che i lessici di frequenza su cui si basano sono stati compilati fra gli anni Settanta e Novanta del secolo scorso: se fossero aggiornati molto probabilmente parole come *computer*, *mouse*

e *monitor* rientrerebbero nel vocabolario di alta disponibilità. Nel dibattito attuale si insiste molto sull'invasione delle parole inglesi e sulla minaccia che il loro dilagare potrebbe comportare per le sorti della lingua italiana. Una prima risposta, tesa a ridimensionare questo rischio, è data dalle considerazioni statistiche che abbiamo appena fatto: gli anglicismi sono tanti in termini assoluti, ma non entrano, se non in misura molto ridotta, a far parte del vocabolario quotidiano. Il problema non è quindi di quantità, ma di àmbiti in cui le parole straniere si radicano. Per esempio la recente diffusione di *food* a indicare sia il settore merceologico alimentare (*un'azienda che opera da anni nel food*) sia più semplicemente il cibo, sembra inarrestabile. In un'annata del quotidiano *la Repubblica* ne troviamo oltre 1.000 occorrenze (al netto di contesti inglesi e di espressioni come *street food*, *finger food*, *slow food*). In questo caso la scelta di utilizzare il termine inglese è un inequivocabile segno di provincialismo culturale, poiché interessa un àmbito, quello gastronomico, che è un segno distintivo dell'italianità nel mondo. Allargando il discorso, può destare qualche riflessione il fatto che gli anglicismi dilaghino nel linguaggio della politica e della pubblica amministrazione e, ancor più, che l'inglese stia prendendo il posto dell'italiano nella comunicazione scientifica. Torneremo su questi aspetti nel § II.2.8.
I germanismi antichi di cui ci siamo occupati in I.4.3.3 non vanno confusi con i tedeschismi, cioè le parole entrate in italiano dal **tedesco** in epoca successiva al X secolo. Questi ultimi costituiscono un nutrito contingente di parole (circa 700, come appare dalla tab. I.4.2). Alcune risalgono al XIII secolo: per esempio dal periodo dei conflitti tra autorità religiosa e imperiale abbiamo ereditato *guelfo* e *ghibellino*. Al Trecento risale *archibugio*, al Cinquecento il tristemente noto *lanzichenecco* (da *Land*, 'paese' e *Knecht*, 'servo') e il più allegro *brindisi*, probabilmente adattamento dell'espressione tedesca *bring dir's*, cioè 'lo porto a te' (sottinteso: il bicchiere). La maggior parte dei tedeschismi entra in italiano tra il Settecento e il Novecento, e riguarda termini del linguaggio politico (*Diktat*, *Kaiser*, *Realpolitik*), delle scienze (*dinamo*, *ecologia*, *entropia*, *enzima*), della psicologia (*autismo*, *paranoia*, *psicosi*). I prestiti novecenteschi sono per lo più legati alle tristi vicende del secondo conflitto mondiale (*Bunker*, *Führer*, *Lager*), ma ricordiamo anche *aspirina e gene*. In tedesco i sostantivi si scrivono con l'iniziale maiuscola; nel caso dei prestiti adattati ovviamente questa norma non va rispettata, nei prestiti non adattati sarebbe invece consigliabile usare la grafia originaria, quindi mantenere la maiuscola.
Per tirare le fila possiamo dire che per valutare l'impronta dei forestierismi sul lessico attuale non si può tener conto solo del dato numerico assoluto, ma occorre valutare il radicamento delle parole nel lessico quotidiano, radicamento che richiede tempi lunghi. Tornando a leggere la tabella I.4.2 consapevoli di ciò, non ci stupisce più di tanto il fatto che nonostante gli anglicismi nel vocabolario esteso siano molti di più dei francesismi, questi ultimi sono maggiormente radicati nel lessico quotidiano; di conseguenza, se limitiamo la ricerca al vocabolario comune (colonna 3), i francesismi sono più del doppio delle parole inglesi. Se poi ci concentriamo solo sul vocabolario di base (colonna 4) il rapporto diventa di circa uno a dieci a favore del francese.

I.4.4.6. Neologismi e formazioni endogene

Se ci riferissimo alla categoria dei **neologismi** senza fissare dei limiti cronologici potremmo dire che al di fuori dei lessemi ereditari (poche migliaia) tutto il resto del nostro vocabolario è composto da termini che in un determinato momento sono stati di nuova introduzione. Di solito quindi si parla di neologismi in relazione alle parole di recente introduzione in un determinato momento storico. Tali termini hanno bisogno di un certo lasso di tempo per essere accettati. Di conseguenza i lessicografi li accolgono con prudenza e solo dopo la loro acclimazione, distinguendo quelli effettivamente entrati nell'uso dagli **occasionalismi**, che fanno capolino per un po' di tempo senza attecchire: tra le parole senza fortuna [Coletti 2005] del Novecento ricordiamo alcuni tentativi di adattamento di anglicismi come *sessappello* per 'sex appeal' e *mitingaio* per 'convegnista'. Interessanti anche le vicende dei nomi usati per definire il motoveicolo a due ruote: *bicimotore*, attestato a inizio secolo, è stato sostituito a partire dagli anni Cinquanta da *ciclomotore*. Questo termine sopravvive oggi quasi solo nel linguaggio burocratico, poiché nella lingua di tutti i giorni è stato quasi del tutto soppiantato da *scooter*, abbreviazione di *motorscooter*. Venendo a casi più recenti, tra qualche anno nessuno si ricorderà più di *baudeggiare* 'imitare, fare il verso al presentatore televisivo Pippo Baudo', attestato nell'uso giornalistico degli anni Novanta.

Raramente il neologismo è creato dal nulla: rientrano in questa categoria alcune onomatopee (per es. *ciak* del linguaggio cinematografico) o occasionali coniazioni d'autore. Fra queste citiamo il caso di *quark*. Il termine era presente in un gioco di parole nel romanzo *Finnegan's wake* di James Joyce (1939). Da questa fonte letteraria è stato poi ripreso (negli anni Sessanta) dal fisico statunitense Murray Gell-Mann per indicare un tipo di particella subatomica. A ben vedere però nemmeno *quark* è stato davvero creato dal nulla: è tecnicamente una **parola macedonia** (v. Quadro I.4.4) ed è stata creata da Joyce a partire da *qu*[*estion*] [*m*]*arks* 'punti interrogativi'.

Quelli visti finora, per quanto interessanti, sono casi sporadici. Di norma i neologismi sono o **prestiti** o **formazioni endogene**, cioè parole derivate e composte create con elementi italiani combinati secondo le regole della morfologia lessicale. Come abbiamo visto in I.4.3 una fetta consistente del nostro lessico appartiene a questa categoria: circa il 35% del vocabolario di base e oltre la metà del vocabolario esteso. Rimandiamo alle considerazioni svolte in quel paragrafo per l'analisi delle tendenze più produttive dell'italiano d'oggi nell'àmbito della formazione delle parole. Qui basterà un'osservazione quantitativa: i neologismi entrati in italiano nel corso del XX secolo sono per circa il 90% derivati e composti e solo per il rimanente 10% parole semplici (quasi sempre forestierismi) e locuzioni polirematiche, anche queste spesso influenzate da modelli esogeni: *fuoco amico*, *danno collaterale*, *varco elettronico*. I campi del sapere che hanno contribuito maggiormente all'innovazione del lessico negli ultimi anni sono stati, nell'ordine, l'informatica e le altre tecnologie della

QUADRO I.4.4.

Neologismi e fenomeni di riduzione: sigle, accorciamenti e parole macedonia

Fra i meccanismi di formazione delle parole occupano un posto a sé i fenomeni di riduzione. Sotto questa etichetta generica si catalogano vari procedimenti attraverso i quali da parole o espressioni già esistenti se ne creano altre, utilizzando diverse modalità di abbreviazione: *Confedilizia* (da *Confederazione Italiana Proprietà Edilizia*), *ASL* (da *Azienda Sanitaria Locale*), *bici*.
Per creare neologismi è sempre più diffuso il ricorso alle **parole macedonia**. Il termine è stato introdotto da Bruno Migliorini per indicare parole create assemblando «pezzi» di altre parole. Un esempio ormai diffuso è *smog* (da *smoke* 'fumo' + *fog* 'nebbia'), entrato in italiano circa sessanta anni fa. Casi più recenti sono *glocale* (da *globale* + *locale*), *brunch* (da *breakfast* 'colazione' + *lunch* 'pranzo') e *scrilettore* (da *scrittore* + *lettore*). Il tipo prevalente è quello che prevede il taglio della prima parola e non della seconda: in alcuni casi il risultato dell'unione prevede invece il taglio della parte finale della prima parola e di quella iniziale della seconda: abbiamo già visto un esempio di questo procedimento in *quarks*, lo stesso succede in *nazismo* (da *nazional socialismo*).
Contribuiscono al rinnovamento del lessico anche le **sigle** (o **acronimi**). Le sigle possono essere usate come parole autonome alle quali si assegna un genere attraverso l'articolo (*la TASI*, *il PVC*) e possono essere pronunciate lettera per lettera (CGIL /tʃidʒi'elle/) o come una nuova parola (*CONI*, *ONU*). Sono diffuse soprattutto nei linguaggi specialistici (*VES* = velocità di sedimentazione, *TAS* = titolo antistreptolisinico), ma sempre più spesso le forme estese sottostanti sono inglesi (*SIM* = Subscriber Identity Module, *SMS* = Short Message Service). Anche quando nella forma estesa si usa un'espressione italiana alcune sigle rivelano nell'ordine dei costituenti la provenienza inglese: *DNA* ~ acido desossiribonucleico, *AIDS* ~ sindrome da immunodeficienza acquisita.
Piuttosto diffusi anche gli **accorciamenti**, secondo un procedimento da tempo in uso in italiano (*auto*, *moto*, *bici*, *flebo*). Anche in questo caso i nuovi ingressi provengono perlopiù da una parola inglese: *app* (da *application*), *demo* (da *demonstration*), *info* (da *information*), *promo* (da *promotion*). Tuttavia, trattandosi di anglolatinismi, il loro adattamento nel lessico italiano non ha comportato particolari problemi. Gli accorciamenti sono diffusi anche nel linguaggio giovanile: *raga* 'ragazzi', *siga* 'sigaretta', *barza* 'barzelletta', *benza* 'benzina'.
Una caratteristica delle parole macedonia e degli accorciamenti è che quando interessano parole composte vengono creati senza prestare particolare attenzione ai confini morfologici, ma tenendo maggiormente in considerazione la buona formazione del risultato dal punto di vista fonologico: così, se in *automobile* → *auto* il taglio tiene conto dei morfi sottostanti, in *bicicletta* → *bici* questo non succede (*bi* non sarebbe stato un risultato accettabile), poiché è preminente l'esigenza di creare una parola che dal punto di vista della composizione fonologica e sillabica si inserisca nella serie *auto*, *moto*. Infine il caso di *barza* e *benza* è interessante perché oltre all'accorciamento si verifica l'aggiunta del morfema femminile *-a* per facilitare l'assegnazione del genere grammaticale.

comunicazione (televisione, telefonia, pubblicità), la medicina, l'economia, la politica [De Mauro 2005, 186].

Dai **neologismi lessicali** visti finora si differenziano i **neologismi semantici**, che consistono nell'attribuzione di un nuovo significato a una parola già esistente: l'evoluzione delle tecnologie ci offre molti esempi: *finestra* e *ambiente* hanno assunto nuovi significati nel linguaggio informatico, *forbice* e *forchetta* si usano nel linguaggio economico e statistico per riferirsi alla differenza tra due rilevazioni. Per influsso dell'inglese *viral marketing* si è diffuso di recente l'aggettivo *virale* per riferirsi a un messaggio capace di propagarsi rapidamente grazie alla modalità di diffusione propria della comunicazione in rete. Si noti che in questo caso il neologismo semantico ha comportato anche un passaggio di connotazione, da negativa a positiva. Quando l'estensione di significato si ha per influsso di un'altra lingua, i neologismi semantici costituiscono anche dei calchi semantici.

I.4.5. LESSICO E CLASSI DI PAROLE

Vediamo ora come sono distribuiti i lessemi dell'italiano per classe morfologica, aiutandoci con le figure I.4.3-I.4.4.
Sia nel vocabolario di base sia nel vocabolario esteso nomi, verbi e aggettivi coprono oltre il 95% del lemmario, di conseguenza alle altre classi morfologiche è riservato uno spazio residuale. Le parole grammaticali, poiché sono classi chiuse, assumono valori percentuali trascurabili nel vocabolario esteso in confronto a quello di base perché diluite in un lemmario molto più ampio. Le differenze più significative tra i due vocabolari consistono nel fatto che in quello di base i verbi ricoprono una percentuale maggiore mentre in quello esteso sono più numerosi gli aggettivi. Ciò si deve in primo luogo a una questione più generale e intuitiva: la comunicazione quotidiana fa prevalentemente riferimento a cose e azioni, mentre nella comunicazione più elaborata si tende a qualificare, valutare, circoscrivere la portata di ciò che si afferma e questa operazione si compie anche grazie agli aggettivi.

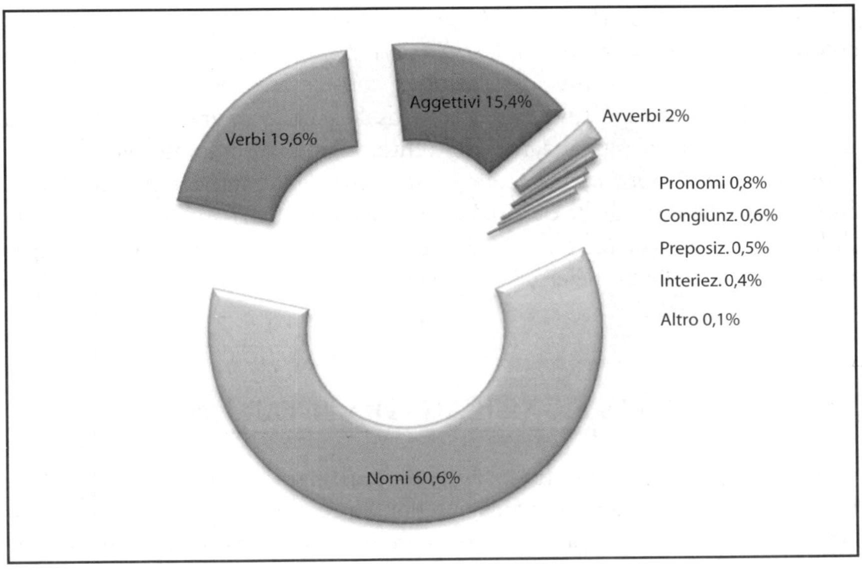

fig. I.4.3. *Classi di parole nel vocabolario di base.*

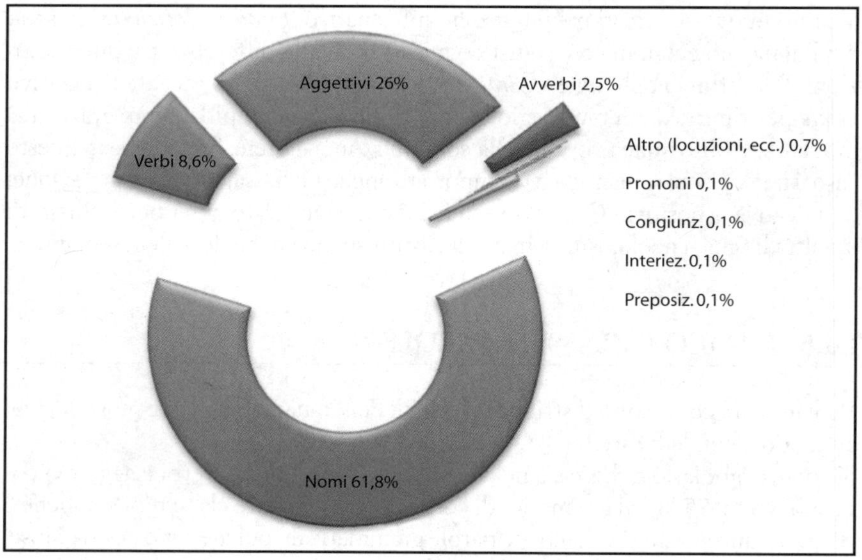

fig. I.4.4. *Classi di parole nel vocabolario esteso.*

Una seconda ragione che giustifica la prevalenza degli aggettivi nel vocabolario esteso è più specifica: nel lessico intellettuale e in quello tecnico si ricorre spesso agli aggettivi di relazione. Questi derivano da nomi (*anno* → *annuale*, *sole* → *solare*) e a differenza degli aggettivi qualificativi non denotano una proprietà del nome a cui si riferiscono, ma delimitano il significato del nome, contribuendo a rendere più chiaro e perspicuo ciò che si vuole dire. Gli aggettivi di relazione svolgono la stessa funzione di un sintagma preposizionale, ma nella comunicazione specialistica e più in generale nella comunicazione colta sono preferiti ad esso per due ragioni. La prima è di carattere funzionale: l'aggettivo di relazione usato al posto del sintagma rende più economica la frase (*la procedura del concorso* → *concorsuale*, *un dolore tra due costole* → *intercostale*). La seconda è di tipo stilistico: l'aggettivo di relazione è considerato una scelta lessicale più ricercata. Quando l'aggettivo di relazione risale a una base greca o latina il salto di registro è ancora più evidente: del vento, relativo al, ricavato dal vento → *eolico*, del pesce → *ittico*, dell'acqua → *idraulico*, della campagna → *rurale* ecc. Intere serie terminologiche dei linguaggi specialistici (corrispondenti a migliaia di lemmi) sono formate con aggettivi di relazione. Si pensi solo al linguaggio della medicina e alle sue determinazioni anatomiche: *arterioso*, *cranico*, *muscolare*, *oculare*, *peritoneale*.

I.4.6. RAPPORTI DI SIGNIFICATO TRA LE PAROLE

Le parole possono stabilire tra loro dei rapporti paradigmatici o sintagmatici. I **rapporti paradigmatici** (o associativi, come preferiva chiamarli Saussure) si attivano per esempio quando nel progettare un enunciato diverse soluzioni entrano in competizione tra loro, cioè la scelta di una esclude le altre: per esempio raccontando di un mio viaggio posso soffermarmi a riflettere se sia più adeguato alle mie intenzioni dire che ho *ammirato*, *guardato*, *osservato* o *contemplato* un certo paesaggio. I rapporti paradigmatici si costituiscono quindi come rapporti «in assenza», nel senso che la presenza di uno degli elementi esclude la presenza degli altri. I **rapporti sintagmatici** sono invece fondamentalmente dei rapporti «in presenza», quelli cioè che mi fanno decidere in che maniera sia più consono combinare le diverse parole per comporre un enunciato. Sia i rapporti paradigmatici sia quelli sintagmatici caratterizzano i sistemi linguistici a tutti i livelli dell'analisi; qui ce ne occuperemo per quel che riguarda lo specifico delle relazioni lessicali: in questo paragrafo accenneremo alle principali relazioni di significato che agiscono a livello paradigmatico, mentre nel prossimo ci soffermeremo su alcuni aspetti dei rapporti sintagmatici tra parole.

Innanzitutto occorre ricordare che i lessemi di una lingua, ad eccezione dei tecnicismi che richiedono per statuto un significato univoco (v. § I.4.4.3), sono spesso caratterizzati da una pluralità di significati o, in termini tecnici, da **polisemia**. Le varie accezioni di un lessema si sviluppano in genere a partire da un significato di base, a cui poi ne vengono aggiunti dei nuovi per estensione, grazie all'uso figurato e in seguito ad altri processi di modificazione semantica. Circa 50.000 dei lemmi registrati nel *GRADIT* possiedono più di un'accezione, di questi oltre 27.000 ne hanno più di due, oltre 9.000 più di cinque, oltre 100 più di venti [Lorenzetti 2002, 37].

Le relazioni di significato tra parole possono essere di vario tipo [Ježek 2011a, 159-80]. Ricordiamo qui le principali:

a) relazioni di tipo **verticale**, o gerarchico. Rientrano in questa categoria:

- i rapporti tra **iperònimi** (termini di significato più generale) e **ipònimi** (termini più specifici): i termini della serie *animale* → *mammifero* → *cane* → *pastore tedesco* sono legati da questo tipo di relazione: se leggiamo da sinistra verso destra si va dagli iperonimi agli iponimi, se leggiamo nella direzione contraria dagli iponimi verso gli iperonimi;
- i rapporti di **inclusione**: *sportello*, *cruscotto* e *volante* sono legati a *automobile* da un rapporto di inclusione (sono cioè dei **meronimi** di *automobile*). I rapporti di inclusione, più o meno vincolanti (*navigatore satellitare* o *caricabatterie* fino a che punto si possono considerare legati da un rapporto di inclusione con *automobile*?), sono importanti per stabilire le relazioni associative che sono alla base della coesione testuale (v. § I.3.1);

b) relazioni di tipo **orizzontale**. Rientrano in questa categoria:

- i **sinonimi** cioè due o più termini che condividono il loro significato fondamentale: *autista / conducente*, *molto / tanto*. In realtà la sinonimia completa, cioè la totale equivalenza di significato, di fatto non esiste o è rarissima. Una coppia sinonimica può condividere solo alcuni tratti di significato: per esempio *faccia* e *muso* indicano entrambe la parte anteriore della testa, ma si usano rispettivamente con riferimento all'uomo e ad animali (ma posso dire, scherzosamente, che un bambino ha il muso sporco di marmellata). Possono inoltre variare il registro o l'àmbito d'uso: per esempio *viso* e *volto* sono un po' più ricercati rispetto a *faccia*; *emicrania* appartiene al lessico tecnico della medicina mentre *mal di testa* si usa nella lingua comune. La sinonimia può poi essere limitata ad alcune accezioni: per esempio solo *faccia* (non *viso* o *volto*) si può usare estensivamente con riferimento a oggetti (le facce di un cubo, della luna, di una moneta). Un tipo particolare di sinonimi sono i geosinonimi di cui ci siamo occupati in I.4.4.2;

- gli **antonimi**, cioè i termini di significato opposto: *alto* ~ *basso*, *lungo* ~ *corto*. Affini agli antonimi sono coppie di termini che hanno un significato reciproco o complementare: per es. *comprare* ~ *vendere*; *imparare* ~ *insegnare*; *comandare* ~ *obbedire*. Le varie lingue ritagliano in modo diverso queste relazioni: per esempio mentre alla coppia *insegnare* ~ *imparare* corrisponde l'inglese *teach* ~ *learn*, per *affittare*, che può significare 'dare in affitto' o 'prendere in affitto' l'italiano usa un solo verbo, a cui in inglese ne corrispondo due: *rent* e *let*;
- gli **omonimi**, cioè parole casualmente convergenti nel significante, ma di significato diverso: *calcolo* 'operazione matematica' ~ 'concrezione di varia composizione che si forma in un organo del corpo'; *sale* sostantivo ~ voce del verbo *salire*.

I.4.7. NON SOLO PAROLE: AI CONFINI TRA LESSICO E SINTASSI

Iniziamo col precisare che non tutte le combinazioni teoricamente possibili secondo le regole sintattiche di una lingua danno luogo a risultati accettabili. Esistono dei limiti (in termini tecnici si parla di restrizioni), imposti a volte dalla grammatica, per esempio nel caso delle reggenze verbali: si deve dire *telefonare a qualcuno* (non **telefonare qualcuno*), *riflettere su qualcosa* (non **riflettere di qualcosa*) ecc. Nella maggior parte dei casi tuttavia non è la grammatica ma la conoscenza del mondo a imporre delle restrizioni: *indossare* seleziona come oggetti capi di abbigliamento, *mangiare* cibi ecc. A volte queste restrizioni concettuali sono solo parzialmente motivate: per es. *guidare* e *pilotare* richiedono come oggetti dei veicoli, ma non sono del tutto intercambiabili (dal punto di vista logico potrebbero esserlo): si guida una macchina, una moto o un trattore, si pilota un aereo, una nave o una macchina da corsa.

Come appare già dal caso di *guidare* / *pilotare* in alcuni casi si instaurano dei legami privilegiati tra parole che sono il frutto di una consuetudine e non di regole grammaticali né di coerenza logica. In virtù di tali consuetudini un nome tende a legarsi preferibilmente con un aggettivo o con un verbo piuttosto che con un altro: per es. siamo tutti abituati a ordinare al bar un *caffè macchiato* e non ci sogneremmo di usare al posto di *macchiato* altri aggettivi, pur semanticamente plausibili: *schiarito*, *allungato* ecc. Allo stesso modo per definire i vini usiamo *bianco* e non *giallo*, *rosso* e non *nero*. Esiste insomma una solidarietà tra le parole, che come succede nella chimica genera delle affinità elettive, cioè delle preferenze per alcune combinazioni piuttosto che per altre. Tali solidarietà, non essendo motivate logicamente, sono diversamente realizzate nelle varie lingue. Per esempio in italiano si dice che qualcosa *ha* (o *non ha*) *senso*, mentre le corrispondenti espressioni in inglese e in tedesco sono *to make sense* e *Sinn machen*, letteralmente *fare senso*, espressione che in italiano assume un significato completamente diverso.

Quando queste solidarietà tra parole si trasformano da relazione occasionale in rapporto stabile prendono il nome di **collocazioni**. Dal punto di vista grammaticale le collocazioni riguardano prevalentemente le coppie nome + aggettivo (*caffè macchiato*), verbo + nome (*stendere un documento, prendere una decisione*), verbo + avverbio (*pagare profumatamente*). Le relazioni di solidarietà lessicale sono uno strumento molto utile per garantire la coesione di un testo (§ I.3.1). Un livello ancora più spinto di solidarietà sintagmatica si ha nel caso delle **parole polirematiche** (o **lessemi complessi**). Si tratta di espressioni di due o più parole che si comportano per molti aspetti come se fossero una parola unica. Ne sono esempi *effetto serra*, *carta di credito*, *dare una mano* ecc. Come si vede in questi casi l'espressione nel suo complesso assume un **significato non componenziale** (cioè il significato non si può ricavare dalla somma dei significati degli elementi che la compongono). La distanza tra il significato dei componenti e quello complessivo può essere minima in *ferro da stiro* o *macchina da cucire*, più rilevante in (ridere) *a denti stretti*, (cuocere) *a bagnomaria*. I componenti di una polirematica si comportano per molti aspetti come una parola unica: per esempio non possono essere spezzate dall'interposizione di modificatori (*una affollata conferenza stampa / una conferenza stampa affollata* ma **una conferenza affollata stampa*) e non ammettono sostituzioni sinonimiche dei singoli componenti (**apparato / *congegno da cucire*). Dal punto di vista delle categorie lessicali interessate le polirematiche assumono più frequentemente il valore di nome (*casa editrice, carta di credito*), di verbo (*fare tardi, mettere in moto*), di aggettivo (*a senso unico, terra terra*) o di avverbio (*a occhio, su per giù*).
Sono caratterizzate da un significato non componenziale anche le **espressioni idiomatiche**: *vuotare il sacco, alzare il gomito* ecc. Alcune sono entrate a far parte della fraseologia italiana da molto tempo e poiché hanno una struttura bloccata possono mantenere traccia di parole e strutture ormai scomparse dalla lingua comune: attraverso di esse, come quando osserviamo dei fossili imprigionati nell'ambra, possiamo osservare relitti di parole e regole risalenti a fasi antiche della nostra lingua. Questa caratteristica riguarda più spesso il lessico: espressioni come *a destra e a manca* 'a destra e a sinistra', e *di sguincio* 'di sbieco, di traverso' mantengono in vita parole come *manca* e *sguincio* che altrimenti sarebbero ormai incomprensibili ai più. In *puta caso* 'eventualmente' e *puta caso che* 'se' rivive il significato di *putare* 'supporre', in *bando alle ciance* sopravvive il significato medievale di 'mettere al bando' 'proibire'. In altri casi parole più comuni – ma riservate a un registro alto o a un particolare àmbito tecnico – mantengono una certa diffusione grazie a queste combinazioni: in *tra capo e collo / da capo a piedi* notiamo la sopravvivenza di *capo*, che al di fuori di queste espressioni è comunemente sostituito da 'testa'; in *mettere il piede in fallo / cogliere in fallo* troviamo una parola (*fallo*) molto comune nel lessico sportivo, ma ormai desueta nell'accezione di 'errore, difetto, mancanza'. Lo stesso vale per *circolo*, che sopravvive nel significato di *cerchio* grazie ad espressioni cristallizzate della geografia (*circolo polare, equinoziale*). In casi più limitati espressioni idiomatiche testimoniano dei relitti della morfosintassi: in *per lo più / per lo meno* sopravvivono le antiche condizioni di selezione dell'articolo determinativo (oggi per

dire la stessa cosa dovremmo usare obbligatoriamente l'articolo *il*), in *sfuggire di mano / di bocca* sopravvive l'omissione dell'articolo e l'uso della preposizione *di* in luogo di *da*, che troviamo invece in corrispondenti combinazioni libere come *sfuggire dalle dita, dalle labbra*.

Le polirematiche registrate nel *GRADIT* sono circa 130.000 e l'entità stessa di questa cifra costituisce una ulteriore riprova del fatto che la competenza lessicale individuale non è data solo dalla conoscenza di singole parole, ma anche delle regole e delle consuetudini che ne determinano la combinabilità reciproca.

ESERCIZI

1. L'unità fondamentale del lessico è:
a) il lessema
b) il lemma
c) la parola grafica
d) il prestito.

2. Quale di queste è una parola grammaticale?
a) cane
b) avessimo
c) per
d) giuoco.

3. L'italiano *grattacielo*, modellato sull'inglese *skyscraper* (da *sky* 'cielo' e *to scrape* 'grattare'), è un:
a) prestito integrale
b) prestito adattato
c) calco strutturale
d) calco semantico.

4. I latinismi dell'italiano sono relativamente pochi e per lo più limitati al registro aulico.
□ V □ F

5. I germanismi dell'italiano:
a) sono esclusivi della lingua antica
b) sono penetrati tutti nel periodo della dominazione longobarda
c) indicano per lo più oggetti che erano ignoti al mondo romano
d) derivano da diverse lingue germaniche.

6. Il vocabolario corrente è:
a) sinonimo di vocabolario di base
b) sinonimo di vocabolario comune
c) il livello intermedio tra il vocabolario di base e il vocabolario esteso
d) la somma del vocabolario di base e del vocabolario comune.

7. Qualifica le parole seguenti come dialettalismi (D) oppure geosinonimi (G):
a) *popone* 'melone' (tosc.) □ D □ G
b) *zàgara* 'fiore d'arancio' (sic.) □ D □ G
c) *bàcaro* 'tipico localino veneziano' (ven.) □ D □ G

d) *cinta* 'cintura' (roman.) □ D □ G
e) *poggiolo* 'balcone' (lig.) □ D □ G
f) *casatiello* 'torta rustica della tradizione napoletana' (nap.). □ D □ G

8. L'aggettivo *virale* col significato di 'capace di diffondersi rapidamente in rete' è un neologismo lessicale. □ V □ F

9. Qualifica le relazioni tra le seguenti coppie di parole distinguendo tra iperonimo/iponimo (I), sinonimi (S) e antonimi (A):
a) *intelligenza ~ perspicacia* □ I □ S □ A
b) *intelligenza ~ stupidità* □ I □ S □ A
c) *albero ~ quercia* □ I □ S □ A
d) *manuale ~ libro* □ I □ S □ A
e) *restringimento ~ allargamento* □ I □ S □ A
f) *allargamento ~ estensione.* □ I □ S □ A

10. Quale di queste non è un'unità polirematica?
a) casa di cura
b) casa da gioco
c) casa per anziani
d) casa in affitto.

11. Quali sono le caratteristiche del lessico che lo rendono più esposto di altri livelli al mutamento?

12. Qual è la differenza tra prestito adattato, prestito non adattato, calco strutturale e calco semantico?

13. Come si spiega storicamente l'origine tanto di lessemi ereditari quanto di latinismi a partire dalla stessa lingua latina?

14. In quali epoche si sono diffusi i grecismi, i germanismi e gli arabismi? E quali sono i campi semantici in cui è stata maggiore la loro diffusione?

15. A quali strategie si può ricorrere per la creazione di nuovi tecnicismi?

16. In che cosa si distinguono le collocazioni dalle parole polirematiche?

NOTA BIBLIOGRAFICA

Per un'introduzione alla lessicologia si vedano M. Dardano, *Lessico e semantica*, in A. Sobrero (a cura di), *Introduzione all'italiano contemporaneo*, Roma-Bari, Laterza, 1993, vol. I, *Le strutture*, pp. 291-369 e E. Ježek, *Lessico. Classi di parole, strutture, combinazioni*, Bologna, Il Mulino, 2015 (III ed.). Altri lavori introduttivi ai temi della lessicologia e della lessicografia sono M. Aprile, *Dalle parole ai dizionari*, Bologna, Il Mulino, 2008 (II ed.) e G. Adamo e V. Della Valle, *Le parole del lessico italiano*, Roma, Carocci, 2008. È molto ricco di dati sulla stratificazione storica e funzionale del lessico italiano T. De Mauro, *La fabbrica delle parole. Il lessico e problemi di lessicologia*, Torino, UTET, 2005. Un efficace quadro di sintesi sugli stessi argomenti si ha in Lorenzetti, voce *Lessico*, in *ENCIT*.
Sugli apporti dalle singole lingue straniere è ancora fondamentale il quadro offerto da B. Migliorini nei vari capitoli della sua *Storia della lingua italiana*, Firenze, Sansoni, 1960. Si vedano inoltre C. Scavuzzo, *I latinismi del lessico italiano*, S. Morgana, *L'influsso francese*, G. Cartago, *L'apporto inglese*,

M. G. Arcamone, *L'elemento germanico antico medievale e moderno (con esclusione dell'inglese)*, A. D'Agostino, *L'apporto spagnolo, portoghese e catalano*, M. Mancini, *Voci orientali e esotiche nella lingua italiana*, tutti contenuti in *SLIE*, vol. II, rispettivamente alle pp. 469-94; 671-719; 721-750; 751-790; 791-824; 825-879. V. inoltre le voci *Anglicismi* (di M. Fanfani), *Arabismi* (di M. Mancini), *Francesismi* (di R. Cella), *Germanismi* (di S. Lubello), *Ispanismi* (di M. Carrera Diaz), in *ENCIT*. Sugli apporti dialettali e regionali v. G. Avolio, *I dialettismi in italiano*, in *SLIE* II, pp. 561-595; sulle parole rare, letterarie e tecniche si vedano le voci *Arcaismi* (di R. Tesi), *Linguaggi settoriali* (di G. Rovere), *Terminologie* (di F. Faloppa) in *ENCIT*. Sui neologismi si può consultare l'ONLI (*Osservatorio Neologico della Lingua Italiana*), coordinato da G. Adamo e V. Della Valle, consultabile in rete all'indirizzo: http://www.iliesi.cnr.it/ONLI/. Sulle espressioni polirematiche v. M. Voghera, *Polirematiche*, in *La formazione delle parole in italiano*, a cura di M. Grossmann e F. Rainer, Tübingen, Niemeyer, 2004, pp. 56-69 e F. Masini voce *Polirematiche, parole* in *ENCIT*. Sui neologismi che non sono riusciti ad attecchire nel lessico si veda V. Coletti, *Parole senza fortuna*, in «Lingua e stile» XL 2005, pp. 187-201. Le considerazioni quantitative sul lessico sono basate sullo spoglio del *GRADIT*, *Grande dizionario italiano dell'uso*, ideato e diretto da T. De Mauro con la collaborazione di G. Lepschy e E. Sanguineti, 6 voll. più l'appendice *Nuove parole italiane dell'uso* Torino, UTET, 1999-2003 (le elaborazioni statistiche utilizzate in questo capitolo si basano sulla versione elettronica del 2007, che include i neologismi dell'appendice cartacea).

PARTE SECONDA

Variazione e varietà dell'italiano, di ieri e d'oggi

CAPITOLO II.1

L'italiano nel tempo

Questo capitolo non vuole né può essere una storia della lingua italiana, seppure sintetica: l'obiettivo è quello di approfondire fatti, protagonisti ed eventi che hanno costituito per una ragione o per l'altra dei momenti di svolta nella storia della lingua: la transizione dal latino all'italiano, le prime attestazioni del volgare, l'affermazione del fiorentino trecentesco come modello sovraregionale, la codificazione della lingua avvenuta nel Cinquecento grazie alle grammatiche e ai dizionari, le innovazioni settecentesche, i mutamenti nel rapporto tra lingua e società che hanno interessato il Risorgimento e il periodo postunitario.

II.1.1. PRIMA DELL'ITALIANO

Se osserviamo la cartina riprodotta nella figura II.1.1 vediamo che solo in una parte dei territori assoggettati all'impero romano nella sua fase di massima espansione (intorno al III sec. d.C.) si parlano oggi lingue derivanti dal latino. Nella parte orientale dell'impero la lingua più utilizzata era il greco, in altre zone (per es. nella parte meridionale dell'Inghilterra e nella porzione romanizzata della Germania) la latinizzazione fu solo parziale. Nelle province dell'Africa settentrionale, infine, la dominazione araba interruppe la continuità linguistica con l'Europa. Nell'area rimanente dell'impero il latino ha invece avuto modo di radicarsi al punto da diffondersi anche nell'uso orale e sovrapporsi alle lingue locali. Quest'area viene definita **Romània** e le lingue che oggi vi si parlano sono chiamate **romanze**. L'aggettivo deriva dall'espressione latina *romanice loqui*, con cui ci si riferiva ai territori dell'impero dove si 'parlava romanamente' (cioè in latino). Le lingue romanze sono in un certo senso «figlie» del latino e comprendono, oltre all'italiano e ai dialetti, alcune delle lingue di minoranza parlate sul nostro territorio (per es. il sardo, il friulano e il ladino: v. § III.2.5), altre lingue nazionali (il francese, lo spagnolo, il portoghese, il rumeno e i rispettivi dialetti)

fig. II.1.1. *La latinizzazione nei territori dell'impero romano.*

Fonte: Patota [2007, 18].

e lingue di minoranza presenti in questi paesi, come il catalano, il franco-provenzale e il provenzale. In seguito all'espansione coloniale delle nazioni europee avvenuta dopo il Cinquecento, il territorio in cui si parlano lingue romanze si è ulteriormente esteso e interessa aree del nord, centro e sud America e dell'Africa. Attualmente si stima che a livello mondiale le lingue romanze siano lingua nativa per oltre settecentocinquanta milioni di persone[1].

Nel dire che l'italiano deriva dal latino occorre fare alcune precisazioni. Innanzitutto la metafora della lingua madre e delle lingue figlie è solo parzialmente adeguata, in quanto le lingue non sono organismi biologici ma piuttosto «organismi sociali» in continua trasformazione, che si evolvono nel tempo e variano nello spazio e negli usi. In secondo luogo il latino di cui si parla non è il latino scritto degli autori classici come Orazio, Virgilio e Cicerone, ma un insieme di varietà usate in tempi e in luoghi diversi «che a qualche titolo – perché parlate, perché informali, perché popolari – non si identificano con il latino classico e lasciano quindi intravedere la mutevolezza della lingua» [Pieroni 2010, 754]. A partire dalla seconda metà dell'Ottocento si è iniziato a riferirsi a questo insieme di varietà come al **latino volgare**. Questa definizione non trova però approvazione unanime negli studiosi in quanto potrebbe indurre a pensare che le lingue romanze siano l'eredità esclusivamente dei registri orali più trascurati e non del latino parlato in tutte le sue varietà; inoltre, dal punto di vista didattico, il latino volgare può essere confuso col volgare italiano. Di conseguenza è preferibile l'etichetta più

[1] *Fonte*: www.ethnologue.com.

neutra di **latino parlato** [Casapullo 2011; Cella 2015]. Anzi, a rigore bisognerebbe parlare di *tanti* latini parlati perché la vastità dell'impero portò con sé una forte differenziazione su base geografica del latino, in particolar modo di quello parlato. Dalla disgregazione dell'unità latina e dalla successiva riaggregazione in sistemi autonomi delle parlate locali hanno avuto origine le lingue romanze. In terzo luogo nel valutare l'eredità del latino sull'italiano dobbiamo tener presente la distinzione tra **lessemi ereditari** (o parole di trafila popolare) e **parole di trafila dotta**, distinzione che abbiamo già introdotto e illustrato (v. § I.4.3).
A differenza del latino scritto, di cui abbiamo ampia documentazione sia per la fase classica sia per quella medievale, dei latini parlati nelle diverse aree della Romània abbiamo poche **fonti**. Naturalmente si tratta di fonti indirette: varie tipologie di documenti scritti che per motivi diversi contengono tracce di oralità, per lo più dovute al registro o al basso grado di istruzione dello scrivente. Tra queste sono molto importanti le **iscrizioni murali**, non dissimili da quelle che ancor oggi caratterizzano i nostri panorami urbani. Tali scritture sono però facilmente deperibili e se ne conservano tracce solo in circostanze eccezionali: per es. gli scavi archeologici di Pompei hanno permesso di riportare alla luce alcune scritte murali conservatesi grazie all'azione protettiva esercitata dai detriti vulcanici. Si tratta di documenti di eccezionale valore per gli storici della lingua, anche perché la loro datazione è certa: non possono infatti essere di molto antecedenti al 79 d.C., data dell'eruzione del Vesuvio. Si tratta di scritte di argomento politico, osceno, ma anche poetico-filosofico. A quest'ultimo tipo appartiene il noto graffito (si tratta di due versi che rispettano la metrica latina) che recita

QUISQUIS AMA VALIA! PERIA QUI NOSCI AMA[RE]!
BIS [T]ANTI PERIA QUISQUIS AMARE VOTA[2]

cioè «viva chiunque ama, abbasso chi non sa amare; / abbasso due volte chi vieta di amare». Per rendersi conto di quanto questo latino differisse dal latino grammaticale si tenga presente che un'ipotetica traduzione in latino «regolare» potrebbe essere la seguente: «Quisquis amat valeat, pereat qui nescit amare! / bis tanti pereat quisquis amare vetat».
Altrettanto importanti per la ricostruzione del latino parlato sono le **liste di errori** stilate da grammatici ed eruditi: questi documenti sono preziosissimi perché l'insistenza sulla forma scorretta ne testimonia proprio la diffusione nella lingua di tutti i giorni. Il più importante è l'**Appendix Probi**, realizzata da un autore ignoto. Il manoscritto che conserva il documento è della fine del VII secolo o dell'inizio dell'VIII, ma si tratta di una copia; sulla datazione dell'originale le ipotesi fatte oscillano tra il III e il VI secolo [Castellani 2000, 7], con validi argomenti a favore di una datazione alla fine del V [Asperti e Passalacqua 2014, XXIV-XXXVI]. Si tratta dunque di un documento di enorme valore: per la parte che qui interessa si tratta di un elenco di 227 parole seguite dalla corrispondente forma scorretta

[2] Il testo è conforme alla trascrizione presente in Väänänen [2003, 289]. Tra parentesi quadre le integrazioni congetturali.

secondo lo schema «A non B». Da esso apprendiamo che già allora erano diffusi errori come VĔCLUS per VĔTULUS, CĂLDA per CĂLIDA, ĂCQUA per ĂQUA, forme all'origine di *vecchio*, *calda*, *acqua*. Per la stessa ragione sono utili le **iscrizioni incise su pietra**. In questo caso lo scalpellino poteva commettere degli errori, avvicinando inconsapevolmente il testo che gli era stato commissionato alle proprie abitudini di pronuncia. Ugualmente importanti le **lettere scritte da persone poco istruite** (in genere soldati): questi scriventi, come avviene anche oggi nei testi di italiano popolare, commettevano degli errori che spesso rivelavano l'oralità sottostante. Nell'elencare le fonti del latino parlato abbiamo fatto continuo riferimento all'errore grammaticale, perché proprio l'errore può essere la manifestazione di tendenze innovative in atto e la sua generalizzazione può dare il via al mutamento linguistico. Diversi tipologicamente, ma non per questo meno utili, alcuni **passi letterari** in cui l'autore riproduce intenzionalmente la lingua quotidiana. Il più famoso è la *Cena di Trimalcione*, un episodio del *Satyricon* dello scrittore Petronio Arbitro (autore del I sec. d.C.). Non è una fonte, ma uno strumento per la ricostruzione del latino parlato la **comparazione linguistica** fondata sui princìpi della fonetica storica. Queste corrispondenze regolari di suono (alcune le esamineremo tra poco) consentono di spiegare l'evoluzione italiana di molte parole latine, ma non di tutte. Per esempio per capire come mai in *stetti*, *stette* e *stettero* la /t/ sia intensa non possiamo partire dal latino STĔTĪ, STĔTĬT, STĔTĒRUNT ma dobbiamo ipotizzare che nel latino parlato fossero usate le forme *STĔTUI, *STĔTUĬT, *STĔTUĔRUNT. Il nesso di -U- + vocale determina infatti il raddoppiamento della consonante precedente (per es. in ĂQUA(M) > *acqua* ['akkwa], TĂCUĬT > *tacque* ['takkwe]). A volte la ricostruzione porta a ipotizzare una base latina completamente diversa da quella classica: per spiegare l'origine di *bruciare* dobbiamo ricostruire una forma *BRŪSIARE usata in luogo del classico COMBŪRĔRE. Per contrassegnare le parole latine ricostruite, cioè non attestate, si ricorre all'asterisco.

II.1.2. LATINO, FIORENTINO, DIALETTI, ITALIANO

I mutamenti subiti da suoni, forme e costrutti nel passaggio dal latino all'italiano sono oggetto di studio della **grammatica storica**. Per chiarire un possibile equivoco sul rapporto tra lingua comune e dialetti riprendiamo alcuni esempi dell'*Appendix Probi* citati nel paragrafo precedente. Quando diciamo che da VĔTULU(M) abbiamo *vecchio*, passando attraverso il lat. parlato VĔCLU(M) e che da CĂLIDA(M) abbiamo *calda*, adottiamo una prospettiva che ha come punto di partenza il latino e come punto d'arrivo uno dei dialetti italiani, il fiorentino. La stessa prospettiva può essere adottata per spiegare l'evoluzione degli altri dialetti. Sempre per rimanere agli esempi citati, sono esiti di VĔTULU(M) anche il lombardo *več* o il napoletano *viecchiə*; sono esiti di CĂLIDA(M) anche il piemontese *cauda* o il romanesco *calla*. Ciò significa che *viecchiə* e *calla* non sono storpiature di *vecchio* e *calda* ma costituiscono evoluzioni autonome della stessa base latina. Contrariamente a uno stereotipo ancora diffuso, ma privo di fondamento scientifico, **i dialetti non sono delle varietà corrotte della lingua**

italiana, ma dei sistemi linguistici autonomi sviluppatisi, al pari del fiorentino, a partire dal latino. Il rapporto tra latino e dialetti è dunque un rapporto di **filiazione diretta**: le forme del fiorentino, del napoletano o del genovese evolvono seguendo strade diverse proprio come diversi emissari dello stesso lago danno luogo a corsi d'acqua autonomi che scorrono seguendo percorsi diversi, senza mischiare reciprocamente le proprie acque.
Per questo motivo non è corretto parlare di dialetti dell'italiano, semmai di **dialetti italo-romanzi** presenti nello spazio linguistico italiano. Diverso è il discorso per gli **italiani regionali**, nati in epoca più recente dalla contaminazione tra parlate locali e lingua comune: in questo caso le acque dei fiumi si sono effettivamente mescolate e si può legittimamente parlare di reciproci influssi tra il dialetto e la lingua. Torneremo su questi aspetti nel capitolo II.3.
L'italiano stesso non nasce bello e pronto al termine della transizione latino-romanza ma è il frutto di un lungo processo di elaborazione, selezione e codificazione del fiorentino trecentesco, le cui tappe salienti saranno esaminate nel corso di questo capitolo. Chiarito questo aspetto, nel prossimo paragrafo esamineremo le principali modifiche fonologiche, morfologiche e sintattiche che hanno determinato l'evoluzione dal latino al fiorentino e, di conseguenza, all'italiano.

II.1.3. CENNI DI GRAMMATICA STORICA

Il latino distingueva le vocali sul principio della quantità (o durata) e presentava un sistema a dieci vocali, valido sia per le vocali toniche che per quelle atone: Ā, Ă, Ē, Ĕ, Ī, Ĭ, Ō, Ŏ, Ū, Ŭ (il simbolo ˘ indica la vocale breve, il simbolo ¯ la vocale lunga). La differenza di quantità aveva valore distintivo, cioè dava luogo a coppie minime: per es. VĒNIT significava 'venne', VĔNIT 'viene'; ŌS, 'bocca', ŎS 'osso'. Come abbiamo visto (§ I.1.7) anche in italiano è presente la distinzione tra vocali brevi e lunghe in sillaba tonica, ma è defonologizzata, cioè ha perso valore distintivo: si tratta di una variante combinatoria dipendente dalla struttura della sillaba (vocale lunga in sillaba aperta tonica, vocale breve in tutti gli altri casi). La perdita del valore distintivo della lunghezza vocalica determinò un riassetto complessivo del sistema vocalico che ha dato luogo a sistemi vocalici diversi nei vari dialetti, ma comunque basati sulla distinzione di timbro, non di quantità. Rappresentiamo qui sotto l'evoluzione tra il latino classico e il fiorentino, su cui è modellato l'italiano standard:

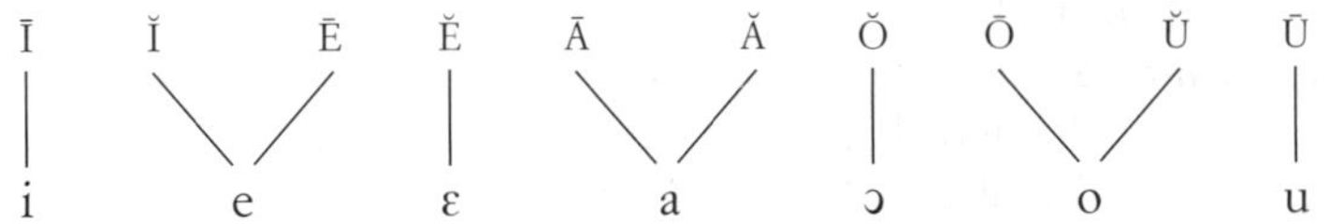

A questa risistemazione fece seguito, tra il settimo e l'ottavo secolo, il dittongamento delle vocali mediobasse: Ĕ > [ɛ] > [jɛ], Ŏ > /ɔ/ > /wɔ/. Il dittongamento ebbe luogo solo in sillaba aperta: PĔDE(M) > *piède*, FŎCU(M) > *fuòco* ma TĔRRA(M) > *tèrra*, CŎRPUS > *còrpo*.

Nel vocalismo atono si verifica un'ulteriore semplificazione, con la riduzione a cinque vocali e la conseguente neutralizzazione della distinzione tra vocali medioalte e mediobasse:

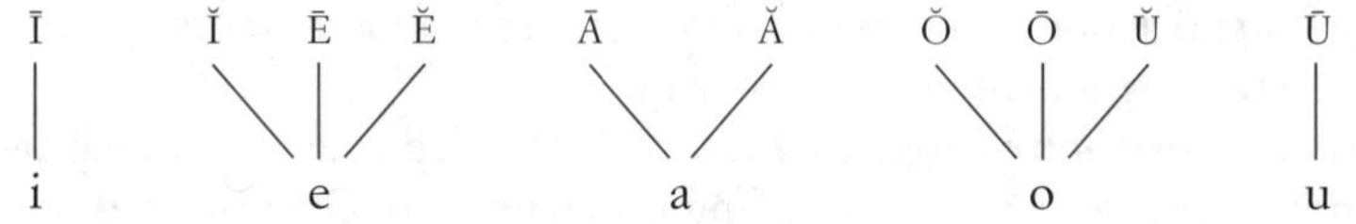

Un altro mutamento rilevante in àmbito prosodico riguarda la natura dell'accento, che nel latino era prevalentemente tonale (cioè la sillaba tonica era pronunciata con un'altezza maggiore) mentre in italiano e nelle altre lingue romanze diventa prevalentemente di tipo intensivo (cioè la sillaba tonica è pronunciata con maggiore forza articolatoria: v. § I.1.10).

Nel consonantismo le modifiche principali riguardano:

- la **caduta delle consonanti finali**. Le prime consonanti interessate furono la -M (che però si è mantenuta nei monosillabi: CŬM > *con*) e la -T. La caduta della -M in particolare è attestata molto precocemente: per questa ragione quando si citano le basi latine solo questa consonante è posta tra parentesi: AQUA(M) > *acqua*, TACUĬT > *tacque*. La -S finale, pure frequente nelle parole latine, non cadde ma si trasformò in vocale palatale (NOS > *noi*) o determinò la chiusura e l'avanzamento articolatorio della vocale precedente (CAPRAS > *capre*, MONTES > *monti*)[3];
- la **palatalizzazione delle velari** seguite da vocale palatale. Ricordiamo che nel latino classico la pronuncia di C e G era velare in ogni contesto: quindi CĔNTUM si pronunciava con [k] e GELUM con [g]. Dal V secolo circa le occlusive velari seguite da *e*, *i* si trasformarono, per assimilazione parziale alle vocali seguenti, nelle affricate prepalatali [tʃ], [dʒ]. L'avanzamento articolatorio di [k], [g] latine ha interessato quasi tutte le varietà romanze: nei dialetti settentrionali e in francese il fenomeno ha avuto un'ulteriore evoluzione determinando nel caso della consonante sorda l'articolazione fricativa alveolare (per es. in fr. *cent*);
- l'**assimilazione regressiva** (la seconda delle due consonanti rende simile a sé quella precedente): per es. NŎCTE(M) > *nòtte*; SĔPTE(M) > *sètte*; ĬPSU(M) > *ésso*. L'assimilazione progressiva non è documentata sistematicamente in fiorentino ma in altre varietà; per es. in molti dialetti centromeridionali si ha ND > *nn*: MUNDU(M) > *monno* (o *munno*);
- i **nessi di consonante + L**, che si modificano in consonante + approssimante palatale (/j/, detta anche «iod»): CLAVE(M) > *chiave*; PLATEA(M) > *piazza*;
- le **consonanti seguite da «iod»**, che si sviluppa nel latino parlato al posto di una Ĭ o di una Ĕ del latino classico davanti a un'altra vocale (SĪMIA(M)'scimmia', GLAREA(M) 'ghiaia'), subiscono esiti diversi; ne ricordiamo solo alcuni: LJ > ʎʎ: FĪLIA(M) > *figlia*; RJ > /j/: GRANARIU(M) > *granaio*; TJ > /tts/: VĬTIU(M) > *vezzo* oppure /dʒ/ RATIŌNE(M) > *ragione*.

[3] Più precisamente si sarebbe arrivati a *capre* e *monti* attraverso la palatalizzazione di -S in -j (**capraj*, **montej*) e la successiva riduzione dei dittonghi *-aj* in *-e* (**capraj* > *capre*) e **-ej* > in *-i* (**montej* > *monti*) [cfr da ultimo Faraoni 2010].

Nella morfologia si assiste alla perdita del sistema dei casi, cioè delle desinenze che segnalano il ruolo sintattico di un elemento: *Petr**us*** [nominativo] *leon**em*** [accusativo] *necat* 'Pietro uccide il leone'. Come abbiamo visto (§ I.2.2) questo mutamento morfologico ha profonde conseguenze sulla sintassi della frase perché in latino la funzione sintattica è per così dire incorporata nella parola e quindi si può spostarla senza alterare il significato della frase (*Petrus necat leonem* equivale a *leonem Petrus necat, leonem necat Petrus* ecc.), mentre in italiano la posizione nella frase del soggetto e dell'oggetto è rilevante per determinarne la funzione (*Pietro uccide il leone* vs *Il leone uccide Pietro*). Nei complementi indiretti la funzione della desinenza è svolta in italiano dalle preposizioni: *Petr**us*** [nominativo] *leon**em*** [accusativo] *gladi**o*** [ablativo] *necat / Pietro uccide il leone **con** la spada*. Il sistema dei casi consentiva al latino una libertà di collocazione delle parole nella frase molto maggiore dell'italiano.
Altre innovazioni del sistema morfologico riguardano la perdita del genere neutro nella flessione nominale, l'introduzione dell'articolo (che in latino non esisteva) e profonde ristrutturazioni del sistema verbale: la sostituzione di molte forme sintetiche del verbo con forme analitiche (AMAVERAT ~ *aveva amato*; AMAVISSE(M) ~ *avesse amato*) e la complessiva semplificazione della morfologia verbale dovuta alla perdita della coniugazione deponente e di alcuni tempi come l'infinito, il participio e l'imperativo futuri. A queste semplificazioni si affianca un'evoluzione di segno diverso: la creazione del modo condizionale, le cui funzioni erano svolte in latino prevalentemente dai tempi del congiuntivo.
Nella sintassi, oltre alle conseguenze indotte dalla perdita del sistema dei casi, di cui s'è già detto, si segnala il passaggio dalla costruzione regressiva (del latino) a quella progressiva (dell'italiano) e, conseguentemente, il passaggio dall'ordine SOV a quello SVO (v. § I.3.2).

II.1.4. I PRIMI DOCUMENTI IN VOLGARE

A quando risalgono le prime attestazioni dell'italiano e delle altre varietà romanze? Per rispondere a questa domanda occorre tener presente che ciascun parlante, in ciascuna epoca, ha una competenza multipla che gli permette di utilizzare e comprendere diverse varietà linguistiche. Ora, decidere se i confini tra queste varietà sono tenui, e quindi le varietà appartengano a uno stesso sistema linguistico o forti, e quindi le varietà appartengano a sistemi linguistici distinti, dipende in parte da caratteristiche oggettive, in parte da valutazioni soggettive. Venendo alla situazione linguistica della Romània possiamo osservare che per secoli le persone alfabetizzate usarono una varietà per scrivere, che consisteva in un latino più o meno distante dal modello classico, e una per parlare, ma non per questo avevano coscienza di trovarsi di fronte a lingue diverse.
Quanto è durata questa fase? La transizione latino-romanza è stata un processo lungo, di cui non è agevole individuare l'inizio e la fine se non facendo riferimento a date-simbolo. Se è vero che alcuni tratti anticipatori di evoluzioni romanze hanno attestazioni molto antiche (addirittura in epoca precristiana,

come la caduta della -M finale), è altrettanto vero che la causa scatenante del cambiamento fu il progressivo disfacimento della struttura statuale dell'impero romano d'Occidente, avviatasi nel IV secolo e culminata con la definitiva caduta dell'impero nel 476. Le conseguenze politiche e culturali di questo evento (decadenza delle vie di comunicazione, allentamento degli scambi commerciali, conseguente isolamento delle comunità locali e riduzione delle necessità comunicative agli àmbiti più informali) causarono l'addensarsi delle innovazioni nelle varietà parlate localmente, che a un certo punto arrivarono a costituire una massa critica tale da far prendere coscienza alle persone cólte (le sole in grado di confrontare il latino con la lingua parlata) dell'avvenuta frattura, cioè di trovarsi di fronte a due lingue diverse piuttosto che a due varietà della stessa lingua. Due date possono rappresentare la fine della transizione, e ci rimandano entrambe al IX secolo: una decisione presa nell'813 dal **Concilio di Tours** raccomandava ai sacerdoti di predicare in *rusticam romanam linguam aut thiotiscam* (cioè nelle varie parlate romanze o in lingua 'tedesca') evidentemente perché i fedeli non erano più in grado di capire il latino. Trent'anni dopo (nell'842) i nipoti di Carlo Magno – Carlo il Calvo e Ludovico il Germanico – si incontrarono a Strasburgo per sancire la spartizione dei territori del Sacro Romano Impero e giurarsi reciproca fedeltà. I due sovrani pronunciarono la parte saliente del giuramento rivolgendosi ciascuno all'esercito dell'altro in lingue diverse: Carlo parlò ai soldati di Ludovico e si rivolse loro in lingua (proto)tedesca, Ludovico fece lo stesso rivolgendosi alle truppe di Carlo in (proto)francese. I **Giuramenti di Strasburgo**, di cui si conserva il testo grazie alla trascrizione contenuta in una cronaca in latino, sono considerati l'**atto di nascita delle lingue romanze**. La **transizione**, pur preceduta da alcune avvisaglie e seguita da un lungo periodo di assestamento, **è dunque avvenuta in un arco di tempo che va dal IV-V al IX secolo**.

I primi testi scritti in volgare (v. Quadro II.1.1) compaiono in Italia con oltre un secolo di ritardo: è interessante osservare che il primo documento che a giudizio unanime degli studiosi rappresenta una nuova varietà linguistica e non un esempio di latino molto scorretto scaturisce, come i *Giuramenti di Strasburgo*, da un testo bilingue. Si tratta dei **Placiti campani**, brevi formule di giuramento inserite in una serie di sentenze (placiti) emesse tra il 960 e il 963 in diverse località campane (Capua, Sessa Aurunca, Teano). La più antica fu emanata a Capua nel marzo del 960 ed è nota pertanto come *Placito capuano*; ha a che fare con una lite tra un certo Rodelgrimo e il monastero di Montecassino per il possesso di alcuni terreni. Per provare la legittimità della proprietà dei terreni i monaci dovevano far valere il diritto di usucapione, cioè dimostrare di aver goduto del bene per almeno trent'anni. Il testo dell'atto è in latino, tuttavia il notaio che lo redige (un certo Adenolfo), nel momento in cui deve citare le parole dei testimoni, sceglie deliberatamente di usare una varietà diversa e riporta la seguente frase:

> Sao ko kelle terre, per kelle fini que ki contene, trenta anni le possette parte Sancti benedicti

QUADRO II.1.1.

Volgari, italiano, dialetti

Il termine **volgare** si usa per designare la lingua delle produzioni letterarie o di carattere pratico che vanno dal IX-X al XV secolo. Non bisogna quindi confondere questa accezione di *volgare* con l'aggettivo latino *volgare* che si usa per riferirsi al latino parlato (v. § II.1.1). I testi in volgare si affermano progressivamente in tutta la Penisola ed erodono a poco a poco lo spazio comunicativo del latino. *Volgare* è peraltro il termine usato *grosso modo* fino alla fine del Quattrocento per riferirsi alle varietà locali (scritte o parlate) in opposizione al latino. In realtà, poiché dai documenti in volgare emerge un insieme di varietà molto differenziate tra loro, sarebbe più corretto usare il termine al plurale e parlare di **volgari medievali**: i volgari coprono, oltre al perduto dominio dell'oralità, un'ampia gamma di situazioni comunicative (letterarie, religiose, scientifiche, giuridiche) per le quali si riteneva possibile o opportuno non ricorrere al latino. Il fiorentino, all'inizio di questo percorso, è un volgare come tutti gli altri. Dal punto di vista sociolinguistico sono assimilabili a lingue piuttosto che a dialetti, perché non presentano limitazioni funzionali rispetto a una ancora inesistente lingua comune (per la distinzione sociolinguistica tra lingua e dialetto si veda il § II.3.2). Semmai, come è stato osservato, «tutti i volgari sono, in un certo senso, dialetti nei confronti del latino, che alle origini è l'unica lingua della scrittura e della cultura, e cede parte delle sue funzioni alle lingue del parlato solo gradualmente» [Beltrami 2010, 403].

Il termine **dialetto** inizia a diffondersi per designare le varietà locali solo nel Cinquecento, dunque dopo la codificazione della lingua letteraria nazionale, e assume un senso solo in riferimento all'esistenza di una lingua culturalmente egemone. L'aggettivo **italiano** compare, per riferirsi sia alla popolazione sia alla lingua, a partire dalla fine del Trecento, ma rimane di uso sporadico e occasionale; ancora nel Cinquecento non ha vita facile nell'imporsi come etichetta per designare la lingua comune: le prime grammatiche e vocabolari della lingua si riferiscono a essa chiamandola per lo più **toscana** o **fiorentina**.

cioè 'so che quelle terre, entro quei confini che qui [nel documento che il testimone ha davanti] sono contenuti, le possedette per trenta anni la parte [le 'parti' erano i contendenti] di San Benedetto'. Il contesto non lascia spazio a dubbi circa il fatto che nella coscienza linguistica del notaio, che conosceva il latino e lo usava quotidianamente come strumento di lavoro, al latino si contrapponeva nell'uso orale una varietà linguistica autonoma. L'analisi linguistica conferma che il breve testo contiene tanto a livello fonetico che morfologico le caratteristiche di una varietà volgare centromeridionale. Molto interessante anche l'organizzazione sintattico-testuale, con l'ordine basico dei costituenti di tipo romanzo e addirittura un esempio di una costruzione ancor oggi caratteristica del parlato come la dislocazione a sinistra (§ I.3.2.6): *kelle terre... le possette*.

I più antichi documenti del volgare italiano sono brevi inserti in carte notarili, parti di rogiti o di verbali processuali, quindi **testi non letterari**. A essi va aggiunta una particolare tipologia di testi, denominati **scritture esposte**. A questa categoria appartengono una breve iscrizione incisa sulle pareti della catacomba romana di Commodilla (molto antica, addirittura precedente di un secolo il *Placito capuano* ma troppo breve per decidere se si tratta di un testo in latino rustico o in volgare) e un'iscrizione più tarda (fine XI secolo) che accompagna l'affresco conservato nella basilica romana di San Clemente. Qui, con una tecnica simile a quella del fumetto, l'autore affianca ai personaggi raffigurati nella pittura (che ha per oggetto il miracolo di san Clemente) le frasi pronunciate nella storia narrata.

Se si osserva la provenienza dei primi testi in volgare spicca la prevalenza dell'area centrale e meridionale. Questa dislocazione geografica non è casuale: rimanda al ruolo di veri e propri centri di cultura esercitato nel Medioevo dalle abbazie benedettine posizionate lungo la parte centrale della dorsale appenninica, da Montecassino all'Umbria (per citare un importante libro di Ignazio Baldelli del 1971 che raccoglie testi e studi dedicati all'argomento).

II.1.5. LA NASCITA DELLA LETTERATURA IN VOLGARE

Per incontrare i primi documenti letterari in volgare occorre aspettare la fine del XII secolo e i primissimi anni del XIII. Risalgono a questo periodo i primi esempi di poesia civile e lirica (v. Quadro II.1.2). Nella prima metà del XIII secolo le testimonianze di uso poetico del volgare si moltiplicano e si consolidano: con lo sviluppo della poesia religiosa (legata principalmente all'Umbria e all'esperienza di san Francesco d'Assisi e di Jacopone da Todi) e con la scuola poetica siciliana (sviluppatasi presso la corte di Federico II di Svevia), che importò in Italia temi e modi della poesia dei trovatori provenzali utilizzando un siciliano illustre fortemente venato da provenzalismi. La poesia siciliana godette immediatamente di un enorme prestigio. Dante nel *De vulgari eloquentia* nell'elogiare l'esperienza dei poeti della scuola siciliana si spinse ad affermare che «tutto ciò che scrivono in poesia gli italiani si chiama siciliano» [si cita dalla traduzione di Tavoni 2010].

La recente scoperta della traduzione in volgare settentrionale di una poesia del trovatore provenzale Giraut de Borneil in un documento della prima metà del XIII secolo dimostra che la poesia provenzale fu autonomamente recepita già nella prima metà del Duecento nel nord Italia, senza l'intermediazione siciliana [Bertoletti 2014].

La ricostruzione della veste linguistica originale delle poesie dei siciliani è assai problematica a causa dalla tradizione dei testi, giunti fino a noi grazie a trascrizioni fatte da copisti toscani, che modificarono profondamente la forma linguistica delle poesie. In effetti in seguito alla morte di Federico II (1250) e al successivo rapido declino della dinastia sveva, a cui corrisponde cronologicamente lo sviluppo socioeconomico dei comuni toscani, proprio la Toscana si afferma (insieme a Bologna) come centro di produzione e diffusione della poesia lirica.

Per avere un esempio della lingua effettivamente adoperata dai siciliani abbiamo una fonte tarda ma preziosa: nel Cinquecento l'erudito Giovanni Maria Barbieri trascrive da un originale in suo possesso (poi andato perduto) la canzone *Pir meu cori allegrari* di Stefano Protonotaro. Riportiamo nella colonna di sinistra la prima stanza (strofa) della canzone e, per misurare lo scarto linguistico, la confrontiamo con l'attacco della canzone *Madonna, dir vi voglio*[4] di Giacomo da Lentini, giuntaci nella versione toscanizzata.

Pir meu cori allegrari,
chi multu longiamenti
senza alligranza e joi d'amuri è statu,
mi ritornu in cantari,
ca forsi levimenti
da dimuranza turniria in usatu
di lu troppu taciri;
e quandu l'omu ha rasuni di diri,
ben di' cantari e mustrari alligranza,
ca senza dimustranza
joi siria sempri di pocu valuri;
dunca ben di' cantari onni amaduri.
[Stefano Protonotaro, ed. Panvini 1955, 125-26]

Madonna, dir vi voglio
como l'amor m'à priso,
inver' lo grande orgoglio
che voi, bella, mostrate, e no m'aita.
Oi lasso, lo meo core,
che 'n tante pene è miso
che vive quando more
per bene amare, e teneselo a vita!
[Giacomo da Lentini, ed. Antonelli 2008, 10]

Per allietare il mio cuore, che è rimasto molto a lungo privo di allegrezza e di gioia d'amore, ricomincio a cantare [a comporre poesie], perché facilmente l'indugio di essere rimasto troppo in silenzio si potrebbe trasformare in abitudine; e quando uno ha motivo di comporre poesie è proprio quello il momento di cantare e mostrare allegria, giacché la gioia, se non venisse dimostrata, sarebbe sempre di poco valore: dunque ogni innamorato deve proprio cantare.

Madonna [questo l'appellativo con cui il poeta si rivolgeva alla donna amata], vi voglio dire come sono stato conquistato [preso] dall'amore, nonostante l'orgoglio e la sdegnosità che voi dimostrate nei miei confronti; il che non mi aiuta.
Povero me! Il mio cuore prova tanta sofferenza che, poiché ama onestamente, vive quando muore, e considera vita questa dolorosa condizione.

Come si vede il testo di Stefano Protonotaro mantiene molte caratteristiche del vocalismo e del consonantismo siciliano (*amuri* per *amore*, *rasuni* per *ragione* ecc.) con cui convive uno strato lessicale provenzaleggiante (*joi*, *dimuranza*, *alligranza* ecc.). Il testo di Giacomo da Lentini mantiene solo qualche traccia del siciliano (per es. *priso* in rima con *miso*); per il resto è fonomorfologicamente assimilato al toscano.
Al precoce riconoscimento dantesco della dignità del volgare siciliano e alla successiva codifica del genere lirico effettuata da Francesco Petrarca dobbiamo il fatto che nella tradizione poetica italiana sono sopravvissute fino all'Ottocento parole estranee alle regole del fiorentino trecentesco come le forme monottongate *còre*, *fòco* o il condizionale del verbo *essere* nella forma *saria* (anziché *sarei / sarebbe*). Molto importante l'eredità dei siciliani anche nelle forme metriche: il sonetto fu inventato da Giacomo da Lentini e la canzone, mutuata dalla tradizione provenzale, fu poi rivista e parzialmente rinnovata, ma rimase la forma metrica canonica della poesia italiana fino a Leopardi.

[4] Sulle ragioni che giustificano la lezione *vi* in luogo di *vo* presente nell'ed. Antonelli cfr. Serianni [2009, 271].

QUADRO II.1.2.

La prima raccolta della poesia volgare

I più antichi documenti di poesia in volgare di cui abbiamo parlato nel § II.1.5 sono giunti fino a noi fortunosamente. La loro scoperta è dovuta al prezioso lavoro di ricerca compiuto da filologi e storici della lingua in biblioteche e archivi.

La canzone *Quand'eu stava in le tu' cathene*, a oggi il più antico esempio noto di lirica in volgare (primissimi anni del XIII sec.), si trovava in una pergamena singola conservata presso l'Archivio storico arcivescovile di Ravenna. Il testo è giunto fino a noi perché conteneva sul retro l'atto di proprietà di un appartamento, probabilmente appartenuto alle monache del monastero ravennate di sant'Andrea Maggiore [Stussi 1999]. In altri casi carte contenenti testi in volgare furono riciclate e utilizzate come «fogli di guardia», per rilegare e proteggere il contenuto dei testi in latino. Questi erano infatti considerati, a differenza di quelli in volgare, preziosi e degni di essere tramandati ai posteri. Per tale via è arrivata a noi la traduzione (risalente con ogni probabilità al 1239-1240) in volgare settentrionale di una poesia provenzale (*Reis glorios*) del trovatore Giraut de Borneil, a cui abbiamo accennato al § II.1.5. La carta che la conteneva fu usata per rilegare un codice manoscritto con opere latine di Sallustio, conservato nella Biblioteca Ambrosiana di Milano [Bertoletti 2014]. Un altro esempio interessante è costituito dai *Memoriali bolognesi.* Nel 1265 il Podestà di Bologna ordinò la trascrizione in appositi registri pubblici, noti appunto come *Memoriali bolognesi*, di vari documenti notarili in latino (testamenti, donazioni, impegni di pagamento ecc.) per impedire tentativi di alterazione o falsificazione degli originali. I notai incaricati di questo lavoro, per annullare gli spazi bianchi tra un atto e il successivo e impedire così che vi venisse abusivamente trascritto qualcosa, intercalarono agli atti notarili poesie di vari autori siciliani, stilnovisti e dello stesso Dante.

In tutti i casi finora esaminati le modalità di trasmissione dei testi rinviano a una dimensione occasionale e non lasciano presupporre la volontà degli scriventi di una conservazione duratura. L'idea di creare raccolte organiche della poesia volgare si manifestò più tardi. Il codice che conserva la raccolta più completa della nostra poesia delle origini è il *Vaticano latino 3793*, conservato alla Biblioteca Apostolica Vaticana. Il codice (catalogato secondo i criteri della biblioteca vaticana come «latino» non perché scritto in questa lingua ma perché utilizza l'alfabeto latino) fu realizzato a Firenze a partire dagli ultimi anni del XIII secolo [Leonardi 2000] ed è scritto con una grafia mercantesca: ci rimanda dunque all'ambiente socioculturale dei mercanti, sulla cui importanza per la diffusione della cultura volgare diremo nel prossimo paragrafo. I circa mille testi che contiene sono ordinati sia cronologicamente sia per forma metrica (le canzoni sono distinte dai sonetti): abbiamo così un repertorio degli autori più importanti delle origini, dai siciliani agli stilnovisti. L'allestimento di una raccolta organica in forma di libro, a differenza della trascrizione occasionale di una o più poesie su fogli sciolti, è un atto che testimonia un salto di qualità nella consapevolezza della dignità della poesia in volgare. Comporta un lavoro di selezione degli autori, di ordinamento delle poesie, di loro revisione linguistica (anche forte, come abbiamo visto nel caso dei siciliani), insomma la creazione di un canone. Dante, quando scrisse il *De vulgari eloquentia*, deve aver avuto occasione di consultare se non proprio questo codice, uno assai simile per struttura e ordinamento [Marazzini 2010, 241].

La prosa letteraria in volgare si diffonde più tardi rispetto alla poesia. Se la poesia lirica si era ispirata nei contenuti e nella lingua alla tradizione provenzale, la prosa guarda da un lato alla tradizione latina medievale (in particolare per la retorica e la trattatistica), dall'altro al francese (per la narrativa, le scritture didattiche e le opere di divulgazione). Di conseguenza le prime opere in prosa volgare sono costituite da volgarizzamenti due-trecenteschi dal latino e dal francese. Grazie a essi, che non erano traduzioni come le intendiamo noi oggi ma dei veri e propri adattamenti culturali, non sempre fedeli all'originale, il pubblico del ceto medio mercantile, che non poteva accedere direttamente alla cultura latina, poté entrare in contatto almeno contenutisticamente da un lato coi classici e con la letteratura religiosa in latino, dall'altro col meglio della produzione d'oltralpe: il ciclo narrativo arturiano (*Tristano riccardiano*) e la trattatistica enciclopedica (appartiene a questo filone il *Tresor* di Brunetto Latini, scritto in francese ma molto presto volgarizzato in numerose varietà peninsulari). Fra i primi esempi di prosa originale, cioè non direttamente riconducibile a modelli latini o francesi, ricordiamo il *Novellino*, una raccolta di novelle in lingua fiorentina, che contribuì a fissare i canoni del genere novella.

II.1.6. L'AFFERMAZIONE DEL FIORENTINO TRECENTESCO

Nella rapida panoramica sui primi testi in volgare condotta nel § II.1.2 si sarà notata l'assenza di riferimenti a documenti toscani. In effetti se trasponessimo su una mappa dell'Italia le più antiche testimonianze scritte della nostra lingua (relative ai secc. X-XII), potremmo collocare in Toscana solo pochi testi: la *Postilla amiatina* (un'aggiunta scherzosa a un testamento del 1087 riguardante un lascito all'Abbazia di San Salvatore, sul Monte Amiata); il *Conto navale pisano* (un elenco di spese sostenute per l'allestimento di una galea pisana, databile tra la fine dell'XI secolo e l'inizio del XII); le *Testimonianze di Travale* (aggiunte a una carta giudiziaria in latino del 1158 relativa al possesso di alcuni casolari situati in questa località, in provincia di Grosseto) e poco altro.
Per incontrare un testo realizzato a Firenze dobbiamo varcare la soglia del XIII secolo: al 1211 risale infatti il *Libro di conti di banchieri fiorentini*, un elenco con la registrazione di entrate e uscite di una compagnia mercantile. Rispetto ai testi precedenti (con l'eccezione del conto navale pisano) il primo testo fiorentino segnala un cambiamento di genere e di tipologia di scrivente: mentre i primi documenti del volgare si devono alla penna dei notai e sono **frammenti** inseriti in contesti latini, in questo caso a scrivere **testi interamente in volgare** sono degli uomini d'affari. In effetti la diffusione delle scritture in volgare fu affidata in Toscana prevalentemente a testi prodotti da mercanti. La chiave per capire il fiorire della produzione in volgare in Toscana fu dunque la necessità di scrivere del ceto mercantile, vera e propria classe emergente dell'epoca. I mercanti avevano bisogno di scrivere molto: per tener conto degli acquisti e delle vendite, per comunicare coi propri soci residenti in altre regioni o all'estero, per trasferire denaro. Il genere di scrittura più praticato furono le lettere d'affari: da varie testimonianze sappiamo che i mercanti dedicavano una parte cospicua della propria giornata a sbrigare la corrispondenza; il pratese Francesco Datini, titolare di un'azienda paragonabile per dimensioni a un'odierna multinazionale,

conservava scrupolosamente le lettere ricevute e la copia di quelle spedite e ci ha così lasciato un archivio che contiene oltre 150.000 documenti.

L'alfabetizzazione dei cittadini fu molto curata a Firenze e negli altri comuni della Toscana; in particolare i futuri mercanti venivano seguiti da insegnanti privati o frequentavano le scuole d'abaco, istituzioni laiche che per la prima volta imperniavano la didattica sull'uso del volgare anziché del latino e garantivano a chi le frequentava le competenze necessarie per leggere, scrivere e far di conto. Il latino o era del tutto assente dal percorso scolastico o se ne imparava quel tanto che bastava per poter leggere e capire un atto notarile [Palermo 1999; Manni 2003, 18-31]. Domenico Lenzi, venditore di biade al mercato fiorentino di Orsanmichele e perciò noto come *il Biadaiolo*, scrisse un libro di memorie relativo agli anni 1320-1335 intitolato lo *Specchio umano*. Nel testo egli dichiara di essere «grosso e idiota [ignorante] componitore [...] ché latino mai mia lingua non apprese» [Branca 1986, XXIV]. La sua dichiarata ignoranza del latino non gli impedì però di essere un lettore della *Commedia*, di cui cita nel suo libro alcuni versi, a testimonianza di quanto fu precoce la fortuna di Dante nella sua città. Insomma nel ceto mercantile l'ignoranza della cultura «alta» non pregiudicava né la capacità di leggere e scrivere in volgare per scopi pratici, né quella di fruire della produzione letteraria volgare.

Sulla diffusione dell'alfabetizzazione a Firenze nella prima metà del Trecento abbiamo un'importantissima testimonianza in un noto passo della *Cronica* di Giovanni Villani. Lo storico, mercante egli stesso, descrive un sistema scolastico articolato su tre livelli: l'alfabetizzazione primaria (per apprendere a leggere e a scrivere); la scuola di «abbaco e algorismo ['algoritmo', cioè calcolo]» (per apprendere l'aritmetica e le tecniche di contabilità); infine un terzo livello costituito dalle scuole di «gramatica [latino] e loica [logica, filosofia]». L'iter scolastico del futuro mercante si concludeva normalmente col secondo ciclo. Ebbene, il Villani afferma che nel 1338 a Firenze vi erano da 8.000 a 10.000 persone coinvolte nel primo segmento formativo, da 1.000 a 1.200 nel secondo, da 550 a 600 nel terzo. Forse c'è da fare un po' di tara alle affermazioni del Villani, che può aver esagerato per ragioni di orgoglio municipalistico; tuttavia, considerando che all'epoca la popolazione di Firenze era di circa 90.000 persone si capisce che la percentuale di cittadini alfabetizzata fosse davvero rilevante. Condizioni analoghe si riscontrano anche in altre città della regione, circostanza questa che ha indotto gli storici a parlare della Toscana trecentesca come di una regione «con la penna in mano» [Balestracci 1984, 15].

Questa felice anomalia spiega perché, se ripetessimo l'esperimento di collocare su una mappa geografica i testi di carattere pratico realizzati nel Due-Trecento, la situazione si capovolgerebbe: la Toscana risulterebbe in questo caso molto ben rappresentata, mentre nel resto d'Italia ancora fino al XIV secolo inoltrato l'uso del volgare nelle scritture non letterarie rimane minoritario, a vantaggio del latino.

L'alfabetizzazione diffusa e la ricchezza economica del ceto mercantile non potevano non generare una domanda di cultura letteraria: abbiamo visto (Quadro II.1.1) che il *Vaticano latino 3793* è stato trascritto proprio da mercanti per il loro uso e consumo. Insomma, a partire dal Duecento la Toscana, prima col ruolo trainante di città come Pisa, Volterra e Siena e poi sempre più con Firenze come polo egemone, recupera lo svantaggio iniziale e assume per gradi un ruolo culturalmente dominante nell'Italia del tempo. Se poniamo come data iniziale del processo il 1211 (anno a cui risale il primo testo documentario fiorentino finora noto), vediamo che nel giro di pochi decenni la regione sarebbe diventata dapprima **centro di diffusione** della letteratura in volgare prodotta altrove; successivamente **centro di produzione** della letteratura più significativa (con Dante, Petrarca e Boccaccio come vertici[5]). Grazie all'opera di questi scrittori, che per la loro fama furono successivamente definiti le Tre Corone, iniziò un processo di diffusione del fiorentino fuori di Toscana che portò gli scriventi più colti a cercare di colorire in senso fiorentino le proprie opere. Questa fase di espansione spontanea avrebbe costituito la base culturale per la successiva affermazione del fiorentino come lingua nazionale attraverso la codifica cinquecentesca (v. § II.1.8). Senza voler negare l'importanza delle opere di Petrarca (che compì un processo di distillazione e della tradizione lirica precedente arrivando a costruire una grammatica della lingua poetica che sarebbe rimasta pressoché invariata per secoli) e di Boccaccio (che col *Decameron* offrì un modello per la prosa narrativa), l'affermazione spontanea del fiorentino fuori di Toscana fu in primo luogo dovuta all'ammirazione per l'opera di Dante. Abbiamo esempi precocissimi che testimoniano che la *Commedia* era conosciuta e apprezzata fuori regione: addirittura quando Dante era ancora in vita alcune sue terzine furono trascritte dai notai bolognesi nei *Memoriali* (v. Quadro II.1.2) e anche in altre regioni si trovano esempi di citazioni dantesche in manoscritti del primo Trecento. Un altro indizio della fortuna della *Commedia* è la moltiplicazione dei testimoni manoscritti dell'opera sopravvissuti: circa trecento nel XIV secolo, oltre ottocento se si estende l'indagine al XV [Manni 2013, 145-154].

II.1.7. ALLA RICERCA DI UNA LINGUA COMUNE: LE KOINÈ E LA LINGUA CORTIGIANA

Il processo di rapida affermazione del fiorentino non deve far dimenticare che l'Italia medievale fu caratterizzata da un forte **policentrismo**, sia politico che linguistico. Prima dell'avvento della stampa il modo di scrivere il volgare era fortemente influenzato dall'area di provenienza dello scrivente, notaio, mercante o letterato che fosse: in parte perché i testi scritti riflettevano la lingua che gli era propria, in parte perché la grafia era molto oscillante in quanto non esisteva un modello condiviso e stabile di resa grafica dei suoni, modello che sarebbe arrivato solo con la codificazione cinquecentesca (v. § II.1.8). Di conseguenza si erano create nelle varie regioni delle consuetudini di scrittura (denominate **scriptae**) relativamente omogenee per area geografica ma piuttosto difformi tra loro. In particolare la disomogeneità riguardava la resa dei suoni non presenti

[5] In realtà per ragioni diverse i tre scrittori (e in particolare Petrarca) vissero poco a Firenze, ma ciò che qui conta è la scelta del fiorentino per le loro opere.

nel sistema latino e sviluppatisi nei volgari in seguito alla transizione latino-romanza (v. §§ II.1.1-II.1.4). Per illustrare la varietà grafica presente nelle *scriptae* ricorriamo a un solo esempio. Come abbiamo visto, uno dei suoni innovativi rispetto al latino è la nasale palatale /ɲ/: questa consonante può essere resa in un manoscritto medievale con grafie anche molto divergenti, come *compagno*, *compangnio*, *compangno*, *compangio*. Il problema non riguardava peraltro solo i suoni innovativi: anche la grafia per la velare sorda /k/ (suono presente in latino) non era uniforme, così che alle varianti appena viste occorre aggiungere anche forme come *chompagno*, *kompangno* ecc.

L'evoluzione dei comuni verso forme di organizzazione politica su base regionale, la nascita delle corti nell'Italia settentrionale, la presenza di entità politiche sovraregionali nel centro-sud (lo Stato pontificio, il Regno di Napoli) stimolarono dei tentativi di costruzione di varietà scritte che, almeno nelle intenzioni, ambivano a una diffusione sovralocale. Per designare questi esperimenti di creazione di una lingua comune si parla di **koinè** [dal gr. *koinè diálektos* 'parlata comune']. L'impulso allo sviluppo delle koinè fu dato soprattutto dalle cancellerie dei nascenti stati regionali, che diffondevano un modello di lingua comune per i documenti ufficiali come gli statuti, gli avvisi, i bandi e la corrispondenza diplomatica. Di fatto nelle cancellerie quattrocentesche la koinè «prende via via il posto del latino cancelleresco ed ecclesiastico [...] che fino a quel momento aveva rappresentato l'unico strumento delle comunicazioni ufficiali o pubbliche» [Tesi 2007, 148]. Ma come trovare un denominatore comune a partire da varietà locali così diversificate? Il tentativo di creare una koinè può seguire due vie: per **addizione** di modelli, cioè mediante l'ibridazione, la mescolanza tra più varietà locali o, al contrario, per **sottrazione**, depurando la varietà locale dai tratti più connotati in senso dialettale. Questa seconda strada fu la più seguita nelle diverse realtà italiane e nella ricerca di un denominatore comune svolse un ruolo fondamentale il latino. Come è stato osservato la lingua comune è in sostanza un «volgare colto latineggiante» [Durante 1981, 154]. Senza voler ricercare a tutti i costi un'organicità nelle diverse produzioni rubricabili sotto l'etichetta di testi di koinè, possiamo osservare che in molti casi sono caratterizzate dalla selezione di **fenomeni comuni a più volgari** e al tempo stesso **conservativi**, nel senso che trovavano riscontro nel latino o comunque avvicinavano a esso la forma selezionata, spesso in contrasto col fiorentino trecentesco che, almeno in questi casi, dal latino si differenziava maggiormente. Vediamo alcuni esempi:

- il mantenimento di *-e-* protonica in alcune parole di alta frequenza, come i pronomi atoni *me*, *te*, *se*, *ce*, *ve* e la preposizione *de*. A Firenze e nel resto della Toscana questa *e* si era chiusa in *i*, determinando le forme *mi*, *ti*, *si*, *ci*, *vi*, *di* ancora in uso nell'italiano;
- l'esito *-r-* del suffisso latino *-arius* (*notaro*, *macellaro*) contrapposto all'esito fiorentino in *-j-* (*notaio*, *macellaio*);
- la desinenza della prima persona plurale del presente indicativo etimologica e differenziata a seconda della coniugazione del verbo (*amamo*, *leggemo*, *sentimo*) mentre in fiorentino si era diffusa un'unica desinenza analogica (*amiamo*, *leggiamo*, *sentiamo*).

Le stesse produzioni mostrano anche segni di convergenza col fiorentino, soprattutto quello del Quattrocento (detto *argenteo* per distinguerlo dal fiorentino *aureo* trecentesco), piuttosto differenziato da quello di Dante, Petrarca e Boccaccio. Esempi di convergenza tra i testi di koinè e il fiorentino quattrocentesco si hanno per es. nelle forme *fussi* per *fossi* e nella scelta dell'articolo *el* per *il*.
Fu direttamente collegata all'esperienza delle koinè una parte della produzione letteraria coeva, che si sviluppò grazie ai letterati presenti nelle corti, soprattutto dell'Italia centrosettentrionale (Genova, Milano, Venezia, Mantova, Ferrara, Urbino). Uno degli esempi più illustri di questa produzione è *L'inamoramento de Orlando* di Matteo Maria Boiardo (1441-1494), attivo alla corte ferrarese. Ci si riferisce alla veste formale della produzione di questi letterati con l'etichetta di **lingua cortigiana**.
Centro di diffusione della lingua cortigiana fu anche la corte pontificia romana, per sua stessa natura punto di incontro di intellettuali provenienti da regioni diverse. Uno di questi, Vincenzo Colli detto il Calmeta (1460 circa-1508), stando alla testimonianza di Lodovoco Castelvetro, decide di stabilirsi presso la corte di Roma perché qui «il poeta, senza imprender fatica di discorrere qua, e là per tutte le corti d'Italia, può con molta agevolezza ammendare ['emendare'], e adornare la lingua sopradetta [il toscano] col fiore di tutte le lingue Italiane, raccolte in un luogo» [cit. in Mengaldo 1960, 448-n.]. Il letterato Mario Equicola riconosce nell'epistola dedicatoria del suo *Libro de natura de amore* (pubblicato nel 1525, ma iniziato almeno un ventennio prima) l'esistenza di una lingua «cortesiana ['cortigiana'] romana, la quale de tucti boni vocabuli de Italia è piena, per essere in quella corte de ciascheuna regione preclarissimi ['illustrissimi'] homini» [cit. in Ricci 1999, 94].
Anche nel regno di Napoli si registrano tentativi di creazione di una letteratura cortigiana. Giovanni Brancati da Policastro, umanista lucano attivo nella seconda metà del Quattrocento, lavorò come segretario nella cancelleria di Ferdinando d'Aragona. Durante la permanenza a corte realizzò introno al 1480 il volgarizzamento della *Historia naturalis* di Plinio. Nella dedicatoria al re Ferdinando il Brancati afferma:

> Non ho anche curato far la medesma traductione in altro linguagio che in lo nostro medesmo non pur ['solo'] napolitano ma misto, parte perché ò iudicato questo ad nesun altro esser inferiore, parte perché ho voluto la medesma traductione sia utile ad tucti certo, ma principalmente a li mei conregnicoli [cit. in Coluccia 2004, 3].

La traduzione di Plinio (sollecitata dal sovrano) rappresentava la realizzazione di un preciso programma politico. La lingua dell'opera è definita dal Brancati un *napoletano misto* e i destinatari esplicitamente dichiarati sono i suoi *conregnicoli*. Qualche anno dopo avrebbe dato un'ulteriore testimonianza di lingua cortigiana il napoletano Jacopo Sannazaro (1457-1530), con la composizione del suo poema pastorale *Arcadia*.
Nel successivo dibattito cinquecentesco la mancanza di sistematicità della lingua cortigiana (per sua stessa natura esposta alla mescolanza e all'ibridazione di fonti

diverse) avrebbe costituito un elemento di debolezza nei confronti delle proposte concorrenti a base fiorentina, più facilmente traducibili in regole. Ma di questo ci occuperemo nel prossimo paragrafo.

II.1.8. LA CODIFICAZIONE CINQUECENTESCA E LE PRIME GRAMMATICHE

Abbiamo visto (§ II.1.6) che dal Trecento il fiorentino si era gradualmente imposto come varietà di prestigio anche grazie alla fama dei suoi grandi scrittori. Tuttavia la sua definitiva consacrazione come lingua comune si ebbe nel Cinquecento, in seguito a un periodo di accese discussioni sulla norma accompagnate dalla pubblicazione delle prime grammatiche.

Prima di entrare nel dettaglio di tali discussioni (note come **questione della lingua**) è opportuno ragionare sulle cause che ne determinarono l'innesco. Facciamo dunque un passo indietro. Un forte impulso alla standardizzazione della lingua era stato dato nella seconda metà del Quattrocento dalla diffusione della stampa a caratteri mobili, che interessò dapprima i testi in latino, poi gradualmente quelli in volgare. La pubblicazione dei capolavori dei grandi autori trecenteschi era stimolata dalle «esigenze dei tanti non toscani che, favoriti anche dai relativamente bassi costi del libro a stampa, si accostavano, ammirati e entusiasti, alla produzione letteraria volgare» [Trovato 1994, 90]. In Italia si affermarono subito come principali centri di produzione editoriale Venezia e Roma. La possibilità di produrre libri stampati in più copie e di diffonderli su un territorio più ampio impose nuove esigenze, come la standardizzazione dell'ortografia e lo sviluppo di una serie di accorgimenti per la *mise en page* come la separazione tra le parole e lo sviluppo di un sistema di segni paragrafematici (interpunzione, accenti, apostrofi ecc.) utili ad aumentare la leggibilità del testo. Tuttavia i testi stampati nel Quattrocento (detti **incunaboli**) mostrano ancora molti elementi di continuità col codice manoscritto, sia nella scelta dei caratteri sia nelle strategie di impaginazione.

Una vera e propria svolta nella storia dell'editoria si ebbe in Italia nei primissimi anni del Cinquecento, grazie all'incontro tra Pietro Bembo, umanista veneziano, e un cólto editore, Aldo Manuzio, anch'egli attivo a Venezia. Dalla loro collaborazione nacquero le due edizioni del *Canzoniere* del Petrarca (1501) e della *Commedia* di Dante (1502). Dal punto di vista tipografico i due libri erano caratterizzati dal formato ridotto (che determinava la riduzione dei costi e la migliore trasportabilità del libro) e dall'adozione di un nuovo carattere di tipo corsivo, cioè leggermente inclinato a destra, detto *aldino* o *italico* (per questo motivo ancor oggi in inglese e in altre lingue *italic* o sue varianti significa 'corsivo'). L'adozione di questo carattere ebbe grande successo perché garantiva una migliore leggibilità rispetto ai caratteri gotici prevalentemente usati nelle stampe quattrocentesche. Dal punto di vista editoriale i libri erano il frutto dell'applicazione ai testi volgari di quello stesso scrupolo filologico (confronto tra i manoscritti e annotazione scrupolosa delle loro caratteristiche linguistiche) che gli umanisti erano soliti riservare ai testi latini e greci. Con Boccaccio il Bembo si era già confrontato scrivendo gli *Asolani* (che imitavano la prosa boccacciana) sul finire del Quattrocento. L'esperienza maturata con il lavoro di annotazione linguistica per le edizioni aldine gli permise di tornare sulla veste linguistica degli *Asolani* in due edizioni successive, rispettivamente del 1505 e del 1530, in cui la lingua fu sottoposta a revisione e perse le iniziali coloriture padane e fiorentine argentee. Il lavoro preparatorio svolto sulle opere di Dante e Petrarca fu dunque per il Bembo un'ottima palestra per avviare una riflessione sulle caratteristiche del volgare: da questa esperienza sarebbero scaturite nei decenni successivi le idee esposte nelle *Prose della volgar lingua*.

La fase più animata del dibattito sulla lingua si svolse nei primi trent'anni del secolo. Schematizzando possiamo dire che da un lato erano schierati i sostenitori della **teoria cortigiana**, che non riconoscevano il primato del fiorentino e appoggiandosi sul modello di volgare colto latineggiante rappresentato dalle koinè quattrocentesche e dalla lingua letteraria cortigiana (v. § II.1.7) auspicavano una lingua comune che riunisse il meglio della produzione delle corti e potesse fungere da modello sia per la letteratura sia per la conversazione colta. I principali rappresentanti di questa corrente furono, con differenze su cui non è il caso di soffermarsi, il frusinate Mario Equicola, il marchigiano Angelo Colocci, il mantovano Baldassarre Castiglione e il vicentino Gian Giorgio Trìssino. Su un fronte opposto si schierò il **Bembo**, che espose le proprie idee nelle *Prose della volgar lingua* (1525). L'opera è un dialogo in tre libri. L'autore, dopo aver affermato la superiorità del fiorentino trecentesco e aver indicato rispettivamente in Boccaccio e in Petrarca gli autori da prendere a modello, si dedicò, nel terzo libro, a delinearne le regole grammaticali. Bembo procedette per successive selezioni: anzitutto separò nettamente le sorti della lingua parlata e popolare da quella letteraria («la lingua delle scritture [...] non dee in nessun modo a quella del popolo accostarsi» e «non si può dire che sia veramente lingua alcuna favella che non ha scrittore», *Prose*, I, XVIII); in secondo luogo, applicando l'ideale classicistico dell'imitazione, individuò i modelli nei grandi scrittori trecenteschi; in terzo luogo, tra questi, scelse come esempi esclusivi Petrarca per la poesia e Boccaccio per la prosa. Dante, di cui pure riconosceva la grandezza, non era funzionale all'operazione di individuazione di modelli rigorosamente coerenti sul piano dello stile a causa della molteplicità di registri che caratterizzano la *Commedia*. Si tratta dunque di un modello di lingua **arcaizzante** perché basato sul fiorentino del Trecento e non sulla lingua contemporanea e **fortemente selettivo**. Su un fronte ancora diverso si schierarono i sostenitori del **fiorentino contemporaneo**. Il più importante fautore di questa corrente fu il fiorentino Niccolò Machiavelli, a cui per attribuzione quasi unanime si deve il *Discorso o dialogo intorno alla nostra lingua* (scritto probabilmente nel 1524). Oltre al diverso riferimento cronologico, due princìpi rendono inconciliabili la posizione dei fiorentinisti e quella del Bembo: innanzitutto i primi prendono a riferimento il sistema della lingua nella sua interezza, senza distinzioni tra scritto e orale; in secondo luogo insistono sul primato *naturale* del fiorentino, cioè sul fatto che fosse una varietà migliore per le sue caratteristiche intrinseche, non perché resa

più illustre dall'elaborazione artistica di grandi scrittori. Il modello bembiano fu rivisitato nella seconda metà del secolo da alcuni esponenti della corrente fiorentinista, nel tentativo di conciliare le posizioni. Benedetto Varchi con l'*Ercolano* (pubblicato postumo nel 1570 ma elaborato nel decennio precedente) tentò una ricucitura, correggendo piuttosto che rigettando l'ipotesi arcaizzante bembiana, e sostenne che all'esempio dei grandi trecentisti poteva affiancarsi utilmente quello di autori toscani più moderni e anche del parlato non popolare. Autori toscani non fiorentini come il senese Claudio Tolomei cercarono infine di allargare l'orizzonte anche ad altre varietà della regione. Nell'opera del Tolomei, un dialogo intitolato il *Cesano* [...], *nel quale da più dotti huomini si disputa del nome, col quale si dee ragionevolmente chiamare la volgar lingua*, si pone anche la questione, a lungo dibattuta, del nome da dare alla lingua comune (fiorentina, toscana, italiana?). Influì fortemente nel dibattito sulla lingua anche la scoperta da parte del Trìssino del *De vulgari Eloquentia* di Dante e le diverse interpretazioni che dell'opera furono date (v. Quadro II.1.3).
I tempi erano maturi per la nascita di grammatiche della lingua volgare. Nel 1516 il letterato e umanista pordenonese Giovan Francesco Fortunio pubblicò le *Regole grammaticali della volgar lingua*, la più antica grammatica a stampa della lingua italiana, fondata sull'uso di Dante, Petrarca e Boccaccio (sulla quattrocentesca *Grammatichetta* di Leon Batista Alberti v. Quadro II.1.4). Negli stessi anni il Bembo stava lavorando alla sistematizzazione del suo pensiero linguistico e nel 1525, come abbiamo visto, pubblicò le *Prose*. Più o meno nello stesso periodo un àltro letterato settentrionale, il vicentino Gian Giorgio Trìssino, pubblicò dapprima (nel 1524) un trattatello ortografico (*Epistola de le lettere nuovamente aggiunte ne la lingua italiana*) in cui proponeva di aggiungere all'alfabeto latino alcune lettere greche per disambiguare i principali casi di non corrispondenza tra grafia e pronuncia (v. § I.1.6), poi diversi scritti di riflessione linguistica, fra cui i *Dubbi grammaticali* e una *Grammatichetta* (entrambi del 1529) in cui cercò di tradurre in regole i principi della sua teoria antifiorentinista e italianista.
Nel menzionare i primi autori di grammatiche del volgare abbiamo citato tre protagonisti del dibattito linguistico cinquecentesco contrapposti sull'idea di quale fosse la «buona lingua», ma accomunati dal non essere toscani. La non toscanità dei primi autori di grammatiche (il primo fiorentino fu Pier Francesco Giambullari, che pubblicò la sua grammatica nel 1552) non deve stupire: proprio i «forestieri» avevano maggiore bisogno di regole certe per poter imitare più agevolmente il modello considerato di prestigio ma non acquisito naturalmente. Ma non è questa l'unica ragione: per intellettuali di formazione umanista abituati a scrivere in latino, modellizzare e usare a fini artistici (esclusivamente scritti) una lingua diversa da quella in cui si esprimevano tutti i giorni era un fatto normale: dunque il ragionare sulla grammatica non da parlanti nativi garantiva il necessario distacco dall'oggetto di osservazione. Del resto a recidere completamente il cordone ombelicale tra competenza nativa e capacità espressive era stato lo stesso Bembo, che in un noto passo delle *Prose* aveva affermato che «l'essere a questi tempi nato fiorentino, a ben volere fiorentino scrivere, non sia di molto vantaggio» (Bembo, *Prose*, I, 16). Questa affermazione avrebbe tracciato un solco netto tra i

QUADRO II.1.3.

La prima riflessione sul volgare: il *De vulgari eloquentia*

Il *De vulgari eloquentia* è il primo esempio di riflessione teorica sulla natura delle lingue e sui volgari medievali. L'opera, scritta da Dante durante l'esilio, doveva articolarsi in quattro libri, ma fu interrotta all'inizio del II. La scelta apparentemente contraddittoria di usare il latino in un'opera in cui si affermava la dignità letteraria del volgare si deve alla decisione di rivolgersi a un pubblico colto.

Dante definisce innanzitutto il volgare come l'idioma naturale, «quello che assorbiamo, al di fuori di qualunque regola, imitando la nutrice» [questa e le successive citazioni sono tratte dalla traduzione di Tavoni 2010]. Se tutti i popoli possiedono un volgare, solo alcuni (per es. i greci e i latini) ai volgari affiancano delle lingue «di secondo grado». Questa lingua di secondo grado fu chiamata dai Romani «grammatica». Il latino e il greco appaiono dunque a Dante creazioni artificiali, necessarie per sottrarre gli idiomi alla continua mutevolezza a cui sarebbero naturalmente esposti. Trasferendo la riflessione dal piano teorico a quello storico, Dante individua l'origine della mutevolezza delle lingue nell'episodio biblico del crollo della Torre di Babele. La lingua primigenia, donata da Dio a Adamo, era infatti immutabile. Dalla confusione delle lingue post-babelica ha avuto origine il carattere intrinseco di tutti i volgari: la mutevolezza nel luogo e nel tempo. Da queste premesse, procedendo per cerchi concentrici, Dante tenta una classificazione degli idiomi e individua tre grandi famiglie nell'Europa del suo tempo: le lingue greche, le lingue germano-slave e «tutto quanto resta in Europa al di fuori di questi due domini» (Dante non le dà un nome, noi la definiremmo l'area romanza). Tale area viene a sua volta divisa in tre, sulla base del modo di dire *sì*: lingue d'*oc*, d'*oil* e del *sì*. Dante intuisce che queste varietà risalgono a una lingua comune, ma non riesce a individuarla nel latino perché lo riteneva una lingua artificiale creata a tavolino dai dotti. Venendo all'Italia, Dante passa in rassegna le principali varietà locali, alla ricerca di quella più adatta a svolgere il ruolo di volgare illustre, e viene colpito dalla frammentazione dell'Italia dialettale del suo tempo: osserva infatti che la mutevolezza non interessa solo le parlate distanti geograficamente, ma anche quelle vicine (fa l'esempio dei napoletani e degli abitanti di Gaeta, dei ravennati e dei faentini) fino ad osservare che esiste variazione perfino tra gli abitanti della stessa città: usano cioè varietà parzialmente diverse i «residenti sotto lo stesso reggimento cittadino, come i bolognesi di Borgo San Felice e quelli di Strada Maggiore». Per varie ragioni nessuna delle varietà passate in rassegna lo soddisfa e gli pare degna di assumere il ruolo di volgare illustre. Fra le varietà più duramente criticate il romano e il fiorentino, mentre si salvano in parte il siciliano e il bolognese, non in quanto varietà parlate, ma perché avevano avuto modo di conoscere un uso letterario, rispettivamente coi poeti della scuola siciliana e con Guido Guinizelli. Dante non considera dunque modelli da imitare i poeti toscani della generazione a lui precedente come Guittone d'Arezzo. La nobilitazione del volgare, per affermarsi, avrebbe dovuto passare attraverso il filtro dell'uso letterario.

A differenza della *Commedia*, che ebbe un'immediata fortuna dentro e fuori la Toscana, il trattato sull'eloquenza del volgare rimase praticamente sconosciuto per tutto il Medioevo. Fu riscoperto nella prima metà del Cinquecento dal Trìssino, che utilizzò un po' tendenziosamente la condanna del fiorentino fatta da Dante come argomento a favore della sua ipotesi cortigiana. Dal canto loro alcuni sostenitori del fiorentino arrivarono a dubitare dell'autenticità del trattato.

sostenitori del fiorentino parlato, che vivevano come una sorta di privilegio naturale la propria nascita, e i non toscani. Come abbiamo visto il solco sarebbe stato in gran parte colmato dopo qualche decennio grazie all'opera di Benedetto Varchi.

Ai piani alti della letteratura il modello del Bembo si affermò piuttosto velocemente, anche perché la compattezza del paradigma proposto lo rendeva facilmente applicabile. I maggiori scrittori contemporanei si adeguarono all'uso fiorentino e riscrissero le proprie opere depurandole di precedenti patine regionali. L'esempio più noto è offerto dalla revisione dell'*Orlando furioso* di Ludovico Ariosto: se confrontiamo l'edizione del 1516 con quelle del 1521 e del 1532 notiamo che la lingua si avvicina progressivamente al dettato bembiano perdendo la precedente patina linguistica latineggiante e padano-settentrionale. La grammatica «alla Bembo» per la sua univocità piaceva molto anche ai revisori, nuove figure che collaboravano con gli stampatori nelle botteghe editoriali. In molti casi la fiorentinizzazione avvenne dunque in tipografia, non necessariamente in sintonia con la volontà dell'autore [Trovato 1991].
Con la pubblicazione della prima edizione del **Vocabolario della Crusca** (1612) la codificazione fu completata sul piano lessicografico. L'Accademia della Crusca era stata fondata nel 1582 per iniziativa di un gruppo di amici che si riunivano per incontri conviviali, non necessariamente a tema linguistico; tali incontri prendevano il nome di *cruscate*. Abbastanza presto fra gli accademici assunse un ruolo di spicco Lionardo Salviati, che propose fra l'altro di attribuire un senso linguistico al temine *crusca*, con riferimento al compito di ripulire la buona lingua dalle scorie, come si fa con la separazione del grano dalla crusca. Dal 1590 l'Accademia intraprese il progetto di realizzazione di un vocabolario che contenesse tutte le parole usate dai grandi scrittori del Trecento, a cui si aggiunsero autori successivi come Lorenzo de' Medici e Machiavelli. Fra i pochi non fiorentini che ebbero il privilegio di essere inclusi vi furono i cinquecentisti che avevano abbracciato il modello fiorentino nella stesura o nella revisione delle loro opere (come Ariosto), e naturalmente Pietro Bembo. Completavano il quadro gli scrittori minori e minimi del Trecento. Salviati infatti, forzando le idee del Bembo, riteneva che il fiorentino del Trecento fosse da prendersi a modello non per l'eccellenza letteraria dei grandi autori, ma proprio per le qualità intrinseche dell'idioma: quindi potevano essere considerati esempi di buona lingua non solo Petrarca e Boccaccio, ma tutti gli scrittori fiorentini. Dal punto di vista della tecnica lessicografica il Vocabolario della Crusca rappresentò un'impresa molto avanzata rispetto alle raccolte precedenti e divenne un punto di riferimento per la successiva lessicografia in Europa.
Per gli scriventi intermedi, cioè quella fascia di popolazione scolarizzata ma che non aveva necessariamente un dialogo con la cultura alta, il processo di italianizzazione fu più lungo e tortuoso: ce ne occuperemo nel § II.1.8.2.

II.1.8.1. La norma implicita

Le *Prose* bembiane sono solo in parte (il terzo libro) un testo grammaticale, e si tratta per di più di una grammatica esposta in modo discorsivo, senza la sistematicità necessaria a un libro di consultazione. A diffondere capillarmente la norma basata sul fiorentino trecentesco pertanto non furono direttamente le *Prose*, ma le numerose grammatiche «alla Bembo» pubblicate nel corso del Cinquecento e dei secoli successivi.

Ma una grammatica, per quanto ricca, non può essere esaustiva. Per questo motivo ebbe un ruolo importante nel diffondere lo stile che avrebbe caratterizzato la lingua scritta italiana dal Cinquecento al Settecento la **grammatica silenziosa** [Patota 1997], cioè l'adeguamento degli scrittori a modelli precisi, anche al di là di quanto esplicitamente prescritto dalle grammatiche. Nel caso della lirica questa operazione non fu complicata, perché già il *Canzoniere* petrarchesco presentava un impianto rigidamente **monolinguistico**, cioè aveva una veste compatta, priva di oscillazioni interne e caratterizzata da una forte selezione dei temi trattati. L'insistenza posta dal Bembo su modelli distinti per la lingua in prosa e in verso portò alla creazione di un doppio binario anche a livello di scelte grammaticali spicciole: per fare qualche esempio si perpetuarono nei secoli una serie di doppioni morfologici (allotropi) in cui il primo elemento era riservato alla poesia e il secondo alla prosa: *avea/aveva*, *saria/sarebbe*, *nessuno/niuno* ecc. Se a ciò si aggiunge la minore escursione tematica della lirica si capisce la forte persistenza, che giunge a rasentare l'immobilità, di gran parte della lingua poetica italiana dal Trecento all'Ottocento [Serianni 2009].

Per la prosa l'adozione del modello boccacciano fu invece un'operazione più complessa. Infatti la lingua del *Decameron* era improntata al **plurilinguismo**, cioè differenziata nei registri a seconda delle sezioni dell'opera, della diversità di impianto tra i dialoghi e le parti narrative, dell'argomento, dell'ambientazione e dei personaggi della novella: insomma presentava **tanti registri per parlare di tanti argomenti in tante situazioni diverse**. Si possono individuare nell'opera tre livelli fondamentali. Un **registro alto** è caratteristico prevalentemente della **cornice esterna**, cioè dei luoghi in cui l'autore prende la parola in prima persona: il *Proemio* e l'*Introduzione alla I giornata* in cui racconta l'antefatto (la peste del 1348) che spinse i dieci giovani a ripararsi in un luogo appartato per fuggire al contagio; l'*Introduzione alla IV giornata*, in cui si difende dalle critiche dei detrattori e la *Conclusione dell'autore*. Un registro intermedio è rappresentato dalla **cornice interna**, cioè dai brani che introducono e concludono le singole giornate e da quelli che cuciono insieme le dieci novelle della giornata. In questo caso i portatori di parola sono i dieci giovani fiorentini. Infine abbiamo uno stile con forti escursioni di registro all'interno delle novelle.

Di tutta questa varietà di registri presenti in Boccaccio solo le sezioni in cui era rappresentato un registro alto erano coerenti con le premesse teoriche del Bembo: solo a queste si conformarono gli scrittori a partire dal Cinquecento. Le differenze di registro non erano tanto sul piano fonomorfologico quanto su quello dell'organizzazione periodale. Il modello di prosa alta fu dunque basato su una sintassi fatta di periodi lunghi e contenenti molte subordinate, con un ordine delle parole di impronta latineggiante. Come esempio vediamo un brano tratto dal *Proemio* del *Decameron* messo a confronto con l'*incipit* degli *Asolani* di Bembo:

(1) Dico adunque che già erano gli anni della fruttifera incarnazione del Figliuolo di Dio al numero pervenuti di milletrecentoquarantotto [si era nell'aprile del 1348], quando nella egregia città di Fiorenza, oltre a ogn'altra italica bellissima, pervenne la mortifera pestilenza: **la quale**, *per operazion de' corpi superiori* [dei corpi celesti] *o per le nostre inique opere* [a causa della malvagità degli uomini] *da giusta ira di Dio a nostra correzione mandata sopra i mortali, alquanti anni davanti nelle parti orientali* [in Asia] *incominciata, quelle d'inumerabile quantità de' viventi avendo private, senza ristare* [fermarsi] *d'un luogo in uno altro continuandosi*, **verso l'Occidente miserabilmente s'era ampliata** [*Decameron*, 1, Introduzione, 8-9].
(2) **Suole a' faticosi navicanti esser caro**, *quando la notte, da oscuro et tempestoso nembo* [tempesta] *assaliti et sospinti, né stella scorgono, né cosa alcuna appar loro che regga* [indichi] *la lor via*, **col segno della indiana pietra** [bussola] **ritrovare la tramontana** [il nord], in guisa che, quale vento soffi et percuota conoscendo, non sia lor tolto il potere et vela et governo là, dove essi di giugnere procacciano [hanno in programma] o almeno dove più la loro salute veggono [dove vedono che possano avere speranza di salvezza], dirizzare [dirigersi]; **et piace a quelli** *che per contrada non usata* [luoghi sconosciuti] *caminano*, *qualhora essi, a parte venuti dove molte vie faccian capo* [a un bivio], *in qual più tosto sia da mettersi non scorgendo, stanno in sul piè dubitosi et sospesi*, **incontrare chi loro la diritta** [via] **insegni**, sì che essi possano all'albergo senza errore, o forse prima che la notte gli sopragiunga, pervenire [*Asolani*, I.1].

Si tratta di una prosa latineggiante che predilige **periodi lunghi** (si contano in alcuni casi oltre venti proposizioni per periodo) **e fortemente ipotattici**, cioè caratterizzati da un alto tasso di subordinazione. Oltre a ciò la caratteristica che contraddistingue la sintassi è la preferenza per una collocazione dei costituenti coerente con l'ordine regressivo del latino ma artificiale rispetto all'ordine progressivo dell'italiano (v § I.3.2.2). Questa tendenza si manifesta:
1. a livello di frase, con inversioni e altre costruzioni di tipo regressivo: (*erano gli anni* [1]; *al numero pervenuti* [1]); l'inversione tra ausiliare e participio o tra verbo reggente e retto: (*di giugnere procacciano* [2]); la collocazione dell'aggettivo prima del nome (*la mortifera pestilenza* [1], *la indiana pietra* [2]); la collocazione del verbo in fondo alla frase (*verso l'Occidente miserabilmente s'era ampliata* [1]);
2. a livello di periodo, con la tendenza a porre la reggente in fondo alla frase, con il verbo in ultima posizione. Più precisamente, se osserviamo i due brani, vediamo che la reggente tende a collocarsi all'inizio e alla fine, facendo da cornice a lunghe catene di subordinate, prevalentemente implicite (participiali o gerundiali). Abbiamo evidenziato graficamente questo andamento, ponendo in grassetto i due segmenti della reggente e in corsivo la catena delle subordinate da essa dipendenti. Si crea quindi una progressione non lineare ma circolare (o a incasso) tra i due segmenti della reggente e le subordinate incidentali da essa dipendenti. Questo modo di costruire la frase fu definito **stile periodico** (dal gr. *períodos* 'cerchio'). Su questa base fu modellata la maggior parte della prosa colta scritta in Italia fino alla metà del XVIII secolo.

QUADRO II.1.4.

La prima grammatica in volgare

Nel paragrafo precedente abbiamo più volte fatto riferimento al Cinquecento come al secolo in cui nacquero le grammatiche del volgare. In realtà la prima raccolta di regole si deve a Leon Battista Alberti, che con la sua *Grammatichetta* (scritta tra il 1435 e il 1440) offrì una descrizione del fiorentino del suo tempo. Non abbiamo fatto menzione di quest'opera perché rimase sostanzialmente ignota (fu pubblicata per la prima volta nel 1908) e dunque le idee dell'autore non ebbero modo di influenzare il dibattito linguistico. Eppure la grammatica albertiana presentava tratti di grande modernità: a differenza delle principali grammatiche cinquecentesche non mirava a imporre un modello per la scrittura ma a descrivere il funzionamento della lingua parlata; di conseguenza non riportava esempi d'autore ma esempi inventati. Era insomma fondata, come diremmo oggi, sulla competenza del parlante nativo. Ma come mai fino ad allora, pur essendosi prodotta una riflessione metalinguistica sul volgare letterario (v. Quadro II.1.3) nessuno aveva pensato a scriverne le regole? Per rispondere alla domanda occorre tenere presente che nel Medioevo il latino era considerato una sorta di lingua artificiale, in qualche modo perfetta nelle sue regole e sottratta al divenire storico; di conseguenza non era ben chiaro il rapporto di dipendenza genetica con i volgari romanzi. Sul polo opposto i volgari erano considerati idiomi agrammaticali, cioè privi di regole poiché esposti all'incessante mutevolezza dell'uso orale. Descrivere le regole di una varietà volgare appariva dunque, oltre che poco utile, di fatto impossibile. A conferma di tale convinzione si può ricordare che nel latino medievale il termine *gramatica* era usato come sinonimo di latino. Un punto di svolta si ebbe nel XV secolo. L'osservazione critica dei testi classici condotta dagli umanisti evidenziò al di là di ogni ragionevole dubbio le differenze tra latino classico e medievale e dimostrò così la storicità del latino. Questa acquisizione aprì la strada all'ipotesi di un rapporto di dipendenza storica tra latino e lingue romanze. In una celebre disputa sulla natura della lingua usata nella Roma antica, su cui papa Eugenio IV chiamò a pronunciarsi i maggiori umanisti del tempo, Leonardo Bruni sostenne la tesi dell'artificialità del latino (a suo dire anche ai tempi dell'impero romano lingua di uso esclusivo delle persone colte) e dell'agrammaticalità della lingua parlata (così dell'antica Roma come del suo tempo). A lui si contrappose Biondo Flavio, che invece riconosceva al volgare una «rudimentale grammaticalità» [Patota 1996, XVII]. L'Alberti si inserisce a distanza in questa discussione, e per dimostrare che anche il volgare fiorentino era regolato, nel terzo dei *Libri de Familia* osserva che anche le persone incolte e i bambini ne dominano le regole (quindi senza bisogno di averle studiate) e lo stesso doveva essere avvenuto nell'antica Roma. Questa simmetria poteva valere proprio in virtù del fatto che sia il latino che il volgare sono dotati di regole. L'unica differenza è che le regole del latino erano evidenti a tutti perché esplicitate da una lunga tradizione, mentre quelle del volgare non erano ancora state scritte. Pochi anni dopo, per dimostrare questa sua convinzione, scrisse la *Grammatichetta*, la prima grammatica di una lingua romanza.

II.1.8.2. La lenta diffusione dell'italiano

Alla metà del XVI secolo il processo di normazione dell'italiano può dirsi concluso: il modello era stato individuato e tradotto in strumenti di riferimento (le grammatiche), e tramite questi prontamente trasmesso mediante l'industria tipografica nei libri a stampa. Tuttavia, se usciamo dal ristretto circuito della

cultura alta, notiamo che la diffusione dell'italiano normato in fasce sociali più ampie richiese tempi più lunghi. Un ruolo fondamentale in tal senso fu svolto dalla Chiesa. Se da un lato il Concilio di Trento aveva vietato ai fedeli l'accesso alla Bibbia in volgare (a differenza di quanto avvenne nei paesi di confessione protestante), limitando così di fatto potenziali occasioni di contatto con l'italiano da parte delle masse, dall'altro favorì la diffusione capillare della lingua attraverso le attività di catechesi e di predicazione, che permisero di diffondere una lingua entro certi limiti comune anche a livello orale. La Chiesa svolse dunque nell'Italia dell'epoca un importante ruolo di «mediazione tra la cultura scritta e gli incolti» [Librandi 2012, 76] e favorì anche l'alfabetizzazione popolare, per esempio attraverso la creazione delle «scuole pie», gratuite e aperte ai bambini poveri.
Ai parroci si aggiungono altre figure laiche itineranti, alla cui attività si collegano concreti usi linguistici che già da Ugo Foscolo erano stati individuati come esempi di una «lingua itineraria [...] diversa in tutto da' dialetti provinciali e municipali, e che serba alcune qualità bastarde di tutti». [U. Foscolo, *Epoche della lingua italiana*, in Id. *Saggi di letteratura italiana*, p. 211]. L'attenzione posta a questo insieme di produzioni e di usi della lingua ha portato negli ultimi decenni a rivedere il paradigma forse un po' troppo rigido affermatosi precedentemente, che vedeva una netta separazione nel repertorio linguistico dell'Italia preunitaria tra l'italiano scritto, patrimonio elitario limitato ai ceti istruiti, e lo spazio dell'oralità, interamente occupato dai dialetti. Alle testimonianze orali della lingua itineraria vanno aggiunte le varie produzioni di «scriventi intermedi» [Testa 2014, 273], che documentano un'ampia gamma di generi (lettere, autobiografie, scritture private di vario tipo). Queste scritture intermedie costituiscono un secondo fiume, un po' più nascosto del precedente, che però se ben analizzato mette lo studioso in grado di unire i due estremi altrimenti incomunicabili delle produzioni dei letterati e quelle dei semianalfabeti, estranei alla normazione e appena in grado di trasferire sulla pagina scritta le caratteristiche dell'oralità.
In ogni caso durante questo lungo processo l'affermazione del fiorentino come lingua comune rende possibile immaginare le altre varietà locali (comprese quelle toscane) come dialetti, cioè come varietà limitate negli àmbiti funzionali e in qualche modo subalterne alla lingua comune. La distinzione sociolinguistica tra lingua comune e altre varietà locali, che solo da questo momento in avanti possono essere definite dialetti (v. § II.1.2), apre la strada ad un uso letterario e consapevole dei dialetti, che nei vari autori poteva essere animato da motivazioni diverse: opporsi al filone del classicismo letterario, parlare di temi e situazioni ancorate alla realtà locale, rappresentare le differenze sociali e la distanza culturale tra la città e la campagna, rivisitare la tradizione orale e popolare. Rifacendosi a un saggio di Benedetto Croce si usa riferirsi a questa produzione in dialetto come **letteratura dialettale riflessa**. Fra gli autori più importanti della letteratura in dialetto ricordiamo Angelo Beolco, detto il Ruzante (1496?-1542), che usò nelle sue commedie il dialetto pavano, cioè il padovano del contado, e Giovan Battista Basile (1566-1632), che realizzò una raccolta di fiabe popolari in dialetto napoletano dal titolo *Lo Cunto de li Cunti overo lo trattenemiento de' peccerille* [l'intrattenimento dei piccoli].

II.1.9. IL RINNOVAMENTO SETTECENTESCO

Nel Settecento l'italiano scritto conquista progressivamente nuovi spazi. Si consolida nell'uso scientifico e in quello giuridico-amministrativo (dato che in alcune regioni non era ancora la lingua abituale della pubblica amministrazione) completando così la trasformazione da lingua prevalentemente d'uso letterario a strumento di comunicazione adatto agli usi pubblici e alla trasmissione del sapere. Solo nella seconda metà del secolo la lingua italiana diviene anche oggetto di insegnamento scolastico: ancora nei primi decenni del secolo l'erudito Ludovico Antonio Muratori denunciava «il lodevolissimo sì, ma troppo zelo d'instruire i giovani nel linguaggio latino [...] a segno ['al punto'] di non permetter loro l'esercizio dell'italiano» e di farli uscire dalle scuole «ignorantissimi della lor favella natìa» [Matarrese 2011, 1317]. Per la prima volta dunque la scuola si fa carico non solo di **insegnare in italiano** (questo, come abbiamo visto al § II.1.6, avveniva già nelle scuole d'abaco della Firenze trecentesca) ma di **insegnare l'italiano**. Questa innovazione di capitale importanza determina anche la nascita delle prime grammatiche pensate per l'insegnamento scolastico e pertanto ridefinite nella struttura e dotate di apparati didattici. Contemporaneamente sempre più corsi universitari iniziano a essere tenuti in italiano. Risolto il rapporto col latino, gli intellettuali si trovano dunque a confrontarsi con altre lingue moderne come il francese e l'inglese e col loro modo specifico di articolare il pensiero attraverso la lingua.

Alla diffusione della lingua italiana fuori dai confini della letteratura contribuì lo sviluppo della stampa periodica, che conquistò col tempo un ampio ventaglio di destinatari: dalle pubblicazioni più popolari come le gazzette, a quelle specificamente pensate per un pubblico femminile (per esempio «La donna galante ed erudita», stampato a Venezia) a quelle destinate a un pubblico colto. Fra queste ultime spicca «Il Caffè», pubblicato a Milano tra il 1764 e il 1766 (poi chiuso dalla censura austriaca) e animato dagli illuministi lombardi, fra cui figurano i nomi dei fratelli Alessandro e Pietro Verri e di Cesare Beccaria. Queste innovazioni non furono tanto rilevanti per il numero di lettori raggiunti (ancora basso) quanto perché servirono a gettare le premesse per adattare la lingua a nuovi àmbiti d'uso.

In Italia e in Europa il Settecento si impone come il periodo della divulgazione della cultura scientifica presso i non specialisti. La nascente borghesia voleva essere aggiornata sulle novità che interessavano le scienze naturali, le tecniche, la politica, l'economia, il diritto, la medicina: nasce proprio in questo periodo un nuovo genere testuale, il saggio divulgativo, funzionale alla diffusione di idee e novità e non necessariamente rivolto al campo degli specialisti. Anche la stampa periodica soddisfa questo bisogno di aggiornamento; attraverso questi nuovi canali si sviluppano e si consolidano i vocabolari delle lingue settoriali e gli usi sintattici e testuali adatti a questo tipo di comunicazione.

Per esprimere i nuovi contenuti non erano certo adatti i periodi artificiosi su cui si era modellata fino ad allora la prosa letteraria. Si inizia dunque a far strada, su influsso del francese e dell'inglese, un nuovo modo di costruire il periodo, con frasi brevi che rispettavano l'ordine Soggetto + Verbo + Oggetto, una sintassi lineare con subordinazione limitata al primo e al secondo grado, col frequente ricorso alle nominalizzazioni per alleggerire il tasso di complessità ipotattica del periodo. Questo nuovo modo di organizzare il periodo prende il nome di **stile spezzato** (in francese *style coupé*). A livello testuale la volontà di costruire uno stile denso di contenuti e povero di orpelli retorici fa percepire come superflue le connessioni interperiodali che avevano caratterizzato lo stile periodico. Fra i più critici nei confronti della lingua arcaica e paludata, troppo attenta alla forma e poco alla sostanza, figurano gli autori del «Caffè». L'emblema della prosa pedante diventa il famigerato connettivo *conciossiaché* (con la variante *conciosiacosaché*). Ecco le riflessioni sul vecchio modo di impostare la scrittura di Alessandro Verri, uno dei principali animatori della rivista:

> Gl'inglesi pensatori scrivono con non molta cura dell'ordine. I francesi con periodi vibrati e brevi. Si curano gli autori di queste due rispettabili nazioni di seguire nella composizione le traccie de' lor pensieri [...] Noi per lo contrario sembra che abbiamo nel nostro scrivere un non so che di legato, di circondotto ['non lineare'], di timido, d'impastato. Siamo sincerissimi nel far conoscere al lettore la fatica che abbiamo durato nel comporre, e piuttosto che nascondere l'arte procuriamo di farla vedere. Nella armonia, nella vanità di scelti vocaboli, nella penosa trasposizione della sintassi poniamo tutto lo studio [...] Che importa avvertire il lettore col terribile rumore di un altisonante *conciossiaché* della connessione di un periodo coll'altro? Non basta forse ch'essa vi sia? Non snerva egli lo stile il non lasciar nulla da supplire al lettore? Non è vero ordine quello che, legando il secondo periodo col primo, il terzo col secondo, fa metodicamente una catena d'episodi, e metodicamente non ha metodo; ma quello che generosamente getta sulla carta una serie di pensieri li rischiara, e loro appartien direttamente, o indirettamente [A. Verri, *Difetti della letteratura*, in *«Il Caffè», 1764-1766*, a cura di G. Francioni e S. Romagnoli, Torino, Bollati-Boringhieri 1993, vol. II, 13-14].

Insomma, allo scrittore spetta il ruolo di disporre i pensieri secondo una progressione logico-tematica coerente, al lettore, a cui si riserva un ruolo più attivo e cooperativo, spetta il compito di interpretarli, senza guidarlo per mano come si farebbe con un bambino. Una scrittura semplice e lineare, «tutta cose», che se dal punto di vista estetico faceva storcere il naso a scrittori più esigenti (Leopardi nello *Zibaldone* paragonò lo stile spezzato a una «processione di collegiali») era sicuramente funzionale alle nuove esigenze di trasmissione della cultura.

II.1.10. MANZONI E LA RIFLESSIONE SULLA LINGUA NELL'OTTOCENTO

Col Risorgimento il binomio lingua-nazione si carica di precise valenze identitarie e diventa il fondamento della rivendicazione politica dei patrioti. In realtà se guardiamo alla lingua della comunicazione quotidiana l'italianità vista come comunanza di lingua e di tradizioni («di arme, di lingua, d'altare / di memorie, di sangue e di cor», per dirla con due celebri versi del Manzoni) era, almeno per la lingua, più vagheggiata che effettivamente posseduta: la maggioranza degli italiani era analfabeta e dialettofona e l'unità di lingua, come vedremo nel prossimo paragrafo, era un obiettivo da realizzare più che un punto di partenza da cui muovere. Di conseguenza durante il secolo XIX, e grazie al contributo fondamentale di Alessandro Manzoni, la questione della lingua si pone su basi completamente nuove: non più ricerca di modelli letterari, ma anche di uno strumento comune adatto a scrivere e a parlare di qualsiasi argomento in qualsiasi situazione. Nella comunicazione orale la lingua comune si poteva intravedere, ma non certo considerarsi compiutamente rappresentata, da quei brandelli di oralità non dialettale sviluppatisi nell'Italia preunitaria di cui ci siamo già occupati (v. § II.1.8.2). Per gli scrittori il problema della lingua si poneva solo marginalmente per la poesia (più saldamente ancorata alla tradizione e a modelli codificati) mentre gli scrittori in prosa, insoddisfatti tanto dallo stile tradizionale quanto dalle innovazioni settecentesche (più adatte alla scrittura saggistica e giornalistica), sentivano la mancanza di una lingua viva e spontanea, non libresca. In questo quadro Alessandro Manzoni inizia a riflettere sulla lingua già nella prima fase della sua attività di scrittore. Da lombardo che per ragioni biografiche aveva acquisito un'ottima conoscenza del francese non poteva non notare la grande distanza tra la situazione linguistico-culturale dell'Italia e della Francia. Nel 1806, ancora ventunenne, in una lettera all'amico Claude Fauriel paragona la situazione italiana con quella francese e osserva che «lo stato dell'Italia divisa in frammenti, la pigrizia e l'ignoranza quasi generale hanno posta tanta distanza tra la lingua parlata e la scritta, che questa può dirsi quasi lingua morta» [Botta 2000, 4, cit. in Serianni 2013, 109]. Quando quindici anni più tardi si cimenta con la prosa narrativa scrivendo il *Fermo e Lucia* (dal 1821 al 1823) si scontra di nuovo col problema e sempre in una lettera al Fauriel sviluppa ulteriormente le riflessioni di scrittore in cerca di una lingua:

> Quando un francese cerca di rendere il meglio possibile le sue idee, vedete che abbondanza e che varietà di modi trova in questa lingua che va formandosi da tanto tempo e giorno per giorno: in tanti libri, in tante conversazioni, in tanti dibattiti di ogni genere. Così un francese ha una regola per scegliere le sue espressioni, e questa regola la trova nei suoi ricordi, nelle sue abitudini, che gli danno un senso quasi sicuro della conformità del suo stile con lo spirito generale della sua lingua; non deve consultare il dizionario per sapere se una parola urterà o sarà accettata; si domanda se essa è francese o no, ed è pressoché sicuro della risposta. [...] Immaginate invece un italiano che, se non è toscano, scrive in una lingua che non ha quasi mai parlato, e che (anche se è nato nel Paese privilegiato) scrive in una lingua che è parlata da un piccolo numero di abitanti d'Italia, una lingua nella quale non vengono discussi oralmente grandi problemi, una lingua in cui le opere relative alle scienze morali sono assai rare e distanziate nel tempo [...] Manca del tutto a questo povero scrittore quel sentimento per così dire di comunione col suo lettore, quella certezza di maneggiare uno strumento ugualmente conosciuto da entrambi. [*Lettera al Fauriel* del 3 novembre 1821, in Vitale 1990, 64-65].

Terminata la stesura del *Fermo e Lucia*, Manzoni prende atto del fallimento del progetto, dichiarando di aver scritto il romanzo in «un composto indigesto di frasi un po' lombarde, un po' toscane, un po' francesi, un po' anche latine». Dopo avere tentato, con la stesura della prima edizione dei *Promessi sposi* del 1825-1827, di costruire una lingua mista toscano-milanese (con la componente toscana appresa non sul campo ma attraverso la lettura di libri e la consultazione di vocabolari), approda alla convinzione che essendo la lingua un sistema radicato negli usi sociali non si poteva crearla artificialmente a tavolino, ma occorreva scegliere, tra quelli esistenti, un sistema linguistico coerente e adattabile a tutte le situazioni comunicative: Manzoni individuò questo modello, anche in seguito a un soggiorno a Firenze nel 1827, nel **fiorentino parlato dalle persone cólte**. Iniziò così un lungo e capillare lavoro di revisione linguistica (i contenuti rimasero pressoché invariati) dell'edizione ventisettana del romanzo che condusse alla seconda edizione, pubblicata nel 1840-1842. L'analisi linguistica delle correzioni apportate per l'edizione quarantana è importante perché grazie al successo di cui hanno goduto i *Promessi sposi* nella scuola e nella società postunitaria Manzoni ha avuto la forza di orientare gli usi linguistici della nazione ed è anche per questo che le pagine del romanzo appaiono molto simili all'italiano che ancora oggi usiamo. Innanzitutto lo scrittore semplifica alcune oscillazioni (**allotropi**) presenti nella lingua del suo tempo scegliendo, per fare solo alcuni esempi:

- *amavo*, *leggevo*, *sentivo* come forme di prima persona dell'imperfetto indicativo in luogo di *amava*, *leggeva*, *sentiva*;
- *siano* in luogo di *sieno* per il congiuntivo presente di *essere*;
- *aveva* in luogo di *avea* per la terza persona dell'imperfetto indicativo di *avere*.

Naturalmente non fu solo la forza dell'esempio manzoniano a far andare l'italiano in questa direzione: tutte le forme citate oscillavano da secoli con le concorrenti. Solo che fino ad allora l'italiano come lingua a trasmissione esclusivamente scritta si era potuto permettere il lusso di mantenere molti doppioni morfologici, mentre una lingua che si avviava a diventare parlata avrebbe funzionato più agilmente senza di essi. Altri esempi di riduzione di allotropi dovuta alle scelte manzoniane sono (in ciascuna coppia la prima forma è quella scelta dal Manzoni) *vedo* / *veggo*, *devo* / *debbo*, *domandare* / *dimandare*, *gettare* / *gittare*, *nemico* / *nimico*, *visto* / *veduto*.

Nel compiere la revisione del romanzo Manzoni usa anche forme e costruzioni del fiorentino parlato individuate come errori dai grammatici. Ad esempio:

- *lui*, *lei*, *loro* come pronomi soggetto in luogo di *egli*, *ella*, *essi*;
- *gli* in luogo di *loro* come pronome atono dativo (*gli ho detto* anziché *ho detto loro*); ma lo stesso Manzoni mantiene in questo caso una certa oscillazione;
- le dislocazioni e altre costruzioni marcate tipiche del parlato come frasi scisse, frasi a tema sospeso ecc. (v. § I.3.2.6).

Questi usi, che Manzoni coglie sulle bocche dei fiorentini, erano in realtà comuni a altre varietà dialettali di italiano, e grazie a ciò erano filtrate da secoli nelle scritture di registro più basso (e verosimilmente nel parlato), ma non avevano avuto la forza di affermarsi dato il freno esercitato della norma grammaticale. Queste scelte più innovative in realtà non si imposero immediatamente perché dovettero apparire troppo moderne anche ai grammatici di osservanza manzoniana.

Sono state accolte negli usi medioalti della lingua solo con la ristandardizzazione dell'italiano avvenuta negli ultimi decenni del Novecento (v. § II.2.6).

La fortuna del romanzo si misura infine anche con le numerose parole ed espressioni entrate a far parte della lingua comune: nomi di personaggi usati per antonomasia come *Azzecagarbugli* 'avvocato imbroglione e intrigante', *Carneade* 'sconosciuto', *Perpetua* 'domestica di un sacerdote'; espressioni e modi di dire come *acqua cheta*, *ambasciator non porta pena*, *dar un colpo al cerchio e uno alla botte* [Bonomi 2010; Morgana 2010].

Terminata la revisione del romanzo, e con essa la sua attività di scrittore creativo, Manzoni continua la sua riflessione sulla lingua cercando di mettere a sistema le idee maturate nel tentativo di rispondere alle proprie esigenze di romanziere. I due testi più importanti di questa seconda fase della riflessione manzoniana sono il trattato *Della lingua italiana* (che contiene riflessioni sulla natura sistematica delle lingue e sul rapporto lingua-dialetti ed è stato pubblicato postumo un secolo dopo la morte dello scrittore) e la *Relazione* al ministro Broglio del 1868. A unificazione ormai avvenuta l'allora ministro dell'istruzione Emilio Broglio nomina una commissione (presieduta dal Manzoni) col compito di individuare gli strumenti più adatti per diffondere «a tutti gli ordini del popolo» la lingua italiana. La relazione costituisce una risposta a questa richiesta ed è corredata da un'*Appendice* in cui vengono elencate delle soluzioni pratiche: per esempio la pubblicazione di un vocabolario fondato sull'uso vivo fiorentino e non più sull'uso degli scrittori (antichi o moderni che fossero); l'invio di insegnanti toscani (o educati in Toscana) nelle scuole primarie delle diverse province per dare buoni modelli di lingua e di pronuncia; il sottoporre a revisione linguistica fiorentineggiante i libri di lettura con cui i bambini avevano modo di alfabetizzarsi (abbecedari, catechismi, libri di letture scelte) e i testi e gli avvisi prodotti dalla pubblica amministrazione.

Qualche anno più tardi (1873) le idee e le proposte di Manzoni furono sottoposte a critica dal linguista goriziano Graziadio Isaia Ascoli (1829-1907), in un saggio pubblicato sul primo numero della rivista *Archivio glottologico italiano*, da lui fondata e diretta. In realtà l'obiettivo polemico dell'Ascoli non era il Manzoni, a cui riconosceva il merito di essere stato un grande scrittore e di aver contribuito a «estirpar dalle lettere italiane, o dal cervello dell'Italia, l'antichissimo cancro della retorica» [Grassi 1975, 31] ma i suoi imitatori, capaci di deformare il grande esempio del Maestro costruendo una nuova forma di retorica modellata sull'esaltazione delle componenti popolari del fiorentino (e abbiamo visto che questa non era precisamente la posizione del Manzoni, che prendeva a modello il fiorentino medio delle persone cólte).

Innanzitutto Ascoli propone un modello di lingua diverso: secondo lui il fiorentino del suo tempo non aveva particolari titoli per diventare il punto di riferimento linguistico della neonata Italia; auspicava piuttosto un italiano basato sul fiorentino nelle sue strutture portanti, ma arricchito e migliorato grazie al contributo di scrittori e intellettuali di ogni regione. Se Manzoni aveva accentuato il parallelo con la situazione francese (secondo lo scrittore Firenze avrebbe dovuto svolgere nella nascente Italia il ruolo svolto a suo tempo da Parigi nella

storia linguistica francese) Ascoli osserva che la storia politica delle due nazioni è troppo diversa e non consente questo raffronto. Accentua piuttosto il paragone con la Germania, come l'Italia giunta tardivamente all'unificazione politica dopo secoli di tradizione policentrica. Come la Germania, anche l'Italia sarebbe dovuta arrivare all'unità linguistica per mezzo di una progressiva convergenza di tradizioni e culture regionali diverse. Su questo guardare in direzioni diverse ha avuto certamente un peso la diversa generazione e la diversa formazione culturale dei due: Manzoni milanese, nato nel 1785 e cresciuto in un ambiente fortemente permeato di cultura francese e illuminista; Ascoli nato oltre trent'anni dopo a Gorizia (allora appartenente all'impero austro-ungarico) e cresciuto in un ambiente fortemente influenzato dalla cultura positivista tedesca.
Sul piano più operativo Ascoli dissente dalle proposte presentate dal Manzoni nell'*Appendice*: pur concordando sull'obiettivo finale (l'unificazione linguistica della nazione), secondo il glottologo goriziano non si poteva risolvere il problema calando soluzioni dall'alto, scrivendo vocabolari o mandando i maestri toscani a insegnare nelle scuole del Regno, ma diffondendo la cultura presso ampie fasce di popolazione. Egli rileva come problema specifico della storia culturale italiana «**la scarsa densità della cultura**». Se la civiltà italiana era stata capace di produrre grandissimi ingegni, non era però riuscita a creare, al di sotto di queste eccellenze, una classe media cólta, senza la quale anche la diffusione della lingua al di fuori della cittadella letteraria si era inceppata. Per dirla in termini più sintetici la **questione della lingua** si sarebbe risolta da sé, col tempo, risolvendo la **questione della cultura**. Certo la ricetta ascoliana richiedeva tempi più lunghi delle misure di pronto intervento manzoniane, ma invertire i termini del problema sarebbe stata dal suo punto di vista una scorciatoia fallimentare.

II.1.11. DA ITALIANI A ITALOFONI: DINAMICHE SOCIOLINGUISTICHE POSTUNITARIE

La nascita del Regno d'Italia nel 1861 determinò il trasferimento sul piano politico di una serie di problemi discussi a livello teorico nel dibattito sulla lingua primo ottocentesco: la costruzione della scuola, della burocrazia e dell'esercito del nuovo Stato imponevano la necessità di diffondere l'italiano presso tutti i cittadini. La polemica tra Ascoli e i manzoniani di cui ci siamo occupati nel paragrafo precedente in ultima analisi era tesa a fornire ricette diverse per risolvere esattamente questo problema.
Ma da quale punto partì questo lungo cammino verso l'alfabetizzazione e l'italianizzazione degli italiani? Dal punto di vista degli indicatori socioeconomici spicca la forte arretratezza dell'Italia nel quadro delle grandi nazioni europee: il reddito nazionale pro capite nel 1860 era secondo alcune stime meno di un terzo di quello francese e tedesco, meno di un quarto di quello inglese [Pescosolido 2011]. Inoltre i primi governi non erano nelle condizioni di promuovere politiche culturali e di alfabetizzazione dovendo adottare una politica di austerità per ripagare il debito accumulato dall'amministrazione piemontese nei decenni

precedenti per finanziare le guerre di unificazione. Il pareggio del bilancio, a cui seguì un relativo allentamento delle politiche di rigore, si raggiunse solo nel 1875. All'arretratezza nel contesto europeo si aggiungevano forti squilibri tra le aree del Paese. In campo educativo dal censimento del 1861 risulta un tasso di analfabetismo del 77%, dato complessivo che nasconde forti differenze interne: per esempio in Piemonte e in Lombardia si riduce al 60%, in Calabria e in Sardegna arriva al 90%. Sulla base di questi dati si sono fatte diverse stime per calcolare quale fosse il numero degli italofoni, cioè delle persone in grado di capire e parlare l'italiano rispetto alla popolazione complessiva, che ammontava all'epoca a circa 25 milioni di persone. Senza entrare nel dettaglio dei criteri seguiti per questi conteggi, diciamo che le stime oscillano tra il 2,5% e il 10% e che di conseguenza si tratta in ogni caso di una percentuale fortemente minoritaria della popolazione [De Mauro 1983; Castellani 2000].

I principali fattori che nei decenni successivi all'unificazione contribuirono alla diffusione dell'italiano furono:

a) **La scuola**. Per capire il ruolo di fondamentale importanza svolto dalla scuola in epoca postunitaria si tenga presente che dal 77% degli analfabeti nel 1861 si è passati, secondo i dati dell'ultimo censimento (2011), all'1%. Ripercorriamo quindi in sintesi i principali interventi legislativi in campo scolastico, con particolare riferimento ai loro effetti sulla riduzione dell'analfabetismo. Nel 1859 il Regno piemontese promulgò la Legge Casati, entrata in vigore nel 1860 e dal 1861 estesa a tutto il territorio nazionale: con essa lo Stato si faceva carico dell'istruzione, che diventava quindi pubblica. La legge, nel disegnare un percorso scolastico complessivo della durata di 12 anni, imponeva anche l'obbligatorietà e la gratuità dei primi due anni dell'istruzione elementare, ma non prevedeva nessun tipo di sanzione nei confronti dei genitori che non facessero rispettare ai figli l'obbligo. Nel 1877 la Legge Casati fu modificata dalla Legge Coppino, che conteneva significative novità nei programmi (per esempio l'estensione a tredici anni dell'iter scolastico complessivo, l'introduzione come materia di studio di quella che oggi chiameremmo educazione civica e l'indicazione di leggere brani di autori come Dante e Manzoni), estendeva l'istruzione elementare da quattro a cinque anni e l'obbligo ai primi tre. Ma la novità più rilevante ai nostri fini fu il prevedere sanzioni per chi non facesse rispettare l'obbligo («L'ammenda è di centesimi 50, ma dopo di essere stata applicata inutilmente due volte, può elevarsi a lire 3, e da lire 3 a 6 fino al massimo di lire 10, a seconda della continuata renitenza» recita l'art. 4 della legge). Nel 1904 la legge Orlando estese ulteriormente l'obbligo a 6 anni di scuola con l'introduzione della sesta classe elementare per chi non avrebbe proseguito gli studi. Nel 1923 la Riforma Gentile diede alla scuola italiana un assetto molto simile a quello attuale. Innanzitutto si innalzò l'obbligo scolastico sino al quattordicesimo anno di età, inoltre si definirono le linee portanti degli indirizzi della scuola media superiore, suddivisa in tre àmbiti: licei, istituti tecnici, scuole di avviamento professionale. Dopo i primi cinque anni di scuola elementare uguali per tutti, l'alunno poteva scegliere diversi percorsi; solo la via maestra del liceo classico permetteva però l'accesso a tutte le facoltà universitarie; l'istituto magistrale, di un anno più breve, era invece destinato alla preparazione dei maestri di scuola elementare. La riforma Gentile presentava punte avanzate, per esempio nei programmi per le scuole elementari realizzati da Giuseppe Lombardo Radice, in cui si suggeriva un percorso che portasse gli alunni verso la competenza dell'italiano a partire dal dialetto, non a scapito dello stesso (v. Quadro II.1.5). Dopo tali aperture in campo pedagogico, che però ebbero difficoltà a far breccia nella pratica dell'insegnamento, il regime fascista adottò un indirizzo diverso, improntando l'educazione in direzione del nazionalismo linguistico (realizzato mettendo al bando le parole straniere), della marginalizzazione dei dialetti e delle lingue di minoranza, del forte controllo ideologico (nel 1930 nelle scuole primarie venne adottato il «testo unico di Stato»: ciò significa che i libri di testo aderivano agli obiettivi del fascismo e per essere adottati dovevano essere preventivamente approvati). Nel 1938 furono introdotte le *Leggi razziali*: in campo scolastico uno degli effetti fu la segregazione dei cittadini di religione ebraica a cui non era permesso di frequentare le stesse classi degli italiani e la conseguente istituzione di sezioni a loro riservate, in cui insegnavano docenti ebrei.

b) **I movimenti migratori**. Sull'importanza e sugli effetti linguistici dell'emigrazione torneremo nella terza parte (§ III.1.2). Per ora basti accennare alla dimensione quantitativa del fenomeno: si stima che dal 1870 al 1970 siano espatriate tra i 20 e i 25 milioni di persone. La necessità di comunicare per lettera coi familiari rimasti in Italia e quella di trovare una piattaforma linguistica comune con gli altri connazionali di diversa provenienza presenti nelle comunità emigrate favorì la diminuzione della dialettofonia e dell'analfabetismo. All'emigrazione si aggiunsero, a partire dai primi decenni del Novecento, le **migrazioni interne**, effetto dell'industrializzazione, e il conseguente fenomeno dell'**urbanesimo**, cioè la tendenza della popolazione a trasferirsi dalla campagna verso le città. Il fenomeno ha interessato gran parte del XX secolo: le punte massime nella migrazione dalle aree economicamente più svantaggiate del Meridione verso il Nord industrializzato si registrano tra gli anni Cinquanta e Sessanta del Novecento. Anche in questo caso il movimento demografico innesca specifiche esigenze comunicative che vanno nella direzione della diffusione di una lingua comune. Inoltre l'industrializzazione contribuisce alla diffusione di un lessico unificato per designare i prodotti e conseguentemente determina una relativa standardizzazione del lessico e una diminuzione, almeno in alcuni settori merceologici, dei geosinonimi (v. § I.4.4.2).

c) **La burocrazia e l'esercito**. La diffusione capillare sul territorio di uffici pubblici e la quantità e varietà di testi da essi prodotti imposero il confronto di cittadini di ogni ceto e grado di istruzione con la lingua della burocrazia. Anche la leva obbligatoria (istituita nel 1861 e rimasta in vigore fino al 2005) spinse verso l'abbandono dei dialetti nei confronti dell'italiano, obiettivo che però si realizzò molto lentamente: ancora in occasione del primo conflitto mondiale esistevano notevoli problemi di intercomprensione tra gli ufficiali dell'esercito, prevalentemente di origine piemontese, e la truppa.

d) **La stampa e i mezzi di comunicazione di massa**. I giornali avevano già nel Settecento contribuito alla diminuzione del tasso di letterarietà dell'italiano scritto

QUADRO II.1.5.

Il rapporto col dialetto nella scuola postunitaria

La situazione di partenza della scuola unitaria registrava la pressoché totale dialettofonia degli alunni, a cui corrispondeva una conoscenza approssimativa dell'italiano da parte degli stessi insegnanti. In questo quadro si inseriva la poco realistica proposta manzoniana di risolvere il problema inviando maestri toscani nelle scuole del Regno (v. § II.1.11). Le varie inchieste ministeriali condotte nei decenni successivi all'Unità riportano un quadro sconfortante, da cui appare che i maestri usavano prevalentemente il dialetto o una cattiva mescolanza di dialetto e italiano aulico-letterario. Era quindi naturale che si ponesse a livello didattico la questione del rapporto tra lingua e dialetti.

La soluzione prevalente fu quella *dialettofoba*, che proponeva l'insegnamento dell'italiano a spese della capacità di comunicare in dialetto. Nella competenza dell'alunno l'italiano doveva soppiantare i dialetti, sostituirsi a loro. Nella maggior parte dei programmi scolastici non si fa menzione del dialetto o ci si riferisce a esso in termini negativi, come problema da superare. Per esempio nei programmi che seguono la Legge Orlando si impone «massime nelle tre prime classi, una speciale cura nella correzione della fonetica dialettale e dell'uso di idiotismi» [Gensini 2005, 22]. Prevale insomma l'idea del dialetto come una cattiva abitudine, il cui superamento era la condizione per accedere all'italofonia.

La strada alternativa, meno praticata nelle aule, partiva da due presupposti convergenti: *a*) che dal punto di vista etico-politico non fosse giusto sradicare la competenza dialettale perché il dialetto era portatore di una cultura e di una visione del mondo; *b*) che tale sradicamento non fosse nemmeno utile dal punto didattico-pedagogico, poiché data la somiglianza tra i dialetti e la lingua gli alunni potevano, se opportunamente stimolati dal docente attraverso raffronti e comparazioni, usare il dialetto come *ponte* per arrivare più efficacemente a una migliore competenza dell'italiano. La strada della ricerca del «fondo comune» tra lingua e dialetti era già stata auspicata dal Manzoni in una Lettera a Giacinto Carena del 1847. Era poi stata il filo conduttore delle riflessioni dell'Ascoli, che aveva notato come le abitudini linguistiche non si potevano cambiare così come ci si sfila un vestito e se ne infila uno nuovo; tuttavia fu decisamente meno praticata nella scuola postunitaria. Una felice eccezione è costituita dai programmi per le scuole elementari realizzati da Giuseppe Lombardo Radice in applicazione della riforma Gentile del 1923. In essi, come è stato notato, «alla tradizionale grammatica normativa, che va *dall'italiano all'italiano*, si sostituisce la teoria e la pratica della "comparazione", che va *dal dialetto all'italiano*» [Gensini 2005, 38]. Gli spunti di Lombardo Radice, di fatto disattesi nel ventennio fascista, furono poi ripresi nella riflessione sull'educazione linguistica negli anni Settanta del Novecento.

(v. § II.1.10). Tuttavia il numero dei lettori, ancora a fine Ottocento, era drasticamente basso, anche per effetto del forte tasso di analfabetismo: la distribuzione dei quotidiani nelle edicole e la nascita di grandi testate a diffusione regionale o nazionale come il «Corriere della sera» (1876), il «Messaggero» (1878), il «Secolo XIX» (1886), contribuirono a far crescere il numero dei lettori. Si realizzò anche un certo rinnovamento del linguaggio giornalistico, per esempio attraverso la progressiva differenziazione linguistica tra le sezioni (cronaca, politica, economia). Iniziò anche a diffondersi la pubblicità, che impose il proprio linguaggio e contribuì a semplificare ulteriormente la sintassi. Sempre attraverso la pubblicità si diffusero a livello nazionale alcuni regionalismi, come *panettone* (v. § I.4.4.2).

Nel 1924 l'URI (Unione radiofonica italiana) inizia ufficialmente le trasmissioni, nel 1930 viene prodotto il primo film sonoro italiano, nel 1954 la prima trasmissione televisiva. Queste tre date scandiscono con evidenza il ruolo crescente assunto nel XX secolo dai *mass media* nel diffondere la lingua. I nuovi mezzi di comunicazione potevano finalmente saltare l'ostacolo costituito dall'analfabetismo e raggiungere, almeno teoricamente, tutta la popolazione. Inoltre, a differenza dei mezzi di comunicazione a trasmissione scritta, potevano esercitare un'influenza anche sulle abitudini di pronuncia. Tullio De Mauro [1983, 441] ha attirato l'attenzione sul fatto che alla metà degli anni Sessanta il numero degli abbonati alla RAI superava i cinque milioni. Se si considera che un abbonamento raggiungeva un intero nucleo familiare e che all'epoca era ancora piuttosto diffuso l'ascolto di programmi televisivi nei locali pubblici o a casa dei vicini, si può capire quanto sia stato capillare l'impatto sulla popolazione: riprendendo e parafrasando una battuta di Umberto Eco possiamo dire che Mike Bongiorno coi suoi fortunati quiz televisivi ha contribuito alla diffusione dell'italiano più degli eroi del Risorgimento. Anche in conseguenza di questo profondo riassestamento dei rapporti tra lingua e società, nel corso del Novecento la lingua letteraria ha cessato di costituire il punto di riferimento per la definizione della norma linguistica. La questione fu posta da Pier Paolo Pasolini in vari interventi sulla lingua risalenti agli anni Sessanta: si stavano delineando le premesse per lo sviluppo di un «nuovo italiano», il cui baricentro sarebbe stato sempre più tecnico o tecnologico e sempre meno letterario. La letteratura aveva insomma esaurito la funzione modellizzante esercitata nei secoli passati, e la lingua comune aveva iniziato a cercare i propri punti di riferimento in altri settori, per esempio nelle scritture tecnico-scientifiche, nella lingua aziendale e dei *media*. Il fatto che gli scrittori si fossero scrollati di dosso il compito di dare la linea alla lingua della nazione ha avuto effetti positivi di ritorno sulla lingua letteraria: poeti e narratori si sono sentiti più liberi di sperimentare stili eterogenei, sia in direzione della riscoperta di elementi aulici sia, all'altro estremo, nell'accoglienza di tratti del parlato e dei dialetti. Nel prossimo capitolo analizzeremo gli effetti che questo profondo riassestamento ha determinato sull'italiano contemporaneo.

ESERCIZI

1. Quale delle seguenti non è una lingua romanza?
a) l'italiano
b) il rumeno
c) l'inglese
d) il napoletano.

2. L'espressione *latino volgare* corrisponde più o meno a:
a) latino scurrile
b) latino parlato
c) latino sgrammaticato
d) una commistione di latino e volgare.

3. In fiorentino le vocali mediobasse si sono dittongate se si trovavano:
a) in sillaba tonica aperta
b) in sillaba tonica chiusa
c) in sillaba tonica indipendentemente dalla struttura sillabica
d) in qualsiasi sillaba indipendentemente dalla sua struttura e dalla posizione dell'accento.

4. Tra le innovazioni del sistema morfologico dal latino all'italiano c'è la creazione del modo congiuntivo. ☐ V ☐ F

5. Il primo documento in volgare italiano data al:
a) sec. V (Appendix Probi)
b) sec. IX (Giuramenti di Strasburgo)
c) sec. X (Placito capuano)
d) sec. XI (affresco di S. Clemente).

6. L'affermazione del fiorentino come lingua letteraria si deve alla fortuna fuori dalla Toscana delle opere di Dante, Petrarca e Boccaccio. ☐ V ☐ F

7. Il modello di lingua proposto da Bembo è:
a) il fiorentino del Trecento
b) il fiorentino del Cinquecento
c) la lingua letteraria cortigiana
d) il solo fiorentino di Dante.

8. Con *letteratura dialettale riflessa* s'intende:
a) l'uso letterario del dialetto da parte di un autore non dialettofono
b) l'uso consapevole del dialetto a fini letterari
c) l'insieme delle traduzioni in dialetto di opere letterarie in italiano
d) l'involontario affiorare di tratti dialettali nell'italiano di autori con scarsa dimestichezza della lingua letteraria.

9. Quale di questi princìpi è estraneo alle idee linguistiche di Manzoni?
a) la lingua scritta deve essere modellata su quella parlata
b) le oscillazioni tra forme concorrenti vanno ridotte
c) il fiorentino non è l'unico modello di lingua nazionale
d) i vocabolari e i testi scolastici devono seguire l'uso vivo, non quello degli scrittori.

10. La burocrazia fu uno dei fattori che favorì l'unificazione linguistica tra fine Ottocento e Novecento. ☐ V ☐ F

11. Quali sono le fonti del latino volgare e come vengono impiegate dagli studiosi?

12. Quali sono le principali trasformazioni fonologiche, morfologiche e sintattiche dal latino all'italiano?

13. Quando e in quali regioni nasce la letteratura in volgare?

14. Quali sono le ragioni dell'affermazione del fiorentino trecentesco?

15. Quali sono le caratteristiche linguistiche delle koinè quattrocentesche?

16. Quali sono le idee espresse da Bembo nelle *Prose della volgar lingua* e quale influenza ebbero sulla questione della lingua?

17. Quali nuovi spazi furono conquistati dall'italiano scritto nel Settecento?

18. Quali sono le idee linguistiche di Manzoni e quali le critiche rivoltegli da Ascoli?

19. Quali fattori contribuirono all'unificazione e alla diffusione dell'italiano dopo l'unità nazionale?

NOTA BIBLIOGRAFICA

Un'ottima introduzione, anche metodologica, ai temi e ai problemi della storia della lingua italiana è L. Serianni, *Prima lezione di storia della lingua italiana*, Roma-Bari, Laterza, 2015. Tra le trattazioni d'insieme in un solo volume si segnalano C. Marazzini (con la collaborazione di L. Maconi), *La lingua italiana. Storia, testi, strumenti*, Bologna, Il Mulino, 2010; R. Tesi, *La formazione della lingua italiana*, Bologna, Zanichelli, 2007 e *La lingua moderna e contemporanea*, Bologna, Zanichelli, 2005; R. Cella, *Storia dell'italiano*, Bologna, Il Mulino, 2015. Per un esame più approfondito si rimanda alle seguenti opere: i dieci volumi della collana *Storia della lingua italiana* diretta da F. Bruni e pubblicata dal Mulino (1992-2003), i tre volumi della *Storia della lingua italiana* a cura di L. Serianni e P. Trifone, Torino, Einaudi, 1993-94, i due volumi curati da F. Bruni, *L'italiano nelle regioni*, Torino, UTET, i tre volumi della *Storia dell'italiano scritto* curati da G. Antonelli, M. Motolese e L. Tomasin, pubblicati da Carocci nel 2014. Sulle fonti del latino volgare si veda V. Väänänen, *Introduzione al latino volgare*, Bologna, Pàtron, 2003 (I ed. 1971). Sulla grammatica storica dell'italiano si vedano L. Serianni, *Lezioni di grammatica storica*, Roma, Bulzoni, 1998, P. D'Achille, *Breve grammatica storica dell'italiano*, Roma, Carocci, 2003 e G. Patota, *Nuovi lineamenti di grammatica storica dell'italiano*, Bologna, Il Mulino, 2007 (I ed. 2002). Sul policentrismo anche linguistico che ha caratterizzato la storia italiana si veda P. Trifone, *Storia linguistica dell'Italia disunita*, Bologna, Il Mulino, 2010.
Sulle vicende postunitarie il testo di riferimento è T. De Mauro, *Storia linguistica dell'Italia unita*, Roma-Bari, Laterza, 2008 (I ed. 1963) e la sua ideale prosecuzione dello stesso autore, la *Storia linguistica dell'Italia repubblicana*, Roma-Bari, Laterza, 2014. Sui metodi per l'insegnamento dell'italiano nella scuola si veda S. Gensini, *Breve storia dell'educazione linguistica dall'Unità a oggi*, Roma, Carocci, 2005.

CAPITOLO **II.2**

L'italiano nello spazio sociale e comunicativo

In questo capitolo tracceremo un panorama dell'italiano contemporaneo e delle sue principali varietà sociali e situazionali. Dopo un inquadramento generale sulla nozione di repertorio e sulle dimensioni della variazione, ci occuperemo delle differenze tra lingua scritta e orale, dei movimenti che hanno portato alla ridefinizione della lingua standard, delle specificità dei linguaggi tecnico-scientifici, dell'influsso esercitato dai mass-media e dall'inglese sulla lingua.

II.2.1. LA COMPETENZA PLURILINGUE. VARIETÀ E REPERTORIO, BILINGUISMO E DIGLOSSIA

Negli studi di sociolinguistica si usa la nozione di **repertorio** per riferirsi all'insieme delle risorse linguistiche a disposizione di un parlante (in questo caso si parla di **repertorio individuale**) o di una comunità nel suo insieme (in questo caso si parla di **repertorio comunitario**) in un determinato momento storico.
Le **risorse linguistiche** possono essere sia lingue tra loro distinte (per es. l'italiano, il cinese o l'albanese) sia varietà sociali o geografiche della stessa lingua (italiano standard, italiano regionale, italiano colloquiale ecc.). Naturalmente in un repertorio le une possono convivere con le altre. Quando analizziamo le varietà di un repertorio dobbiamo quindi tenere distinti due livelli: la **variazione interlinguistica**, cioè la compresenza di **lingue diverse** nella competenza di un parlante o di un gruppo e la **variazione intralinguistica**, cioè la compresenza di **varietà diverse della stessa lingua**. Se ripercorriamo la storia linguistica italiana osserviamo che non sempre la distinzione tra i due livelli è stata agevole: si pensi per esempio alla percezione della distanza tra latino e volgari in tutto il periodo della transizione latino-romanza (§ II.1.1) o di quella tra fiorentino e altre varietà locali nella fase medievale (§§ II.1.2-II.1.7). Anche nella realtà attuale la percezione dei confini tra le varietà è in parte soggettiva: se è chiaro a tutti che il repertorio della comunità tedescofona dell'Alto Adige presenta va-

riazione interlinguistica (italiano e varietà locale di tedesco sono percepiti come sistemi autonomi), le cose si complicano nel caso della compresenza di italiano e dialetto nel repertorio, poniamo, di un genovese o di un siciliano. Ciò avviene anche a causa della progressiva osmosi tra italiano e dialetti di cui parleremo nel prossimo capitolo.

Quando si parla di **bilinguismo** ci si può riferire sia a una condizione individuale (per es. Giulia è bilingue perché per ragioni familiari conosce altrettanto bene l'italiano e il tedesco; sul bilinguismo individuale v. Quadro II.2.2 del capitolo III.2), sia a una condizione sociale, che investe intere comunità regionali o nazionali: per es. il Canada e il Belgio sono Stati bilingui.

Un'ulteriore distinzione è quella tra **bilinguismo monocomunitario**, che si ha quando esiste un'unica comunità bilingue (per es. i valdostani conoscono di norma sia l'italiano sia il francese) e **bilinguismo bicomunitario**, che si ha quando due sottocomunità conoscono bene una sola delle due lingue in contatto (per es. in Alto Adige convivono una sottocomunità tedescofona e una italofona). In queste situazioni ciascuna sottocomunità utilizza la propria varietà con forte valore identitario. Secondo la terminologia del linguista statunitense John Gumperz tale varietà costituisce il *we code*, contrapposto al *they code* degli altri. Possono essere bilingui singole aree geografiche (per esempio l'Alto Adige, la Valle d'Aosta, i comuni di lingua greca della Puglia e della Calabria ecc.: v. § II.3.4) o interi Stati, nel caso in cui due o più varietà siano riconosciute come standard: per fare solo alcuni esempi il Belgio (col francese e il neerlandese), il Canada (col francese e l'inglese), la Svizzera (con il tedesco, il francese, l'italiano e il romancio).

Il parlante non alterna le varietà del repertorio casualmente, ma sulla base di convenzioni socialmente e storicamente codificate. Per definire meglio i rapporti tra le varietà di un repertorio occorre far riferimento al **dominio d'uso** in cui ciascuna varietà è impiegata. Per dominio si intende una classe di situazioni comunicative: il lavoro, la famiglia, la scuola, gli usi ufficiali ecc. Su tale base, seguendo la terminologia introdotta dal linguista statunitense Charles Ferguson intorno alla metà del secolo scorso, si distingue tra **diglossia** e **bilinguismo**. Quando le due varietà non hanno uguale prestigio e sono utilizzate in àmbiti funzionali diversi si parla di **diglossia**. Nelle situazioni di diglossia esiste una varietà «alta» che occupa lo spazio della comunicazione scritta, formale, ufficiale e una o più varietà «basse», che occupano lo spazio della comunicazione orale e informale. L'Italia ha conosciuto a lungo (più o meno tra il Cinquecento e la fine del Novecento) una situazione di diglossia, con una varietà alta (l'italiano scritto) e diverse varietà basse differenziate localmente (i dialetti). Solo negli ultimi decenni, come vedremo meglio nel corso del capitolo, l'italiano sta progressivamente occupando lo spazio della comunicazione informale, che condivide coi dialetti. Un'altra caratteristica tipica delle situazioni di diglossia è che solo la varietà «bassa» viene appresa spontaneamente, mentre quella «alta» è appresa secondariamente, di solito a scuola. Nell'Italia del XXI secolo non si può più parlare di una vera e propria situazione di diglossia perché un numero sempre più elevato di parlanti ha l'italiano e non il dialetto come lingua

materna; di conseguenza l'italiano (o sue varietà regionali) occupa da solo lo spazio della comunicazione formale, mentre condivide coi dialetti lo spazio della comunicazione informale. In altre parole per comunicare in situazioni informali possiamo scegliere di utilizzare sia l'italiano sia i dialetti. Per rappresentare questa situazione è stato proposto il termine **dilalìa** [Berruto 2004, 128-132].
Alle distinzioni fin qui introdotte occorre aggiungere che nelle concrete situazioni comunicative le varietà del repertorio possono essere alternate o mescolate. L'**alternanza di codice** è connessa con le situazioni di diglossia e prevede la selezione di varietà diverse in relazione agli àmbiti d'uso. Per esempio l'impiego dell'italiano a scuola e della lingua materna in famiglia può essere la condizione normale per un bambino figlio di immigrati. La **commutazione di codice** (o *code-switching*) è invece il passaggio da una varietà a un'altra all'interno dello stesso scambio comunicativo e da parte dello stesso parlante. La commutazione di codice è stata oggetto di numerosi studi, volti a mettere in luce che si tratta di un'oscillazione non caotica, ma governata da regole pragmatiche. Essa si configura come una vera e propria strategia discorsiva a disposizione del parlante per segnalare, fra l'altro: *a*) un cambio di destinatario; *b*) l'inizio e la fine di una citazione; *c*) l'introduzione di elementi dal forte valore espressivo; *d*) un atteggiamento di coinvolgimento o di presa di distanza del parlante rispetto a ciò che sta dicendo; *e*) un atteggiamento ludico. Per **commistione di codici** (o *code-mixing*) si intende infine la realizzazione di **enunciati mistilingui**, vale a dire la compresenza, nell'enunciato dello stesso interlocutore, di unità sub-frasali (parole, sintagmi) appartenenti a lingue o a varietà di lingua diverse [Berruto 2004].
I concetti fin qui tracciati, elaborati dalla sociolinguistica intorno alla metà del secolo scorso, sono ancora molto utili per definire il concetto di competenza plurilingue e i rapporti tra le lingue in contatto a livello individuale e comunitario, ma si fondano sulla premessa che l'individuo sia inserito in una comunità linguistica geograficamente determinata e territorialmente contigua. Sono pertanto messi alla prova dal diffondersi della comunicazione digitale, che può scavalcare le distanze geografiche e creare comunità virtuali non necessariamente basate sulla contiguità territoriale. Ciò da un lato rende più fluidi i confini, dall'altro favorisce le occasioni di mescolanza e commistione dei codici.

II.2.2. LE DIMENSIONI DELLA VARIAZIONE

Alcuni usi linguistici dipendono da parametri extralinguistici, che prendono il nome di **dimensioni di variazione**: l'età, il sesso, il gruppo sociale di appartenenza, il luogo di nascita, il livello di scolarizzazione, la situazione comunicativa ecc. Le più importanti sono quattro:
- lo **spazio geografico** (variazione **diatopica**);
- le **caratteristiche sociali** e il **grado di scolarizzazione** (variazione **diastratica**);
- la **situazione comunicativa** (variazione **diafasica**);
- il **canale** o **mezzo** (scritto, orale o trasmesso) utilizzato per la comunicazione (variazione **diamesica**).

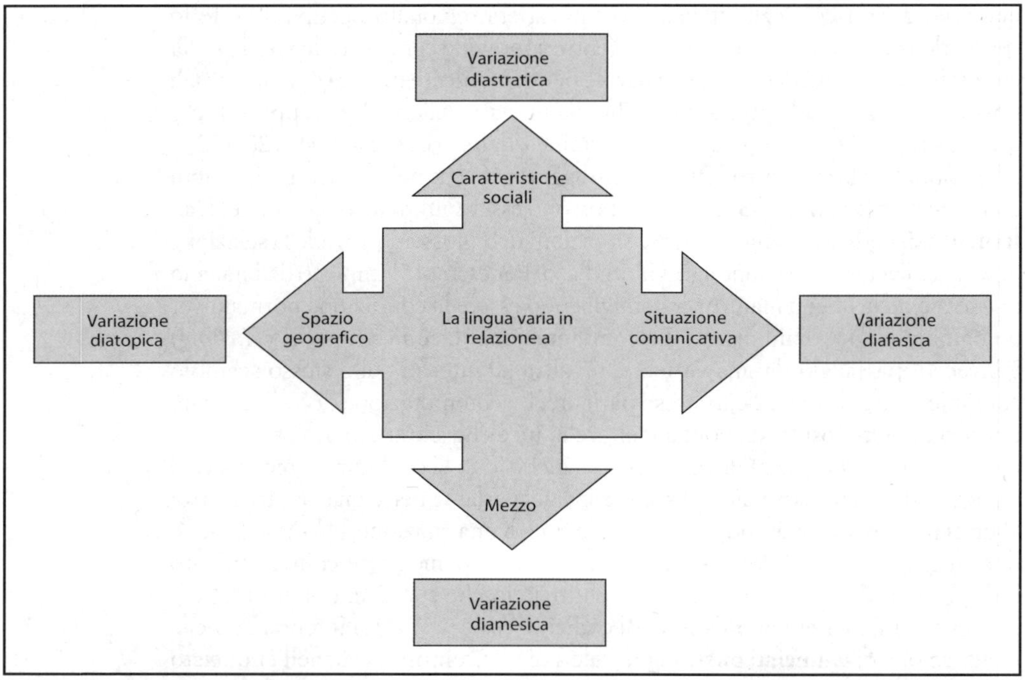

fig. II.2.1. *Le dimensioni di variazione della lingua.*

Esiste poi una variazione **diacronica**, cioè attraverso il tempo, alla quale abbiamo dedicato l'intero capitolo precedente. Le quattro dimensioni sincroniche della variazione sono rappresentate nella figura II.2.1.

La variazione diastratica si osserva tra individuo e individuo (è cioè **interindividuale**), e come tale è rigida o soggetta a modificarsi solo in tempi lunghi (per es. in seguito al progresso del livello culturale di un adulto), mentre le altre dimensioni della variazione sono dinamiche e negoziabili in quanto vengono continuamente rimodulate dallo stesso individuo (sono cioè **intraindividuali**) in base al variare della situazione comunicativa: per esempio ognuno adegua il tasso di regionalità della propria pronuncia (limitando o accentuandone le caratteristiche) secondo il grado di formalità della situazione e nei limiti che gli sono concessi dal suo grado di alfabetizzazione. Analogamente la variazione diamesica determina l'adeguamento della sintassi, della testualità, del lessico e della pronuncia alle differenze strutturali tra comunicazione scritta e orale (v. § II.2.3).

La variazione diafasica si realizza attraverso l'uso dei diversi **registri** (livelli di lingua) e **sottocodici** (o **lingue speciali**: v. II.2.7). La concreta configurazione di un testo è determinata sia dalla **situazione** (più o meno formale: conversazione in famiglia, interazione tra medico e paziente, esame universitario) sia dall'**argomento** (conversazione libera, rigida su argomenti non specialistici, rigida su argomenti specialistici ecc.) sia dalle **relazioni sociali** tra le persone coinvolte (confidenziali, formali, gerarchiche ecc.). Per esempio possiamo veicolare più o meno lo stesso contenuto informativo usando registri diversi: *Le dispiace regolare al minimo la suoneria del cellulare?*; *Può abbassare il volume del cellulare?*; *Per favore abbassa il volume del cellulare*; *Abbassa un po' 'sto volume!* ecc. Gli esempi appena visti documentano escursioni di registro a parità di argomento. Ma il nostro modo di comunicare, come abbiamo detto, varia anche sulla base degli altri parametri: per esempio se un ragazzo spiega come si risolve un problema di matematica al compagno di banco o al professore durante un'interrogazione formulerà diversamente il testo. In questo caso rimane fisso l'argomento e il sottocodice (la lingua della matematica), ma cambiano la situazione comunicativa e le relazioni di ruolo. In realtà il sottocodice, soprattutto se specialistico, seleziona già in qualche modo il registro: volendo si può parlare di astrofisica usando un registro basso, ma solo entro certi limiti, e comunque di solito non lo si fa. In altre parole i **registri sono «modi diversi di dire la stessa cosa»** mentre **i sottocodici** (o **lingue speciali**, v. § II.2.7) **sono «modi di dire cose diverse»** [Berruto 2011, 21]. Da alcuni la variazione diamesica non è considerata una dimensione autonoma, ma una sottovarietà di quella diafasica in quanto lo scritto di solito si associa alle situazioni formali e il parlato a quelle informali[1]. L'abbiamo comunque inserita nello schema in figura II.2.1 perché le è stata dedicata particolare attenzione negli studi sulla storia dell'italiano e anche perché nella realtà attuale lo scritto può essere utilizzato, più che in passato, in situazioni informali (v. § II.2.8). La variazione diafasica è poi correlata a quella diamesica: se faccio gli auguri di compleanno a un amico di persona, al telefono, per *e-mail* o tramite Facebook rimangono ferme il contenuto e le relazioni di ruolo ma cambia il mezzo utilizzato. La variazione diafasica e in parte quella diamesica sono spesso realizzate attingendo alle possibilità offerte dalla variazione diatopica: quanto più ci muoviamo in direzione dell'informalità e dell'oralità spontanea, tanto più accediamo a varietà influenzate dal luogo di provenienza, italiani regionali o dialetti che siano. Delle varietà su base geografica che insistono nello spazio linguistico italiano ci occuperemo nel prossimo capitolo.

Va ricordato che il punto di partenza per lo sviluppo delle varietà del repertorio è la lingua orale e informale, cioè il parlato quotidiano. Le varietà formali si acquisiscono dopo, attraverso il contatto con situazioni linguistiche, argomenti e tipi di testo che le rappresentano e si innestano su quelle primarie. Come è stato osservato:

> Nessuno è parlante nativo delle varietà formali. Un'affermazione di questo tipo può essere sostenuta dall'osservazione delle modalità di apprendimento di queste varietà; esse, infatti, non vengono imparate nella socializzazione primaria, ma solo più tardi, quando si entra effettivamente in contatto con tipi di testi e situazioni che le presentano [Moretti 2011, 61-62].

[1] Il termine *diamesia* è stato coniato da Mioni [1983]. Per un dettagliato resoconto sulla storia del termine v. Pistolesi [2015], che propone il riassorbimento di questa dimensione in quella diafasica.

L'affermazione citata ha validità generale. Per quanto riguarda l'italiano possiamo osservare che la nostra lingua ha conquistato questa configurazione naturale (prima si acquisisce la varietà informale, poi su questa si innestano le varietà formali) solo in tempi recenti, con lo sviluppo dell'italofonia nella maggioranza della popolazione e l'abitudine a usare l'italiano anche nei contesti informali e familiari (v. § II.3.2.2). Nei secoli passati la situazione era diversa: il dominio dell'informalità era occupato dai dialetti e chi avesse voluto utilizzare l'italiano per parlare di argomenti quotidiani doveva compiere un percorso innaturale, doveva cioè «inventare» la varietà informale a partire da quella formale. Proprio da considerazioni analoghe si svilupparono le riflessioni di Alessandro Manzoni sulla lingua italiana di cui ci siamo occupati nel capitolo precedente (§ II.1.11). In sintesi, in seguito all'unificazione e alla diffusione dell'italofonia (v. § II.1.11), la variazione lungo l'asse della formalità si è gradualmente trasformata da interlinguistica (italiano e dialetti sono sistemi diversi) in intralinguistica (italiano formale e informale sono varietà della stessa lingua).

II.2.3. SCRITTO E PARLATO

La scelta del canale grafico-visivo o di quello fonico-uditivo determina importanti differenze sia dal punto di vista dell'emittente sia da quello del ricevente, e da queste dipende la veste finale del messaggio. Per quanto riguarda l'emittente la caratteristica più importante è il tempo a disposizione per l'elaborazione del messaggio: nel parlato, a differenza dello scritto, abbiamo poco tempo per progettare ciò che stiamo per dire. Dal punto di vista del ricevente svolge un ruolo determinante la limitata capacità di mantenere nella memoria a breve termine le informazioni; si tratta di un limite cognitivo che impone all'emittente di formulare enunciati brevi e sintatticamente semplici se vuole essere compreso. Un terzo elemento distintivo è la presenza o l'assenza del destinatario: il parlato è normalmente caratterizzato dalla presenza dell'interlocutore al momento dell'enunciazione, mentre nello scritto si determina una frattura fra il momento della produzione e quello della fruizione del testo, con la conseguente impossibilità per l'emittente di fare riferimento a un contesto condiviso. Infine il parlato spontaneo ha normalmente realizzazione dialogica, nasce cioè dall'interazione tra più persone, mentre lo scritto ha tipicamente carattere monologico.

Quelle appena descritte sono le due condizioni estreme della variazione diamesica: da un lato il parlato spontaneo, dialogico e informale; all'estremo opposto lo scritto, monologico e formale. Nella realtà abbiamo a che fare però anche con una gamma di condizioni intermedie: per esempio il parlato può essere monologico e formale (una lezione universitaria), lo scritto dialogico e usato nel dominio dell'informalità (si pensi al dialogo attraverso un sistema di messaggistica per telefoni cellulari). Ciò determina il travaso di caratteristiche tipiche del parlato in testi scritti e dello scritto in alcuni tipi di parlato trasmesso o recitato. Questa idea, già presente negli studi di linguistica italiana a partire da due saggi di De Mauro [1970] e Nencioni [1976] in cui si individuava lo spazio tra oralità e scrittura come un *continuum* di varietà piuttosto che come un'opposizione binaria, si è ancor più rafforzata in seguito alla diffusione delle varie forme di trasmesso (parlato e scritto) rese possibili dalle nuove tecnologie (v. § II.2.8).

II.2.4. ITALIANO STANDARD

La standardizzazione di una lingua è il risultato di un processo storico che prevede più fasi. In primo luogo è necessario un momento di **selezione**; a partire dalle diverse varietà presenti in uno spazio linguistico si può elaborare per ibridazione e mescolanza una koinè (§ II.1.7) oppure si può scegliere una sola tra le varietà concorrenti: per l'italiano, come abbiamo visto nel capitolo precedente, si è presa questa seconda strada e la scelta è caduta sul fiorentino del Trecento. Alla selezione segue un momento di **codificazione**: le regole della varietà scelta vengono esplicitate attraverso grammatiche (norma esplicita) e/o diffuse attraverso l'imitazione di modelli condivisi (norma implicita). Per l'italiano questo processo ha preso avvio con le prime grammatiche realizzate nel Cinquecento e con l'imitazione dell'uso di alcuni autori. La terza fase è costituita dall'**allargamento della varietà individuata a una più ampia base di utenti**: ciò può avvenire attraverso il dominio politico-militare o, come nel caso dell'italiano, a causa del prestigio culturale. L'ultima fase, che porta a conclusione il processo, consiste nell'**estensione delle funzioni**, cioè nella possibilità di usare la varietà standard in tutti gli usi, orali e scritti. Per gli usi scritti questo processo è stato compiuto dall'italiano tra il Cinquecento e l'Ottocento, mentre per la lingua orale il percorso si è avviato con l'unità d'Italia ma non può dirsi ancora del tutto compiuto, almeno per le abitudini di pronuncia. Rappresentiamo nella figura II.2.2 le fasi del processo di standardizzazione.
In sintesi possiamo dire che dopo un secolo e mezzo di storia unitaria e grazie ai motori dell'italianizzazione esaminati nel capitolo precedente (v. § II.1.11) l'italiano ha quasi del tutto completato il percorso verso la standardizzazione.
L'italiano standard, codificato dalle grammatiche e assunto come modello di prestigio dalle persone cólte, assume le caratteristiche di un **fiorentino emendato** [Galli de' Paratesi 1984, 57], cioè del fiorentino parlato privato di alcuni tratti, soprattutto di pronuncia, considerati dialettali o popolari. Per quanto

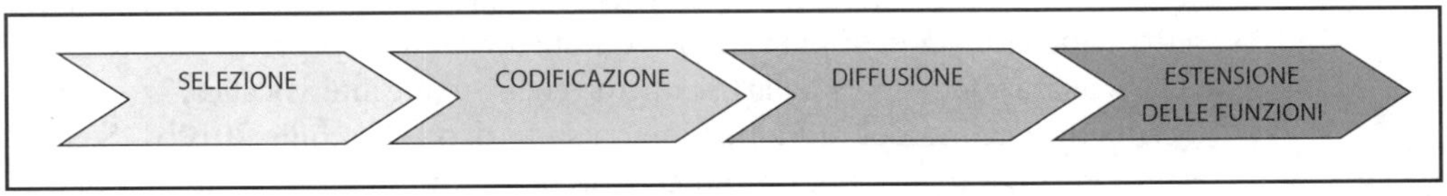

fig. II.2.2. *Le fasi del processo di standardizzazione di una lingua.*

riguarda la morfosintassi le principali caratteristiche del fiorentino parlato non accolte (cioè emendate) sono:
1. l'impiego generalizzato della forma *si* + 3ª persona singolare in luogo della quarta persona del verbo (*si va* anziché *andiamo*);
2. i pronomi clitici soggetto: *e' dice* ['lui dice'], *la canta* ['lei canta'], *le cantano* ['esse/loro cantano'];
3. l'uso obbligatorio del pronome personale soggetto.
Per quanto riguarda la fonetica non sono state accolte:
4. le forme monottongate *bono*, *novo* ['bɔno], ['nɔvo], in luogo di *buono*, *nuovo* ['bwɔno], ['nwɔvo];
5. la gorgia, cioè la pronuncia fricativa o approssimante (v. II.3.2) delle occlusive tenui intervocaliche [p], [t], [k]: *tipo* ['tiφo, *dito* ['diθo], *baco* ['baho] e delle corrispondenti sonore [b], [d], [g]: *libero* ['liβero], *frode* ['froðe], *mago* ['maɣo];
6. la pronuncia fricativa delle affricate prepalatali sorda e sonora in posizione intervocalica: ['baʃo], [ra'ʒone] anziché ['batʃo], [ra'dʒone] per *bacio*, *ragione*.
Si tenga presente che quasi tutti i fenomeni elencati sono innovazioni post-trecentesche del fiorentino. Questo è stato un fattore determinante nel determinarne l'esclusione dallo standard. Per quanto riguarda il tratto 6 va poi precisato che alla grafia unica corrispondono diverse pronunce a livello locale: cioè tutti scriviamo *bacio* o *ragione* ma le pronunce sono molto diverse: per es. a Roma la [tʃ] si pronuncia con la corrispondente fricativa [ʃ] come in Toscana mentre la [dʒ] rimane affricata e si intensifica ([rad'dʒone]); nelle varietà settentrionali sono presenti varie pronunce di [tʃ] e [dʒ] caratterizzate da avanzamento articolatorio e deaffricazione (v. § II.3.2). Quest'ultima osservazione ci offre lo spunto per notare un'altra cosa, e cioè che a livello di pronuncia l'italiano standard inteso come fiorentino emendato:
1. è solo virtuale, nel senso che non è praticato se non da ristrettissimi gruppi (come i doppiatori e gli attori professionisti) che dopo aver frequentato corsi di dizione sono in grado di realizzare una pronuncia priva di inflessioni regionali. Nel passato recente ha avuto una limitata diffusione attraverso il modello proposto dal doppiaggio cinematografico, dagli annunciatori televisivi e dagli speaker dei telegiornali della radiotelevisione di Stato, ma all'incirca dalla metà degli anni Settanta non è più così, nel senso che il parlato radio-televisivo e cinematografico risente sempre più marcatamente delle pronunce locali [Bonomi 2011];
2. non è del tutto condiviso nemmeno come modello astratto, cioè non è considerato un ideale punto di riferimento dalle persone cólte quando devono parlare in contesti formali. La storia linguistica novecentesca ha portato la pronuncia considerata di prestigio a differenziarsi ulteriormente dal fiorentino, accogliendo alcune caratteristiche della pronuncia milanese (o genericamente settentrionale). Per esempio vanno in questa direzione la progressiva estensione della realizzazione sonora della fricativa alveolare tenue intervocalica, *casa* [kaza], e un netto declino del raddoppiamento sintattico [D'Achille 2010b]. Sembra essere in declino anche la pronuncia aperta del dittongo fiorentino [jɛ], sotto la pressione delle parlate settentrionali e meridionali, che per ragioni diverse

presentano [je]. La chiusura del dittongo sta recentemente interessando anche il parlato di Roma [Biasci 2012].
In sintesi la diffusione di una lingua standard può oggi ritenersi soddisfacente, seppure con due nodi non risolti:
1. la condivisione del modello riguarda l'ortografia, la morfologia, in buona parte la sintassi e in misura accettabile il lessico (continua a essere differenziato quello del vocabolario quotidiano: v. §§ I.4.4.2; I.3.3); la fonologia e l'intonazione sono invece sensibili alla provenienza geografica del parlante; ciò determina, fra l'altro, l'indebolimento di alcune opposizioni fonologiche (in particolare /ɛ/ ~ /e/, /ɔ/ ~ /o/, /s/ ~ /z/, /ts/ ~ /dz/; v. § I.1.9);
2. persiste una certa distanza tra la norma prevista dalle grammatiche e insegnata nelle scuole e gli usi reali.
La prima caratteristica sembra destinata a stabilizzarsi, nel senso che l'italiano si avvia a diventare una varietà **parzialmente standardizzata**: cioè con una compiuta unificazione nelle strutture morfosintattiche, con un livello leggermente minore di uniformità a livello di lessico e fraseologia, ma con diverse realizzazioni locali per quel che riguarda la pronuncia. Quanto alla seconda, la ristandardizzazione avvenuta negli ultimi decenni (v. § II.2.6) ha notevolmente ridotto la distanza tra la norma delle grammatiche e l'uso. Prima di affrontare la ristandardizzazione dobbiamo però chiarire il rapporto tra norma e uso.

II.2.5. SISTEMA, NORMA E USO: GRAMMATICALE, CORRETTO, ACCETTABILE

Il filone principale della linguistica novecentesca ci ha abituato a descrivere i fatti linguistici seguendo delle coppie oppositive: *langue* / *parole* nel modello di Saussure, competenza e esecuzione in quello di Chomsky. Altre correnti hanno invece insistito sul fatto che tra il piano astratto del sistema e quello concreto degli usi individuali si colloca un livello intermedio, grazie al quale le regole entrano in relazione con le abitudini concrete. Fra questi il linguista rumeno Eugenio Coseriu (1921-2002), studioso di lingue romanze e docente nella prestigiosa università tedesca di Tubinga. Nei suoi lavori egli individua tre livelli diversi nella manifestazione del linguaggio: il livello universale del linguaggio come facoltà umana, quello storico-sociale delle singole lingue e, infine, quello individuale dei testi come realizzazioni concrete, in forma orale o scritta. Anche nella descrizione di una singola lingua occorre tenere distinti tre livelli: il **sistema** (cioè le regole astratte che permettono al codice di funzionare come tale), la **norma** (che possiamo immaginare come la media delle scelte fatte dalla maggioranza dei parlanti all'interno del perimetro di possibilità offerto dal sistema) e l'**uso** (cioè le abitudini concrete dei parlanti). Dalla differenza concettuale tra sistema, norma e uso deriva quella tra **grammaticalità**, **correttezza** e **accettabilità**. Sono **agrammaticali** le parole, le espressioni o le frasi che violano le regole generali del sistema della lingua italiana. Convenzionalmente si usa l'asterisco per contrassegnarle: per esempio da *buono* non posso derivare **buonale* perché *-ale* è un suffisso che si aggiunge a nomi per formare aggettivi (*commercio* → *commerciale*). Analogamente è agrammaticale un composto come **carteferma* invece di *fermacarte* perché violerebbe l'ordine dei costituenti tipico dell'italiano (v. § I.3.2.2). Quanto alla sintassi un esempio di frase agrammaticale può essere **Marco e Chiara adora la lirica* perché il soggetto non si accorda col verbo. A un livello diverso si collocano frasi come le seguenti:

(1) Se avrei tempo, mi iscriverei a un corso di cucina;
(2) La prego vadi avanti lei.

(1) e (2) sono estranee alla norma, dunque **scorrette**, ma non agrammaticali, perché non violano regole di sistema. L'esempio (2) consente di fare un'altra considerazione: la **norma è soggetta a continua evoluzione nel tempo**; i congiuntivi in *-i* come *vadi*, *venghi*, oggi stigmatizzati nella coscienza linguistica comune in seguito all'uso che se ne è fatto nella saga cinematografica fantozziana, nel passato sono stati usati da scrittori come Ariosto, Machiavelli e Leopardi [Antonelli 2007, 39].
A un livello ancora diverso si collocano oscillazioni come le seguenti:

(3) In questa stanza vi sono troppi mobili / In questa stanza ci sono troppi mobili;
(4) Se lo avessi saputo non sarei venuto / Se lo sapevo non venivo.

Qual è la differenza tra (1)-(2) e (3)-(4)? Se le sottoponessimo al giudizio di un gruppo di parlanti, ci sarebbe con ogni probabilità accordo nel considerare (1) e (2) come scorrette, mentre per (3) e (4) il giudizio probabilmente non sarebbe univoco, o introdurrebbe un'altra dimensione, fin qui trascurata: il **diverso grado di accettabilità**: la variante di sinistra è più usata nei registri formali, quella di destra nei registri informali. Ciò accade perché le coppie di frasi (3)-(4) rappresentano alternative entrambe possibili nell'italiano contemporaneo: si tratta cioè di **oscillazioni nell'uso**. Quando le oscillazioni si risolvono a favore dell'una o dell'altra possibilità, determinano un riassestamento della norma.
Come si sarà compreso Coseriu intende *norma* non nel senso grammaticale, ma come **norma sociale**, la cui definizione non è delegata ad autorità esterne come le grammatiche e i dizionari ma alla percezione media della comunità sull'accettabilità o la non accettabilità di una parola o di un'espressione. Il riassestamento della norma sociale ha innescato negli ultimi decenni un processo di ridefinizione dell'italiano standard che viene definito **ristandardizzazione**. Ce ne occuperemo nel prossimo paragrafo.

II.2.6. MOVIMENTI NELLA NORMA: LA RISTANDARDIZZAZIONE

Francesco Sabatini ha introdotto, alla metà degli anni Ottanta del secolo scorso, il concetto di **italiano dell'uso medio**, ossia la lingua utilizzata «nell'uso parlato e scritto di media formalità» e accolta nell'opinione comune come varietà che «si

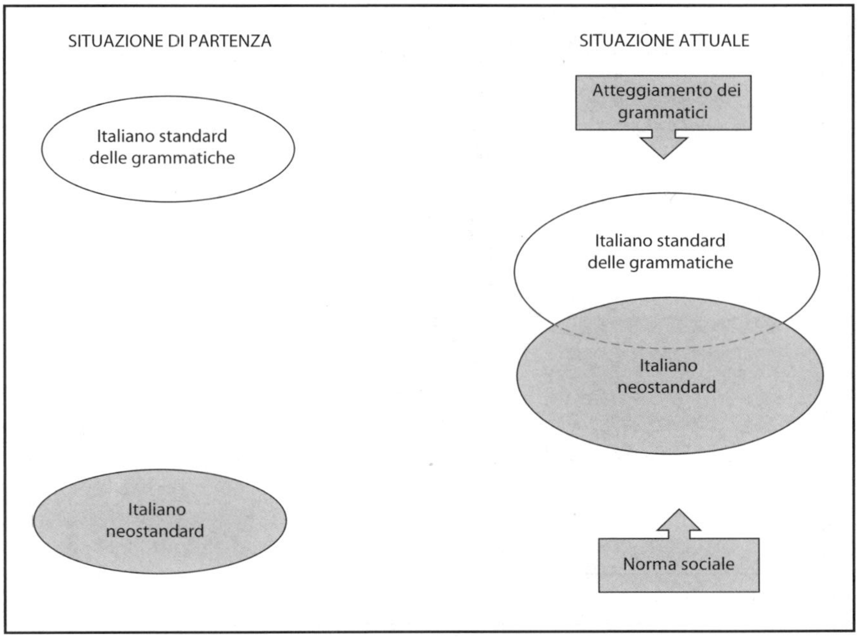

fig. II.2.3. *La ristandardizzazione dell'italiano.*

candida ad occupare, dopo secoli di ostracismo, il baricentro dell'intero sistema linguistico italiano» [Sabatini 1985, 155, 175]. Più o meno negli stessi anni Gaetano Berruto [1987], nel descrivere il repertorio dell'italiano, contrapponeva allo standard normativo proposto dalle grammatiche un **neo-standard**, più vicino agli usi reali, e sottolineava come nella dialettica tra queste due varietà si stesse giocando la partita per la definizione di uno standard senza aggettivi. Entrambe le riflessioni partivano da una constatazione comune, e cioè che lo scarto tra la norma prevista dalle grammatiche e gli usi reali era consistente. Naturalmente il fatto che la lingua standard sia in qualche misura frutto di un'idealizzazione e astrazione di modelli linguistici reali è inevitabile: quello che si contestava all'italiano grammaticale era la sua eccessiva distanza dall'uso. Analoghe considerazioni portarono Tullio Telmon a considerare di fatto l'italiano privo di una varietà standard senza aggettivi [1989, 691-692].

La **ristandardizzazione** può essere vista come una risposta a questa esigenza e ha determinato la progressiva accettazione nella norma di fenomeni già presenti nell'uso da secoli, ma tenuti ai margini dell'italiano normato. Si è trattato cioè di un graduale movimento di «risalita nella scala di prestigio di forme da secoli possibili in italiano» [Cortelazzo 2012, 9]. I fattori determinanti di questo movimento sono stati i cambiamenti nella norma sociale e, specularmente, il mutato atteggiamento dei grammatici. I primi hanno determinato la percezione dell'accettabilità di alcuni fenomeni, il secondo ha portato a cercare una migliore sintonia tra le prescrizioni grammaticali e l'uso. Diamo una rappresentazione grafica della ristandardizzazione dell'italiano contemporaneo nella figura II.2.3.

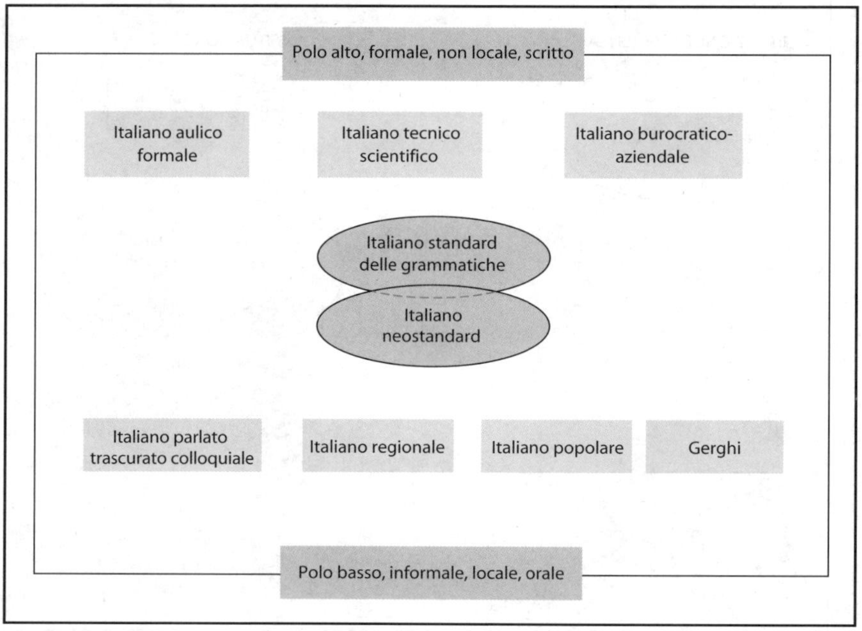

fig. II.2.4. *L'architettura dell'italiano contemporaneo.*

La diminuzione del tasso di normatività delle grammatiche è facilmente verificabile: molti dei fenomeni che analizzeremo nei paragrafi II.2.6.1-II.2.6.3 erano considerati scorretti, dunque estranei alla norma, in una grammatica di qualche decina d'anni fa mentre sono considerati accettabili (pur con alcuni distinguo relativi al registro e al canale) in una di più recente pubblicazione. La mutata impostazione delle principali grammatiche, scolastiche e non, ha contribuito a orientare la percezione degli utenti, rendendoli consapevoli che è difficile immaginare il confine tra usi corretti e usi scorretti come una **linea di demarcazione netta**. Nella realtà tale linea assume piuttosto l'aspetto di un'**area**, una zona di transizione tra ciò che è interno alla norma e ciò che rimane estraneo a essa [Palermo 2010]. Questa mutata sensibilità comporta per esempio il fatto che un determinato uso sia considerato accettabile in alcuni registri, non accettabile in altri. L'insieme di queste circostanze ha determinato «un diverso rapporto di forza tra norma e uso» [Sabatini 1990, 271] e, di conseguenza, un progressivo avvicinamento tra l'italiano delle grammatiche e quello dell'uso, dando luogo a una zona di intersezione sufficientemente ampia, rappresentata nelle figure II.2.3 e II.2.4. La superficie di questa zona è probabilmente destinata ad aumentare ulteriormente nel prossimo futuro. Il compiersi di questo processo consentirà probabilmente di giungere a un **italiano standard senza aggettivi**.
A partire dall'esempio di Gaetano Berruto [1987], vari studiosi hanno rappresentato nello spazio determinato dalle dimensioni della variazione (diamesica, diastratica, diafasica, diatopica) le varietà dell'italiano. Questa rappresentazione prende il nome di **architettura dell'italiano contemporaneo**. Accogliendo e adattando la metafora spaziale possiamo immaginare il disporsi delle varietà lungo

le dimensioni della variazione come la collocazione dei quartieri in una grande città: intorno al centro (occupato dallo standard e dal neostandard) si dispongono periferie molto differenziate: alcune residenziali (l'italiano aulico formale, rappresentato dall'uso di alcuni autori letterari, i linguaggi tecnico-scientifici, l'italiano burocratico e aziendale), altre più popolari (l'italiano informale trascurato, l'italiano regionale e popolare, i gerghi). Proviamo a rappresentare nella figura II.2.4 una mappa della città della lingua.
La ristandardizzazione ha determinato una complessiva **semplificazione paradigmatica**: «l'uso orale include solo un sottoinsieme delle possibilità previste dal sistema»; per esempio degli otto tempi dell'indicativo se ne usano soltanto quattro o cinque e di conseguenza «singole forme vengono usate in una gamma di significati più ampia di quella prevista dallo standard» [Berretta 1993, 206-207].
Nei prossimi paragrafi, riprendendo considerazioni già svolte (§§ I.2.2.1; I.2.2.2; I.3.2.6) esamineremo alcuni fenomeni interessati dalla ristandardizzazione, con riferimento alle aree più coinvolte: il sistema pronominale, quello verbale, la sintassi e l'ordine dei costituenti.

II.2.6.1. Il sistema pronominale

La semplificazione paradigmatica è evidente nei pronomi personali. La norma tradizionale dell'italiano prevede l'impiego di forme differenziate dei pronomi a seconda della funzione logico-sintattica (soggetto o complemento). Tale distinzione si realizza però anche nello standard normativo soltanto nelle prime tre persone singolari (*io/me*; *tu/te*; *egli/lui*; *ella/lei*) e nella terza plurale (*essi*, *esse/loro*). Nella lingua parlata la distinzione rimane salda solo per la prima persona: una frase come *me sono molto stanco*, possibile in alcune realizzazioni settentrionali marcatamente regionali, sarebbe inaccettabile in tutte le altre varietà. Nelle altre persone si sta verificando la riduzione a un'unica serie di pronomi per effetto dell'espansione delle forme complemento a scapito di quelle soggetto (*te* su *tu*, *lui/lei* su *egli/ella*, *loro* su *essi/esse*). L'accettabilità è tuttavia differenziata. Per la seconda persona l'espansione di *te* in luogo di *tu* è a uno stadio più embrionale (*te che dici?*) ed è limitata alle regioni centrosettentrionali. Per le terze persone il processo di riduzione a un'unica forma è compiuto per il femminile singolare (*lei* ha soppiantato *ella*), è assai avanzato per il maschile singolare (*lui* per *egli*) e per il plurale (*loro* per *essi/esse*) in cui le forme tradizionali continuano a essere utilizzate, seppur non sistematicamente, solo nello scritto e nel parlato scolastico. Inoltre *lui/lei* si stanno diffondendo anche per esprimere referenti inanimati in luogo di *esso/essa*: *quella dannata guerra, pure* ***lei*** [A. Baricco, *Novecento*, cit. in Renzi 2012, 61].
Fra i pronomi atoni si assiste all'espansione della forma di terza persona maschile *gli* al plurale (*ho incontrato i tuoi amici e gli ho detto di telefonarti*). La forma *gli* per il femminile (*ho incontrato Maria e gli ho detto di telefonarti*) è invece usata solo nel parlato informale. Nella comunicazione quotidiana costruzioni come *ho detto loro di non telefonarti* appaiono pesanti e innaturali. C'è una ragione che

motiva questa impressione: *loro*, che è una forma bisillaba, non può comportarsi come le altre forme atone: per esempio segue il verbo di modo finito anziché precederlo. La percezione dell'artificiosità del pronome pseudoatono *loro* non è una novità. Nelle grammatiche dei secoli scorsi possiamo trovare dei cenni in proposito: Raffaello Fornaciari, nella sua *Sintassi italiana dell'uso moderno* del 1881 giudicava questa forma, proprio a causa della sua lunghezza fonica, «pesante, ed in certi casi insopportabile».

I pronomi relativi presentano in italiano standard un paradigma complesso: la forma *che*, usata in funzione di soggetto e oggetto diretto, convive con la forma *preposizione* + *cui* e con la forma (*preposizione*) + *art.* + *quale*. A tale sistema, che prevede tre forme di pronome relativo il cui uso è selezionato sulla base della funzione sintattica (soggetto, oggetto, complemento indiretto), se ne contrappone uno semplificato che prevede l'estensione di *che* a tutte le funzioni sintattiche. Si tratta però di usi ancora relegati al substandard; *questo è un argomento che* [di cui / del quale] *ne discutiamo spesso*; *Antonio è uno che* [a cui / al quale] *gli puoi parlare* ecc. L'uso del *che* relativo esteso ai casi indiretti è accettabile solo quando il pronome ha valore temporale (*l'ultima volta che* [in cui] *l'ho vista*).

Fra i dimostrativi appare ormai compiuto il processo di riduzione a due forme (*questo*/*quello*), una indicante vicinanza, l'altra lontananza dal parlante. La forma *codesto*, che indica vicinanza all'ascoltatore, vitale solo in Toscana, è nel resto d'Italia relegata agli impieghi burocratici o può essere usata, spesso con sfumatura ironica, per prendere le distanze dall'interlocutore (*non sono d'accordo con codeste tue idee antiquate*).

II.2.6.2. Il sistema verbale

Nel divario tra le forme potenzialmente disponibili all'utente e quelle effettivamente utilizzate si coglie assai chiaramente la tendenza alla semplificazione paradigmatica in atto nel parlato. Da uno studio di qualche anno fa basato su un corpus di testi rappresentativo del parlato ai vari livelli di formalità si ricava che quasi il 90% dei verbi usati in frase principale sono costituiti da soli tre tempi dell'indicativo: il presente (72,6%), il passato prossimo (9,5%) e l'imperfetto (5,3%) [Voghera 1992, 213]. La conseguenza è che le forme sovrautilizzate devono svolgere anche i compiti delle forme verbali che si usano poco o per nulla, sono cioè sottoposte a **sovraccarico funzionale**.

Fra i tempi maggiormente sottoposti a sovraccarico funzionale vi è l'**imperfetto** indicativo, che viene spesso utilizzato per sostituire il congiuntivo e il condizionale. Ecco i principali **usi modali** dell'imperfetto:

- **imperfetto ipotetico**: esprime un'azione irreale o non realizzatasi nel passato, compare sia in frase principale (*facevi meglio a stare zitto*; *potevano anche dircelo prima*) sia nel periodo ipotetico dell'irrealtà (*se ce lo dicevano prima non venivamo*).
- **imperfetto attenuativo** (o **di cortesia**): – *Cosa desidera signora? – Volevo due etti di formaggio*. Si usa per attenuare la perentorietà della richiesta formulata

al presente indicativo (*voglio due etti di formaggio*), considerata poco cortese, e sostituisce il condizionale (*vorrei due etti di formaggio*).

• **imperfetto ludico**: *Allora, io ero il papà e tu la mamma*. È comune nelle affabulazioni dei bambini. In questo caso non sostituisce un congiuntivo o un condizionale, ma è accostabile agli altri impieghi modali perché segnala un allontanamento dalla realtà e la creazione di un universo fittizio. Per lo stesso motivo l'imperfetto può essere impiegato come tempo generico del passato, anche con valore perfettivo, nella narrazione dei sogni.

L'imperfetto si sta inoltre diffondendo in luogo del condizionale passato per esprimere il futuro nel passato: *aveva promesso che passava* [sarebbe passato] *a salutarmi*.

Nell'**alternanza tra passato prossimo e passato remoto**, che esprimono con diverse sfumature un'azione passata perfettiva, il parlato privilegia complessivamente l'uso del passato prossimo, più trasparente e regolare nella formazione, quindi più facile da gestire nella comunicazione spontanea. Occorre anche ricordare che tale alternanza è dipendente dalla variabile geografica: nell'Italia settentrionale il ricorso al passato remoto è raro; nell'uso toscano i due tempi concorrenti tendono ad alternarsi secondo la differente valenza aspettuale (azione conclusa nel passato = passato remoto / azione conclusa ma con effetti sul presente = passato prossimo); in alcune varietà centromeridionali l'uso del passato remoto è ancora saldo, con punte di massima estensione nell'area meridionale estrema (Calabria meridionale, Sicilia).

Interessante il caso del **futuro**, che appare in regresso negli impieghi temporali, in espansione in quelli modali. Dal punto di vista temporale il futuro semplice tende a essere sostituito dal presente se accompagnato da un'espressione avverbiale che colloca l'azione nel futuro (*stasera/domani/la settimana prossima vado al cinema*), mentre l'anteriorità del futuro composto rispetto a quello semplice (*quando avrò finito di lavorare passerò a prenderti*) può essere resa con la sequenza passato prossimo + presente (*quando ho finito di lavorare passo a prenderti*). Fra gli usi modali del futuro segnaliamo quello **epistemico**, con cui si esprime un dubbio, una supposizione, un'ipotesi: *hanno bussato alla porta*: *sarà Marco*; *questa pizza peserà tre etti*; *quando è iniziato lo spettacolo saranno state le nove*.

Il **congiuntivo** appare in regresso nell'italiano neostandard. È tuttavia improprio parlare di scomparsa (o «morte») del congiuntivo secondo una vulgata un po' allarmistica diffusa attraverso i media e in alcune opere divulgative. Per esempio il congiuntivo continua a essere vitale negli impieghi in frase indipendente (per esprimere richieste, inviti o ordini: *abbia pazienza!*, desiderio o augurio: *fosse la volta buona!* ecc.). Nelle subordinate il congiuntivo è complessivamente meno usato nei contesti in cui ha come possibile alternativa l'indicativo: in primo luogo nelle completive rette dai verbi di opinione (*penso*, *credo*, *ritengo*, *sostengo che*, ecc.) e nelle interrogative indirette (*non so cosa aveva / avesse in mente*). L'uso del congiuntivo è piuttosto saldo con le soggettive (*è preferibile che tu venga via*) e con le oggettive rette da verbi che indicano timore, speranza o augurio (*temo / spero / mi auguro che Marco sia arrivato*). Per le subordinate che richiedono obbligatoriamente il congiuntivo si impiegano varie strategie di evitamento:

- attraverso la scelta di un connettivo che ammetta l'uso dell'indicativo: per esempio *anche se* in luogo di *sebbene/quantunque* per le congiunzioni concessive;
- attraverso il ricorso alla subordinazione implicita, per esempio nel caso delle finali: *l'edificio è stato isolato per consentire alla polizia di effettuare i necessari rilievi*, in cui la frase esplicita *affinché la polizia potesse effettuare i necessari rilievi* appare decisamente più adatta a usi scritti o formali.

Il **condizionale** appare più saldo nell'uso rispetto al congiuntivo, anche perché più diffuso in frase principale o indipendente o comunque in contesti che non prevedono alternanza con l'indicativo. In alcuni casi, come quelli esaminati sopra, entra in concorrenza con l'imperfetto indicativo, mentre è pienamente vitale il condizionale di cortesia, che attenua pragmaticamente la perentorietà della corrispondente richiesta formulata con l'indicativo: *mi presteresti un libro*?

II.2.6.3. La sintassi

Nella sintassi del periodo lo scarto tra testi orali e scritti non consiste soltanto nella maggiore tendenza dei primi a prediligere la coordinazione, quanto nella natura e nella varietà dei rapporti ipotattici (cioè subordinativi). In altre parole anche nel parlato si ricorre all'ipotassi, soltanto che i tipi subordinativi effettivamente utilizzati sono ridotti rispetto allo scritto e perlopiù limitati al primo o al secondo grado di subordinazione. Le subordinate più diffuse nel parlato sono nell'ordine le relative (46,6%), le completive o altre subordinate introdotte dalla congiunzione *che* (26,3%), le ipotetiche introdotte da *se* (8,1%), le causali introdotte da *perché* (6,6%) [Voghera 1992, 222]. Come si vede, rispetto al ventaglio teorico di possibili rapporti subordinativi offerto dal sistema, sono drasticamente ridotti i tipi e le congiunzioni effettivamente usati. Si manifesta anche in ciò quella tendenza alla semplificazione già ricordata precedentemente. Probabilmente il settore in cui la ristandardizzazione ha agito con maggior forza, determinando lo sdoganamento di fenomeni e costruzioni prima caratteristici solo dell'oralità, è quello delle costruzioni con ordine marcato (v. § I.3.2.6). Le **dislocazioni a sinistra**, per secoli condannate dai grammatici in quanto il pronome atono di ripresa era considerato (erroneamente) ridondante, hanno ormai acquisito piena cittadinanza anche nella lingua scritta. Rimangono invece ancora relegate all'oralità le **dislocazioni a destra** e le **costruzioni a tema sospeso**. In particolare si segnala la diffusione crescente di un particolare tipo di dislocazione a sinistra dell'oggetto che comporta l'**accusativo preposizionale**: *la sua idea non mi* [= oggetto diretto] *convince* → *a me la sua idea non mi convince*. Interessante perché costituisce uno dei pochi esempi di accettazione nello standard di un fenomeno di origine meridionale [Berretta 1989; D'Achille 2003, 199; Fiorentino 2010]. Le frasi scisse, anch'esse a lungo contrastate dai grammatici perché considerate francesismi, sono ormai pienamente accettate nell'uso orale e scritto, sia nella versione esplicita, sia in quella implicita.

II.2.7. LE LINGUE SPECIALI

Tra le varietà dell'italiano contemporaneo si collocano le **lingue speciali** (o **linguaggi settoriali**). Sono **varietà funzionali-situazionali**, nel senso che servono per parlare di argomenti specifici, si usano in determinate situazioni e sono influenzate, come ogni altro atto comunicativo, dalle relazioni di ruolo tra i partecipanti (v. § II.2.2). Pur essendo differenziate al loro interno per il diverso grado di tecnicizzazione (massimo in àmbito scientifico, minore per es. nella lingua del calcio o della critica letteraria), rispetto alla lingua comune le lingue speciali sono contraddistinte dalle seguenti proprietà:

- si riferiscono a un particolare àmbito del sapere, non necessariamente di natura tecnico-scientifica;
- presentano una terminologia specifica, costituita da **tecnicismi**, cioè da termini il cui significato è tendenzialmente univoco, rigorosamente definito e condiviso;
- fanno un uso particolare delle risorse della morfologia lessicale e della sintassi;
- si caratterizzano per l'uso di specifiche modalità di organizzazione testuale.

L'aspetto più evidente del lessico di una lingua speciale è dunque la presenza di tecnicismi. La progressiva settorializzazione delle conoscenze avvenuta nell'ultimo secolo ne ha determinato la proliferazione. Quelli registrati nel *GRADIT* (che pure sono il frutto di una selezione) sono circa 126.000, costituiscono cioè circa la metà del vocabolario esteso dell'italiano contemporaneo. Ricordiamo che il vocabolario delle scienze e delle tecniche intrattiene con la lingua comune un rapporto di interscambio. Tale rapporto si concretizza nei processi di **tecnificazione** di una parola del lessico comune (per es. *forza*, *lavoro*, *momento* come termini della fisica), di **detecnificazione**, cioè di passaggio di un tecnicismo alla lingua comune (per es. *nevrosi*, *paranoia* dal linguaggio della medicina), di ***transfert*** cioè del passaggio di un termine da una lingua speciale a un'altra (per es. *rivoluzione* dal linguaggio dell'astronomia a quello della politica, *vettore* da quello della matematica a quello dell'astronautica). Rimandiamo al § I.4.4.3 per l'analisi delle caratteristiche semantiche e morfologiche dei tecnicismi e dei loro meccanismi di formazione. Aggiungiamo qui che è possibile distinguere tra **tecnicismi specifici** (*elettroforesi*, *rastremato*, *morfema*) e **tecnicismi collaterali**. I primi hanno un significato denotativo e sono necessari all'interno di un discorso tecnico specialistico per veicolare un significato univoco, i secondi sono altrettanto caratteristici di un certo àmbito, ma «sono legati non a effettive necessità comunicative bensì all'opportunità di adoperare un registro elevato, distinto dal linguaggio comune» [Serianni 2005, 127-128]; i tecnicismi collaterali hanno dunque prevalentemente un valore connotativo. Per esempio se in una cartella clinica si trova «La malattia *esordisce* con un *elevato rialzo termico*» gli elementi in corsivo sono dei tecnicismi collaterali, che potrebbero essere rispettivamente sostituiti da *inizia* e *febbre alta*. I tecnicismi collaterali sono usati anche in àmbito burocratico (*sporgere* una denuncia), economico-finanziario (*surrogare* un mutuo), matematico (un'equazione che *soddisfa* determinate condizioni) ecc. Come si vede abbiamo a che fare con particolari abbinamenti di parole, più spesso di

tipo verbo + SN, che delineano la fraseologia caratteristica di un certo registro discorsivo; in tal senso i tecnicismi collaterali possono essere considerati come un tipo particolare di collocazioni (v. § I.4.7).
Sul piano sintattico sono caratteristiche di molte lingue speciali (in particolare quelle di àmbito giuridico-burocratico e tecnico-scientifico) la **nominalizzazione**, che come abbiamo visto (§ I.3.2.9) sposta il baricentro informativo della frase dal verbo sul nome (prevalentemente su nomi morfologicamente complessi come i derivati) e la **deagentivizzazione** (o **spersonalizzazione**), che consente di presentare l'azione mettendo in secondo piano o non menzionando affatto l'agente. La deagentivizzazione si può realizzare sia attraverso il ricorso a costruzioni impersonali o passive (6-7) sia attraverso la nominalizzazione (8):

(5) Qualcuno ha individuato la sequenza del DNA.
(6) Si individua la sequenza del DNA.
(7) È stata individuata la sequenza del DNA.
(8) L'individuazione della sequenza del DNA.

La deagentivizzazione può avere funzioni diverse: nella lingua giuridica e burocratica sottolinea la validità della norma indipendentemente dall'estensore, che parla per così dire in nome di un'autorità superiore, mentre nei testi scientifici sottolinea la verità atemporale ed epistemica delle affermazioni:

(9) L'unità di misura della massa è espressa in kg.
(10) Si considerano trascurabili i valori di x compresi tra 0 e 1.
(11) Perché l'oggetto sia fermo occorre che la risultante delle forze sia nulla.

Nei linguaggi scientifici questa caratteristica è ulteriormente rafforzata, nelle formulazioni di assiomi, teoremi o leggi, dall'uso del **presente atemporale**:

(12) Il punto non ha dimensioni.
(13) La massa è la quantità di materia presente in un corpo.

L'insieme di questi procedimenti concorre a conferire astrattezza, generalità e impersonalità al testo e a sottolineare la validità di un'affermazione indipendentemente da chi l'ha pronunciata o scritta.
Le lingue speciali, oltre a differenziarsi sul piano orizzontale (in relazione ai settori della conoscenza) possono essere modulate sulla **dimensione verticale** [Cortelazzo 1994], in relazione alla situazione comunicativa e alle relazioni di ruolo tra i partecipanti: si immagini ad esempio come potrebbe variare nel tono, nelle scelte sintattiche e di registro e nel lessico un discorso sull'utilità della misurazione della pressione arteriosa come prevenzione delle malattie cardiache in una comunicazione a un congresso di cardiologi, in un articolo su una rivista scientifica specializzata, in un articolo divulgativo su un quotidiano, nella discussione fra utenti non specialisti di un forum su Internet e, infine, in una conversazione familiare.

Sul piano testuale le lingue speciali (in particolare il discorso giuridico-burocratico e quello scientifico) sono caratterizzate da un **alto grado di coesione**, che si manifesta fra l'altro attraverso una fitta rete di rimandi interni. Inoltre, dal momento che i tecnicismi sono tendenzialmente privi di sinonimi, dal punto di vista delle relazioni anaforiche il testo è caratterizzato dal prevalere della ripetizione sulla sostituzione. L'assetto complessivo di un testo è il risultato dell'incrocio di vari fattori: il tipo testuale (per es. descrittivo, argomentativo, regolativo, espositivo); il grado di formalizzazione della disciplina (diverso, per es. tra la fisica, l'economia e la storia dell'arte), la collocazione del testo sull'asse verticale a cui abbiamo appena fatto riferimento. A seconda dell'argomento, dello scopo e delle circostanze pragmatiche della produzione/fruizione, il testo si caratterizza per un diverso grado di rigidità interpretativa o **vincolo comunicativo** [Sabatini 1999]. In quest'ottica i diversi tipi di testo sono collocabili lungo un asse che va da un minimo a un massimo di esplicitezza e, conseguentemente, da un minimo a un massimo di rigidità delle strutture formali. Per esempio tale vincolo è più elevato nei testi di àmbito giuridico: si pensi alla rigorosa scansione delle parti di cui si compone un testo di legge e al fatto che almeno teoricamente non dovrebbe avere ambiguità interpretative. Molto formalizzati (e dunque vincolanti) sono anche i testi di tipo scientifico non divulgativo (si pensi alla regolarità nella formulazione delle leggi fisiche o delle descrizioni della nomenclatura botanica). La formalizzazione è un po' minore in testi di tipo tecnico-operativo (per es. nelle istruzioni per l'uso) ed espositivo (per es. nei manuali di studio e nelle enciclopedie). Analizziamo due testi, di àmbito giuridico e scientifico:

(14) Codice della Strada. Titolo III: Dei veicoli. Art. 50: Velocipedi
1. I velocipedi sono i veicoli con due ruote o più ruote funzionanti a propulsione esclusivamente muscolare, per mezzo di pedali o di analoghi dispositivi, azionati dalle persone che si trovano sul veicolo; sono altresì considerati velocipedi le biciclette a pedalata assistita, dotate di un motore ausiliario elettrico avente potenza nominale continua massima di 0,25 KW la cui alimentazione è progressivamente ridotta ed infine interrotta quando il veicolo raggiunge i 25 km/h o prima se il ciclista smette di pedalare.

(15) In fisica si distinguono forza, peso e massa in quanto grandezze sostanzialmente diverse: mentre la massa di un corpo è una sua proprietà intrinseca, indipendente dalla sua posizione nello spazio e da ogni altra grandezza fisica, il peso è l'effetto prodotto su tale massa dalla presenza di un campo gravitazionale. Ne risulta che la massa di un corpo è costante, mentre il suo peso varia a seconda del luogo in cui viene misurato. Sulla Luna, un uomo pesa meno che sulla Terra: sui due corpi celesti, una bilancia a torsione o a molla restituirà quindi valori diversi, in quanto si basa sulla misurazione della forza peso; una bilancia a contrappeso, invece, restituirà lo stesso valore, in quanto si basa sul confronto di masse (ciò vuol dire che anche su pianeti diversi uno stesso corpo mantiene la sua massa, mentre la forza peso varia in base all'accelerazione di gravità) [da www.matematicamente.it/staticfiles/manuali-cc/G.Troiano-Fisica-superiori.pdf].

Anche se astraessimo dal contenuto i testi (14) e (15) avrebbero delle caratteristiche costruttive che li individuerebbero rispettivamente come appartenenti ai rispettivi àmbiti. In (14) si osservi la scansione delle parti (titolo, articolo, comma) e il fatto che il testo deve necessariamente ricercare la generalità affinché la norma possa essere applicabile a tutti i casi particolari: per es. la definizione di *velocipede* è ampia e prevede anche casi obiettivamente rari (il fatto che una bicicletta abbia più di due ruote o che non sia azionata da pedali ma da *analoghi dispositivi*). La deagentivizzazione è ottenuta mediante il frequente ricorso alle costruzioni passive. La nominalizzazione si affida sia ai participi presenti, che sostituiscono delle proposizioni relative (*funzionante* 'che funziona'; *avente* 'che ha') sia a parole derivate (per es. *ausiliario* 'che aiuta, che completa'). Sul piano delle scelte anaforiche si noti la ripetizione o la sostituzione col sinonimo *bicicletta* o con l'iperonimo *veicolo*. Si noterà che sul piano delle scelte lessicali *velocipede*, termine antiquato, avrebbe forse potuto essere più efficacemente sostituito da *bicicletta*. Antiquato anche l'avverbio *altresì*, che costituisce però un tecnicismo collaterale, una sorta di stereotipo del linguaggio burocratico in luogo di *inoltre*.
Anche in (15) sono applicate strategie di deagentivizzazione (*si distinguono*, *ne risulta che*, *viene misurato* ecc.) e si fa ampio ricorso a nominalizzazioni (*bilancia a torsione*; *misurazione*; *confronto*). Si osservino anche le ripetizioni dei termini chiave *forza*, *peso* e *massa* e la coesione esplicita realizzata per mezzo dell'aggettivo dimostrativo *tale* (*il peso è l'effetto prodotto su <u>tale</u> massa*). Si noti anche l'uso del futuro che esprime l'eventualità o potenzialità dell'azione in (*Sulla Luna... una bilancia a torsione o a molla <u>restituirà</u> quindi valori diversi* 'se ci spostassimo sulla Luna ... restituirebbe') che sostituisce il normale presente atemporale (*Sulla Luna, un uomo <u>pesa</u> meno che sulla Terra*).
Analizzare come stanno evolvendo i linguaggi tecnico-scientifici è di particolare interesse per delineare il quadro dell'italiano contemporaneo: essi sono attualmente dotati di notevole prestigio e sostituiscono la lingua letteraria, che ha smesso da tempo di svolgere il ruolo di modello di riferimento per gli usi cólti (v. § II.1.11). Per tale motivo parole ed espressioni di àmbito tecnico escono con sempre maggiore frequenza dal settore in cui sono nate per trasferirsi nella lingua comune e la camera di compensazione per questo travaso è costituita dai testi divulgativi, diffusi verso fasce sempre più ampie di popolazione attraverso la lingua dei media (v. § II.2.8).
Se osserviamo la questione in prospettiva storica il cambiamento è stato radicale: nelle prime edizioni del Vocabolario della Crusca (e di conseguenza nel resto della lessicografia) il vocabolario considerato degno di considerazione era esclusivamente quello degli autori letterari, mentre il mondo delle scienze, delle arti e dei mestieri era tenuto fuori dal lemmario: i primi tentativi di apertura al lessico settoriale, parziali e non sistematici, si ebbero nella terza edizione del vocabolario (del 1691), con l'ingresso di alcune voci del Redi e di Galilei, favoriti in ciò dall'essere toscani. Per il resto la terminologia era confinata in vocabolari settoriali, che ebbero particolare fortuna nell'Ottocento.

II.2.7.1. Dall'antilingua burocratica all'antilingua aziendale

Il linguaggio giuridico, e quello burocratico che si può considerare una sua emanazione, è da sempre contraddistinto da un peccato originale: avere come potenziali destinatari tutti i cittadini e coltivare al contempo uno stile oscuro, teso a tagliar fuori dalla comprensione i destinatari stessi. Ciò nonostante (o forse proprio a causa di ciò) la lingua degli uffici ha sempre goduto di un forte prestigio, sui sudditi prima e sui cittadini poi, e di conseguenza i travasi dalla lingua burocratica a quella comune hanno da sempre caratterizzato le scritture dei semicolti, anche perché rappresentavano una delle poche occasioni di contatto di queste persone con la cultura scritta [v. da ultimo Testa 2014]. Le stesse caratteristiche costruttive che abbiamo analizzato nel paragrafo precedente (astrattezza, nominalizzazione, deagentivizzazione) e che nella comunicazione scientifica sono al servizio della generalità, della chiarezza e dell'evidenza argomentativa, assumono nel linguaggio burocratico i tratti dell'oscurità e possono rendere il testo inutilmente complesso. Una condanna di questi eccessi è implicita nella connotazione del termine **burocratese**, con cui si designa la lingua della pubblica amministrazione. Un'etichetta più sferzante data a questo modo di pensare e di scrivere fu **antilingua**, espressione usata da Italo Calvino, in un articolo con questo titolo pubblicato sul quotidiano «Il giorno» nel 1965. Nell'assumere parodisticamente il punto di vista dello zelante brigadiere che riesce a complicare un racconto semplicissimo, Calvino se la prende in realtà con «l'italiano di chi non sa dire "ho fatto" ma deve dire "ho effettuato"», con un modo di articolare il pensiero caratteristico di «avvocati e funzionari, gabinetti ministeriali e consigli d'amministrazione, redazioni di giornali e di telegiornali»:

(16) Il brigadiere è davanti alla macchina da scrivere. L'interrogato, seduto davanti a lui, risponde alle domande un po' balbettando, ma attento a dire tutto quel che ha da dire nel modo più preciso e senza una parola di troppo: «*Stamattina presto andavo in cantina ad accendere la stufa e ho trovato tutti quei fiaschi di vino dietro la cassa del carbone. Ne ho preso uno per bermelo a cena. Non ne sapevo niente che la bottiglieria di sopra era stata scassinata*».
Impassibile, il brigadiere batte veloce sui tasti la sua fedele trascrizione: «*Il sottoscritto essendosi recato nelle prime ore antimeridiane nei locali dello scantinato per eseguire l'avviamento dell'impianto termico, dichiara d'essere casualmente incorso nel ritrovamento di un quantitativo di prodotti vinicoli, situati in posizione retrostante al recipiente adibito al contenimento del combustibile, e di aver effettuato l'asportazione di uno dei detti articoli nell'intento di consumarlo durante il pasto pomeridiano, non essendo a conoscenza dell'avvenuta effrazione dell'esercizio soprastante*» [«Il giorno» 3/2/1965, poi in I. Calvino, *Una pietra sopra. Discorsi di letteratura e società*, Torino, Einaudi, 1980, pp. 122-127, a p. 122].

Alcuni cambiamenti in atto nella società contemporanea hanno determinato la progressiva perdita di attrattiva del linguaggio burocratico. Tale circostanza è ben rappresentata da due fenomeni.

1. Le richieste di semplificazione del linguaggio amministrativo, sollecitate da più parti, furono accolte a partire dagli anni Novanta e sfociarono nella stesura del *Codice di stile delle comunicazioni scritte ad uso delle amministrazioni pubbliche* voluto dall'allora ministro della funzione pubblica Sabino Cassese e pubblicato nel 1994, che conteneva indicazioni pratiche e documenti di vario genere (bandi, moduli, circolari ecc.) con a fronte esempi di riscrittura alla luce delle indicazioni sulla semplificazione contenute nel documento. In appendice al volume era allegato il vocabolario di base della lingua italiana realizzato da Tullio De Mauro (su cui v. I.4.4.1). Al *Codice di stile* fecero seguito altri documenti (per es. il *Manuale di stile* del 1997) e disposizioni normative: per es. nel *Codice di comportamento dei dipendenti delle pubbliche amministrazioni* pubblicato sulla *Gazzetta Ufficiale* nel 2001 si leggeva che «nella redazione di testi scritti e in tutte le altre comunicazioni il dipendente adotta un linguaggio chiaro e comprensibile». Purtroppo tale codice non è più in vigore dal 2013. Ecco un esempio di riscrittura di un testo in burocratese:

In caso di assenza alla visita senza giustificato motivo da parte della S.V., qualora il certificato prodotto non sia conforme a quanto sopra richiesto, verrà sospesa la provvidenza in suo godimento	Gentile signora Verdi, se il 5 giugno 2000 non potrà presentarsi alla visita medica, la preghiamo di consegnare un certificato conforme a quanto richiesto, presso il nostro ufficio. In caso contrario, sospenderemo il pagamento della sua pensione di invalidità [cit. in Lubello 2014b, 115].

2. Il cambiamento di paradigma culturale che negli ultimi due decenni del XX secolo ha mutato a livello internazionale i rapporti di forza tra politica ed economia a netto vantaggio di quest'ultima (che però negli ultimi anni, anche per gli effetti dalla crisi economica del 2008, sembra perdere un po' di attrattiva). Dal punto di vista linguistico l'effetto principale è stato il progressivo slittamento del baricentro della comunicazione pubblica dal burocratese all'**aziendalese**, una lingua modellata sullo stile comunicativo delle aziende private, fortemente permeata da tecnicismi provenienti dall'economia, dalla gestione d'impresa e dal marketing e ricca di anglicismi. Nel favorire il passaggio dal burocratese all'aziendalese nel linguaggio della pubblica amministrazione ha avuto un peso un dato generazionale: la dirigenza più giovane ha ricevuto una formazione più centrata su studi economico-gestionali che giuridici. Inoltre l'ottica aziendalista è stata progressivamente accolta nella gestione degli uffici pubblici, dei servizi (molti dei quali sono stati nel tempo privatizzati, cioè aziendalizzati), e ultimamente anche in quello dell'istruzione. Per questo insieme di motivi l'aziendalese «si propone come versione aggior-

QUADRO II.2.1.

I gerghi e il linguaggio giovanile

I gerghi condividono alcune proprietà delle lingue speciali: sono varietà di lingua caratterizzate da un lessico specifico e utilizzate in determinate situazioni da particolari gruppi di persone. Elementi discriminanti del gergo sono la **funzione identitaria**, cioè l'uso del gergo per rafforzare il senso di appartenenza, e la **cripticità**, cioè la messa in atto di varie strategie comunicative per rendere non comprensibile la comunicazione agli estranei al gruppo. La costruzione del lessico di un gergo si basa sul **mascheramento**, ottenuto per mezzo di procedimenti fonomorfologici (per es. l'inversione delle sillabe: *tèllofra* per *fratèllo*) e di **risemantizzazione**, tramite l'impiego di metafore, metonimie e in generale il ricorso a significati figurati (per es. *fangósa* 'scarpa', *lama* 'coltello', *ferro* 'pistola'). I gerghi sono (o sono stati) diffusi in particolare in due ambienti sociali: quelli relativi a particolari mestieri tradizionali, spesso itineranti (calderai, arrotini, spazzacamini) e quelli di categorie sociali marginali (delinquenti, ciarlatani, truffatori, imbonitori). Esamineremo alcune caratteristiche del *lunfardo*, il gergo a base italiana della malavita argentina, al § III.1.2.4.

Il linguaggio giovanile non è propriamente un gergo, ma presenta con esso alcune affinità, per es. la funzione identitaria e una blanda cripticità. Mentre i gerghi sono varietà documentate storicamente, «l'esistenza di una varietà giovanile dell'italiano è un fenomeno piuttosto recente, così come è piuttosto recente l'esistenza dei giovani come categoria isolabile, in quanto ampia e dotata di caratteristiche specifiche» [Cortelazzo 2010, 584]. I linguaggi giovanili si innestano su varietà colloquiali e locali (meno spesso dialettali) e sono ricettivi nei confronti dei gerghi della marginalità sociale: per es. hanno accolto termini del gergo dei tossicomani (*spada* 'siringa', *pista* 'striscia di cocaina') o della malavita: (*alzare* 'guadagnare', *dritta* 'informazione giusta', *steccare* 'spartire (il bottino)'. Sempre più frequentemente questi termini passano nel linguaggio giovanile non per contiguità diretta coi gruppi citati ma tramite l'influsso dei media (cinema, *fiction* e altre trasmissioni televisive di successo). Gli àmbiti semantici che li caratterizzano si riferiscono a temi di interesse e aggregazione per i giovani quali la scuola, la sessualità, la vita notturna, il divertimento, lo 'sballo'. Non sono molto frequenti i procedimenti classici di camuffamento, se non quelli realizzati occasionalmente a fini giocosi; talvolta si presenta l'accorciamento di parole: *prof* 'professore' (anche al plurale: *profi*), *raga* 'ragazzi', *pasta* 'pasticca (di droga)', *para* 'paranoia'. In alcuni casi si registrano prelievi dal linguaggio medico: al già citato *paranoia* si può aggiungere *sclerare* 'andare fuori di testa, impazzire', *essere (stare) in coma* 'molto male'. Meno frequenti i prestiti dai linguaggi delle altre scienze, per es. *galattico* 'fantastico'.

nata della lingua degli uffici» [Antonelli 2007, 61]. Parole bandiera di questo modo di pensare e di esprimersi sono *implementare*, *ottimizzare*, *posizionarsi*, *monitorare* [per un elenco più dettagliato v. Antonelli 2007]. Anch'esse, come tante espressioni del linguaggio burocratico, sono spesso fumose e utilizzate per darsi un tono piuttosto che per trasmettere idee (costituiscono in effetti dei tecnicismi collaterali: v. § II.2.7), al punto che oggi si tende a sostituire la parodia dell'antilingua burocratica con quella dell'antilingua a matrice aziendale. Sulla vacuità di una di queste parole bandiera, *implementare*, ironizza Guido Vitiello in un articolo apparso recentemente sul «Corriere della Sera». Ne riproduciamo l'inizio in (17):

(17) A giudicare dalla varietà e dall'aleatorietà degli usi che se ne fanno, si direbbe che «implementare» è la versione adulta di «puffare». È un verbo passe partout, che può indicare grosso modo qualunque azione. «Il governo ha implementato le riforme»; «va abbastanza bene, ma dovresti implementarlo un po'»; «ho ricevuto solo la prima parte, puoi implementarmi il resto?». C'è da scommettere che, passando per tappe come «meglio comandare che implementare» e «chi la implementa l'aspetti», arriveremo presto o tardi, senza accorgercene, alla frase che segnerà il punto di non ritorno: «implementami il sale» [«Corriere della Sera», 22/4/2015].

Torneremo sull'uso dell'inglese nel linguaggio della pubblica amministrazione al § II.2.10.

II.2.8. LA LINGUA ITALIANA E I MASS MEDIA

I mezzi di comunicazione di massa hanno dato un forte contributo a modellare gli usi linguistici della nazione, non tanto nel senso di un apporto specifico di parole ed espressioni specifiche, quanto nell'essere stati dei formidabili amplificatori del parlato medio e, in generale, di usi linguistici nati altrove. La televisione, anche se sta leggermente perdendo terreno grazie allo sviluppo di Internet, rimane il mezzo più seguito: dagli ultimi dati ISTAT (relativi al 2011) risulta che oltre il 94% della popolazione di età maggiore di tre anni dichiara di guardare tutti i giorni o per più giorni alla settimana la TV, mentre circa il 64% segue la radio, i cui ascolti appaiono peraltro in crescita negli ultimi anni.
La lingua veicolata dai media ha affiancato ai tradizionali canali di trasmissione del linguaggio verbale, cioè l'orale e lo scritto, una nuova categoria, il **trasmesso**. Questo nuovo canale ha interessato dapprima il parlato (attraverso la radio e la TV); con l'avvento della civiltà digitale al parlato trasmesso si è aggiunto lo scritto trasmesso, con proprie peculiarità (§ II.2.8.2). Alcuni autori preferiscono riferirsi all'universo dello scritto trasmesso reso possibile dalla CMC (*Computer mediated Communication*) con l'etichetta di **italiano digitato** [Antonelli 2011]. Se in una certa misura le caratteristiche specifiche del mezzo (quotidiani, radio, TV, Internet) influenzano le rispettive scelte linguistiche, tuttavia due fattori stanno determinando un progressivo livellamento tra i media:
1. la **convergenza tra le piattaforme** resa possibile dalle nuove tecnologie. Prendiamo ad esempio l'evoluzione dei quotidiani: il sito web, oltre a ospitare gli articoli destinati all'edizione cartacea, contiene notizie concepite specificamente per il sito e confezionate come ipertesti (v. II.2.8.2); sono presenti forum aperti ai lettori e altri luoghi di discussione e condivisione; agli articoli si accompagnano contenuti multimediali di vario tipo, spesso il quotidiano dispone di un proprio canale televisivo tematico, trasmesso via Internet o digitale terrestre. Il travaso di moduli linguistici da un ambiente all'altro è in questo quadro del tutto naturale. Di conseguenza più che una distinzione *tra i media* si va realizzando una differenziazione di stili e linguaggi *tra gli àmbiti tematici* e i contenuti trasmessi

(informazione, intrattenimento, narrazione, divulgazione scientifica ecc.), in misura relativamente indipendente dal mezzo.
2. La tendenza alla **contaminazione dei linguaggi**, tipica già del mondo della carta stampata a partire dagli anni Ottanta del Novecento [Dardano 1994b], è stata ereditata dalla TV generalista. Di conseguenza anche i confini tra le categorie di informazione, intrattenimento, narrazione, divulgazione scientifica sono diventati più fluidi [Menduni 2006; Gualdo 2010, 415]. Tratti comuni sembrano essere la ricerca di un **registro brillante** o accattivante e la **semplificazione sintattica**: si pensi ai nuovi generi televisivi dell'*infotainment* (da *information* + *entertainment*) e della *docufiction* (da *documentary* + *fiction*) che rappresentano delle forme di spettacolarizzazione dell'informazione o al fatto che le stesse previsioni del tempo, una volta luogo di informazione e divulgazione piuttosto sostenuta sul piano dello stile e del registro, sono andate incontro a varie forme di spettacolarizzazione. Il discorso è un po' diverso per alcuni settori della comunicazione in rete su cui torneremo in seguito, perché in quel caso i condizionamenti dati dalle modalità di produzione e fruizione del testo sembrano essere più vincolanti.
Nei prossimi paragrafi ci soffermeremo sui due mezzi che hanno maggiormente influenzato le nostre abitudini linguistiche, cioè la televisione e Internet.

II.2.8.1. La televisione e la lingua

Il primo ventennio televisivo (1954-1976) è stato caratterizzato dalle seguenti caratteristiche: la televisione di Stato (RAI) aveva il monopolio delle trasmissioni, i canali televisivi erano soltanto due (il secondo canale iniziò a trasmettere dal 1961, ma la copertura a livello nazionale era garantita soltanto per il primo canale); le trasmissioni erano unicamente in bianco e nero; l'offerta televisiva era limitata ad alcune ore della giornata. L'organizzazione dei programmi (il palinsesto) era su base settimanale: prevedeva cioè nella fascia serale una programmazione per generi differenziata a seconda dei giorni: per es. il lunedì era di solito dedicato al cinema, il martedì al teatro, il giovedì ai quiz a premi, il venerdì all'informazione, il sabato al varietà, la domenica agli sceneggiati. Questa fase è stata definita da Umberto Eco [1983] della **paleotelevisione** e contrapposta alla neo-TV che avrebbe caratterizzato *grosso modo* il ventennio successivo. Dal punto di vista linguistico e culturale l'aspetto più rilevante di questa prima fase è stata la specifica ed esplicita **attenzione pedagogica**: la TV di Stato doveva cioè servire a educare gli italiani o, meglio, a «educare, informare, intrattenere, in rigoroso ordine di apparizione» [Menduni 2010, 17]. Si tentava di realizzare questo obiettivo attraverso più strumenti:
1. il controllo sulla lingua, semplificata nella sintassi ma sorvegliata nei registri. A ciò si aggiunga la proibizione di usare parole volgari (lo stesso registro brillante era confinato negli spazi dedicati al varietà o alla comicità) e la diffusione di un modello di pronuncia standard. Quest'ultimo aspetto era possibile grazie al fatto che gli annunciatori di professione che lavoravano

per la RAI (gli *speaker* dei telegiornali, le annunciatrici dei programmi e, in misura minore, i presentatori) frequentavano corsi di dizione. Questa attività di diffusione di un modello unificato di pronuncia si concretizzò nel 1969 con la pubblicazione del *Dizionario di Ortografia e Pronuncia* (DOP) la cui redazione era stata affidata ai linguisti Bruno Migliorini, Carlo Tagliavini e Piero Fiorelli. Il DOP riproponeva il modello del fiorentino emendato (su cui v. § II.2.8.1) aperto in alcuni casi anche verso la pronuncia romana in caso di divergenze tra questa e quella fiorentina.

2. **la produzione di trasmissioni dedicate all'educazione degli adulti**. Esigenza, ricordiamolo, resa necessaria dal fatto che nel 1951 l'analfabetismo era ancora intorno al 13%. La più nota fu senza dubbio *Non è mai troppo tardi. Corso di istruzione popolare per il recupero dell'adulto analfabeta* condotta dal maestro Alberto Manzi e andata in onda dal 1960 al 1968;

3. **una programmazione che affiancava all'intrattenimento la divulgazione di contenuti della cultura «alta»**: va in questa direzione la scelta di riservare uno spazio del palinsesto al teatro e la creazione di un genere, lo sceneggiato televisivo, che fece conoscere a molti italiani, seppure nella riduzione televisiva, i classici della letteratura italiana e mondiale: l'*Odissea*, i *Promessi sposi*, *Anna Karenina* e i *Fratelli Karamazov* per fare solo qualche esempio. La percentuale del palinsesto RAI dedicata a programmi culturali supera la media del 40% negli anni dal 1956 al 1965, raggiungendo il picco del 53% nel 1962. L'attenzione alla divulgazione scientifica si manifesta invece un po' più tardi, a partire dalla metà degli anni Sessanta [Guidotti e Mauroni 2008, 98].

Il passaggio dalla paleo alla neotelevisione fu innescato a partire dalla seconda metà degli anni Settanta da una serie di novità:

1. **la riforma della RAI** (del 1976) determinò fra l'altro l'introduzione del terzo canale (a partire dal 1979), mirato a garantire maggiore spazio a contenuti differenziati su base regionale. Questa novità comportò l'apertura di nuove sedi per la produzione dei TG regionali, e diede maggiore spazio al parlato locale;

2. **la conduzione dei telegiornali** nazionali cambiò progressivamente, subendo l'influsso di modelli statunitensi e determinò la sostituzione dello *speaker* (lettore di notizie confezionate da altri), col giornalista (*anchorman*), che anziché leggere interpreta le notizie, guidando e accompagnando l'ascoltatore nella comprensione. Questa novità, che modificò profondamente la gestione dell'informazione televisiva, determinò dal punto di vista linguistico l'abbandono della pronuncia impostata e priva di inflessioni;

3. **la nascita delle radio e delle TV private**, in un primo tempo su base locale e successivamente organizzate in *network* nazionali, determinò la fine del monopolio Rai e l'inizio della concorrenza, innestando un meccanismo in cui la rincorsa a un pubblico più ampio possibile (a metà degli anni Ottanta entrano nel lessico comune *audience* e *share*) era la condizione necessaria per la conquista degli spazi pubblicitari e dei relativi introiti. Conseguenze di ciò furono la trasformazione del palinsesto da settimanale a quotidiano, la necessità di programmare ininterrottamente nell'arco di 24 ore e la proliferazione dei canali generalisti, che tendevano a offrire prodotti omologati al ribasso e conformati sul presunto gusto

delle fasce più ampie di popolazione. Attraverso l'invenzione del telecomando il telespettatore, che con le proprie scelte determinava il successo o l'insuccesso di un programma, diventava al tempo stesso artefice e vittima di questa corsa al ribasso della qualità, anche linguistica.
L'insieme di queste innovazioni ha determinato importanti effetti sul piano linguistico: il pubblico diventa progressivamente protagonista delle trasmissioni. Prima fa la sua comparsa nei collegamenti in diretta dall'esterno e attraverso le telefonate da casa, successivamente si appropria della scena all'interno degli studi televisivi e diviene co-protagonista di alcuni *talk show*, infine si impossessa definitivamente della scena con i *reality show*, in cui recita il copione della spontaneità diffondendo modelli di parlato (e di comportamento) sempre più esasperati e tendenti a sconfinare nel cattivo gusto[2]. Dopo essere stata un potente agente di diffusione del parlato medio, la TV arriva così a diffondere modelli di oralità sempre più orientati verso i piani bassi del repertorio.
Il terzo ventennio televisivo è stato caratterizzato da varie innovazioni tecnologiche: la diffusione di contenuti a pagamento per mezzo della TV digitale e satellitare ha moltiplicato il numero dei canali e ha rappresentato in un certo senso una crisi di rigetto al progressivo appiattimento dei contenuti proposti dalla neotelevisione, determinando la crisi della programmazione generalista. La diffusione dell'uso privato di Internet, la progressiva convergenza delle piattaforme, la possibilità di pubblicare i contenuti da parte degli utenti senza la mediazione e il filtro di editori hanno ulteriormente rinnovato il panorama. Contenuti video sono autoprodotti e pubblicati in rete; di qui, grazie all'abitudine di condividere e diffondere i messaggi, diventano a volte di grande successo, o *virali* (di questo calco semantico dall'inglese abbiamo parlato al § I.4.4.6) e possono determinare l'ingresso dell'autore nel mondo dello spettacolo «maggiore» (cinema o TV). Contemporaneamente si assiste alla diminuzione dello strapotere del parlato che aveva caratterizzato il ventennio precedente e al ritorno a una comunicazione centrata anche sul testo scritto, seppure profondamente rivisitato rispetto ai canoni tradizionali. Di questi aspetti e della scrittura digitale ci occuperemo nel prossimo paragrafo.
Insomma, dal punto di vista dell'impatto sugli usi linguistici, l'evoluzione della televisione nel suo primo sessantennio di vita è descrivibile nei termini di una **progressiva diminuzione della funzione pedagogica** [Rossi 2010]: come ha osservato Raffaele Simone [1987], la TV si trasforma da «modello di lingua», quale era stata nel primo periodo, in «specchio delle lingue», cioè riflette, nel bene e nel male, le abitudini linguistiche degli italiani. Il saggio citato risale alla metà degli anni Ottanta; l'evoluzione successiva dei programmi televisivi ha ulteriormente accentuato questo aspetto, esibendo (e amplificando) le peggiori abitudini linguistiche della nazione, dal turpiloquio alla sempre più «recitata»

[2] Nel determinare questi cambiamenti è stato molto importante l'esempio delle radio private (o libere, come si chiamavano allora), che hanno preceduto di poco la nascita delle TV private e hanno contribuito a svecchiare il linguaggio anche attraverso l'ingresso del pubblico «parlante».

QUADRO II.2.2.

Neologismi televisivi

Se si guarda al lascito della televisione in termini di parole ed espressioni passate nella lingua comune il bilancio può risultare piuttosto deludente [Mengaldo 2014]. La TV non ha una lingua propria ma è piuttosto un contenitore e un amplificatore di linguaggi nati altrove: «di là dall'origine propriamente televisiva delle singole forme, il piccolo schermo ha un enorme potere irradiante di parole e stilemi nati in altri àmbiti e in altri media, dai giornali al cinema, dai linguaggi settoriali ai gerghi» [Rossi 2010]. Peraltro spesso i neologismi televisivi sono piuttosto effimeri: si pensi ad alcuni tormentoni comici che durano lo spazio di una stagione per poi cadere nel dimenticatoio. Altre volte i neologismi sono legati a un determinato periodo e identificano un certo modo di fare televisione: l'espressione *signorina buonasera* con cui ci si riferiva all'annunciatrice dei programmi serali è ormai pressoché dimenticata perché con l'uscita di scena del referente (più o meno col passaggio alla neotelevisione) è scomparsa l'espressione; lo stesso vale per *valletta*, in parte sostituito da *velina*. Più stabili nel tempo quei termini che hanno preso piede grazie alla televisione e che si riferiscono al mezzo e alle sue caratteristiche: *andare in onda*, *in diretta* (o *in differita*), *eurovisione*, *fare zapping* (neologismo reso possibile dall'introduzione del telecomando), *trasmissione*, *decoder*, oppure ai contenuti televisivi: il già citato *velina* 'valletta', *televendita* e i più recenti *tronista* e *nominare* legati al successo di *talk*, *reality e talent show*. Piuttosto fecondo anche l'àmbito di termini relativi al circuito di produzione e diffusione radio-televisiva (*frequenza*, *network*, *audience*, *share*, *format*, *replay* ecc.); alcuni di questi sono stati evocati nel § II.2.8.1. L'ossessione per il rispetto e la distribuzione dei tempi ha dato luogo a *sforare* 'superare i limiti di tempo di una trasmissione' e *minutaggio* 'durata dello spazio concesso a un ospite in un dibattito o a una formazione politica nell'àmbito di un telegiornale'. L'informazione televisiva ha poi diffuso termini presi a prestito da vari àmbiti: molto ovviamente deve alla terminologia cinematografica: *stacco*, *inquadratura*, *operatore*, *montaggio* ecc.; alla lingua dei giornali si devono le espressioni stereotipate *una brillante operazione delle forze dell'ordine*; *un efferato delitto*; *un atteggiamento di ferma opposizione* ecc.; al linguaggio della fisica risale *quark*, termine noto al grande pubblico perché titolo di una benemerita trasmissione di divulgazione scientifica.

Quanto alle modalità di formazione di queste parole nuove si noterà la schiacciante presenza di anglicismi, spesso nella forma delle parole macedonia (*docufiction*, *infotainment*) o dei composti determinante + determinato (oltre a quelli citati, tutti quelli basati sul modello *x-show*). Talvolta si presentano anche nella forma del calco semantico, come nel caso del già menzionato *virale*. Per tutte queste modalità di formazione di neologismi si rimanda al cap. I.4.

aggressività linguistica come motore della conversazione, sia privata sia politica. Insomma la parabola televisiva si è conclusa col passaggio della televisione da specchio a **specchio deformante** (verso il basso) degli usi linguistici nazionali.

II.2.8.2. La lingua del web

Un effetto della diffusione di Internet è stato il ritorno alla scrittura (e, di conseguenza, alla lettura). Dopo decenni di prevalenza dell'audiovisivo (e dell'ascolto/visione) determinata dalla sovraesposizione alla televisione, la rete sta facendo progressivamente tornare alla scrittura ampie fasce di pubblico: «moltissime persone che fino a poco tempo fa non scrivevano un rigo, oggi producono incessantemente una mole impressionante – sia pure frammentaria e quasi atomizzata – di testi digitati» [Antonelli 2011, 41]. Nella società post-televisiva e digitale il testo scritto, seppure fortemente ridefinito nelle sue caratteristiche, riassume dunque una posizione di centralità.

Ma esiste una lingua del web? Internet è un immenso contenitore, sia di generi testuali nati su carta e poi trasferiti in rete: libri, articoli di giornale, testi di legge ecc., sia di generi nati con la rete e per la rete: blog, forum, newsletter, social network ecc., anche questi fortemente differenziati al loro interno. È chiaro dunque che non ha molto senso parlare in generale della lingua di Internet. È anche vero però che se concentriamo l'attenzione sulle modalità della comunicazione emergono dei tratti comuni. Questi, che interessano principalmente il piano dell'organizzazione testuale, consentono di riferirsi nel complesso all'àmbito delle **scritture digitali**, cioè dei testi prodotti al computer o su altro supporto digitale (*tablet*, *smartphone* ecc.) e destinati prevalentemente, ma non esclusivamente, alla pubblicazione *online* [Pistolesi 2014].

Le scritture digitali hanno spesso natura ipertestuale. Il termine **ipertesto** si riferisce a qualsiasi insieme strutturato di unità di informazione (denominate *nodi*) e di collegamenti tra esse (denominati *link*) realizzato su supporto digitale. Le caratteristiche costitutive dell'ipertesto possono essere definite per contrasto rispetto al testo tradizionale: quest'ultimo è **lineare** (nel senso che i segni acustici o grafici che lo compongono sono disposti in successione) e **chiuso** (nel senso che una volta pronunciato, scritto o stampato non è possibile modificarne il contenuto o la disposizione reciproca delle parti). Queste caratteristiche si contrappongono alla **multilinearità** e all'**apertura** (nel senso di dinamicità e modificabilità) dell'ipertesto. L'ipertesto è fisicamente collegato ad altri oggetti digitali (scritti, orali, visivi ecc.) che ne amplificano il contesto. Infine l'ipertesto non prevede un ordine di lettura prestabilito, ma offre dei percorsi che il lettore può seguire a suo piacimento.

Tenendo presente la difficoltà a individuare caratteristiche valide per tutti i generi di scrittura digitale ricordati in apertura, possiamo comunque enucleare alcune tendenze prevalenti:

- la **frammentarietà**: dal punto di vista della fruizione l'accesso ai contenuti per il tramite dei motori di ricerca permette di prelevare blocchi di un testo anche disinteressandosi dell'insieme. Anche dal punto di vista della produzione la scrittura digitale si presenta frammentaria, poiché l'autore è spinto dalle caratteristiche del sistema di scrittura a concepire le componenti del testo come spostabili, riassemblabili, modificabili in misura nettamente maggiore di quanto avveniva nella scrittura tradizionale. Questa diversa impostazione sta comportando delle trasformazioni radicali, che secondo alcuni potranno determinare la destrutturazione del testo così come questa categoria si è fissata nel corso dei millenni e la sua riorganizzazione secondo principi in parte diversi. Abbiamo sempre più a che fare con testi concepiti secondo la **logica del database** [Manovich 2001], con importanti ricadute sul piano dell'articolazione dell'informazione e della struttura tematica (v. § I.3.1.5). Per esempio l'operazione di etichettare (o, con neologismo informatico, *taggare*) un testo o una sua parte ha da sempre caratterizzato la parte «nascosta» della scrittura per il web (i metadati, i codici del linguaggio di codifica HTML sono sotto la superficie del testo). Ciò che caratterizza il web 2.0 è la gestione dei tag affidata sempre più all'utente finale: si pensi all'azione di *taggare* una foto su Facebook o di usare l'**hashtag** per contrassegnare il topic di un messaggio in Twitter. In questo popolare ambiente di comunicazione il segno grafico # segnala che una parola o un gruppo di parole hanno funzione di tema e svolge quindi la funzione di «marca di tema»;

• la **brevità**, comune a tutte le scritture digitali, è determinata dalla necessità di consumo immediato del testo (non c'è manuale di scrittura per la rete che non raccomandi di scrivere testi chiari e brevi, per evitare che il lettore navighi altrove) e della facile caduta d'attenzione legata alla lettura su schermo. A volte la brevità è esibita: si pensi ai 140 caratteri (non determinati da motivi tecnici) che costituiscono il limite massimo di estensione dei messaggi in *Twitter*. Un mito da sfatare è che il testo breve sia di per sé un testo semplice: lo sarà probabilmente nell'organizzazione sintattica, ma la brevità rende spesso questi testi anche ricchi di informazioni implicite, che richiedono al lettore costosi procedimenti di inferenza (v. § I.3.1) e non sempre garantiscono la piena comprensione del testo. Dal punto di vista formale la ricerca di brevità porta alla diffusione di acronimi (TVB 'ti voglio bene') e vari accorciamenti, nati nel linguaggio degli sms e di qui transitati in altri ambienti: *cmq* per 'comunque', *xké* 'perché', *xciò* 'perciò' ecc.;

• l'**iconicità**, a cui si devono la prevalenza della punteggiatura espressiva e spesso iterata (*ma che dici?????!!!!!*), delle faccine (*emoticons*), della simulazione dei toni dell'oralità attraverso l'uso del maiuscolo ecc.;

• la **dialogicità**: se ogni atto comunicativo è in una certa misura dialogico, il testo digitale esaspera questa componente, da vari punti di vista: perché spesso presuppone la trasmissione del messaggio tra due dispositivi, perché ogni testo, seppure monologico nella struttura (per es. la pagina di un blog), prevede commenti, interventi, risposte dei destinatari. Il testo digitale è inoltre frequentemente **polifonico** (cioè contiene più voci) perché è tecnicamente semplice inglobare in un testo le parole altrui citandole (questa tecnica, utilizzata prevalentemente nelle mail, nei newsgroup e nei forum, prende il nome di *quoting*). La comunicazione attraverso le reti sociali accentua ancor di più la possibilità di interagire con l'emittente, commentando, inserendo un *mi piace*, condividendo il messaggio con altri utenti ecc. La dialogicità non va però confusa con l'oralità: appare infatti nel complesso da ridimensionare la presunta forte oralità nella struttura sintattica e testuale della scrittura digitale, spesso evocata nella bibliografia di riferimento. «In realtà, l'esame diretto mostra che, nel caso italiano, il rapporto con il parlato è circoscritto a determinati settori e a fenomeni specifici» [Tavosanis 2011, 89].

• la **ridefinizione del rapporto tra testo**, **cotesto e contesto**. L'ambiente del web consente di rimodellare e ridefinire con facilità il cotesto e il contesto (§ I.3.1.2):

QUADRO II.2.3.

Il web e i registri dell'italiano

L'amplificazione che il mezzo garantisce agli errori presenti nella scrittura della rete può generare l'idea che la nostra lingua versi in uno stato comatoso. Sono frequenti i siti e i gruppi che ironizzano sugli strafalcioni letti o ascoltati sui social media. Ma domandiamoci: cosa sarebbe successo se cinquant'anni fa qualcuno fosse andato munito di registratore a raccogliere le chiacchiere nei bar e nelle piazze italiane? Certo il canale scritto e il carattere pubblico (almeno per una cerchia di utenti) di queste produzioni le rendono effettivamente più visibili e «modellizzanti» rispetto alle chiacchiere da bar. A ben vedere la rete ha avuto solo il ruolo di amplificare e rendere osservabili quei registri più trascurati che in passato esistevano ma erano più nascosti, o perché i discorsi che li raccoglievano possedevano la volatilità del parlato o perché, nel caso delle scritture private, rimanevano chiuse nei cassetti.
Anche i generi testuali più sorvegliati presenti nel web sono però contraddistinti da un atteggiamento che è stato definito di *whateverismo linguistico* (dall'ingl. *whatever* 'qualsiasi') [Tavosanis 2011, 94], cioè una sostanziale indifferenza alla coerenza espressiva e di registro negli usi linguistici. Insomma qualunque soluzione va bene, purché si comunichi velocemente. A questo aspetto si può anche ricondurre la poca attenzione alla correttezza ortografica che contraddistingue le comunicazioni con i diversi sistemi di messaggistica, anche da parte di persone cólte, quindi non per ignoranza della norma ma perché non si ritiene importante applicarla in questo àmbito.
Un problema ulteriore di alcuni settori della scrittura digitale è dunque la scarsa coerenza di registro. Nella rete infatti i testi specialistici convivono con la scrittura incerta e inesperta; quando le due componenti si sovrappongono, per esempio nei forum di discussione di argomento tecnico, chiunque può parafrasare o col copia e incolla direttamente inglobare nel proprio frammenti di discorso tecnico altrui: il problema è poi cucirli col resto del testo. Ecco un esempio tratto da un forum di argomento medico, in cui oltre alla complessiva trascuratezza ortografica (non sono intervenuto sull'originale) spicca la difficoltà a tenere insieme i termini e le espressioni tecniche col discorso comune:

> Ciao a tutti sono nuovo del forum..
> Sonon un ragazzo giovane di 21 anni vivo a varese , ho un problema che orami da anni non riesco a capirne la causa .. Nonostante ho girato ospedali , cliniche private ,dottori ecc..
> Allora vi racconto un attimo quello che mi succede forse qualcuno può darmi una mano !
> I problemi iniziano al mattino con mal di stomaco nausea e dolore "sordo" allo stomaco , se mangio per esempio una brioche (e faccio il pasticcere) sto male tutto il giorno , inizio a sbadigliare a digerire in continuazione e a sentirmi un malessere generale.... Ho scoperto che le cose che mi fanno star male sono (patatine , olii vari esempio brioches o croissant contenenti burro) alla sera sto bene e quando vado a letto che mi sdraio iniazia il tutto con bruciore nausea e malessere ...
> Ho spesso se non tutti i giorni la pancia gonfia e dolori all'intestino ...,
> Vi preciso che non mangio latte da ormai 3/4 settimane non bevo caffè te o cioccolato non fumo e non bevo alcool !!!
> Test elycobacter negativo , test glutine negativo !
> La cosa che mi piacerebbe capire e questo malessere dopo i pasti a cosa è divuto è come se dopo aver mangiato tutta l'energia del corpo va allo stomaco e faccio fatica a concentrami o lavorare !
> [da www.forumsalute.it/].

Insomma, la scrittura in rete trasferisce sul nuovo mezzo e acuisce una tendenza presente da tempo nella scrittura delle nuove generazioni, cioè la difficoltà a governare i diversi registri, difficoltà che genera un vero e proprio «caos diafasico» [Sobrero 1992].

con un clic posso uscire da un testo ed entrare in un altro, così come posso cambiare il contesto condividendo un testo o inserendolo in un contenitore diverso da quello in cui era nato. Di conseguenza i confini tra testo, cotesto e contesto, che nella scrittura tradizionale sono relativamente definiti, diventano dinamici e continuamente modificabili.

II.2.9. LA LINGUA DELLA NARRATIVA

A partire dall'Ottocento la prosa narrativa è stata interessata dalla progressiva riduzione del tasso di letterarietà [Serianni 1993]. Uno degli strumenti utilizzati per ottenere questo effetto è stato l'accoglimento nella pagina dei modi dell'oralità. Tuttavia, mentre fino a Manzoni la simulazione del parlato rimaneva confinata entro i recinti del dialogo, con la generazione degli scrittori veristi inizia a sconfinare nella narrazione. Questo determina la confusione tra il punto di vista dell'autore e quello dei personaggi, effetto realizzato narrativamente attraverso il **discorso indiretto libero**. Sebbene se ne possano individuare esempi precedenti, il discorso indiretto libero è stato introdotto come strumento espressivo dai naturalisti francesi nel secondo Ottocento e ripreso da alcuni scrittori italiani, in particolare Verga e Pirandello. Si tratta di un'opzione stilistica funzionale alla scelta dell'autore di raccontare la storia dal punto di vista psicologico e culturale dei personaggi. Conseguentemente con questa scelta la figura dell'autore si ridimensiona fortemente, fino a scomparire dietro ai personaggi nella ricerca di una narrazione corale. Nel romanzo novecentesco questa tendenza prosegue e si realizza sempre di più un «intreccio di voci» [Segre 1991] in cui cadono le tradizionali barriere che separavano la parola dell'autore da quella dei personaggi.

Col primo Novecento entra in campo un'altra importante novità: la fine della funzione modellizzante attribuita alla letteratura (v. § II.1.11). Ciò permette agli scrittori di liberarsi del compito di indicare la strada alla lingua della nazione e determina nuove possibilità di sperimentazione, alla ricerca di una lingua e di uno stile propri. In alcuni (Vittorini, Pavese, Moravia e per altri aspetti Bassani e Cassola) questa ricerca porta alla semplificazione della sintassi e del lessico, nella direzione di uno «stile semplice» a cui si giunge più che altro per sottrazione, privando la lingua sia dagli apporti dialettali che da quelli letterari, alla ricerca di una «naturalezza comunicativa» [Testa 1997, 6]. Questa linea conduce verso un registro letterario medio, equidistante da letterarietà e dialettalità. In altri casi la ricerca stilistica determina l'allontanamento dalla quotidianità attraverso fughe verso l'alto, con recuperi di una sintassi complessa e di un lessico aulico (per es. in Bufalino e in Consolo). Nell'ottica di una ricerca di verosimiglianza espressiva si colloca l'inserimento di dialetti e varie coloriture locali (strada questa seguita da alcuni scrittori neorealisti e, con altre motivazioni, da Pasolini e Meneghello). Irriducibile agli schemi lo sperimentalismo di Gadda, fra i pochi scrittori di caratura europea che il nostro Novecento abbia prodotto,

che attraverso una rivisitazione del tutto personale della tecnica del *pastiche linguistico*, cioè della commistione dei registri e delle lingue (italiano aulico o arcaico, lingue speciali, dialetti, lingue straniere fantasiosamente ricostruite come lo spagnolo nella *Cognizione del dolore*), arriva a far esplodere la pagina in un caleidoscopio di punti di vista che rappresentano la sua visione frammentata e scissa della realtà.
Di là da queste parentele e analogie, spesso tracciate a posteriori dai critici, la letteratura novecentesca non conosce però vere e proprie correnti o scuole. Significativamente Mengaldo [2014, 136], nel tracciare un profilo della prosa del Novecento, rinuncia a individuare «tradizioni o filiere» e si trova costretto a tracciare «11 profili linguistici di narratori, per così dire *irrelati*» (questo il canone proposto: Svevo, Pirandello, Tozzi, Gadda, Vittorini, Pavese, Morante, Calvino, Primo Levi, Fenoglio, Volponi).
La nuova generazione di scrittori, apparsa sulla scena tra gli anni Ottanta e Novanta del secolo scorso, ha ricevuto in eredità questo quadro privo di riferimenti precisi. Tra le caratteristiche della lingua della nuova narrativa ricordiamo il recupero del dialetto, l'ingresso sulla scena del linguaggio giovanile e dei gerghi, l'accentuato ricorso al parlato nella sintassi e nel ritmo, anche delle sezioni narrative. Sulla valutazione della qualità letteraria dei nuovi narratori, alcuni dei quali (Niccolò Ammaniti, Aldo Nove, Tiziano Scarpa, Isabella Santacroce) sono stati frettolosamente definiti con l'etichetta di «cannibali» (*Gioventù cannibale* è il titolo di una raccolta di racconti pubblicata da Einaudi nel 1996) la critica ha dato giudizi divergenti. Angelo Guglielmi ironizza sulla ricerca affannosa di una lingua media, intesa sia come lingua sbiadita e incolore, sia, con un facile gioco di parole, anche come lingua mutuata dai *media*, che corre il rischio di sovrapporre lo *standard* alla *Standa* (nome di una catena di supermercati), cioè uno strumento privo di qualsiasi spessore espressivo:

> Quella della giovane narrativa è una lingua media o di servizio, lontana dalla vivacità dei dialetti o dalla complessità dell'italiano letterario, una lingua più o meno di tutti, internazionale come la coca-cola e buona per le licitazioni ['contrattazioni'] al minuto, alla cui edificazione ha dato la mano decisiva l'ultimo cinquantennio di televisione. Una lingua distribuita alla Standa, dove per pochi soldi tutti si possono rifornire come si riforniscono dei vestiti made in Corea di cui oramai nessuno, nemmeno i più indigenti, soffrono la mancanza [Angelo Guglielmi, *La Stampa*, 16/1/93].

Altri hanno notato una sorta di «mutazione antropologica» della nuova leva di scrittori, in cui si riscontra «la totale assenza della memoria letteraria. Si tratta di una generazione che ignora la precedente letteratura italiana, si ispira soprattutto al cinema e alla televisione, e semmai trova qualche riferimento nella narrativa americana letta in traduzione» [Luperini 1997].
Ma c'è anche chi, operando le opportune distinzioni che rischiano di perdersi se rimaniamo sul piano dell'entusiasmo o della condanna indistintamente proiettata verso un'intera generazione di scrittori, prova a vedere anche nei casi di stile

più appiattito sul parlato quotidiano e dei *media* il frutto di un'orchestrazione retorica e di una costruzione, non una semplice trasposizione irriflessa sulla pagina della lingua di tutti i giorni: «riflettere i linguaggi circostanti non significa mimetizzarsi con essi, ma anzi riflettere *su* di essi. E alla riflessione succede la rifrazione: filtrati attraverso lo sguardo della letteratura, i tratti del reale vengono inevitabilmente deformati; le linee si spezzano, i profili si alterano, la realtà esterna assume un'altra angolazione, nei casi migliori un'angolazione critica» [Antonelli 2006, 11].

Conclusasi, o avviatasi nella fase discendente della parabola la stagione della ricerca di un iperparlato, la narrativa degli ultimi anni sembra (ri)avviarsi verso una maggiore cura (anche linguistica) dello stile, con un atteggiamento più sobrio, meno improntato agli eccessi e più orientato verso i contenuti che verso la ricerca dell'oltranzismo espressivo.

II.2.10. L'INGLESE NELLA COMUNICAZIONE UFFICIALE E SCIENTIFICA

Abbiamo fatto riferimento all'influsso della lingua inglese nei capitoli sul lessico (§§ I.4.4.5 e I.4.4.6) e sulla morfologia, in particolare per quel che riguarda la formazione di parole nuove derivate e composte (v. §§ I.2.3.1 e I.2.3.3). Lì sottolineavamo che le parole inglesi entrate in italiano sono molte in termini assoluti (oltre 8.000), ma rimane tutto sommato limitato (poche centinaia) il numero di quelle che sono passate dai linguaggi specialistici nel vocabolario comune; l'ordine di grandezza si riduce poi alle decine se consideriamo la penetrazione nel vocabolario di base; insomma, parafrasando un'efficace formula riassuntiva di Antonelli [2007, 18], nell'italiano d'oggi gli anglicismi sono più *scritti* che *detti*. In questo paragrafo vorremmo affrontare la questione da un altro punto di vista, analizzando quanto l'inglese stia intaccando la vitalità dell'italiano in settori della comunicazione che da vari punti di vista si possono considerare strategici.

Per esempio desta perplessità la diffusione di parole ed espressioni inglesi nel linguaggio della pubblica amministrazione. Se una legge sul lavoro si chiama *jobs act*, se la revisione della spesa pubblica viene definita *spending review*, se esiste un ministero del *welfare* ci si può chiedere l'effettiva necessità di queste scelte. Da esse emerge un'obiettiva diminuzione di prestigio attribuita dal politico o dal burocrate di turno alla propria lingua nel momento in cui sceglie di utilizzare degli anglicismi in casi in cui sarebbe estremamente facile ricorrere a corrispondenti espressioni italiane. Le università si stanno adeguando: gli studenti possono rivolgersi al *front office* e la gestione degli orari e di altri aspetti della didattica è affidata a un *manager* didattico. Dal canto loro i documenti strategici redatti dai Rettori non sono da meno: si parla della *mission* e della *vision* di un certo ateneo, da realizzare attraverso il ricorso a *best practices*.

Proprio il mondo dell'Università e della ricerca è al centro del mutamento più preoccupante: mi riferisco alla progressiva diffusione dell'inglese come lingua della comunicazione scientifica e dell'insegnamento universitario in Italia. L'uso dell'inglese nella produzione scientifica costituisce una tendenza internazionale, determinata da dinamiche globali. La decisione di premiare con maggiori finanziamenti all'ateneo o al dipartimento l'*impact factor*, cioè il numero di citazioni di un articolo apparso su una rivista specialistica, fa convergere la produzione dei ricercatori di tutto il mondo verso la lingua inglese, nella speranza di essere in tal modo più letti e più citati. La tendenza globale è incentivata dalle singole politiche governative. Se si esamina la percentuale di pubblicazioni in inglese relative al periodo 2004-2010 presentate dalle università italiane per la valutazione da parte dell'Agenzia Nazionale di Valutazione del Sistema Universitario (ANVUR), colpisce il fatto che, tranne i settori umanistico e giuridico, negli altri campi si sfiori ormai il 100% [Gualdo e Telve 2011, 236]. Si tratta di percentuali calcolate sulle pubblicazioni scelte da ciascun ricercatore come più rappresentative della propria attività, e quindi non stanno a significare che in tali aree la ricerca sia svolta esclusivamente in inglese, quanto che il singolo ricercatore, volente o nolente, è spinto a scegliere come suoi «prodotti migliori» quelli scritti in questa lingua, attribuendole per ciò stesso un prestigio maggiore.
Quanto all'offerta di corsi universitari, attualmente oltre il 70% degli Atenei svolge almeno un corso di studio interamente in lingua inglese, con una forte concentrazione negli àmbiti dell'ingegneria e delle scienze economiche e statistiche. Di riflesso questa tendenza sta interessando anche l'istruzione media superiore. È sufficiente che un dirigente scolastico apra una sezione in cui si insegni una qualunque materia in inglese (mediante la metodologia CLIL - Content and Language Integrated Learning) da parte di professori che spesso non hanno le necessarie competenze per farlo, per assicurare un gran numero di iscritti al proprio Istituto. Naturalmente non c'è dubbio che la migliore conoscenza dell'inglese (e di altre lingue straniere) sia un obiettivo di primaria importanza per la scuola e l'Università. Quel che lascia perplessi, e potrà nel tempo avere conseguenze negative, è semmai la progressiva diffusione dell'inglese non *accanto* all'italiano ma *invece* dell'italiano. Tale impoverimento dell'italiano in settori strategici ha un'importanza anche simbolica, che travalica l'effettivo numero delle persone coinvolte nel processo (in fondo i ricercatori che pubblicano in inglese sono pochi), ma finisce per avere forti ricadute sul prestigio e, nel lungo periodo, sulla gamma di funzioni che la lingua italiana sarà in grado di ricoprire. Abbiamo infatti osservato che una delle caratteristiche di una lingua standard è la possibilità di essere utilizzata senza limitazioni in qualsiasi dominio comunicativo. Sembrano insomma crearsi le condizioni per una nuova diglossia, italiano-inglese, con la «chiara tendenza del codice più alto (l'inglese) a acquisire, con relativa rapidità, nuovi àmbiti a discapito del codice gerarchicamente più basso (l'italiano, o le altre lingue nazionali altrove)» [Calaresu 2012, 529].

ESERCIZI

1. La differenza tra bilinguismo e diglossia sta nel:
a) diverso numero delle varietà linguistiche compresenti nel repertorio
b) diverso prestigio attribuito alle varietà linguistiche del repertorio
c) diverso grado di coesione linguistica della comunità di parlanti
d) diverso uso di due o più varietà a seconda dell'età del parlante.

2. Per alternanza di codice s'intende il ricorso da parte di uno stesso parlante a varietà diverse:
a) indipendentemente dal contesto comunicativo
b) secondo gli àmbiti d'uso
c) all'interno di una stessa conversazione
d) all'interno di una stessa frase.

3. La variazione diastratica ha a che fare con:
a) la provenienza geografica dei parlanti
b) il grado d'istruzione dei parlanti
c) il mezzo scelto per la comunicazione
d) il grado di formalità della situazione comunicativa.

4. Registri e sottocodici hanno a che fare con la dimensione:
a) diafasica
b) diamesica
c) diatopica
d) diacronica.

5. Il percorso di standardizzazione dell'italiano ha riguardato solo marginalmente la pronuncia.
☐ V ☐ F

6. La forma verbale *bollisce* è:
a) agrammaticale
b) grammaticale ma scorretta
c) corretta ma accettabile solo in registri informali
d) accettata dalla gran parte dei parlanti, ma non dalle grammatiche.

7. Il sistema dei pronomi è stato tra i meno coinvolti dalla ristandardizzazione. ☐ V ☐ F

8. Quale di questi tempi può essere usato con funzione epistemica?
a) presente
b) futuro
c) imperfetto
d) passato prossimo.

9. Quale di questi fenomeni non è caratteristico delle lingue speciali?
a) la deagentivizzazione
b) la nominalizzazione
c) il presente atemporale
d) l'imperfetto ipotetico.

10. La lingua della televisione:
a) può essere definita una lingua speciale

b) si propone come modello anche nella TV generalista
c) è stata un'importantissima fonte di neologismi
d) ha conosciuto una sempre maggiore influenza del parlato.

11. Che cosa s'intende per bilinguismo monocomunitario e bicomunitario?

12. Quali sono le principali differenze tra scritto e parlato?

13. In che cosa è consistita e quali tratti ha riguardato la ristandardizzazione?

14. Che differenza c'è tra tecnicismi specifici e collaterali?

15. Quali caratteristiche contraddistinguono l'aziendalese?

NOTA BIBLIOGRAFICA

Per un'introduzione alla sociolinguistica si veda G. Berruto, *Fondamenti di sociolinguistica*, Roma-Bari, Laterza, 2010 [I ed. 1995]. Sulla situazione sociolinguistica dell'Italia d'oggi i primi riferimenti sono G. Berruto, *Sociolinguistica dell'italiano contemporaneo*, Roma, Carocci, 2012 [I ed. 1987] e T. De Mauro, *Storia linguistica dell'Italia repubblicana*, Roma-Bari, Laterza, 2014. Per un quadro d'insieme sulla lingua italiana del Novecento si veda P. V. Mengaldo, *Storia dell'italiano nel Novecento*, Bologna, Il Mulino, 2014 [I ed. 1994].

Sulle specificità della lingua parlata v. J. Miller e R. Weinert, *Spontaneous Spoken Language*, Oxford, Oxford University Press, 1998. Sulle caratteristiche dell'italiano parlato v. M. Voghera, *Sintassi e intonazione nell'italiano parlato*, Bologna, il Mulino, 1992; M. Berretta, *Il parlato italiano contemporaneo*, in *Storia della lingua italiana*, a cura di L. Serianni e P. Trifone, Torino, Einaudi, 1994, vol. II, pp. 239-270. Per maggiori informazioni sulle ricerche in corso e i corpora di italiano parlato disponibili in rete v. http://www.parlaritaliano.it/.

Sulla nozione di standard v. G. Berruto, *Miserie e grandezze dello standard. Considerazioni sulla nozione di standard in linguistica e sociolinguistica*, in P. Molinelli (a cura di), *Standard e non standard tra scelta e norma*. Atti del XXX Convegno della Società Italiana di Glottologia (Bergamo, 20-22 ottobre 2005), Roma, il Calamo, 2007, pp. 13-41. Sul rapporto tra norma e uso v. L. Serianni, *La lingua italiana tra norma e uso*, in C. Marello e L. Mondelli (a cura di), *Riflettere sulla lingua*, Firenze, La Nuova Italia, 1991, pp. 37-52 e dello stesso *Norma dei grammatici e norma degli utenti*, in L. Beccaria e E. Soletti (a cura di), *La storia della lingua italiana: percorsi e interpretazioni*, Torino, Istituto dell'Atlante Linguistico Italiano, 1994, pp. 49-55; M. Palermo, *L'italiano giudicato dagli insegnanti*, in «Lid'O - Lingua italiana d'Oggi» VII, 2010, pp. 241-251. Sul movimento in atto nell'italiano mi limito a segnalare P. D'Achille, *L'italiano contemporaneo*, Bologna, Il Mulino, 2010; G. Antonelli, *L'italiano nella società della comunicazione*, Bologna, Il Mulino, 2007; *Lingua*, in A. Afribo e E. Zinato (a cura di), *Modernità italiana. Cultura, lingua e letteratura dagli anni settanta a oggi*, Roma, Carocci, 2011, pp. 15-52; M. Cortelazzo, *I sentieri della lingua. Saggi sugli usi dell'italiano tra passato e presente*, Padova, Esedra, 2012; L. Renzi, *Come cambia la lingua. L'italiano in movimento*, Bologna, Il Mulino, 2012; S. Lubello (a cura di), *Lezioni d'italiano Riflessioni sulla lingua del nuovo millennio*, Bologna, Il Mulino, 2014. Una brillante riconsiderazione dell'eterno conflitto tra usi corretti e scorretti della lingua si trova in P. Trifone, *Malalingua. L'italiano scorretto da Dante a oggi*, Bologna, Il Mulino, 2007.

Sulle lingue speciali un ottimo quadro d'insieme è il volume di R. Gualdo e S. Telve, *Linguaggi specialistici dell'italiano*, Roma, Carocci, 2011. Sulla variazione v. M. Cortelazzo, *Lingue speciali. La dimensione verticale*, Padova, Unipress, 1994. Sui linguaggi scientifici v. M. Dardano, *Linguaggi scien-*

tifici, in *Storia della lingua italiana*, a cura di L. Serianni e P. Trifone, vol. II, pp. 510-51. Sulla lingua della medicina si veda L. Serianni, *Un treno di sintomi*, Milano, Garzanti, 2005, con un'eccellente introduzione alla nozione di lingua speciale. Per l'italiano burocratico v. S. Lubello, *Il linguaggio burocratico*, Roma, Carocci, 2014.
Sulla lingua e i media v. I. Bonomi e A. Masini, *La lingua italiana e i mass media*, Roma, Carocci, 2003; G. Alfieri e I. Bonomi (a cura di), *Gli italiani del piccolo schermo. Lingua e stili comunicativi nei generi televisivi*, Firenze, Cesati, 2008; E. Mauroni e M. Piotti (a cura di), *L'italiano televisivo (1976-2006)*. Atti del Convegno (Milano, 15-16 giugno 2009), Firenze, Accademia della Crusca, 2010. Sull'italiano del cinema v. F. Rossi, *Il linguaggio cinematografico*, Roma, Aracne, 2006. Sulla lingua del web v. M. Tavosanis, *L'italiano del web*, Roma, Carocci, 2011; E. Pistolesi, *Scritture digitali*, in G. Antonelli, M. Motolese e L. Tomasin (a cura di), *Storia dell'italiano scritto*, Roma, Carocci, 2014, vol. III, pp. 349-375.
Sulla presenza dell'inglese nella lingua della comunicazione politica e scientifica si vedano R. Gualdo e C. Giovanardi (con la collaborazione di A. Coco), *Inglese-Italiano 1 a 1. Tradurre o non tradurre le parole inglesi?*, Lecce, Manni, 2003; E. Calaresu, *L'italiano e le altre lingue nella comunicazione scientifica nazionale e internazionale. La pressione per la biliteracy e l'incipienza di nuove forme di diglossia*, in T. Telmon, G. Raimondi e L. Revelli (a cura di), *Coesistenze linguistiche nell'Italia pre- e postunitaria*. Atti del XLV Congresso Internazionale di Studi della Società di Linguistica Italiana (SLI), Aosta-Bard-Torino 26-28 settembre 2011, Roma, Bulzoni, 2012, pp. 521-537.

CAPITOLO **II.3**

Lo spazio geografico: dialetti, italiani regionali, minoranze linguistiche

In questo capitolo ci occuperemo delle varietà che hanno caratterizzato e caratterizzano lo spazio linguistico italiano: i dialetti, gli italiani regionali e le lingue di minoranza. Dei dialetti e degli italiani regionali esamineremo le caratteristiche, la genesi, le aree di diffusione, la vitalità e gli àmbiti d'uso. Ci occuperemo infine delle minoranze linguistiche di antico insediamento che insistono sullo spazio linguistico italiano, mentre alle minoranze linguistiche giunte in Italia in seguito ai recenti movimenti migratori sarà dedicato il capitolo III.2.

II.3.1. LE VARIETÀ IN CAMPO

Secondo una massima attribuita al linguista Max Weinreich (1894-1969) «una lingua è un dialetto con un esercito e una marina». È un'affermazione estrema, che peraltro si adatta solo parzialmente alla storia dell'italiano. Il fiorentino è infatti divenuto la varietà comune degli italiani prima di tutto per ragioni di prestigio socioculturale e, se vogliamo proseguire nel paragone, l'esercito e la marina sono stati forniti molto più tardi, e per di più dai piemontesi! Tuttavia, nella sua estremizzazione, l'affermazione serve a mettere in luce che le differenze tra lingua e dialetto non sono di ordine linguistico ma sociolinguistico, sono in altre parole legate ai reciproci rapporti di egemonia o subalternità che si stabiliscono tra le varietà in campo.

Più precisamente un dialetto può essere considerato una lingua che non ha compiuto il percorso di standardizzazione che abbiamo delineato nelle sue fasi essenziali al § II.2.4. I principali parametri che differenziano sociolinguisticamente i **dialetti** dalle lingue sono i seguenti:

1. La limitazione territoriale. I dialetti sono varietà diffuse in un àmbito locale e circoscritto.

2. La modalità di apprendimento. Di solito i dialetti sono appresi spontaneamente nel contesto familiare e della socializzazione primaria. Nella storia linguistica italiana più recente anche le varietà colloquiali dell'italiano affiancano i dialetti (e a volte a essi si sovrappongono) come varietà apprese spontaneamente. L'italofonia primaria acquisita dalla maggioranza della popolazione è all'origine della situazione di dilalìa che caratterizza il repertorio dell'italiano contemporaneo (v. § II.2.1).

3. L'assenza di una norma esplicita. A differenza della lingua standard i dialetti non possiedono strumenti di esplicitazione della norma (grammatiche e dizionari). I dizionari e le grammatiche di singoli dialetti esistono, ma sono opere realizzate dai dialettologi (o anche da appassionati cultori di tradizioni locali) per scopo di studio, non certo normativo.

4. La limitazione negli àmbiti d'uso. I dialetti sono principalmente utilizzati nella comunicazione orale, familiare, informale. Alcuni conoscono un uso scritto e vantano nobili tradizioni nel campo della letteratura, del teatro e della canzone. A questi domìni si può aggiungere l'uso del dialetto (mescolato all'italiano) a fini ludico-scherzosi nella comunicazione delle reti sociali in Internet. Pertanto la limitazione che interessa i dialetti non è tanto dovuta all'assenza di un uso scritto: quelli che mancano sono gli usi formali (sia scritti sia orali): si tende a non usare il dialetto per la comunicazione giuridico-amministrativa, tecnico-scientifica, burocratica ecc. (Il discorso è diverso per le lingue di minoranza riconosciute dalla legge 482 del 1999, di cui ci occuperemo nel § II.3.5).

5. Il valore identitario. Il prestigio che una comunità attribuisce alle varietà del proprio repertorio è determinato da due dimensioni: il potere e la solidarietà [D'Agostino 2012, 153]. La prima si riferisce ai rapporti gerarchici e di ruolo: in questo senso la varietà egemone (lo standard) è dotata di maggiore prestigio delle varietà subalterne (i dialetti o le lingue di minoranza). La seconda dimensione, anch'essa molto importante, è quella che lega le scelte linguistiche ai rapporti affettivi, paritari e di vicinanza, al rispetto delle tradizioni, alla lealtà alla comunità di provenienza. Secondo questa dimensione il prestigio del dialetto è maggiore poiché a esso sono attribuite valenze identitarie più forti. Il dialetto, così come una lingua di minoranza, è il codice in cui una comunità si riconosce (il *we code* a cui abbiamo accennato al § II.2.1) e tramite il quale si differenzia dalle altre comunità (a cui appartiene il *they code*). La convivenza tra le due dimensioni genera per lo più normali situazioni di dialettica e di distribuzione degli àmbiti d'uso tra le varietà del repertorio, che sono all'origine del bilinguismo e della diglossia (v. § II.2.1); tuttavia il conflitto tra la componente identitaria e quella di potere può generare situazioni di rivendicazione autonomistica e, in casi estremi, come è avvenuto anche di recente nella storia europea, essere il pretesto per drammatiche guerre civili.

Il primo a parlare di **italiani regionali** è stato il dialettologo Giovan Battista Pellegrini in un saggio del 1960. In quel lavoro, per molti aspetti pionieristico, veniva offerta una rappresentazione del repertorio linguistico articolata in quattro varietà: il dialetto locale, il dialetto regionale, l'italiano regionale e l'italiano letterario.

Se dal punto di vista storico i dialetti sono varietà «sorelle» dell'italiano (v. § II.3.2), gli italiani regionali sono «figli» della lingua comune e dell'unificazione nazionale. In seguito alla formazione dello Stato unitario un numero sempre

maggiore di parlanti dialettofoni variamente scolarizzati si è trovato a confrontarsi con l'uso orale e scritto dell'italiano: il risultato è stato la formazione di varietà intermedie tra dialetti e lingua comune che prendono appunto il nome di italiani regionali. La genesi postunitaria di queste varietà è però condivisibile a patto di prendere come riferimento gli usi orali. Negli usi scritti di vario livello, e a sprazzi anche per l'oralità, come ha dimostrato una bibliografia ormai più che ventennale (a partire dai due fondamentali volumi curati da Francesco Bruni sull'italiano nelle regioni pubblicati nel 1992 e nel 1994) l'italiano regionale esisteva e aveva prodotto significative testimonianze già in epoca preunitaria. Ma di questo ci siamo già occupati al § II.1.8.2. Quel che importa ricordare è comunque che queste varietà hanno svolto un ruolo fondamentale di «stanze di compensazione tra dialetti e lingua» e di conseguenza «hanno sempre più sdrammatizzato e sfumato la contrapposizione tra italiano e dialetti» [De Mauro 2014, 128].
Nel prossimo paragrafo esamineremo le principali aree dialettali italiane: ci occuperemo poi della vitalità dei dialetti nel panorama sociolinguistico odierno (§ II.3.2.2). Nel paragrafo II.3.3 passeremo in rassegna le caratteristiche linguistiche delle principali varietà regionali di italiano. Infine in II.3.4 e II.3.5 si parlerà delle minoranze linguistiche di antico insediamento e della legge che le tutela.

II.3.2. I DIALETTI

Dal punto di vista della genesi i dialetti sono varietà sorelle dell'italiano in quanto condividono col fiorentino/italiano la comune origine latina (§ II.1.2). Più precisamente i **dialetti italo-romanzi** sono quelli parlati nella penisola italiana, così come si definiscono gallo-romanzi quelli che insistono nell'area francese (con propaggini nell'Italia settentrionale) e ibero-romanzi quelli della penisola iberica. La grande varietà dei dialetti è parte integrante della nostra storia culturale: abbiamo visto che anche Dante fu colpito dalla frammentazione linguistica della Penisola (v. Quadro II.1.3 del cap. II.1). Anche oggi si possono percepire differenze seppur minime tra il dialetto di una località e quelli di località anche poco distanti. Questa situazione di differenziazione puntiforme si può rappresentare cartograficamente grazie agli atlanti linguistici. L'opera più importante in tal senso è l'*Atlante italo-svizzero* (*AIS*). Tra il 1928 e il 1940 gli svizzeri Karl Jaberg e Jakob Jud, allievi del linguista e dialettologo Jules Gilliéron (che aveva realizzato un'opera analoga per la Francia), pubblicarono un atlante in otto volumi che rappresentava su oltre un migliaio di carte in scala 1:250.000 molti aspetti della variazione lessicale, morfologica e sintattica dei dialetti italiani, compresi quelli del Ticino, a nord dei confini. L'opera, realizzata attraverso inchieste in alcune centinaia di punti d'indagine e da ricercatori del calibro di Gerald Rohlfs, Paul Scheuermeier e Max Leopold Wagner, è ancor oggi una miniera di informazioni utili per il ricercatore. Nella figura II.3.1 è riprodotta una delle carte (la 1278), relativa alla distribuzione dei vari modi di dire *se non mangiamo*. Se ne ricavano informazioni sulle varianti fonetiche della radice del lessema *mangiare*, sulle diverse desinenze della quarta persona dell'indicativo presente, sulla compresenza

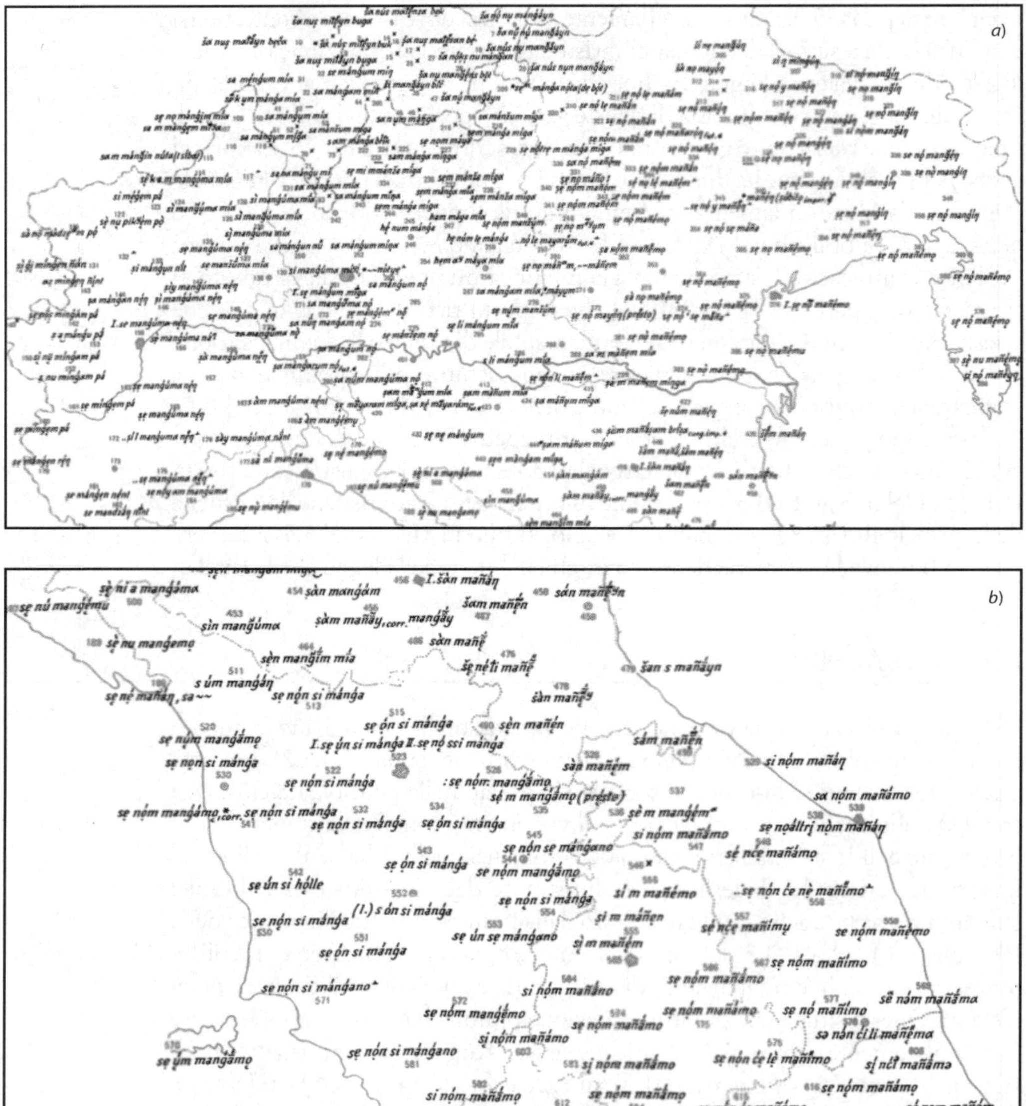

di *mangiare* e *manducare* (entrambi dal lat. MANDUCĀRE) o derivanti da altre basi (per es. sardo *pappamus* dal lat. PAPPĀRE), sulle varie forme della negazione (il tipo *non* alterna nei dialetti settentrionali coi tipi *mica* e *niente*), sulla sua collocazione nella frase (il tipo *se non mangiamo*, con la negazione in posizione preverbale, alterna con *se mangiamo non* / *se mangiamo mica*, con la negazione in posizione postverbale) ecc.

L'impressione di polverizzazione in un numero altissimo di varietà a cui siamo indotti dall'osservazione delle differenze tra i singoli dialetti non impedisce tut-

fig. II.3.1. *La carta 1278 dell'*AIS.

Fonte: http://www3.pd.istc.cnr.it/navigais-web/.

tavia di individuare nel territorio italiano **aree dialettali** di maggiore estensione. Per far ciò occorre concentrarsi non sulle differenze ma sulle somiglianze di tratti tra i vari dialetti. Il sistema utilizzato nella dialettologia per rappresentare queste aree sono le **isoglosse** [composto di *iso-* 'stesso' e gr. *glòssa* 'lingua']. L'isoglossa è una linea immaginaria che separa una porzione di territorio in cui un certo tratto si presenta nella forma A dalla porzione di territorio in cui lo stesso tratto si presenta nella forma B.

In alcuni casi le isoglosse corrono molto vicine, formando dei **fasci di isoglosse**, un addensamento di differenze a cui corrisponde un confine tra aree dialettali. Nella figura II.3.2 sono rappresentati i fasci di isoglosse che individuano i due principali confini dialettali in Italia: la **linea La Spezia-Rimini**, che separa i dialetti settentrionali da quelli centromeridionali e la **linea Roma-Ancona**, che separa i dialetti mediani da quelli meridionali. I numeri accanto a ciascuna isoglossa

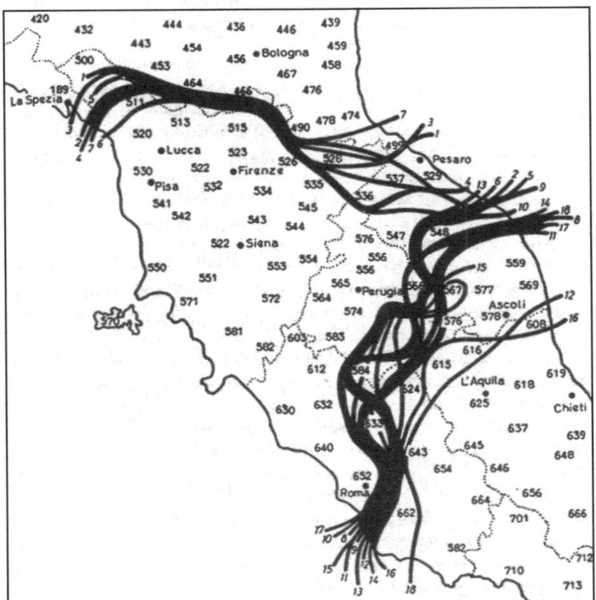

fig. II.3.2. *Fasci di isoglosse.*

Fonte: Rohlfs [1937].

si riferiscono ai tratti: per esempio 1 indica il limite meridionale del tipo *ortica* > *ortiga*, cioè della tendenza a sonorizzare le consonanti sorde intervocaliche, fenomeno caratteristico dei dialetti settentrionali. Il numero 12 indica invece il limite settentrionale dell'uso dell'ausiliare *tenere* in luogo di *avere* (*tène le spalle larghe*), caratteristico dei dialetti meridionali.
I confini linguistici possono coincidere con confini naturali: la linea La Spezia-Rimini corre in un tratto in corrispondenza dell'Appennino tosco-emiliano, la Roma-Ancona coincide nella zona laziale e in parte di quella umbra col corso del Tevere. Questi ostacoli naturali hanno coinciso in passato con frontiere storiche o etniche, determinando le attuali differenze linguistiche: la linea La Spezia-Rimini fu sul versante tirrenico il limite tra l'Etruria e i territori celtici del Nord Italia. La stessa linea, nel Medioevo, ha separato i territori dell'arcidiocesi di Ravenna da quelli dell'arcidiocesi di Roma. La linea Roma-Ancona fu invece, nell'antichità, la frontiera fra Etruschi e popolazioni italiche e, nel Medioevo, fra i domini del Pontefice e i territori longobardi [Avolio 2010]. Gli attuali confini tra le regioni invece, essendo stati tracciati in epoca postunitaria e definiti nelle attuali ripartizioni e denominazioni solo con l'entrata in vigore della Costituzione repubblicana nel 1948, non hanno avuto modo di influenzare le abitudini linguistiche. Per questo motivo, come si può vedere dalla figura II.3.3, in molti casi i confini amministrativi coincidono solo approssimativamente con quelli dialettali.
Diamo ora una descrizione sintetica dei tratti linguistici che caratterizzano le principali aree dialettali rappresentate nella figura II.3.5. Procedendo da nord verso sud incontriamo:

1. l'area dei **dialetti alto-italiani**, tra i confini nazionali e la linea La Spezia-Rimini. Comprende come sottoaree i dialetti gallo-italici (piemontese, lombardo, ligure, emiliano-romagnolo, trentino occidentale) e veneti (veneto, trentino orientale). Tralasciando la complessa situazione delle varietà anche alloglotte di confine (franco-provenzale, ladino, tedesco, sloveno, friulano su cui v. § II.3.4), come si vede il confine meridionale corre a ridosso della dorsale appenninica e coincide solo parzialmente coi confini amministrativi delle regioni interessate: per es. parte dei dialetti della Toscana e delle Marche sono di tipo settentrionale, così come in una ristretta fascia di paesi appenninici emiliani si parlano dialetti di tipo toscano. Fra le caratteristiche comuni all'intera area alto-italiana ricordiamo:
- la sonorizzazione delle consonanti sorde intervocaliche: per es. milan. ['røda], venez. ['rɔda] 'ruota'[1];
- lo scempiamento delle consonanti intervocaliche: per es. piem. ['fjama] 'fiamma', venez. [ka'vel] 'capello';
- la tendenza alla caduta delle vocali finali diverse da *-a*: venez. [mo'liŋ] 'mulino', piem. [dyr] 'duro';

[1] Per semplificare le trascrizioni delle forme dialettali citate, in questo capitolo segnaleremo la lunghezza vocalica [:] solo quando necessario.

fig. II.3.3. *Carta dei dialetti d'Italia.*

Fonte: ENCIT.

• l'avanzamento articolatorio e la pronuncia fricativa dell'affricata prepalatale sorda: [tʃ] → [s] venez. ['sento] 'cento' e sonora: [dʒ] [z]: per es. i genovesi chiamano la loro città ['zɛna];

• la presenza delle cosiddette vocali turbate è caratteristica dei dialetti gallo-italici (piem. [dyr] 'duro'; milan. [øtʃ] 'occhio'), ma non di quelli veneti;

• la gran parte dei dialetti alto-italiani è caratterizzata sul piano sintattico dall'espressione obbligatoria del soggetto, a cui si accompagna lo sviluppo di varie forme di pronomi clitici soggetto: milan. [i 'maŋdʒen] e venez. [i 'maɲa] 'loro mangiano', romagn. [a mar'kɔrd] 'io mi ricordo'.

2. L'area dei **dialetti toscani**, compresi tra la linea La Spezia-Rimini e la Roma-Ancona. Non tutta la Toscana presenta dialetti di tipo toscano: appartengono al tipo ligure le parlate della provincia di Massa Carrara, presentano caratteristiche di tipo emiliano i lembi estremi della provincia di Firenze, caratteristiche di tipo mediano i dialetti della zona dell'Amiata, al confine tra le province di Siena e

Grosseto. Fra i tratti delle parlate toscane non coincidenti con l'italiano figurano buona parte dei fenomeni che differenziano il cosiddetto fiorentino emendato dalla lingua standard (v. § II.2.4). Ricordiamoli:

- la monottongazione di [wɔ]: ['bɔno], ['nɔvo] in luogo di ['bwɔno], ['nwɔvo]. Il monottongamento si produce a Firenze tra Sei e Settecento [Ventigenovi 1993] e per questo motivo non è entrato a far parte dell'italiano standard;
- la gorgia, cioè la pronuncia fricativa delle occlusive tenui intervocaliche ([p], [t], [k]: *tipo* ['tiɸo], *dito* ['diθo]). Per quel che riguarda la velare sorda l'indebolimento è più marcato e determina la pronuncia approssimante ['baho] a Firenze, o può evolvere ulteriormente verso il completo dileguo ['bao], per es. a Pisa e a Livorno. La spirantizzazione interessa anche le corrispondenti occlusive sonore [b], [d], [g]: *libero* ['liβero], *frode* ['frɔðe], *mago* ['maɣo]. La gorgia è un fenomeno piuttosto recente, documentato con certezza solo dalla seconda metà del Cinquecento [Loporcaro 2013, 116]. Per questo motivo, e soprattutto per il fatto che non è rappresentato graficamente, non fa parte dei tratti del fiorentino passati nell'italiano standard;
- la pronuncia fricativa delle affricate prepalatali sorda e sonora in posizione intervocalica: ['baʃo], [ra'ʒone] anziché ['batʃo], [ra'dʒone] per *bacio*, *ragione*. Limitatamente alla pronuncia della sorda questo tratto del fiorentino fa parte anche della pronuncia romana e di parte dei dialetti centromeridionali;
- l'uso obbligatorio del pronome personale soggetto e il conseguente sviluppo di pronomi clitici soggetto: *e' dice* 'lui dice', *la canta* 'lei canta', *le cantano* 'esse/loro cantano'.

3. L'area dei **dialetti mediani** comprende il Lazio (ad esclusione di Roma, che presenta una fisionomia dialettale di tipo particolare [v. Quadro II.3.1] e dell'estremità meridionale della regione, che è storicamente appartenuta al Regno di Napoli e presenta caratteristiche di tipo meridionale continentale), l'Abruzzo occidentale, buona parte dell'Umbria e una parte della provincia di Ascoli, nelle Marche. Caratteristiche comuni di quest'area sono:

- l'assimilazione dei nessi consonantici *-nd-* > *-nn-*: ['munnu] 'mondo'; su un territorio un po' meno esteso si assimila anche *-mb-* in *-mm-*: ['gamma] 'gamba'. Meno diffusa ancora l'assimilazione *-ld-* > *-ll-* ['kallo] 'caldo';
- la metafonesi, cioè l'innalzamento della vocale tonica [e], [o] per effetto di una *-i* o di una *-u* finali del latino volgare: ['kwistu] 'questo', [siɲ'ɲuri] 'signori';
- la sonorizzazione delle occlusive seguite da consonante nasale: ['kambo] 'campo', ['tando] 'tanto';
- l'affricazione di *s* dopo *n-*, *l-*, *r-* : ['pɛntso], ['bortsa], ['saltsa]. Questo tratto si estende a nord della linea Roma-Ancona, interessando buona parte della Toscana;
- la distinzione tra *-o* e *-u* finali secondo l'etimologia latina: [ɔmo] < lat. HŎMO, ['fɛrru] < lat. FĔRRU(M).

I primi quattro fenomeni sono comuni anche ai dialetti meridionali, motivo per cui alcune classificazioni individuano un'unica area centromeridionale a sud della Linea Roma-Ancona [Vignuzzi 2010; Loporcaro 2013] distinta poi nelle tre sottoaree mediana, meridionale continentale, meridionale estrema.

4. L'area dei **dialetti meridionali continentali**, tra la linea Roma-Ancona e la parte settentrionale della Calabria e della Puglia. Comprende il Lazio meridionale, parte dell'Umbria e delle Marche, l'Abruzzo (a eccezione della parte occidentale), il Molise, la Campania, la Basilicata e, come abbiamo detto, la parte settentrionale della Puglia e della Calabria. Si tratta di un'area geografica che corrisponde in buona parte ai territori del Regno di Napoli, il più esteso Stato dell'Italia preunitaria. Caratteristiche comuni di quest'area sono:

- la metafonesi da *-i*, *-u* finali, l'assimilazione dei nessi consonantici *-nd-* > *-nn-*; *-mb-* > *-mm-*, la sonorizzazione delle occlusive seguite da consonante nasale e l'affricazione di *s* dopo *n-*, *l-*, *r-*, di cui abbiamo già dato la descrizione al punto precedente;
- il dittongamento metafonetico, cioè la trasformazione di [ɛ], [ɔ] toniche per effetto di una *-i* o di una *-u* finali del latino volgare: ['fjerrə] 'ferro', ['kworpə] 'corpo'. A differenza del dittongamento toscano, quello metafonetico si verifica in sillaba sia aperta sia chiusa e ha come risultato i dittonghi con l'elemento vocalico chiuso;
- la riduzione delle vocali finali (e in alcune zone di tutte le vocali atone) a un'unica vocale indistinta, detta *schwa* [ə]: ['murə] 'muro' o anche 'muri'. La neutralizzazione della distinzione tra le vocali finali ha portato alla perdita di distinzione morfologica di genere e di numero. Di conseguenza in molti dialetti meridionali la possibilità di distinguere il maschile dal femminile è affidata agli effetti della metafonesi: per es. in napoletano ['russə] 'rosso, rossi' si oppone a ['rossə] 'rossa, rosse'; analogamente il pronome maschile ['issə] 'lui' si differenzia nella forma da ['essə] 'lei';
- l'uso del possessivo enclitico con i nomi di parentela, per es., napol. ['patəmə] 'mio padre' e ['sɔrətə] 'tua sorella' (diffuso anche in parte dei dialetti mediani);
- l'accusativo preposizionale, cioè il complemento oggetto caratterizzato dal tratto [+umano] retto dalla preposizione *a*: *ho incontrato a Marco*; *salutami a tuo fratello*; *senti a me*; *guarda a quello*. Questo tratto è diffuso in gran parte dei dialetti meridionali e nel siciliano ed è presente anche in altre varietà romanze (per es. in spagnolo, portoghese, rumeno, sardo, catalano).

5. L'area dei **dialetti meridionali estremi**, che comprende il Salento, la parte meridionale della Calabria e la Sicilia. I principali tratti che caratterizzano questi dialetti sono:

- il vocalismo tonico a cinque vocali ([a, ɛ, i, ɔ, u]), dunque con la neutralizzazione dell'opposizione tra vocali aperte e chiuse;
- il vocalismo atono finale a tre vocali ([a, i, u]);
- la pronuncia retroflessa, cioè con la punta della lingua curvata all'indietro a toccare gli alveoli, della dentale esito di *-ll-*: ['jaɖɖu] 'gallo', ['bɛɖɖu] 'bello'. In Calabria meridionale e in Sicilia la pronuncia retroflessa riguarda anche [-tr-] e [-str-]: ['paʈʈi] 'padre', ['ʃʈʈata] 'strada'.

II.3.2.1. Mobilità nel tempo e nei confini geografici dei dialetti

La dialettologia moderna è nata sul finire del XIX secolo, in un'epoca in cui si aveva un'idea della grammatica determinata da leggi rigide e relativamente indipendenti da condizionamenti esterni, come il contatto tra lingue e le complesse dinamiche di interazione tra lingua e società. Per questo motivo, e a causa di una certa idealizzazione romantica dei dialetti come eredità folclorica immutabile, si può incappare nell'errore di prospettiva di considerare queste varietà come sistemi «puri», al riparo dalle contaminazioni e dalle evoluzioni che hanno interessato le lingue. Del resto l'informante ideale per le inchieste dialettologiche è una persona nata e cresciuta nel luogo d'origine, che possibilmente abbia viaggiato e studiato poco: insomma in grado di testimoniare la varietà più pura e arcaica del dialetto, immune dalle dinamiche del contatto linguistico. In realtà, se osservati più da vicino, tutti i dialetti sono esposti al mutamento, in particolare alla variazione nel tempo. Questa possibilità di osservazione con la lente d'ingrandimento è però possibile solo in parte, perché per molti dialetti non abbiamo continuità di documentazione scritta dall'epoca medievale a oggi. Nel caso del veneziano, del fiorentino, del romanesco, del napoletano e di altre varietà questa documentazione esiste, e possiamo farci un'idea della loro evoluzione. Abbiamo visto per es. che i molti mutamenti subiti dal fiorentino dopo la morte di Pertarca e Boccaccio hanno indotto gli storici della lingua a distinguere il fiorentino quattrocentesco (denominato *argenteo*) da quello trecentesco (v. § II.1.6). Nel caso del romanesco il cambiamento è stato ancora più consistente, al punto che le innovazioni quattro-cinquecentesche ne hanno determinato la progressiva «smeridionalizzazione» e il conseguente avvicinamento alla varietà fiorentina: approfondiremo questo aspetto nel Quadro II.3.1.

Per quanto riguarda la mobilità nello spazio ricordiamo che oltre a essere caratterizzati nel loro insieme da un rapporto di subalternità nei confronti della lingua nazionale, i dialetti sono stati in passato coinvolti in dinamiche di espansione / regressione areale determinate da rapporti di potere e da ragioni di prestigio reciproco. Per esempio in alcuni Stati regionali preunitari si è verificata l'espansione a livello sovralocale della parlata della capitale: il veneziano si è esteso nei domini peninsulari della Repubblica di Venezia sovrapponendosi, e in parte soppiantando, i dialetti locali. Analogamente il torinese ha esercitato un influsso sui dialetti del Piemonte a partire dal Settecento [Loporcaro 2013, 7]. In Toscana a partire dal Cinquecento si è verificata l'espansione del fiorentino determinata dal dominio politico esercitato prima dalla Repubblica medicea e poi dal Granducato. Per fare solo un esempio il senese medievale è piuttosto diverso dal dialetto postcinquecentesco, che appare fortemente fiorentinizzato (ricordiamo che Siena fu soggetta al dominio fiorentino a partire dal 1555). La fiorentinizzazione dei dialetti toscani è avvenuta per contatto e ha interessato anche la lingua parlata, pertanto ha seguito un percorso del tutto diverso dalla diffusione del fiorentino nelle altre regioni d'Italia, determinata dalla codificazione grammaticale cinquecentesca.

QUADRO II.3.1.

L'evoluzione del romanesco

Analizziamo un breve brano della *Cronica* di Anonimo romano, testo in romanesco risalente all'incirca alla metà del Trecento, anche se trasmesso da manoscritti cinquecenteschi. Il brano riporta le fasi finali della vita di Cola Di Rienzo, che tenta di arringare e portare dalla sua parte il popolo in tumulto:

> Quanno vidde lo tribuno puro lo tumuito dello puopolo crescere, viddese abannonato e non proveduto, forte se dubitava. Demannava alli tre que era da fare. Volenno remediare, fecese voglia e disse: «Non irao così, per la fede mea». Allora se armao guarnitamente de tutte arme a muodo de cavalieri, la varvuta in testa, corazza e falle e gammiere. Prese lo confallone dello puopolo e solo se affece alli balconi della sala de sopra maiure. Destenneva la mano, faceva semmiante che tacessino, ca voleva favellare. *Sine dubio* che se lo avessino scoitato li àbbera rotti e mutati de opinione, l'opera era svaragliata. Ma Romani non lo volevano odire. Facevano como li puorci. Iettavano prete, valestravano.
>
> [Quando il tribuno si accorse che il tumulto del popolo aumentava, si vide abbandonato e inerme, e si preoccupava fortemente. Domandava ai suoi tre compagni che cosa convenisse fare. Volendo porre rimedio, si fece coraggio e disse: «non andrà così, per la mia fede!». Allora si vestì, adornandosi di tutte le armi come un cavaliere, l'elmo in testa, la corazza, le falde e le gambiere. Prese il gonfalone del popolo e da solo si affacciò ai balconi della sala maggiore di sopra. Distendeva la mano, faceva segno che tacessero, poiché voleva parlare. Senza dubbio se lo avessero ascoltato sarebbe riuscito a far loro cambiare opinione e la rivolta sarebbe stata sbaragliata. Ma i romani non lo volevano ascoltare. Facevano come i porci. Gettavano pietre, e frecce con le balestre.]

La *Cronica* documenta una varietà di lingua piuttosto distante dall'idea di romanesco che abbiamo in mente oggi, con molti tratti di tipo meridionale: per es. il dittongamento metafonetico (*puopolo*, *puorci*), l'esito di B- e di -RB- in *-v-* e *-rv-*: (*varvuta* 'barbuta'), il mantenimento di J- iniziale, che invece in toscano muta in [dʒ] (*iettavano* 'gettavano'), la congiunzione *ca* < QUĬA anziché *che* < QUĬD ecc. Con essi convivono altri tratti che fanno ancora parte del dialetto, per es. le tre assimilazioni di *-nd-* > *-nn-*, *-mb-* > *-mm-*, *-ld-* > *-ll-* (*quanno* 'quando', *gammiere* 'gambiere', *falle* 'falde' ecc.), il mantenimento di *-e-* atona (*se* 'si', *de* 'di' ecc.), l'articolo determinativo plurale *li* ecc.
Il cambiamento, che ha portato a una decisa fiorentinizzazione del romanesco, è avvenuto tra il Quattro e il Cinquecento in seguito all'azione concomitante di vari fattori esterni: 1) la presenza, a partire dal pontificato di Martino V (1417-31) e culminata nel primo Cinquecento coi papi medicei Leone X e Clemente VII, di una consistente colonia di mercanti, artigiani e uomini d'affari fiorentini (colonia non tanto rilevante in termini assoluti, ma per il caratterizzarsi come gruppo sociale in ascesa); 2) la presenza di una componente fiorentina o fiorentineggiante alla corte papale; 3) la decimazione della popolazione originaria romana conseguente al «sacco di Roma» del 1527 e il successivo ripopolamento della città nei decenni successivi: secondo alcune stime «intorno al 1550 la popolazione di Roma doveva essere formata per un 75-80% da immigrati o figli di immigrati» [Trifone 1992, 43]. Il romanesco ha dunque subito una fiorentinizzazione (seppure indiretta) in epoca pre-unitaria. Come ha osservato De Mauro, a Roma «ebbe corso con un anticipo di secoli il processo che in altre città italiane si è verificato o, meglio, ha iniziato a verificarsi soltanto nei decenni del Novecento» [De Mauro 1983, 24]. Anche per questo motivo dal punto di vista della classificazione areale dei dialetti (v. § II.3.2)

Roma fa storia a sé, non presentando alcuni tratti mediani e meridionali che si ritrovano invece nelle parlate dei paesi circostanti alla capitale e del resto dell'area laziale.
Altri fenomeni del romanesco attuale sono invece innovazioni post-cinquecentesche: per esempio lo scempiamento di *-r-* intervocalica ['tɛrra] → ['tɛːra] e il passaggio della laterale palatale a *jod* ['fiʎʎo] → ['fiːjo] [cfr. rispettivamente Palermo 1993; Loporcaro 2012].

II.3.2.2. Vitalità dei dialetti

Le inchieste periodiche svolte dall'ISTAT sull'uso del dialetto e dell'italiano nei diversi contesti comunicativi costituiscono una fonte preziosa per misurare la convivenza tra le due varietà. Purtroppo i primi censimenti non raccoglievano notizie sugli usi linguistici; tuttavia a partire dal rilevamento del 1995 è possibile costruire una breve serie storica, che riportiamo nella tabella II.3.1. Naturalmente i dati vanno interpretati perché si tratta di autodichiarazioni e non di misurazioni sugli usi effettivi, ma pur facendo la tara su questo aspetto vi si può trovare la conferma di alcune tendenze in atto.
Il dato più rilevante che emerge dall'ultima rilevazione è la maggioranza schiacciante dell'italofonia esclusiva nella comunicazione con gli estranei (84,8%) e specularmente la quota ormai residuale dei dialettofoni esclusivi (1,8%), la cui percentuale è sovrapponibile a quella degli analfabeti. L'altro dato su cui vale la pena soffermarsi è che questo grande risultato – se comparato con la situazione all'anno zero, cioè al 1861 (v. § II.1.11) – non è stato ottenuto a scapito dei dialetti ma aprendo nuovi spazi di coesistenza tra dialetto e lingua [Sobrero 2012; De Mauro 2014; Marcato 2014]: si veda la crescita nel tempo dell'alternanza tra dialetto e italiano in famiglia e la sua stabilizzazione negli usi con gli amici. Naturalmente un'analisi più fine dei dati rivela il persistere di differenze tra le diverse aree del Paese: i valori più alti di dialettofonia si registrano nell'Italia meridionale (in particolare per quanto riguarda l'uso combinato di italiano e dialetto) e nell'Italia nordorientale, dove si riscontrano i tassi più alti di dialettofonia «pura», cioè di uso esclusivo del dialetto. I valori

TAB. II.3.1. Uso di lingua e dialetto nei diversi contesti comunicativi. Popolazione di età compresa tra 18 e 74 anni (%)

ANNO	IN FAMIGLIA				CON AMICI				CON ESTRANEI			
	SOLO O PREVAL. ITALIANO	SOLO O PREVAL. DIALETTO	SIA IT. CHE DIALETTO	ALTRA LINGUA	SOLO O PREVAL. ITALIANO	SOLO O PREVAL. DIALETTO	SIA IT. CHE DIALETTO	ALTRA LINGUA	SOLO O PREVAL. ITALIANO	SOLO O PREVAL. DIALETTO	SIA IT. CHE DIALETTO	ALTRA LINGUA
1995	43,2	23,7	29,5	1,4	46,1	16,4	33,5	1,3	71,4	6,3	19,1	0,8
2000	43,3	18,8	34,0	3,1	47,3	15,6	33,8	2,5	73,6	5,9	18,7	0,9
2006	44,8	15,0	34,0	5,3	48,2	12,1	34,3	4,3	73,9	4,5	19,0	1,6
2012	53,1	9,0	32,2	3,2	56,4	9,0	30,1	2,2	84,8	1,8	10,7	0,9

Fonte: ISTAT.

più bassi di dialettofonia si riscontrano invece nell'Italia nordoccidentale. In particolare l'uso del dialetto con gli estranei raggiunge i valori più bassi nelle grandi aree urbane del nord, che hanno conosciuto dapprima le migrazioni interne, e attualmente presentano i tassi più elevati di popolazione straniera residente [Dal Negro e Guerini 2007]. In ogni caso la coesistenza tra italiano e dialetto determina sempre più l'alternanza dei due codici: nell'àmbito di una stessa conversazione si può passare dalla lingua al dialetto o viceversa (*code switching*) oppure si possono mescolare parole dei due idiomi (*code mixing*). Parole italiane entrano in un discorso prevalentemente dialettale o, viceversa, «parole e frasi dei repertori dialettali entrano in contesti italiani» [De Mauro 2014, 119].

Fatta salva la differenza tra le varie regioni d'Italia, se vogliamo individuare una linea di tendenza generale mi sembra si possa farlo nell'**intensificazione di un uso secondario del dialetto**, in coabitazione ma non in conflitto con la lingua comune [Berruto 2006; Dal Negro e Guerini 2007; Sobrero 2012]. La possibilità di coabitazione tra italiano e dialetti negli usi informali (la cosiddetta dilalìa, che ha sostituito la precedente situazione di diglossia: v. § II.2.1) è con ogni probabilità la seconda novità epocale che ha contraddistinto, insieme alla ristandardizzazione (v. § II.2.6) il panorama sociolinguistico italiano negli ultimi decenni. Il ricorso al dialetto da parte di chi finalmente è in grado, se vuole, di farne a meno consente di vivere con più disinvoltura che in passato l'alternanza tra le varietà. L'uso del dialetto insomma non è più percepito come segnale di deprivazione linguistica e culturale, ma come una varietà del repertorio a cui attingere in maniera intenzionale e controllata, insomma come una risorsa aggiuntiva da utilizzare per scopi affettivi, ludici, espressivi ecc. Va quindi precisato che quest'uso secondario dei dialetti assume spesso le caratteristiche non dell'impiego esclusivo e autonomo ma del ricorso al dialetto come ingrediente aggiuntivo, una sorta di spezia che arricchisce di sapore espressivo la pietanza, che rimane però sostanzialmente cucinata a base italiana [Berruto 2006]. Questa novità ha portato a letture contrastanti sullo stato di salute dei dialetti. Alcuni lavori insistono sulla rinnovata vitalità dei dialetti e sul recupero da parte di questi di àmbiti comunicativi non necessariamente limitati agli usi informali, orali e spontanei (si pensi all'uso del dialetto nella canzone, nella pubblicità, nei fumetti, nella narrativa, nella prosa giornalistica, nella comunicazione attraverso i *social network* ecc.). Altri sottolineano che, proprio a causa degli stessi fattori che hanno determinato la diffusione dell'italofonia primaria nella popolazione più giovane, si sta determinando una crisi della dialettalità primaria e di conseguenza della competenza a tutto tondo (quella da parlante nativo, per intendersi) del proprio dialetto d'origine. Le due letture evidentemente non si escludono: un conto è osservare che l'accresciuta padronanza dell'italiano ha portato con sé una nuova consapevolezza della dignità del dialetto e della sua spendibilità come strumento di comunicazione espressiva; altro conto è ribadire che la vitalità dei dialetti come sistemi di comunicazione primaria è minacciata dall'espansione dell'italiano come lingua della socializzazione primaria.

QUADRO II.3.2.

Il dialetto nella canzone

Come abbiamo visto dagli anni Novanta del secolo scorso la conquista dell'italofonia da parte della popolazione, in particolare quella giovanile, ha determinato una crescente tendenza al recupero dei dialetti in funzione ludica o espressiva. Sia per la letteratura sia per gli altri usi espressivi la neodialettalità è stata efficacemente classificata [Antonelli 2006; Serianni e Antonelli 2011, 71-72] sulla base delle categorie giocose del **dialetto per dispetto** (uso del dialetto mescolato al linguaggio giovanile come trasgressione alla norma scolastica), del **dialetto per difetto** (inserti dialettali usati nella narrativa per connotare negativamente un personaggio), del **dialetto per diletto** (uso ludico di tratti dialettali, nella narrativa e altrove).
Fra i tentativi di recupero a fini espressivi del dialetto merita un cenno la lingua della canzone. La ricerca di nuove modalità espressive ad affiancare la lingua nazionale, che appariva un po' logora, ha interessato dapprima la canzone d'autore: per es. Pino Daniele dalla fine degli anni Settanta ha operato un recupero del tradizionale uso del dialetto napoletano nella canzone rivestendolo di nuovi valori, per esempio mescolandolo all'inglese in un complesso *pastiche* anglo-italo-napoletano:

I say i' sto cca' me 'mbriaco e c'aggia fa'	Dico che sto qua, mi ubriaco e che devo fare
me gira 'a capa ma voglio parla'.	Mi gira la testa ma voglio parlare
I say i' sto cca' 'a tristezza se ne va	Dico che sto qua, la tristezza se ne va
'o vino scenne ma poi finirà.	Il vino scende ma poi finirà
[*I say i' sto cca'*, in *Nero a metà*, 1980]	

Alcuni anni dopo Fabrizio De André recupera il suo genovese come lingua delle emozioni e dei ricordi con l'album *Creûza de mä* [viottolo di mare], del 1984:

Umbre de muri muri de mainé	Ombre di facce facce di marinai
dunde ne vegnì duve l'è ch'ané	da dove venite e dov'è che andate
da 'n scitu duve a lûna a se mustra nûa	da un posto dove la luna si mostra nuda
e a neutte a n'à puntou u cutellu ä gua	e la notte ci ha puntato il coltello alla gola

L'uso del dialetto acquisisce la dimensione della protesta nell'esperienza di vari gruppi musicali nati un po' in tutta Italia tra gli anni Ottanta e Novanta (ricordiamo fra gli altri i veneti *Pitura Freska*, i napoletani *99 Posse*, i pugliesi *Sud Sound System*). Nella loro musica si realizza la fusione tra il rock e i nuovi generi (*reggae*, *rap*) che caratterizzavano la scena mondiale in quegli anni. Nei loro testi il ricorso al dialetto riproduce, calandola nella situazione italiana, la dimensione antagonista rispetto alla cultura ufficiale che era stata propria del *reggae* e del *rap*, sostituendo i dialetti allo slang dei ghetti statunitensi o all'inglese pidginizzato dei neri giamaicani.
Un'altra valenza del ricorso al dialetto è la rivendicazione delle proprie radici, dell'identità culturale, ma in una maniera nuova rispetto al passato: attraverso la comunicazione a livello globale consentita dalla società digitale si possono prendere a prestito temi culturalmente distanti (per es. il disagio sociale dei neri d'America) e fonderli con problemi del tutto locali. Questa tendenza è stata battezzata come atteggiamento *glocal* (dalla fusione tra *global* e *local*). Ecco a mo' di esempio un brano dalla canzone *Le radici ca tieni* (*Lontano*, 2003) dei *Sud sound System*:

Se nu te scerri mai delle radici ca tieni Rispetti puru quidde te li paisi lontani, Se nu te scerri mai de du ete ca ieni Dai chiu valore alla cultura ca tieni. Simu salentini te lu munnu cittadini, Radicati alli Messapi cu li Greci e Bizantini, Uniti intra stu stile osce cu li Giamaicani, Dimme tie te du ete ca sta bieni…	Se non dimentichi mai le tue radici Rispetti anche quelle dei paesi lontani, Se non dimentichi mai da dove vieni Dai più valore alla tua cultura. Siamo salentini del mondo cittadini, Radicati ai Messapi coi Greci e i Bizantini, Uniti in questo stile oggi con i Giamaicani, Dimmi, tu, da dove vieni…

II.3.3. GLI ITALIANI REGIONALI

Quando si parla di italiani regionali occorre precisare che con l'aggettivo «non ci si riferisce propriamente alle regioni amministrative, ma a regioni linguistiche di varia estensione […] quindi *regionale* vale "di una certa zona" ed equivale a locale» [Poggi Salani 2010]. Accentuando la portata di questa osservazione, è stato osservato che «salvo rarissime eccezioni, che riguardano praticamente solo le isole maggiori, l'area di una varietà regionale di italiano non coincide mai con l'area di una regione amministrativa» [Sobrero 2012, 129-130]. A seconda del livello di dettaglio a cui ci si vuole spingere, si può quindi parlare indifferentemente di italiano regionale con riferimento a una città (Torino, Milano, Roma, Napoli, Palermo), a una subregione (il Salento, la Romagna), a una regione (la Toscana, la Campania) o addirittura a un'area sovraregionale, per esempio se si enucleano le caratteristiche generali delle varietà settentrionali o centromeridionali di italiano.

In effetti se il **percorso** di formazione degli italiani regionali descritto al § II.3.1 è stato **univoco** e ha determinato una forte spinta all'italianizzazione, **i risultati del percorso** sono stati **plurivoci**: esistono tanti italiani locali. Tuttavia nel corso dei centocinquant'anni di storia unitaria si è innestato un meccanismo di convergenza delle varietà locali verso un numero limitato di poli di attrazione costituito dalle principali aree urbane.

Gli italiani regionali attuali si configurano essenzialmente come varietà parlate, le cui tracce sono percettibili principalmente nella pronuncia, nell'intonazione (anche per l'assenza di una reale standardizzazione dell'italiano a questi livelli; v. § II.2.4) e nel lessico quotidiano. Sottolineare il carattere primariamente orale degli italiani regionali non significa ovviamente escludere che tracce locali emergano anche in produzioni scritte, con una coloritura più o meno marcata in relazione al livello di acculturazione dello scrivente e al genere testuale utilizzato. Naturalmente il canale scritto porta ad occultare una parte dei tratti di pronuncia, o perché non sono ortograficamente visibili (per es. le differenze di apertura o chiusura delle vocali) o perché sono realizzati in un modo e scritti in un altro: ci troviamo da questo punto di vista in una situazione analoga a quella vissuta dagli scriventi nei primi secoli del Medioevo nei confronti del latino: l'uniformità ortografica faceva da tetto a una varietà di pronunce locali [De Blasi 2014, 20].

Tornando alla quadripartizione del repertorio proposta da Pellegrini (v. § II.3.1), possiamo osservare che la variazione su base geografica è descrivibile nei termini di un *continuum*, ai cui estremi si pongono il dialetto locale e l'italiano standard. Nel mezzo si assiste a una convergenza tra le varietà. Tuttavia, una vera e propria convergenza presupporrebbe l'avvicinamento reciproco dei due poli del *continuum*, mentre il movimento in atto evidenzia piuttosto un avvicinamento unidirezionale: «se sembra assodato che i sistemi dei dialetti si muovano verso il sistema dell'italiano, assumendone più o meno mediatamente forme, strutture, tratti, semantismi, non pare invece nell'insieme che il sistema dell'italiano si muova in direzione dei dialetti, con mutamenti che procedano verso i sistemi dialettali» [Berruto 2006, 106-107]. Pertanto le varietà geografiche nel loro insieme mostrano un'evoluzione diretta verso la progressiva **diminuzione dell'impronta diatopica**: sia nel senso che gli italiani regionali si sono nel tempo progressivamente avvicinati alla lingua comune, sia nel senso che i dialetti sono andati incontro a un processo di italianizzazione. L'italianizzazione dei dialetti agisce di norma a livello lessicale e ha determinato la scomparsa di alcune denominazioni tradizionali: per es. [maraŋ'goŋ] 'falegname', diffuso in veneto, in friulano e in altre parlate settentrionali è stato sostituito da [fale'ɲam]; [ntsu'rarsi] 'sposarsi' presente in molti dialetti meridionali è stato sostituito da varianti a base lessicale italiana, per es. [ʃpu'sassə]. Un'altra modalità di italianizzazione dei dialetti è determinata dall'accoglimento in forma di prestiti adattati di nuovi referenti: «basti pensare a come in dialetto chiamiamo il telefono cellulare o il dentifricio o altro, e generalmente si tratta di prestiti dall'italiano con adattamenti al dialetto» [Marcato 2014, 53]. Di conseguenza la separazione concettuale tra i dialetti – intesi come differenziazioni primarie rispetto alla matrice latina – e gli italiani regionali – intesi come differenziazioni secondarie dell'italiano – separazione che abbiamo illustrato al § II.1.2, va mantenuta in sede di analisi storica, ma va attenuata quando ci si riferisce alla realtà attuale, che porta sempre più i dialetti a configurarsi come varietà dell'italiano, sebbene più caratterizzate rispetto ai sovrastanti italiani regionali.

Gli italiani regionali appaiono differenziati dallo standard a tutti i livelli, ma soprattutto sul piano prosodico e fonologico; poi in ordine di importanza decrescente la differenziazione riguarda il lessico, la sintassi, la morfologia. Facciamo una rapida carrellata sulle differenze regionali di pronuncia limitandoci alla sola resa delle vocali. Un piemontese e un ligure saranno riconoscibili dalla pronuncia velarizzata della *a* [ɑ] (una *a* pronunciata arretrata, che determina un suono intermedio tra la [a] e la [ɔ]) e diranno ['vɑdo], ['pɑsta]; un milanese tenderà a riprodurre la *e* tonica secondo le condizioni descritte al § II.3.2 e quindi a pronunciare ['penso], [makki'nɛtta] e [per'kɛ]; un emiliano sarà riconoscibile dalla pronuncia palatalizzata della *a* tonica in sillaba libera [æ]: [mæno] 'mano'; un napoletano, un lucano o un pugliese reagiranno all'indebolimento articolatorio della vocale finale [ə] nelle sottostanti varietà dialettali riproducendo le vocali dell'italiano, che però risulteranno un po' più centralizzate rispetto alla pronuncia standard; un siciliano presenterà nel proprio repertorio soltanto le vocali aperte: ['pɔllo], ['sɛme]; un sardo tenderà

a chiudere le *e* e le *o* per effetto della vocale finale *i*, quindi a pronunciare [siɲ'ɲori] ma [siɲ'ɲɔra] [siɲ'ɲɔre].
Analogamente nel consonantismo, nella morfologia e nella sintassi delle produzioni in italiano regionale tenderanno a emergere alcuni tratti dialettali. L'emersione è però **selettiva**: i tratti dialettali da cui si alimenta l'italiano regionale non sono infatti dotati di uguale prestigio nella percezione dei parlanti: alcuni sono considerati come appartenenti al dialetto «basso» e quindi eliminati man mano che il livello di formalità cresce, altri sono mantenuti. Per esempio un parlante cólto romano, se dovesse parlare in italiano, anche in situazioni informali tenderebbe a non realizzare lo scempiamento della *r* intervocalica (il tipo *tera*, *guera*) perché lo considera un tratto marcatamente dialettale; per lo stesso motivo un parlante cólto campano, nelle stesse circostanze eserciterebbe un forte controllo sulla propria tendenza a sonorizzare le consonanti postnasali (il tipo *tando*, *cambo*). Gli stessi parlanti non avrebbero invece problemi a produrre, sempre parlando in italiano informale, altri tratti regionali, per es. il raddoppiamento di *b* intervocalica (*sàbbato*, *débbito*). Se invece si trovassero a parlare in una situazione formale, probabilmente si sforzerebbero di cancellare anche questi raddoppiamenti, mentre non si sforzerebbero di evitare la pronuncia fricativa anziché affricata della palatale ['baʃo, denti'friʃo]. La censura esercitata sui singoli fenomeni può variare anche sulla base di diverse sensibilità linguistiche locali. Per esempio in Toscana la distanza tra lingua e dialetto è percepita come un *continuum* con pochissime soluzioni di continuità e ciò determina un minor controllo censorio sulle abitudini locali; di conseguenza «mentre il passaggio da [s] a [ts] dopo nasale (es. ['pɛntso] 'penso'), maggioritario in Toscana benché non tradizionalmente fiorentino, nella regione arriva tranquillamente a livello di italiano colto, altrove (Salento, Abruzzo) tende a essere avvertito come basso e la sua presenza si dirada a livello socioculturale più alto» [Poggi Salani 2010].
Lo sforzo selettivo di cancellazione dei tratti locali più marcati può generare il fenomeno dell'**ipercorrettismo**, cioè di un errore generato da un eccessivo adeguamento alla norma di riferimento: per esempio il parlante campano che per reazione alla tendenza a pronunciare *cambo* anziché *campo* dicesse *sto antanto* anziché *sto andando* incorrerebbe in un ipercorrettismo. Vari scrittori hanno ironizzato su questi incidenti di percorso dei nuovi italofoni che tentavano di traslocare dal dialetto alla lingua attraverso tentativi a volte riusciti a volte infruttuosi di «parlare pulito». Per esempio Trilussa, acuto osservatore della Roma di primo Novecento, mette in bocca ai personaggi delle sue poesie vari strafalcioni indotti dal tentativo di italianizzare la propria lingua. Una popolana arricchita, di nome Fifì, per darsi un contegno racconta così il suo trasferimento in un lussuoso hotel di via del Corso: *suono alloggiata all'Hotel de Rome*. *Suono* in luogo di *sono* è un iperdittongamento generato per reazione alla tendenza del romanesco a monottongare (*bòno*, *nòvo*). E in un altro sonetto un imbonitore dice *solprendente* per *sorprendente*, reagendo così alla tendenza del romanesco a trasformare in *r* la *l* preconsonantica (*coltello* → *cortello*) [traggo gli esempi da Palermo 2012].

Ciò che caratterizza maggiormente gli italiani locali è comunque la fraseologia e il lessico. Un ricco campionario di regionalismi è presente nell'*Idioma gentile* di Edmondo de Amicis, pubblicato nel 1905. L'autore sottolinea l'impaccio di quanti a quei tempi si trovavano a usare l'italiano senza la necessaria naturalezza:

> Troverai molti che, parlando italiano, perdono ogni vivacità dello spirito, come se cambiassero natura; che ti fanno sospirar mezzo minuto ogni parola, come avari a cui ogni parola costasse uno scudo, e par che le posino l'una dopo l'altra con gran riguardo come oggetti fragili e preziosi; che per raccontar la cosa più semplice e più futile fanno una lunga e lenta tiritera, che metterebbe alla prova la pazienza d'un santo [...] Udirai certi tali, che cercano di nascondere gli spropositi come i prestigiatori fanno sparire le pallottole, assordandoti con un precipizio di parole; che per distrarre la tua attenzione dalla loro grammatica alzano la voce o dànno in risate fuor di proposito, e si mangiano a mezzo le forme verbali di cui non sono sicuri, e confondono le frasi dubbie con l'accompagnamento d'una specie di rantolo catarrale, somigliante al rugliare che fanno i cani tra l'uno e l'altro latrato.

Nel seguito immagina di rivolgersi a un immaginario uditorio di ragazzi di diversa provenienza, offrendo un ricco campionario di espressioni e forme locali (in corsivo nel testo). Riportiamo le parti iniziali, dedicate a Milano, Venezia, Bologna e Genova:

> E comincio da te, piccolo milanese. *Ce n'è così* anche a Milano di famiglie per bene, nelle quali i ragazzi *credon mica* di parlar male dicendo *porsi giù* per «mettersi a letto» e *menar su* per «condurre in prigione» e *su* e *giù* a ogni proposito; e *qui dietro* per «qui attorno» e *andar addietro a fare* per «continuare a fare» e *aver una cosa addietro* per «averla con sé» e *si può no*, e *morir via*, e *mangiarsi fuori* e smaniarsi, e *che bello*! e *che caro*! e *con più* ne vuoi, più te ne metto. Ti basterà questo piccolo saggio, m'immagino.
>
> A noi, piccolo veneziano. A te pure, *quando che* parli italiano, vien fatto di ficcare il *che* da per tutto, e non sei *buono da* liberartene, e dici: non so cosa *che* voglia dire, non so cosa *che* ci vorrebbe; e ti scappa detto *lasciarsi tirar giù* per «lasciarsi indurre» e *incapricciarsi in una cosa*, e *non s'indubiti*, e *l'aspetta un momento*; e ti sfugge ben sovente *scampare* per «scappare» e *balcone* per «finestra» e *altana* per «terrazza» e *sgabello* per «comodino». E che dire del tuo *in fatti* che usi così spesso nel senso di «in somma», mettendo nella frase una contraddizione di termini che mi fa spalancare la bocca? – Sarà un capolavoro, come tutti dicono; ma *in fatti* non mi piace. – Hai ragione di burlarti degli idiotismi altrui; ma *in fatti* ne dici tu pure.
>
> Sono da lei, caro bolognese. Pensava ch'io la potessi dimenticare? *Mo' ci pare!* Venga qua, *s'accomodi bene*. Godo di trovarla in buona salute. E il padre *suo di lei*? E la *ragazzola*? E quel *bazzurlone* di suo cugino, come sta? Fa sempre l'*ammazzato* con la signorina del terzo piano? Ella riconosce certamente che anche ai bolognesi ne scappano di carine, che è frequentissimo fra di loro il *si* per il *ci*, e il *faressimo* e il *diressimo* e il *questa cosa che qui* e *che lì*; e che non è rarissimo il sentir da loro, anche da gente colta, *ghignoso* per «antipatico», *gnola* per «seccatura», *benzolino* per «panchetto», *zucca* per «fiasco», *chiarle* per «ciarle». E, mi perdoni, intesi anche dire qualche volta *ubbriaco patocco* per «ubbriaco fradicio». Questa è *patocca*! Ma ne ride ella pure, e tutti contenti.

E tu, bel garzonetto genovese, non ti dar l'aria d'impeccabile, se dunque sciorino anche a te una bella lista di dialettismi comici che raccolsi a casa tua.... e in casa mia [De Amicis era nato a Oneglia, in Liguria]. *Se dunque* per «se no» è uno dei più preziosi, non lo puoi negare. *Non me ne capisco* per «non me n'intendo» non è men peregrino. *Scorrere* per «rincorrere» o «inseguire» è un'altra bella perla. E *uomo di sua obbligazione* per «uomo che sa il fatto suo» è poco bello? Certo, tu non dirai mai *mugugnare*, *frusciare*, *frugattare*, *camallare*, *dar recatto alla casa*, in luogo di «brontolare, infastidire, frugacchiare, portar sulle spalle, mettere in ordine», come da non pochi concittadini tuoi intesi dire. Ma sii sincero: non t'è mai scappato *angoscia* per «nausea» e *angoscioso* per «molesto» e *inversare* per «rovesciare»? Non ti scappa proprio mai *bugatta* per «puppattola», *rango* per «zoppo», *marsina* per «giubba»? Pensaci un po', *figgiö cao*.... [E. De Amicis, *L'idioma gentile*, Milano, Fratelli Treves editori, 1905].

Un quadretto del genere potrebbe essere riproposto nella situazione attuale? Sì, ma risulterebbe certamente sbiadito rispetto alla rappresentazione deamicisiana, in quanto come abbiamo visto gli italiani regionali sono andati incontro a una progressiva e radicale italianizzazione.
Abbiamo già esaminato al § I.4.4.2 la forte presenza di regionalismi nel lessico italiano e la varietà dei geosinonimi, cioè di modi diversi di denominare lo stesso referente (*susina / prugna*, *cocomero / anguria*, *papà / babbo*, *livido / bernoccolo*, *spigola / branzino* ecc.). La novità del panorama attuale rispetto alla pionieristica indagine di Rüegg [1956], che per prima documentò scientificamente a livello lessicale la varietà riprodotta bozzettisticamente dal De Amicis, consiste in una distribuzione più mossa delle forme concorrenti. I risultati di recenti indagini [Nesi 2013; Nesi e Poggi Salani 2013] sull'italiano parlato in varie città mostrano che se provassimo a estendere il metodo dialettologico delle isoglosse agli italiani locali le linee si dissolverebbero in un coacervo di coesistenze e alternanze. Un solo esempio: l'*AIS* (carta 1533) mostra che i vari modi di dire 'in questo momento' hanno nei dialetti una distribuzione areale piuttosto netta: il tipo *adesso* è caratteristico delle parlate settentrionali, il tipo *ora* della Toscana, *adesso* è presente di nuovo in varie località dell'Italia mediana, dove convive con *mo*; scendendo verso sud prevale progressivamente *mo* fino a soppiantare del tutto *adesso*. Infine il tipo *ora* torna in gioco in varie località siciliane. Nella tabella II.3.2 è invece

TAB. II.3.2. *Ora, adesso, mo* nel parlato di alcune città italiane

CITTÀ	*ORA*	*ADESSO*	*MO*
Milano	1	12	
Genova	9	12	
Firenze	12	1	
Roma	4	7	4
L'Aquila	7	5	2
Cagliari	6	7	
Lecce	10	4	2
Catania	5	4	
Totale	59	61	8

riprodotto il quadro che risulta dalle indagini nelle città. La domanda rivolta agli informanti, che non voleva sondare le competenze dialettali ma fotografare gli usi linguistici locali dell'italiano, era: «In questo momento stiamo parlando; lei per intendere 'in questo momento' come dice di solito?» [Nesi e Poggi Salani 2013, 40].

È probabile che nelle risposte degli informanti aquilani, leccesi o cagliaritani abbia prevalso la tendenza a privilegiare la variante settentrionale *adesso*, a cui si attribuisce maggiore prestigio; al motivo opposto si devono le poche risposte che indicano come forma abituale *mo* a Roma, L'Aquila e Lecce, che denunciano lo scarso prestigio attribuito alla forma. In ogni caso emerge un quadro dominato dalla possibilità di scelta del parlante tra più varietà che sente comunque costituire parte del proprio repertorio. Insomma, grazie allo sviluppo degli italiani regionali le acque dei fiumi del dialetto e della lingua si sono davvero mischiate.

II.3.4. LE MINORANZE LINGUISTICHE STORICHE

Come notava Giovan Battista Pellegrini, se osservassimo la varietà e la ricchezza del nostro patrimonio dialettale dovremmo concludere che «la nazione italiana è costituita da una maggioranza di minoranze» [1977, 19]. In questo paragrafo affronteremo un aspetto di questa varietà, vale a dire la presenza sul nostro territorio di **lingue di minoranza**. Tali varietà sono usate nel complesso da circa due milioni e mezzo di persone e i gruppi che le parlano sono detti **comunità alloglotte** (dal gr. *állos* 'altro, diverso' e *glótta* 'lingua'). Analizziamo le principali lingue di minoranza con l'aiuto delle cartine riportate nelle figure II.3.4 e II.3.5. Si tenga presente che le mappe evidenziano la presenza di una lingua di minoranza ma che questa convive, nel repertorio dei singoli parlanti e della comunità nel suo insieme, con l'italiano, con i dialetti, con altre lingue di minoranza in un repertorio plurilingue.

Partiamo dal Settentrione. Lungo l'arco alpino sono presenti alcune varietà di confine, divenute di minoranza in seguito al processo di formazione dello Stato nazionale: il **francese**, il **provenzale** e il **franco-provenzale** in Piemonte e in Val d'Aosta, il **tedesco** in Alto Adige, lo **sloveno** in Friuli. In questi casi abbiamo a che fare con **minoranze nazionali**, nel senso che confinano con nazioni in cui la lingua da noi minoritaria è lingua ufficiale: la Francia, l'Austria, la Slovenia. In realtà di là dal confine non è necessariamente usata la stessa lingua, ma una varietà simile: sia il franco-provenzale della Val d'Aosta sia la varietà austro-tirolese parlata in Alto Adige sono molto diverse dal francese e dal tedesco standard. Le minoranze nazionali sono tutelate dalla legislazione italiana e in alcuni casi da trattati bilaterali coi rispettivi Stati. Il caso del **francese** è un po' diverso: ha lo status di lingua co-ufficiale nello Statuto della Val d'Aosta, ma occorre precisare che è tutelato non in quanto lingua materna delle popolazioni locali (che usano dialetti di tipo franco-provenzale), ma poiché è stato ed è tuttora una lingua la cui conoscenza è diffusa tra la popolazione, e ciò ne consente l'impiego come lingua veicolare e della comunicazione quotidiana anche nelle frequenti relazioni transfrontaliere.

In una cinquantina di comuni sparsi tra il Trentino e il Veneto è parlato il **ladino**. Originariamente diffuso in un'ampia zona della fascia alpina, la sua distribuzione areale si è ridotta ed è divenuta discontinua in seguito alla pressione esercitata da nord da popolazioni germanofone e da sud da popolazioni parlanti varietà di tipo veneto e lombardo. Il ladino presenta affinità strutturali col friulano e col romancio (parlato in Svizzera, nel cantone dei Grigioni). Dal punto di vista del repertorio dei parlanti si tenga presente che nei comuni ladini dell'Alto Adige (Val Gardena, Val Badia ecc.) la seconda lingua è il tedesco, mentre nei comuni ladini delle province di Trento e Belluno (Moena, Vigo di Fassa, Canazei, Cortina d'Ampezzo ecc.) la seconda lingua è l'italiano. Merita una menzione il **walser**, varietà di tedesco parlata in alcuni comuni della Val d'Aosta e del Piemonte.

Nell'Italia meridionale le lingue di minoranza appaiono territorialmente più frammentate e assumono la caratteristica di **isole linguistiche**. «La metafora dell'isola viene normalmente invocata per descrivere la collocazione spaziale di comunità linguistiche alloglotte, spesso numericamente esigue, inserite in un contesto dialettale totalmente diverso come conseguenza di migrazioni, o anche di sopravvivenze rispetto all'affermarsi di uno strato idiomatico successivo» [Toso 2008, 133]. L'uso di questa immagine non deve però indurre a pensare che le relative comunità vivano in una condizione di isolamento linguistico e culturale nei confronti del territorio circostante. Il primo caso (migrazioni di popolazioni provenienti dall'esterno della penisola) è rappresentato dalle minoranze albanesi e croate. Le prime giunsero in Italia dalla fine del XV secolo in seguito alla conquista dell'Albania da parte dell'Impero ottomano. La lingua **arbëresh**, una varietà di **albanese**, è oggi parlata da circa 80.000 persone in una cinquantina di comuni sparsi tra l'Abruzzo e la Sicilia. Le comunità croate giunsero in Molise più o meno nello stesso periodo, anche in questo caso in seguito alla progressiva espansione ottomana. Attualmente il **croato** (o slavo-molisano) è parlato da meno di duemila persone in tre comuni del Molise. Il secondo caso (sopravvivenza rispetto all'affermarsi di uno strato idiomatico successivo) riguarda i dialetti **greci**, parlati da poco più di diecimila persone in alcuni comuni del Salento e della provincia di Reggio Calabria. Gli studiosi non hanno ancora chiarito se la varietà usata da queste comunità sia da ricondursi alle parlate dell'antica Magna Grecia o se sia il risultato della grecità medievale portata dalla dominazione bizantina. Per completare il quadro si ricorderanno le isole linguistiche **franco-provenzali** presenti nei comuni di Celle e Faeto, in provincia di Foggia, il **provenzale** parlato nel comune di Guardia Piemontese, in provincia di Cosenza, le varietà di tipo **settentrionale** parlate in diversi comuni della Campania, della Basilicata, della Calabria e della Sicilia. Queste varietà sono andate incontro nel corso dei secoli a fenomeni di contaminazione più o meno importanti da parte dei dialetti circostanti.

In Sardegna troviamo due «isole nell'isola»: il **catalano**, parlato ad Alghero da circa 20.000 persone, e il **tabarchino**, un dialetto di tipo ligure parlato da circa

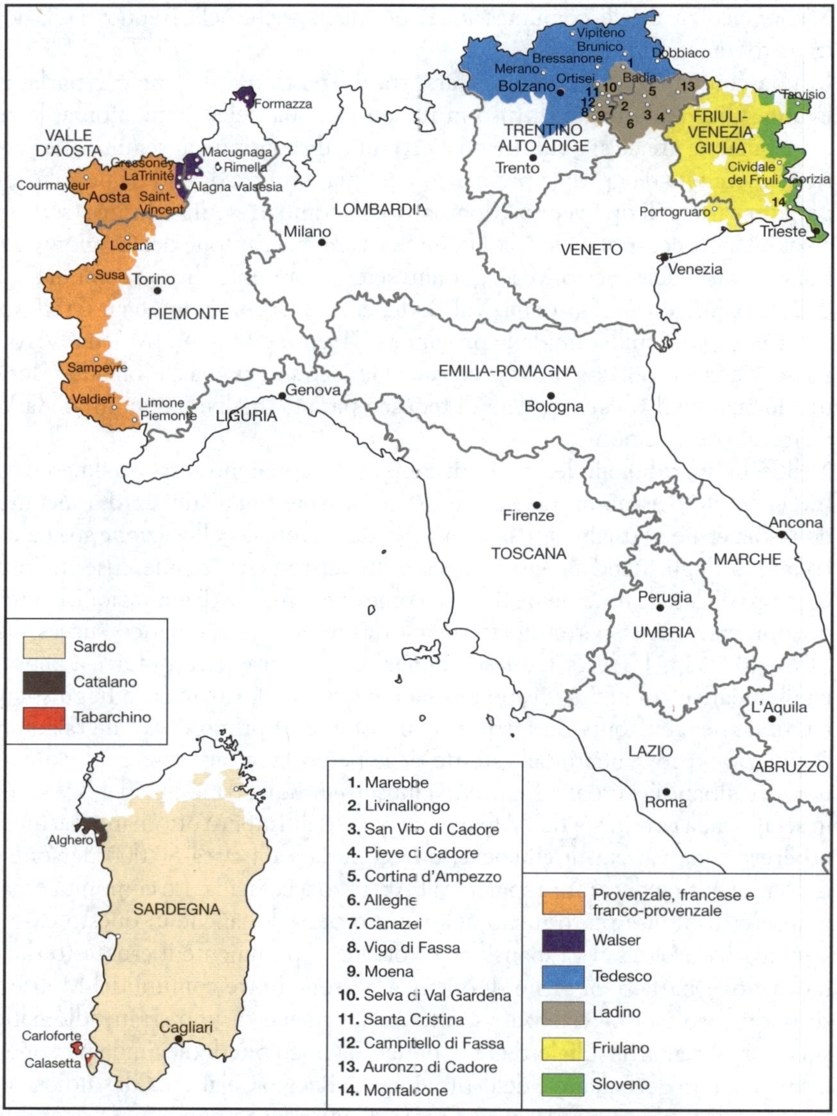

fig. II.3.4. *Le principali minoranze linguistiche in Italia settentrionale e in Sardegna.*

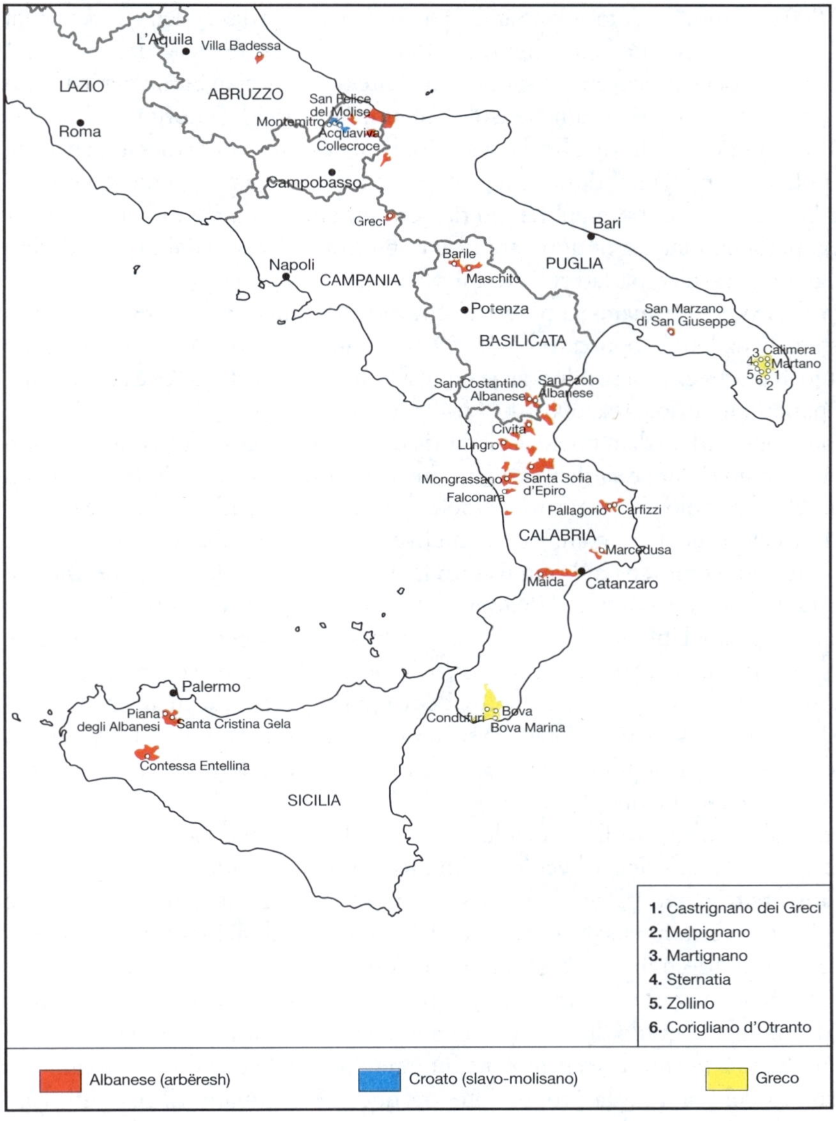

fig. II.3.5. *Le principali minoranze linguistiche in Italia centromeridionale.*

10.000 persone a Carloforte e a Sant'Antioco. Si tratta dei discendenti di comunità di commercianti e pescatori liguri insediate a Tabarca (un'isola della Tunisia) dalla metà del Cinquecento e successivamente trasferitesi in Sardegna. Un caso in parte analogo si ritrova nelle Isole Tremiti. Nel 1792 le autorità borboniche crearono sull'isola di San Nicola una colonia penale che ospitò forzati di origine napoletana. In seguito, durante il protettorato francese, i reclusi furono liberati da Gioacchino Murat e nel tempo diedero origine a una comunità che ancor oggi parla un dialetto di tipo napoletano, piuttosto distante dai dialetti di tipo pugliese-garganico parlati sulla terraferma.

Per il **sardo** e il **friulano** va precisato che non si tratta di varietà uniche, ma di sistemi di dialetti [Loporcaro 2013, 159-167; Fanciullo 2015, 43]. Queste lingue interessano aree ampie e minoranze numericamente consistenti (circa un milione di parlanti il sardo, circa 600.000 il friulano).

Non si può parlare di minoranza territoriale ma di **minoranza diffusa** a proposito delle comunità **rom e sinti**, presenti in Europa dal X-XI secolo e in Italia almeno dal XV. Il popolo zingaro è originario dell'India nordoccidentale e circa millecinquecento anni fa ha cominciato a muoversi verso ovest. Parla una pluralità di dialetti intercomprensibili riuniti sotto la denominazione di lingua *romanés*. Si tratta di una lingua di tipo indoariano, che ha però subito nel corso dei secoli e delle migrazioni influssi di tipo persiano, armeno, slavo, germanico e neolatino. Gli zingari chiamano sé stessi con diversi nomi, per distinguersi dalle popolazioni stanziali con cui vengono in contatto, dette Gadjé /ga'dʒe/. Attualmente vivono in Italia circa 150.000 persone che si autodefiniscono rom o sinti. Di queste, la metà possiede la cittadinanza italiana e circa 40.000 hanno mantenuto uno stile di vita nomade [Caritas 2014, 255].

Nell'àmbito degli studi di sociolinguistica e di sociologia del linguaggio si è recentemente affermata l'**ecologia linguistica**. Estendendo il principio della **biodiversità** come patrimonio da salvaguardare, si è iniziato a considerare negli stessi termini la salvaguardia delle lingue parlate nel mondo. Per le lingue minoritarie minacciate si stanno di conseguenza individuando politiche linguistiche in grado di contrastare il processo di estinzione. Gli studi specifici ci dicono che il grado di vitalità di una lingua minoritaria si misura sulla base di molteplici fattori: la trasmissione intergenerazionale della stessa, il numero assoluto dei parlanti, la proporzione tra questi e il numero di parlanti della lingua maggioritaria, l'atteggiamento della comunità nei confronti della propria lingua, i domini linguistici in cui è usata, il grado di tutela legislativa a cui è sottoposta. Fra questi, il fattore di gran lunga più importante è la trasmissione intergenerazionale. Più importante del numero assoluto dei parlanti è dunque l'atteggiamento della comunità nei confronti della propria lingua. Come vedremo anche a proposito dell'emigrazione storica italiana (§ III.1.2.4) lo scarso prestigio attribuito dagli emigrati dialettofoni alla propria parlata ha influito negativamente sulla trasmissione della lingua ai propri figli. Analogamente, questi fattori saranno decisivi nel prossimo futuro per il radicamento delle lingue immigrate, di cui ci occuperemo nel capitolo III.2.

II.3.5. LA LEGGE DI TUTELA DELLE MINORANZE LINGUISTICHE

Vediamo ora quali sono le minoranze linguistiche riconosciute dalla legislazione italiana e quale tutela giuridica è offerta loro. Un'analisi più approfondita, che non è possibile qui svolgere, dovrebbe tener conto, a monte, della politica linguistica dell'Unione Europea e del Consiglio d'Europa e, a valle, delle norme e delle disposizioni previste dagli statuti e dalle leggi regionali, sia delle regioni a statuto speciale sia di quelle di diritto comune[2].

La Costituzione (art. 3) sancisce l'uguaglianza dei cittadini anche dal punto di vista linguistico (*Tutti i cittadini hanno pari dignità sociale e sono eguali davanti alla legge, senza distinzione di sesso, di razza, di lingua, di religione, di opinioni politiche, di condizioni personali*). Al successivo art. 6 precisa che *La Repubblica tutela con apposite norme le minoranze linguistiche.* Per vari motivi l'attuazione di questo principio ha dovuto attendere oltre mezzo secolo: la legge di tutela delle minoranze è stata promulgata nel dicembre del 1999 (legge 482/99). Dopo aver stabilito (e fu la prima volta che ciò era riconosciuto in una legge dello Stato) che *La lingua ufficiale della Repubblica è l'italiano*, elenca dodici varietà (o gruppi di varietà) sottoposti a tutela:

> la Repubblica tutela la lingua e la cultura delle popolazioni albanesi, catalane, germaniche, greche, slovene e croate e di quelle parlanti il francese, il franco-provenzale, il friulano, il ladino, l'occitano e il sardo.

Se la tutela dei diritti linguistici delle minoranze è fuori discussione, i criteri seguiti per l'inclusione o l'esclusione dall'elenco hanno suscitato perplessità. Il principio seguito dal legislatore per individuare le lingue di minoranza ha a che fare con due caratteristiche: la **territorialità**, cioè il radicamento su un'area continua (o su tante microaree vicine ma discontinue) e l'**antichità dell'insediamento**, cioè la presenza 'storica' della minoranza all'interno del territorio in cui è parlata. Su questa base sono state escluse dalla tutela le lingue parlate da gruppi nomadi e le minoranze costituite dalle lingue di immigrazione recente, le cosiddette nuove minoranze di cui ci occuperemo nel capitolo III.2. Non è ben chiaro invece il criterio seguito per includere o escludere altre varietà (il sardo e il friulano, per es., ma non il siciliano e il piemontese). Non a caso negli anni successivi alla promulgazione della legge 482 si sono avute proposte di legge per il riconoscimento e la valorizzazione del piemontese, del veneto, del siciliano e del napoletano. Occorre inoltre precisare che, poiché non esistono comunità rigorosamente monolingui, le lingue di minoranza tutelate costituiscono non *la* lingua, ma una delle varietà linguistiche che compongono il repertorio di quelle comunità.

[2] Di particolare importanza la *Carta europea delle lingue regionali o minoritarie* (*European Charter for Regional or Minority Languages*) redatta dal Consiglio d'Europa nel 1992 e al momento firmata e ratificata solo da una parte degli Stati membri. Per maggiori dettagli si veda Orioles [2003].

Passiamo ora in rassegna le principali tutele previste dalla legge 482 per le lingue di minoranza:

- in àmbito scolastico è previsto l'uso *anche* della lingua di minoranza per lo svolgimento delle attività educative nella scuola materna e come strumento di insegnamento nelle scuole elementari e medie. Le università delle regioni interessate possono istituire corsi di lingua e cultura delle lingue di minoranza e promuovere iniziative di ricerca sulle tradizioni linguistiche e culturali delle stesse;
- in àmbito politico è previsto, nei comuni interessati, l'uso della lingua di minoranza nelle sedute dei consigli comunali e degli altri organi a struttura collegiale dell'amministrazione;
- negli uffici pubblici è consentito l'uso orale e scritto della lingua, con esclusione delle forze armate e delle forze di polizia dello Stato;
- per quel che riguarda l'onomastica la legge prevede che nei comuni interessati si possa deliberare l'adozione di toponimi conformi alle tradizioni locali. Inoltre (art. 11, c. 1) «i cittadini [...] i cognomi o i nomi dei quali siano stati modificati prima della data di entrata in vigore della presente legge o ai quali sia stato impedito in passato di apporre il nome di battesimo nella lingua della minoranza, hanno diritto di ottenere, sulla base di adeguata documentazione, il ripristino degli stessi in forma originaria. Il ripristino del cognome ha effetto anche per i discendenti degli interessati che non siano maggiorenni o che, se maggiorenni, abbiano prestato il loro consenso». Si tratta di una norma risarcitoria nei confronti della politica discriminatoria adottata in epoca fascista, che aveva portato all'italianizzazione forzata di nomi di persona e di luogo nei territori annessi in seguito alla prima guerra mondiale.

Di là dalle tutele più o meno ampie previste dalla legge, le minoranze nazionali possono appoggiarsi alle lingue ufficiali parlate in territori confinanti e sono pertanto meno minacciate. Le altre, che non possono godere di tale vantaggio, risultano più esposte al rischio di scomparsa e quindi necessitano di attenzioni maggiori.

ESERCIZI

1. Un dialetto si differenzia da una lingua:
a) per una grammatica meno corretta
b) per una differente struttura morfologica e sintattica
c) per il fatto di non essere mai scritto ma solo parlato
d) per una limitazione della diffusione territoriale e degli àmbiti d'uso.

2. Le aree dialettali possono essere delimitate in base a:
a) confini politico-amministrativi (province, regioni ecc.)
b) confini storici e naturali (fiumi, catene montuose ecc.)
c) una singola isoglossa particolarmente significativa
d) fasci di isoglosse.

3. Attribuisci a ciascun'area dialettale i seguenti tratti:

1. distinzione tra *-o* e *-u* finali
2. distinzione di genere affidata alla metafonesi
3. sonorizzazione delle consonanti sorde intervocaliche
4. presenza delle consonanti retroflesse
5. tendenza alla caduta delle vocali finali diverse da *-a*
6. pronuncia fricativa delle occlusive tenui intervocaliche (gorgia)
7. trasformazione delle vocali finali in *schwa*
8. vocalismo tonico a cinque vocali

A. dialetti alto-italiani
B. dialetti toscani
C. dialetti mediani
D. dialetti meridionali continentali
E. dialetti meridionali estremi

4. La coabitazione dell'italiano e del dialetto nell'oralità è un fatto recente. ☐ V ☐ F

5. Per italiano regionale s'intende l'italiano parlato in una singola regione. ☐ V ☐ F

6. Negli italiani regionali:
a) emergono tutti i tratti caratteristici dei dialetti soggiacenti
b) non si nota lo stesso processo d'italianizzazione osservabile nei dialetti
c) possono affiorare fenomeni d'ipercorrettismo
d) il lessico non è particolarmente caratterizzato.

7. Sono alloglotte quelle comunità in cui si parlano:
a) almeno due lingue
b) lingue di minoranza
c) lingue che sono ufficiali in altri Stati
d) lingue non romanze.

8. Il *walser* è:
a) una varietà di tedesco parlata in Piemonte e in Valle d'Aosta
b) una varietà di franco-provenzale parlata in Piemonte e in Valle d'Aosta
c) una varietà di tedesco parlata in Alto Adige
d) una varietà di ladino parlata in Alto Adige.

9. Tra le lingue di minoranza dell'Italia meridionale ci sono l'albanese, il croato e lo sloveno. ☐ V ☐ F

10. La legge di tutela delle minoranze linguistiche segue il principio:
a) del numero dei parlanti
b) della territorialità e dell'antichità dell'insediamento
c) della diffusione della lingua oltre frontiera
d) dello statuto autonomo o non autonomo della regione.

11. Che cos'è un dialetto e in che cosa si contraddistingue da una lingua?

12. Quali sono i principali confini dialettali in Italia?

13. Quali sono i tratti più caratteristici di ciascun'area dialettale?

14. In che cosa gli italiani regionali si differenziano da un lato dai dialetti e dall'altro dall'italiano *standard*?

15. Quali sono le lingue di minoranza in Italia e come vengono tutelate?

NOTA BIBLIOGRAFICA

Per una descrizione dei dialetti si può far riferimento a M. Loporcaro, *Profilo linguistico dei dialetti italiani*, Roma-Bari, Laterza, 2013 [I ed. 2009] e F. Fanciullo, *Prima lezione di dialettologia*, Roma-Bari, Laterza, 2015. Sulla vitalità dei dialetti e la loro coesistenza con l'italiano si vedano G. Berruto, *Quale dialetto per l'Italia del Duemila? Aspetti dell'italianizzazione e risorgenze dialettali in Piemonte (e altrove)*, in A. Sobrero e A. Miglietta (a cura di), *Lingua e dialetto nell'Italia del duemila*, Lecce, Congedo editore, 2006, pp. 101-127; A. Sobrero, *Italiano regionale: fra tendenze unitarie, risorgive dialettali e derive postalfabetiche*, in T. Telmon, G. Raimondi e L. Revelli (a cura di), *Coesistenze Linguistiche nell'Italia pre- e postunitaria*. Atti del XLV Congresso Internazionale di Studi della Società di Linguistica Italiana (SLI) (Aosta-Bard-Torino 26-28 settembre 2011), Roma Bulzoni, 2012, pp. 129-143; G. Marcato, *Italiano e dialetto oggi*, in S. Lubello (a cura di), *Lezioni d'italiano. Riflessioni sulla lingua del nuovo millennio*, Bologna, Il Mulino, 2014, pp. 37-61.

Sugli italiani regionali e locali sono fondamentali, anche per l'approfondimento storico, i due volumi pubblicati a cura di F. Bruni, *L'italiano nelle regioni. Testi e documenti*, Torino, UTET, 1992-94, da integrare con i più recenti lavori di A. Nesi (a cura di), *La lingua delle città. Raccolta di studi*, Firenze, Cesati, 2013; N. De Blasi, *Geografia e storia dell'italiano regionale*, Bologna, Il Mulino, 2014; P. Trifone (a cura di), *Città italiane, storie di lingue e di culture*, Roma, Carocci, 2015. Sulle idee e la prassi linguistica di Edmondo De Amicis v. L. Tomasin, *De Amicis tra riflessione e prassi linguistica*, in «Lingua Nostra», vol. LXXIII, 2012, pp. 92-101.

Sul tema delle minoranze linguistiche e della loro tutela giuridica si vedano V. Orioles, *Le minoranze linguistiche. Profili sociolinguistici e quadro dei documenti di tutela*, Roma, Il Calamo, 2003 e F. Toso, *Le minoranze linguistiche in Italia*, Bologna, Il Mulino, 2008.

Si può infine fare utilmente riferimento alle voci di *ENCIT*: in particolare: *Dialetti* (di F. Avolio), *Aree linguistiche* e *Isoglossa* (di U. Vignuzzi); *Confine linguistico* (di F. Toso); *Milano, italiano di* (di S. Morgana); *Napoli, italiano di* (di N. De Blasi); *Palermo, italiano di* (di L. Amenta), *Roma, italiano di* (di P. D'Achille); *Sardegna, italiano di* (di I. Loi Corvetto), *Svizzera, italiano di* (di B. Moretti); *Torino, italiano di* (di C. Marcato); *Venezia, italiano di* (di F. Ursini); *Minoranze linguistiche* (di F. Toso).

PARTE TERZA

L'italiano e le altre lingue

CAPITOLO **III.1**

L'italiano nel mondo

In questo capitolo esamineremo la diffusione dell'italiano fuori d'Italia. Distingueremo tra il periodo preunitario, in cui si crearono i presupposti per l'espansione dell'italiano in Europa e nel bacino del Mediterraneo, e il periodo successivo all'unificazione, in cui la presenza di italiani all'estero divenne di portata mondiale in seguito all'emigrazione. Analizzeremo le conseguenze dell'emigrazione sulla diffusione dell'italofonia, sia per chi emigrava sia per chi rimaneva in patria. Prenderemo poi in esame le principali varietà di contatto sviluppatesi nei luoghi in cui hanno insistito l'emigrazione e l'espansione commerciale o coloniale italiana. Ci occuperemo infine della diffusione degli italianismi nelle lingue del mondo.

III.1.1. ITALIANO E ITALIANI ALL'ESTERO PRIMA DELL'UNITÀ

Fin dal Medioevo l'italiano si è diffuso all'estero sulla spinta di un doppio volano: il commercio e la cultura. Nei secoli XII-XV dapprima i mercanti delle città costiere (Pisa, Genova, Venezia), poi i colleghi fiorentini e «lombardi»[1] conquistarono gradualmente l'egemonia economica e commerciale sia in parte dell'Europa continentale sia nel bacino del Mediterraneo. A partire dal tardo Medioevo, ma con una forte accelerazione in seguito al Rinascimento, l'italiano vive per almeno due secoli una stagione di enorme fortuna in Europa; si stabilisce proprio in questo periodo il nesso tra la nostra lingua e la categoria del «bello» nelle sue molteplici declinazioni: la letteratura, le arti figurative, l'architettura, l'artigianato di qualità, la musica, il teatro. Grazie a questi canali si sedimenta gradualmente nell'immaginario degli europei una certa idea dell'Italia e dell'italiano, che persiste ancor oggi.

[1] A nord delle Alpi con questo termine si designavano genericamente tutti gli italiani settentrionali, e a volte gli italiani in generale.

III.1.1.1. Storia e canali di diffusione dell'italiano

Il primo canale di diffusione dell'italiano (o, meglio, dei volgari) di là dai confini della Penisola è testimoniato dagli italianismi ancor oggi presenti nel lessico internazionale della marineria (*corsaro*, *ciurma*, *regata*) e della terminologia finanziaria: *assicurazione*, *banca*, *borsa*, *cambiale*, *cambio*, *capitale*, *credito*, *sconto*. Se nel caso dei mercanti e dei marinai gli italianismi furono esportati grazie a contatti tra persone, per la letteratura il veicolo di diffusione furono le pagine dei libri: a partire dal Cinquecento, complice la diffusione della stampa a caratteri mobili, si registra un enorme successo della letteratura italiana in Europa. I nostri autori, dalle Tre Corone (Dante, Petrarca, Boccaccio) fino a Machiavelli, Ariosto e Tasso, erano letti in italiano dagli intellettuali dell'epoca. Opere legate al costume e alla vita di corte – il *Cortegiano* di Baldassar Castiglione e il *Galateo* di Giovan Battista Della Casa – ebbero ugualmente grande fortuna. La circolazione delle opere letterarie creò la domanda per la pubblicazione di grammatiche e manuali di insegnamento dell'italiano per stranieri. Non molti anni dopo la pubblicazione delle prime grammatiche a stampa per italiani in patria (v. II.1.8), videro la luce nel 1548 la prima grammatica per francesi e due anni dopo quella per inglesi.
Gli italianismi delle arti circolarono all'estero sia attraverso le persone sia attraverso i libri. La distinzione tra artista e artigiano, piuttosto radicata nella nostra cultura, era meno netta in epoca medievale, nella quale il termine *artifex* (artefice) indicava sia chi progettava un'opera sia chi la realizzava concretamente [Motolese 2012]. Testimonianze delle opere di artefici italiani si ritrovano, fin dal XII secolo, un po' in tutta Europa. Di conseguenza la diffusione di molti tecnicismi delle arti si deve alla presenza di artisti, artigiani e altre maestranze specializzate (scalpellini, falegnami, stuccatori, intagliatori ecc.). Nel Rinascimento (e oltre) i grandi Maestri italiani continuano a essere apprezzati all'estero e a lavorare per committenti stranieri, ma a questo canale di diffusione in presenza si aggiunge quello librario: la fortuna della trattatistica, italiana – o di origine latina ma diffusa in Europa attraverso traduzioni in italiano – determina la presenza nelle lingue europee di molti tecnicismi a base italiana. L'azione sinergica di questi due fattori ha determinato la propagazione di italianismi nel lessico internazionale dell'architettura (*balcone*, *campanile*, *piedistallo*), della pittura (*prospettiva*, *schizzo*, *tempera*, *tavolozza*) e dell'ingegneria militare (*cittadella*, *fortezza*, *bastione*).
A partire dal Seicento la fortuna dell'italiano in Europa si affievolisce, in concomitanza col passaggio alla Francia della supremazia culturale sul continente. Ciò non comporta tuttavia l'esaurirsi del prestigio della lingua italiana, ma il suo concentrarsi in precisi àmbiti. Si instaura in questo periodo il primato dell'italiano come lingua della musica, sia per la scrittura dei testi del melodramma (ancora nel Settecento Lorenzo da Ponte scrive in italiano i libretti d'opera di Mozart), sia per la diffusione della terminologia musicale. Ancor oggi un po' in tutto il mondo per designare i nomi di strumenti (*flauto*, *violino*, *pianoforte*), le indicazioni sullo spartito (*allegro*, *adagio*, *andante*), i termini specifici della lirica (*aria*,

tenore, *soprano*) si usano termini italiani. Oltre che come lingua della musica, l'italiano vive in questo periodo la sua stagione d'oro in Europa anche grazie al successo della commedia dell'arte. Per finire, il ventaglio delle motivazioni per l'apprendimento dell'italiano si arricchisce dalla metà del Seicento di un nuovo elemento: familiarizzare con la nostra lingua diviene condizione necessaria per intraprendere il *Grand Tour*, un viaggio di formazione (anche) in Italia, considerato momento necessario per l'educazione dei rappresentanti dell'aristocrazia e dell'alta borghesia europea.

Se spostiamo lo sguardo verso il Levante e il bacino del Mediterraneo, individuiamo nei territori dell'Impero ottomano un'altra importante area di diffusione dell'italiano. Qui, dal XVI secolo e fino alla metà del XIX, l'italiano ha costituito una sorta di «campo neutro dove potevano incontrarsi e sentirsi a loro agio testi (e persone) del polo orientale e del polo occidentale» [Bruni 2013, 149]. In turco e in italiano furono scritti (in genere da non italiani) importanti trattati di pace firmati sia con potenze occidentali come l'Inghilterra sia orientali come la Russia. Il compito di redigere questi testi era affidato ai dragomanni (parola di origine araba indicante gli 'interpreti') i quali però non svolgevano semplicemente un compito di traduzione, ma di vera e propria mediazione tra la cultura europeo-cristiana (di madrelingua romanza, germanica o slava) e quella arabo-turca. Parallelamente l'italiano fungeva da lingua di comunicazione orale sovranazionale. All'inizio dell'Ottocento Lord Byron osservava che l'italiano aveva in Grecia e in Albania la stessa funzione veicolare del francese nell'Europa centroccidentale. E una situazione analoga riguardava i paesi musulmani del Nordafrica.

Di là dai singoli settori e percorsi di diffusione, due aspetti peculiari hanno caratterizzato la fortuna dell'italiano fuori dei confini:

1. a differenza di quanto è avvenuto in altre realtà e in altri momenti, l'italiano si è diffuso *insieme* ai manufatti, sia quelli della cultura alta (letteratura, musica, architettura, arti figurative) sia quelli, non meno importanti, della cultura materiale (cucina, moda, arredamento, artigianato di qualità). Per rendersi conto del fatto che tale abbinamento tra manufatti e lingua d'origine non è scontato, basti pensare che né la fortuna del romanzo russo nell'Ottocento ha stimolato la conoscenza di quella lingua in Europa occidentale (i grandi romanzieri furono letti per lo più in francese), né la grande quantità di prodotti tecnologici di provenienza orientale (automobili, moto, elettronica di consumo) ha determinato negli ultimi decenni la diffusione del giapponese, del cinese, del coreano.

2. L'italiano non si è affermato al seguito dell'espansione politico-militare della nazione, che peraltro ancora non esisteva. Anzi, il periodo di massima fortuna dell'italiano in Europa coincise con l'invasione dell'Italia da parte di eserciti stranieri e con la definitiva perdita di autonomia degli Stati regionali medievali. Parafrasando il celebre motto oraziano, possiamo dire che anche in questo caso *Graecia capta ferum victorem cepit* 'la Grecia conquistata [dai romani] conquistò il crudele vincitore'. Dunque, come era già avvenuto con l'affermazione del fiorentino nel resto d'Italia, dove la lingua fu scelta liberamente e non imposta dall'alto, la fortuna della nostra lingua in Europa fu il risultato di un primato conquistato grazie all'attrattività culturale. In contrapposizione a una nota massima dell'umanista spagnolo Antonio de Nebrija (1441-1522) che, pensando alla realtà del castigliano, aveva affermato: «siempre la lengua fue compañera del imperio», l'italiano è stato efficacemente definito «una lingua leggera e senza impero» [Bruni 2013]. Una lingua leggera al punto tale che arriva a essere identificata, nell'elaborazione letteraria di Thomas Mann, con la «lingua degli angeli». Nel romanzo *Confessioni del cavaliere d'industria Felix Krull* il protagonista, interrogato sulla sua idea dell'italiano, si esprime iperbolicamente così:

> Son veramente innamorato di questa bellissima lingua, la più bella del mondo. Ho bisogno soltanto d'aprire la mia bocca e involontariamente diventa fonte di tutta l'armonia di quest'idioma celeste. Sì, caro signore, per me non c'è dubbio che gli angeli del cielo parlano italiano [cit. in Giovanardi e Trifone 2012, 12].

Proprio questa immagine ha dato il titolo a un volume sulla diffusione dell'italiano all'estero [Stammerjohann 2013], da cui trarremo molti spunti per i prossimi paragrafi.

III.1.1.2. Giudizi e stereotipi sull'italiano

Un argomento su cui si sono esercitati nei secoli tanto gli intellettuali quanto l'uomo della strada è l'esistenza di specifici caratteri nazionali: gli inglesi sarebbero formali, riservati e controllati, i tedeschi rigorosi e con grandi capacità organizzative ma poco elastici, i francesi dotati di senso estetico ma superbi e narcisisti ecc. La caratterizzazione di un popolo attraverso le peculiarità della sua lingua è altrettanto diffusa. Questi giudizi, per l'inevitabile generalizzazione che attuano, sconfinano facilmente nei pregiudizi e negli stereotipi; ma anche questi ultimi, se correttamente inquadrati nel contesto che li ha generati, possono contenere una base di verità e in ogni caso sono strumenti preziosi per comprendere l'immaginario collettivo. In questo quadro i giudizi sulla nostra lingua formulati nei secoli passati dagli stranieri sono una chiave importante per comprendere come si sia radicata una certa immagine dell'italiano. Li esamineremo sinteticamente in questo paragrafo, per mostrare come abbiano seguito da vicino le alterne fortune della nostra immagine all'estero negli ultimi cinquecento anni. È noto (e non importa se sia anche storicamente fondato) l'aneddoto secondo cui l'imperatore Carlo V (1500-1558) avrebbe usato il tedesco per comandare, l'italiano per amare, il francese per fare affari, lo spagnolo per parlare con Dio. La cosa interessante è che l'aneddoto ha circolato nei secoli in diverse versioni, in cui cambiavano i ruoli attribuiti alle diverse lingue, ma rimaneva fissa l'associazione tra l'italiano e la dimensione amorosa. Analogamente, nelle rivisitazioni in chiave linguistica della cacciata di Adamo ed Eva dall'Eden, rimaneva fissa l'identificazione del tedesco come lingua dell'autorità (usata da Dio per cacciare gli uomini), mentre l'italiano condivideva col francese il ruolo di lingua della seduzione, sia che fosse il serpente a usare la nostra lingua per convincere Eva, sia che fosse Eva a impiegarla per convincere Adamo.

A questo primo stereotipo si aggiunge ben presto quello dell'italiano come lingua cantabile. Le testimonianze al riguardo sono moltissime, e di lunga durata. Se ne registrano a partire dal Cinquecento, ma ancora alla metà del XVIII secolo Jean-Jacques Rousseau sosteneva che non ci fosse in Europa una lingua più adatta al canto dell'italiano. Come abbiamo visto a volte gli stereotipi si fondano su una base di verità; alcune caratteristiche fonologiche della nostra lingua la rendono (in un certo senso) effettivamente «musicale». Ne ricordiamo alcune: la sonorità, frutto della presenza di molte vocali e di un elevato numero di consonanti sonore, la mancanza di vocali indistinte e turbate, le sillabe prevalentemente libere, il principio dell'isocronia sillabica, che consente di soffermarsi nel canto anche sulle sillabe atone (v § I.1.11), la mancanza di nessi consonantici complessi.

Se ci spostiamo dalla cantabilità nel terreno contiguo della ritmicità, alle osservazioni sull'intrinseca musicalità dell'italiano si contrappongono quelle del poeta e drammaturgo elisabettiano George Chapman (1559-1634). Egli difende la maggiore ritmicità dell'inglese nei confronti dell'italiano e del francese, consentita dalle parole brevi e terminanti in consonante, contro la antimetricità dell'italiano e del francese, che non potevano costruire versi brevi e risultavano quindi inadatte per una poesia ritmica. Secoli dopo gli autori italiani di testi di canzonette avrebbero sostenuto lo stesso argomento nell'invidiare le parole brevi e accentate sull'ultima sillaba dell'inglese e nel considerarle più adatte alle esigenze metriche della musica rock.

Per arricchire l'aura di attrattività che circondava la nostra lingua il francese Françoys Guédan, nella prefazione alla sua grammatica di italiano per francesi del 1602, usa un argomento più originale. L'apprendimento della nostra lingua costituisce a suo avviso una sorta di antidepressivo naturale: la lingua italiana è bella perché «i suoi concetti sono bei, e alzano la mente, recando seco non so che allegrezza, che la persona maninconica, leggendo i libri Italiani, subito diventa allegra» [cit. in Mattarucco 2003, 55].

A partire dal XVII secolo, a mano a mano che il prestigio dell'italiano in Europa comincia a declinare, le stesse argomentazioni che avevano alimentato i giudizi sulla soavità e sulla musicalità dell'italiano si ritrovano, rovesciate, nell'altrettanto fortunato luogo comune dell'effeminatezza della nostra lingua, declassata nell'immaginario di molti europei a idioma poco serio, adatto soltanto ai lazzi di teatranti e buffoni. Abbiamo accennato al grande successo europeo della commedia dell'arte. Questo offrì lo spunto a un erudito francese del XVII secolo, il gesuita René Rapin, per sostenere che «les Italiens [...] sont naturallement Commediens» [cit. in Stammerjohann 2013, 189]. L'associazione tra italianità e teatralità è tuttavia ancora ben radicata: in un'intervista l'attore italo-americano John Turturro spiega così la sua passione per la recitazione: «quand'ero ragazzino, a New York, assistevo a liti spettacolari tra i miei genitori, lui carpentiere pugliese, lei cantante siciliana. Si adoravano ma c'era in casa un'elettricità continua: abbracci, baci, insulti. Molto italiano, molto teatrale. Innamorarmi di Shakespeare e di Tennessee Williams è stato facile» [«la Repubblica», 12/4/2014].

III.1.1.3. L'italiano scritto da stranieri

L'analisi delle testimonianze di uso dell'italiano da parte di scrittori stranieri potrebbe sembrare una curiosità da letterati; trova invece spazio in questo capitolo perché costituisce un'ulteriore cartina di tornasole dell'immagine dell'italiano costruitasi nei secoli fuori d'Italia. Hanno fatto uscire quest'àmbito di studi dal dominio letterario per farlo entrare in quello degli studi linguistici due saggi di Gianfranco Folena, dedicati rispettivamente all'italiano di Voltaire e di Mozart [confluiti in Folena 1983]:

> Chiunque adoperi una lingua straniera ha sempre in questo esercizio un atteggiamento [...] dipendente non solo dal suo dominio grammaticale e stilistico del mezzo assimilato, ma anche dall'*idea che si fa di esso*, sia che vi riversi più o meno inconsciamente le proprie abitudini, sia che reagisca dando un rilievo accentuato, talora caricaturale, a *quelle che gli sembrano le caratteristiche più spiccate dell'altra lingua* [*ibidem*, 410, corsivi miei].

Occorre fare una distinzione preliminare: gli inserti occasionali in italiano in opere scritte in altre lingue rientrano nella categoria del **plurilinguismo letterario**; la scelta di autori stranieri di utilizzare la nostra lingua come veicolo di comunicazione e d'espressione artistica prende il nome di **eteroglossia**. Esempi di inserti di volgari italiani in opere straniere si hanno fin dal Medioevo, prima ancora delle origini della letteratura italiana: sul finire del XII secolo il trovatore provenzale Raimbaut de Vaqueiras inserì nel suo contrasto plurilingue *Domna, tant vos ai preiada* una strofa in genovese. La donna, corteggiata dal giullare in provenzale, gli risponde per le rime: Juiar, voi no sei corteso / qe me chaiderai de zo / que negota non farò [giullare, voi non siete cortese, poiché mi chiedete di fare una cosa che non farò mai]. Citazioni di termini ed espressioni italiane continuano a essere sporadicamente presenti nella letteratura straniera in tempi più recenti.

L'uso consapevole dell'italiano come lingua in cui comporre un'intera opera è invece un fatto postrinascimentale, conseguente alla fortuna dell'italiano in Europa di cui ci siamo occupati nel paragrafo precedente. Il catalogo degli scrittori che si sono cimentati con l'italiano è lungo, e costituisce di per sé una conferma dell'attrattività dell'italiano fuori d'Italia. Spesso si tratta di singole lettere o epistolari (ne scrissero Voltaire, Mozart, Byron, Gogol', Joyce). Quello di Joyce è un caso di rapporto particolarmente intenso con l'italiano. Lo scrittore visse per cinque anni a Trieste e insegnò privatamente inglese (fra i suoi allievi lo scrittore Italo Svevo); una vivace testimonianza dell'esperienza di precettore si ritrova in questa lettera del 1935 alla figlia Lucia in cui sono abilmente mescolati nel tessuto narrativo, oltre alla pluralità delle voci, l'italiano e il dialetto triestino:

> Uno scolaro mio a Trieste era molto pesante, stupido calvo, lento e grasso. Però un dì mi raccontò questa storiella a proposito dell'«educazione» di una sua sorella che era probabilmente un tipo simile. Questa ragazza imparava alla scuola a fare

> la calza ma niente le entrava in testa. La maestra cercò d'insegnarle come farla. Così e così. Vedi adesso? Passa l'ago sotto, poi tira e così di seguito. Infine le domandò se aveva una sorella maggiore. La ragazza rispose di si. Allora, le disse la maestra, fa vedere il lavoro alla tua sorella maggiore e domani riportati tutto in ordine. Capito? Si siora maestra. L'indomani la ragazza arrivò a scuola ma il suo lavoro era peggiore che prima. Come? disse la maestra. Non hai una sorella maggiore a casa? Sì siora maestra. E non ti ho detto di domandarle come si fa? Si siora maestra. Ed hai domandato? Si siora maestra. E cosa ti ha detto tua sorella? La ga dito che vada in malora lei e la calza. [cit. in Brugnolo 2009, 42].

Quanto alla letteratura vera e propria, per rimanere ai nomi più noti ricordiamo Michel de Montaigne (1533-1592), che scrisse in italiano una parte consistente del suo *Journal de voyage*, Francisco de Quevedo (1585-1645), che compose sonetti in italiano, Christina Rossetti (1830-1894), sorella del pittore Dante Gabriel e autrice di sonetti in italiano. Nel caso della Rossetti il rapporto con la nostra lingua assumeva valenze particolari, in quanto abbiamo a che fare con un'emigrata di seconda generazione: il padre Gabriele era un patriota abruzzese fuggito a Londra dopo i moti del 1820-21. James Joyce (1882-1941), oltre all'epistolario di cui abbiamo già detto, scrisse *Annalivia Plurabella*, un'autotraduzione di due brani di *Finnegan's wake*; Ezra Pound (1885-1972), scrisse in italiano alcuni dei suoi *Cantos*, nonché molta produzione saggistica e giornalistica.
Un caso diverso è quello dell'uso scritto ufficiale che la nostra lingua ha conosciuto fra il XVI e il XIX secolo nei territori dell'Impero ottomano. Come s'è visto nel § III.1.1.1, i funzionari dell'impero usavano l'italiano come spazio comunicativo condiviso (una sorta di «campo neutro») per dialogare con i governi del mondo cristiano-occidentale. I redattori di questi documenti erano il più delle volte greci o ebrei originari della Spagna o del Portogallo, esuli nell'Impero ottomano dopo l'espulsione dalla penisola iberica nel 1492. Molto probabilmente era ebreo sefardita l'estensore della seguente lettera di supplica, scritta nel 1577 al Granduca di Toscana Francesco I per chiedere la liberazione di uno schiavo fatto prigioniero dai fiorentini:

> Ser^{mo} Gran Duca di Toscana,
> già è circa un mese che arrivò in Algeri per via di Marsiglia Theramo genovese, prima compagnero nostro, dal quale a bocca ne è stato detto l'animo grandissimo che tiene S. Altezza verso di noi. Della qual cosa li ne restamo in perpetuo scavi [schiavi] con roba e vitta propria [...] Non mancherò dire a S. Altezza qualmenti si ritrova costì nell'inclitissima città di Fiorenza in poter suo Mami creato [servitore] nostro, il quale haria [avrebbe] grandissimo dessiderio della liberatione sua. Per la qual cosa umilmente supplico S. Altezza si vogli degnar liberarlo et inviarlo qua in Algeri [...] [Baglioni 2011, 17].

La provenienza iberica dello scrivente, al servizio del comandante della flotta di Algeri, si coglie sia da alcuni ispanismi come *compagnero* e *creato*, sia dall'uso incongruo delle consonanti doppie, ancor oggi tratto di interferenza caratteristico degli spagnoli che apprendono l'italiano.

III.1.2. ITALIANO E ITALIANI ALL'ESTERO DOPO L'UNITÀ

La crisi economica che seguì all'edificazione dello Stato unitario determinò la crescita esponenziale dell'emigrazione, che assunse dimensioni tali da divenire un fattore rilevante anche dal punto vista linguistico. L'avventura coloniale, intrapresa dai governi liberali e proseguita poi nel ventennio fascista, costituisce un capitolo della storia linguistica italiana poiché determina nuove vie di diffusione dell'italiano all'estero e di accoglimento di parole esotiche nel nostro lessico. Nel secondo dopoguerra l'emigrazione ha prevalentemente destinazione europea, e si rivolge soprattutto verso la Francia, la Germania, il Belgio e la Svizzera, dove si creano comunità di italiani oggi di seconda e terza generazione. Il secolo e mezzo di storia unitaria ha creato le condizioni per la presenza nel mondo di una comunità di milioni di persone di origine italiana, che non necessariamente parla la nostra lingua, ma ha determinato, in sinergia con la fortuna dell'enogastronomia e dell'industria manifatturiera, una forte attrattività dell'italiano come sistema culturale. Anche grazie a questo traino l'italiano continua a essere in cima alla classifica delle lingue più studiate nel mondo, sebbene alle tradizionali motivazioni culturali se ne aggiungano di nuove, legate anche a opportunità professionali. Nei prossimi paragrafi affronteremo nel dettaglio questi argomenti.

III.1.2.1. L'emigrazione

Si calcola che dal 1870 al 1970 siano espatriati tra i 20 e i 25 milioni di persone. Un dato imponente in sé, ma ancor più rilevante se raffrontato alla popolazione italiana dell'epoca: limitandoci al primo cinquantennio di storia unitaria, gli italiani erano poco più di 25 milioni nel 1861 e crebbero fino a 35 milioni nel 1911. Il saldo migratorio (cioè la differenza tra immigrati ed emigrati) si mantiene negativo nel primo cinquantennio. Entro tale periodo possiamo tuttavia distinguere due fasi: un primo trentennio di emigrazione più contenuta (media annua dell'1,19‰), un periodo di massima intensità nel ventennio 1891-1911 (media annua del 2,90‰), per arrivare a valori a due cifre negli anni immediatamente precedenti il primo conflitto mondiale (il picco fu registrato nel 1913 con l'11,81‰).
Per circa sette milioni di nostri connazionali si trattò di un'emigrazione definitiva, per i rimanenti di un'esperienza temporanea, conclusasi col rimpatrio. Le destinazioni principali furono le Americhe e l'Oceania; l'Europa fu meta di migrazioni consistenti solo più tardi, in particolare nel secondo dopoguerra. Circa il 40% degli emigrati era originario di regioni del Nord (con una punta di oltre cinque milioni di emigrati dal Veneto e dalle altre zone del Nord-est), il rimanente del Mezzogiorno (Campania, Calabria e Sicilia contribuirono in misura rilevante, con oltre 7 milioni di partenze). Se si rapportano questi numeri alla popolazione generale, emerge con evidenza che l'emigrazione ha avuto un impatto assai più marcato sulle regioni meridionali, meno popolate:

«in complesso, mentre di 100 centrosettentrionali solo 17 sono espatriati in via definitiva, su 100 meridionali sono espatriati 38, cioè più del doppio» [De Mauro 1983, 56-57]. Se agli emigrati aggiungiamo i discendenti (oriundi), si può a ragione stimare una popolazione di oltre 60 milioni di italiani – o, più precisamente, di persone di origine italiana, non necessariamente italofone – sparsa per il mondo.

L'inversione di tendenza, che ha portato l'Italia a divenire meta di immigrazione, si è avuta negli anni Settanta del Novecento. Nel 1972 si registra per la prima volta nella storia italiana un saldo migratorio positivo: appena 10.000 unità, ma indicatrici di un'inversione di tendenza che avrebbe portato nei decenni successivi a un progressivo incremento. Sugli effetti linguistici dell'immigrazione torneremo nel prossimo capitolo. Nelle figure III.1.1-1.3, basati sulle serie storiche elaborate dall'ISTAT[2], riporto il saldo migratorio dall'Unità a oggi espresso in valori per mille abitanti. Non ho considerato i dati del primo decennio di storia unitaria e quelli relativi agli anni dei due conflitti mondiali, per ragioni diverse poco attendibili. Per comodità di lettura ho suddiviso i dati in tre periodi distinti: quello dello Stato liberale, il ventennio fascista, il dopoguerra.

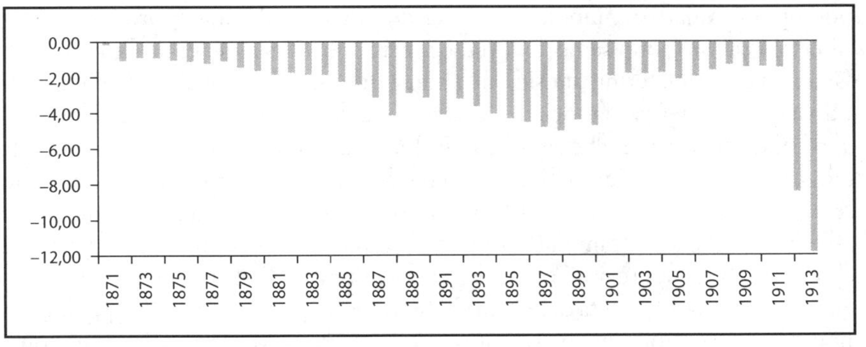

fig. III.1.1. *L'emigrazione dall'Italia (1870-1913).*

Fonte: ISTAT.

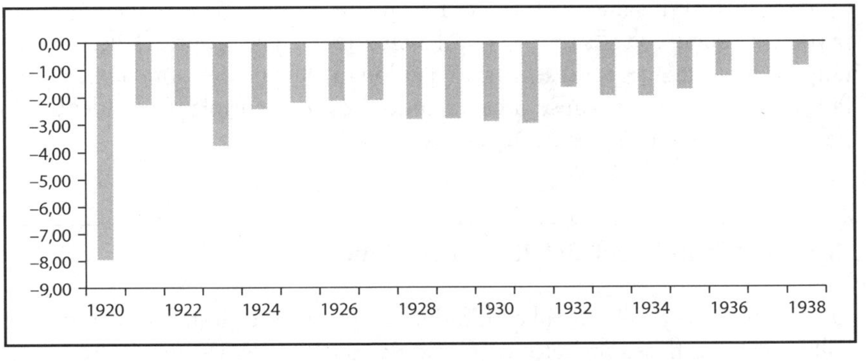

fig. III.1.2. *L'emigrazione dall'Italia (1920-1938).*

Fonte: ISTAT.

[2] [http://seriestoriche.istat.it/].

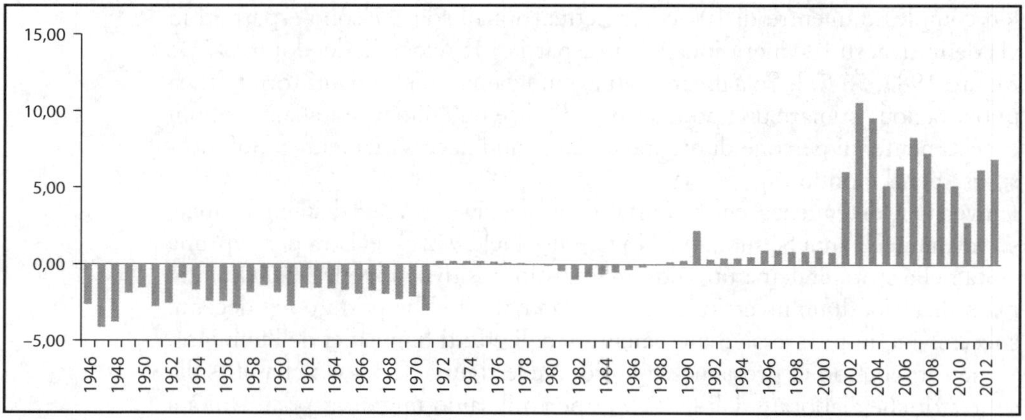

fig. III.1.3. *Saldo migratorio (1946-2011).*

Fonte: ISTAT.

Negli ultimi quarant'anni i flussi di italiani verso l'estero non sono cessati, ma si sono modificati, quantitativamente e qualitativamente. Secondo l'AIRE (Anagrafe degli Italiani Residenti all'Estero) attualmente i cittadini residenti all'estero sono poco più di quattro milioni, ma tale cifra è da considerarsi approssimata per difetto. Fra loro sono sempre di più i giovani con alto tasso di scolarizzazione. Una situazione determinata sia dalla maggiore disponibilità alla mobilità lavorativa che caratterizza la società globale, sia dalle scarse opportunità di lavoro e alle basse retribuzioni che si offrono in Italia. Il risultato è che quasi centomila giovani lasciano ogni anno l'Italia, con tendenza all'aumento; di questi, circa un terzo sono laureati [Rosina 2014]. Di conseguenza anche le aree più interessate all'emigrazione sono cambiate rispetto al passato: i più alti numeri di partenze si registrano ora da regioni come il Lazio, la Lombardia e il Veneto [Migrantes 2014]. Le nuove comunità di italiani all'estero rispecchiano un nuovo tipo umano, non più riassumibile nello stereotipo dell'emigrato con la valigia di cartone. Si tratta di individui più consapevoli dei legami con l'identità italiana, a volte espressi anche criticamente. Nelle testimonianze recenti di giovani emigrati, in particolare quelli con alta formazione, l'attaccamento alle proprie radici è spesso unito al risentimento per il sentirsi abbandonati dalle nostre istituzioni. Questi fattori stanno in buona misura cambiando il quadro sociologico e identitario della comunità italiana residente all'estero.

III.1.2.2. Effetti linguistici dell'emigrazione

Quali sono stati gli effetti sulle abitudini linguistiche degli italiani determinati dall'imponente flusso migratorio? Come ha osservato De Mauro [1983], se ci limitassimo a pesare i lasciti linguistici solo sulla base dei prestiti, vale a dire degli italianismi diffusi nelle terre di destinazione e dei forestierismi penetrati nella lingua italiana per via dell'emigrazione, potremmo avere l'impressione di un bilancio scarno. In realtà occorre considerare il quadro socioculturale in cui avvenne l'emigrazione, caratterizzato da forti livelli di analfabetismo e, conseguentemente, di dialettofonia. In tale contesto l'emigrazione fu un potente fattore propulsivo per l'alfabetizzazione e il progresso socioeconomico degli emigranti e dei loro familiari. Queste persone hanno dovuto stabilire una piattaforma comunicativa comune con gli italiani provenienti da altre regioni, con i quali avevano in comune non un sistema linguistico stabile e codificato, ma brandelli di lessico e fraseologia innestati su basi dialettali diverse. Inoltre, l'urgenza di condividere gli affetti e gli affari con i familiari rimasti a casa ha costituito un fondamentale incentivo all'alfabetizzazione, sia per chi era partito, sia per chi restava. Da molte testimonianze ricaviamo la preoccupazione dei genitori emigrati per la scolarizzazione dei figli. Il brano che segue è ricavato da una relazione per una commissione parlamentare d'inchiesta sulle condizioni dei contadini meridionali relativa agli anni 1901-1902:

> Varcato l'oceano hanno sentito tutto il sacrificio di non poter inviare il saluto alla moglie e la benedizione ai figli, insieme alle notizie più gelose sui risparmi pertinacemente e quotidianamente accumulati, senza affidarsi ad estraneo. [...] Il Fanciullo viene ripulito, vestito a nuovo, accompagnato a scuola e raccomandato con viva espressione di calore alla diligenza del maestro, perché il padre scrive dall'America che suo figlio deve crescere istruito, perché ora soltanto egli si accorge del danno del non sapere [cit. in Turchetta 2005, 6].

Seppure un po' brutale nella sua lapidarietà, rende bene l'idea un'altra testimonianza ricavata dai lavori delle commissioni parlamentari d'inchiesta sui problemi del Mezzogiorno: gli emigrati «vanno via bruti e tornano uomini civili» [cit. in De Mauro 1983, 61]. Effettivamente i nostri connazionali partirono dialettofoni e in un buon numero di casi furono costretti a impadronirsi di un rudimentale italiano, parlato e scritto, per comunicare coi connazionali all'estero e coi propri familiari in patria. Per milioni di italiani l'emigrazione è stata dunque un'importante «officina d'italiano» [Testa 2014, 100]. Ecco come in una lettera alla moglie del 1889 un emigrato della provincia di Treviso descrive il suo arrivo in Brasile e le difficoltà della vita quotidiana:

> Cara Molglie
> [...]
> Dopo il longo e borascoso mare trascorso, arivamo all'America dove si credeva trovare le delizie della tera cioè lavorare poco e guadagnare molto, ma invece non è così, al contrario si lavora molto e si guadagna poco e si magna anche male perche di cibi non ano sustanza come queli di Litalgia [dell'Italia].
> Qui ove ora mi ritrovo il racolto più superfluo [la coltura predominante] è il chafè che bisogna alsarsi a prima che spunta il giorno per recharsi al travalio e si racolie alla sera a note avanzata così è di metodo braselero, poi al lavoro che siamo [una volta iniziato il lavoro] veniamo tormentati da molti inseti provenienti dai boschi vicini e alla sera quando si racoliamo ala note invece di riposare dobiamo cavare certi bissi [vermi] che si internano nei piedi che se non si levano subito, gonfiano le gambe e se non si governano possono prochurar la morte [Franzina 1994, 135-136].

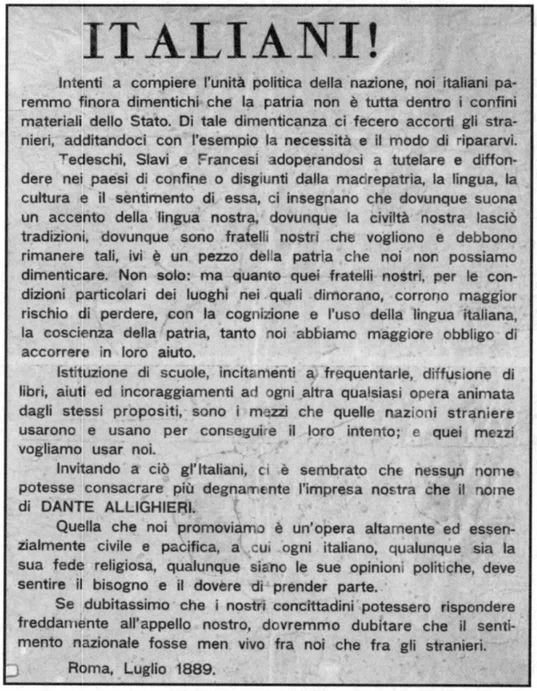

ITALIANI!

Intenti a compiere l'unità politica della nazione, noi italiani paremmo finora dimentichi che la patria non è tutta dentro i confini materiali dello Stato. Di tale dimenticanza ci fecero accorti gli stranieri, additandoci con l'esempio la necessità e il modo di ripararvi.

Tedeschi, Slavi e Francesi adoperandosi a tutelare e diffondere nei paesi di confine o disgiunti dalla madrepatria, la lingua, la cultura e il sentimento di essa, ci insegnano che dovunque suona un accento della lingua nostra, dovunque la civiltà nostra lasciò tradizioni, dovunque sono fratelli nostri che vogliono e debbono rimanere tali, ivi è un pezzo della patria che noi non possiamo dimenticare. Non solo: ma quanto quei fratelli nostri, per le condizioni particolari dei luoghi nei quali dimorano, corrono maggior rischio di perdere, con la cognizione e l'uso della lingua italiana, la coscienza della patria, tanto noi abbiamo maggiore obbligo di accorrere in loro aiuto.

Istituzione di scuole, incitamenti a frequentarle, diffusione di libri, aiuti ed incoraggiamenti ad ogni altra qualsiasi opera animata dagli stessi propositi, sono i mezzi che quelle nazioni straniere usarono e usano per conseguire il loro intento; e quei mezzi vogliamo usar noi.

Invitando a ciò gl'Italiani, ci è sembrato che nessun nome potesse consacrare più degnamente l'impresa nostra che il nome di DANTE ALLIGHIERI.

Quella che noi promoviamo è un'opera altamente ed essenzialmente civile e pacifica, a cui ogni italiano, qualunque sia la sua fede religiosa, qualunque siano le sue opinioni politiche, deve sentire il bisogno e il dovere di prender parte.

Se dubitassimo che i nostri concittadini potessero rispondere freddamente all'appello nostro, dovremmo dubitare che il sentimento nazionale fosse men vivo fra noi che fra gli stranieri.

Roma, Luglio 1889.

fig. III.1.4. *Manifesto di fondazione della* Dante Alighieri.

In attesa di una politica linguistica dello Stato a sostegno agli italiani all'estero, di là da venire, si svilupparono in epoca postrisorgimentale varie iniziative private a carattere solidaristico, come le società di mutuo soccorso. Esse cercavano di garantire, oltre all'assistenza in campo sanitario e sociale, i rudimenti dell'alfabetizzazione agli emigrati e ai loro familiari. In questo quadro si inserisce la nascita della *Società Dante Alighieri*, fondata nel 1889 da un gruppo di intellettuali guidati dal Carducci. Nel *Manifesto agli italiani* del luglio 1889 (riprodotto in fig. III.1.4), redatto da Giuseppe Chiarini, si invita a prendere esempio dalle altre nazioni europee per costruire le basi di una politica culturale mirata a non abbandonare al loro destino gli emigrati e a mantenere vivo il legame linguistico e culturale con gli italiani nel mondo.

Ma il bilancio degli effetti linguistici delle emigrazioni non si esaurisce nel contributo dato al progresso dell'italofonia. Il contatto tra lingue e varietà di lingua che avviene in contesto migratorio determina nei parlanti diverse dinamiche: «ibridazione; processi di acquisizione spontanea della L_2; crescita dei livelli di alfabetizzazione; e, nel caso dell'emigrazione italiana, anche la formazione di moduli comunicativi dove gli apporti dei diversi dialetti si mescolavano con l'italiano conosciuto dai pochi emigrati e immaginato dai molti altri, e con la lingua del Paese d'arrivo» [Vedovelli 2011, 47].

Le testimonianze linguistiche degli emigrati ci consegnano non solo un repertorio di strafalcioni (*carro* per macchina, *storo* per negozio, *bisinisse* per affare ecc.) ma costituiscono un documento importante della nostra identità nazionale. Ci occuperemo delle lingue miste a base italiana sorte in seguito alle dinamiche migratorie nel § III.1.2.3.

III.1.2.3. Il rapporto con l'italiano dei discendenti degli emigrati: l'erosione

Lo sviluppo del repertorio linguistico delle seconde e terze generazioni di emigrati mostra delle caratteristiche ricorrenti, fortemente influenzate dal grado di scolarizzazione della prima generazione. Nel caso di gran lunga più frequente nell'emigrazione storica, vale a dire di genitori dialettofoni e con livello di scolarizzazione scarso o nullo, nella seconda generazione si osserva un processo di progressiva perdita del dialetto, a cui dalla famiglia stessa viene attribuito un basso grado di prestigio. A tale perdita si accompagna la conquista di una padronanza buona o soddisfacente della lingua del Paese di residenza. Con le terze generazioni, nel repertorio linguistico rimangono pochi elementi cristallizzati del dialetto d'origine, che convivono con una padronanza completa della lingua del Paese di residenza. Di conseguenza le terze generazioni non ricevono l'italiano per trasmissione verticale dalla famiglia, ma se vogliono devono impararlo da zero in contesti formali. Dalla seguente intervista a un'emigrata calabrese, arrivata da piccola negli Stati Uniti, emerge la percezione di un'identità mutila, dovuta alla consapevolezza di una competenza parziale, sia nella lingua di partenza che in quella d'arrivo:

> *Domanda:* Che lingua parli a casa?
> Well con la mia famiglia menzo calabrese e menzo americano... mezza... Per prim'anno è sta' un po' difficile però continuando è stato più migliore perché ho 'mparato a lingua inglese Sì lo usavo certamente, però è meglio parlar calabrese. Ah, quelli che erono più piccoli si sono imparato a lingua più presto di me perché quelli che erano più piccoli sono andato dal kindergarten on, però per me è stato un po' difficile perché sono venuta acà [qua] quando ero [...] nella quinta elementare.
> *Domanda:* Sei mai tornata in Italia, per una visita?
> Sì, certamente ... ci sono stata un po' di anni faa ed è stu' un'esperienza molto difficile perché parlavo il calabrese most [...] non sapevo tante parole che con... sapevo prima perché parlando calabrese è di molto più facile del parlare nella lingua italiana. Di capire capisco tutto nella lingua italiana, però è difficile esprimere le parole [...] Ho avuto visite dei cugini che abitavano in Torino. Loro parlavano la vera lingua italiana invece io sapevo most – oh boy! – capivo solamente capivo tutto però non potevo esprimermi [Haller 1993, 19-20].

Questo quadro dell'**erosione linguistica** della lingua d'origine nelle generazioni successive a quella di emigrazione, basato sui modelli di analisi della sociolinguistica classica, va aggiornato tenendo conto del modificarsi del flusso delle comunicazioni nella società globale. In tale contesto anche per chi vive all'estero le occasioni di contatto con l'italiano si moltiplicano e l'italiano si presenta in una triplice veste: *a*) come lingua appresa nelle aule scolastiche. Spesso le seconde e terze generazioni di emigrati intraprendono, individualmente o sollecitati dalle famiglie, un percorso di ricerca delle proprie radici che include la frequenza di corsi di italiano; *b*) come lingua della comunicazione, rivitalizzata dai contatti diretti con la cultura italiana che il digitale consente (stampa, TV, Cinema, musica ecc.); *c*) come lingua recepita attraverso i simboli di italianità visibili nel panorama linguistico urbano delle principali città del mondo (insegne di negozi, bar, ristoranti, marchi e spazi pubblicitari), legati al successo dello stile di vita italiano. Su tali aspetti torneremo nel § III.1.2.9. Tanto l'italiano d'Italia quanto gli italianismi presenti nel panorama urbano globale stabiliscono e rafforzano in questa comunità virtuale di oriundi un legame identitario, non più legato a disvalori o a una percezione negativa della propria lingua, come avveniva per l'emigrato di un tempo. Sempre in conseguenza di queste trasformazioni si va

QUADRO III.1.1.

Italy di Pascoli

L'emigrazione entra nel temario della poesia italiana nel 1904, col poemetto *Italy* di Giovanni Pascoli[1]. Ispirato a un episodio realmente accaduto alla famiglia di un agricoltore suo amico, il componimento racconta del ritorno in Lucchesia di una famiglia di emigrati negli Stati Uniti, Ghita e Beppe, con la loro figlioletta Maria, malata di tisi, portata a casa nella speranza che l'aria buona possa contribuire alla sua guarigione. Quando la bimba conosce i nonni paterni, l'incontro fra le generazioni genera una situazione di incomunicabilità tra gli anziani e la nipote. La nonna paragona la lingua sconosciuta parlata dalla nipote al cinguettio di un uccellino; dal canto suo la bimba rifiuta l'Italia (*Bad country, Ioe, your Italy*!) e fraintende il senso di *nieva* 'nevica', pronunciato dalla nonna, scambiandolo con l'inglese *never*:

> [...] La bambina bionda / ora ammiccava qua e là col dito. / Parlava; e la sua nonna, tremebonda, / stava a sentire, e poi dicea: «Non pare / un luì quando canta tra la fronda?» / Parlava la sua lingua d'oltremare: / «...*a cicken-house*» «un piccolo luì...» / «...*for mice and rats*» «che goda a cinguettare, / zi zi» «*Bad country, Ioe, your Italy*!».
> [...]
> La nonna intanto ripetea: «Stamane / fa freddo!» Un bianco borracciol [tovagliolo] consunto / mettea sul desco [tavolo] ed affettava il pane. / Pane di casa e latte appena munto. / Dicea: «Bimbina, state al fuoco: nieva! / Nieva!» [forma dialettale per 'nevica']. E qui Beppe soggiungea compunto: / «*Poor Molly*! Qui non trovi il pai con fleva!» / Oh! No: non c'era lì né pie né flavour / né tutto il resto. Ruppe in un gran pianto: / «Ioe, what means nieva? Never? Never? Never?».

Joe nel suo parlato misto usa adattamenti di termini inglesi (*pai con fleva*), simili a quelli effettivamente impiegati dalla comunità italoamericana (v. III.1.2.4). E proprio l'*italiese* di Joe costituisce la piattaforma comunicativa per spiegare la *Merica* ai paesani. Raccontando agli amici di un compaesano emigrato, così si esprime:

> Ioe, grave: «Oh yes, è fiero... vi saluta... / molti bisini [business], oh yes... No, tiene un fruttistendo... [fruit stand] / Oh yes, vende checche, candi, scrima... [cakes, candies, ice-creams]».

La bambina continua a rifiutare il rapporto con l'Italia e l'italiano (Uno guardò la piccola straniera, / prima non vista, muta, che tossì. / «You like this country...» Ella negò severa: / «Oh no! *Bad Italy*! *Bad Italy*!»). Solo alla fine del componimento Maria usa una parola nella nostra lingua. Guarita e in procinto di prendere la nave per gli Stati Uniti, accetta l'invito della nonna a tornare a trovarla e si esprime finalmente in italiano, pronunciando non una parola qualsiasi, ma l'emblema identitario dell'italianità fin dai tempi di Dante:

> Rosea, bionda, e mesta, / *Molly* era in mezzo ai bimbi e alle bambine. / Il nonno, solo, in là volgea la testa / bianca. Sonava intorno mezzodì. / Chiedeano i bimbi con vocìo di festa: / «Tornerai, *Molly*?» Rispondeva: – Sì!

[1] I versi citati sono tratti da G. Pascoli, *Poesie*, vol. I, a cura di A. Vicinelli, Milano, Mondadori, 1997.

ridefinendo la tradizionale rete di strumenti per la circolazione dell'italiano all'estero (quotidiani cartacei, radio e televisioni in lingua italiana presenti nei paesi di emigrazione).

Ma torniamo al repertorio delle seconde generazioni. Nel caso dell'emigrazione più recente, laddove i genitori hanno portato con sé una competenza dialettale arricchita dalla conoscenza (anche parziale) dell'italiano, nei loro figli si può instaurare un bilinguismo stabile, con l'italiano che convive con la lingua del Paese di residenza. Di questa si ha una completa padronanza, e viene impiegata sia in contesti comunicativi informali e familiari, sia per usi formali, come la formazione o il lavoro. L'italiano e il dialetto sono appresi dapprima in famiglia e poi rinforzati dallo studio scolastico, anche se non sono utilizzati in tutti i domini comunicativi. In queste seconde generazioni è del tutto diversa la sicurezza nei confronti della propria identità e la capacità di muoversi in un repertorio complesso che comprende il dialetto, l'italiano, la lingua del Paese di residenza e l'inglese come lingua veicolare. Vediamo di seguito le testimonianze recenti di due italiani di seconda generazione, studenti universitari in Germania. Nel corso di un'intervista, rispondono a una domanda in cui si chiede loro un confronto fra l'italiano e il tedesco:

1. Cosa mi piace, # eh, mi piace la lengua e hmm mi piace anche eh la velocità in nella lengua, ma ma io non posso parlare così veloce, ma mi piace
2. Della lingua italiana mi piace la sonorità. E # il tedesco, secondo me, # è abbastanza # una lingua abbastanza dura e forte, l'italiano invece no.
3. Il suono. Il suono è più delicato, non è così duro # e sembra che gli italiani parlano più lentamente che i tedeschi. Non so. Di più il suono. E anche le parole, certe cose son, son più poetiche, no?! Differenze oltre al suono # in tedesco certe cose si possono dire più precisi, ho la sensazione, in italiano si descrive di più [Bernhard e Lebsanft 2013, 181-184[3]].

III.1.2.4. Varietà a base italiana nate in situazioni di contatto

A differenza di altre lingue europee come l'inglese, il francese e il portoghese, che hanno costituito la base per la creazione di pidgin e creoli [v. Quadro III.1.2] nelle rispettive aree di espansione commerciale e coloniale, l'italiano ha partecipato solo marginalmente a tale processo. In questo paragrafo prenderemo in esame le varietà più significative sviluppatesi nelle situazioni di contatto più intenso tra l'italiano e altre lingue.

Il *cocoliche* e il *lunfardo* in Argentina

L'Argentina figura al secondo posto, dopo gli Stati Uniti, per numero assoluto di emigrati italiani, ma balza al primo se si calcola l'incidenza della popolazione emigrata su quella locale: fra il 1875 e il 1914 vi arrivarono oltre due milioni e mezzo di italiani. Si consideri che la popolazione Argentina era di appena due milioni nel 1865 e arrivò a contarne otto nel 1920, di cui circa la metà erano

[3] Trascrizione semplificata. Il simbolo # indica una pausa. La famiglia del primo informante (primo brano) è originaria della Sardegna, quella del secondo (secondo e terzo brano) della Sicilia.

italiani o di origine italiana. Ancor oggi, per la forte presenza di popolazione di origine italiana, si usa dire che «los argentinos son italianos que hablan español» [cit. in Stammerjohann 2013, 111].

Le particolari condizioni per lo sviluppo del *cocoliche* furono garantite dalla forte concentrazione di italiani nella zona metropolitana di Buenos Aires, in particolare nel periodo compreso tra il 1880 e il 1920. Cocolicchio (da cui prende il nome la varietà) era una macchietta del teatro comico popolare argentino, e rappresenta un immigrato calabrese che si rende ridicolo per il suo modo di parlare, vestire e comportarsi. Si usa distinguere tra un *cocoliche* reale, impiegato dagli emigrati, a prevalente base italiana, e un *cocoliche* letterario, diffuso nel teatro comico e in altre forme di spettacolo, a prevalente base spagnola.

Data la condizione di dialettofonia prevalente della prima ondata migratoria, il *cocoliche* risulta dall'incontro non dell'italiano standard, ma di diverse varietà dialettali italiane con lo spagnolo d'Argentina. Esso presenta caratteristiche proprie dei pidgin, come l'instabilità e la tendenza alla semplificazione del sistema grammaticale della lingua dominante (in questo caso lo spagnolo). In àmbito fonologico si osserva la cancellazione dei fonemi più difficili da pronunciare per un parlante italiano, come la fricativa bilabiale sonora /β/, che viene sostituita dalla labiodentale /v/ (*arriva* per *arriba* [a'riβa] 'sopra') e della fricativa velare sorda /χ/, sostituita dalla corrispondente occlusiva /k/ (*coneco* per *konejo* [ko'neχo] 'coniglio'). In àmbito morfologico si registra la tendenza a omettere la *-s* come marca morfologica del plurale dei nomi (*lo chico* per *los chicos*). Al tempo stesso, il *cocoliche* si differenzia dai pidgin propriamente detti per diverse ragioni:

a) le varietà in contatto (dialetti italiani e spagnolo) sono strettamente imparentate;
b) era usato dagli emigrati italiani e dai loro discendenti, ma non dagli argentini: quindi non è mai stato appreso secondariamente come lingua non nativa;
c) non esisteva un marcato squilibrio, in termini di prestigio, tra la lingua-cultura degli emigrati e lo spagnolo;
d) gli emigrati italiani erano esposti a un input esteso. I nostri connazionali avevano infatti accesso alla maggior parte degli àmbiti comunicativi della lingua e non, come avviene tipicamente nelle situazioni di contatto che hanno prodotto i pidgin, a un input ridotto.

A causa del basso prestigio attribuito a questa varietà, il *cocoliche* rimase confinato soprattutto nella parlata degli emigrati di prima generazione e andò pian piano estinguendosi nella seconda metà del Novecento. Forti tracce di interferenza italo-argentina rimangono nella documentazione epistolare dei nostri emigrati ancora nella seconda metà del Novecento. Ecco un esempio, tratto da una lettera (del 1973) di un'emigrata abruzzese alla sorella in Italia:

> Cara sorella spero che tutto è passato però anch'io sono stanca di lucciare [lottare], aparte [inoltre] ciò molto lavoro e con Olga, così mi e rimasto dietro, quello che ti dico se vedi che non scrivo perché non ho tempo mentre tu ai più tempo di me ho pure [oppure] Gianni potrebbe fare qualche rigo carta cada [ogni] tanto [cit. in Palermo 1987, 125].

Il lunfardo è il gergo della malavita; si formò sul finire dell'Ottocento nelle prigioni di Buenos Aires come piattaforma comunicativa comune ai reclusi di varie nazionalità per non farsi capire dai secondini. Successivamente si diffuse come varietà parlata nei bassifondi di Buenos Aires e sopravvive oggi, per lo più con qualche relitto lessicale, nella lingua del tango. È caratterizzato da una struttura grammaticale spagnola su cui si innestano basi lessicali provenienti da vari dialetti dell'italiano: *chipola* 'cosa o persona bella o di buona qualità'; *furbo* 'sciocco' con inversione semantica che si trova tipicamente nei gerghi. Interessante il caso di *engrupir* 'ingannare', dal termine presente in molti dialetti settentrionale *gropo* 'nodo, involto, pacchetto', che documenta la stessa evoluzione semantica che ha portato in italiano allo sviluppo di *pacco* nel significato figurato di 'truffa, raggiro'. Un'altra tecnica compositiva del *lunfardo* (usata per comprensibili ragioni anche nei gerghi di altre lingue) è il *vesre* (dall'inversione dello spagnolo *revés* 'a rovescio'). Il camuffamento lessicale è ottenuto grazie all'inversione delle sillabe: per es. *tango* > *gotán*; *cabeza* > *bazeca*; *un café con leche* > *un feca con chele*. Se il *cocoliche* ha rappresentato lo sforzo dell'emigrato di integrarsi nella comunità di arrivo, il *lunfardo* testimonia specularmente la capacità degli strati più bassi della società argentina di entrare in contatto coi nuovi arrivati.

Il *Fremdarbeiteritalienisch* 'italiano dei lavoratori stranieri' in Svizzera

Il termine indica l'italiano parlato in situazione di contatto plurilingue dai lavoratori stranieri presenti in Svizzera, in particolare nel Cantone di Zurigo. La particolarità del *Fremdarbeiteritalienisch* è che la base della varietà non è la lingua dominante (il tedesco svizzero), ma la lingua parlata dal gruppo più consistente di lavoratori. Si è sviluppato infatti negli anni Ottanta del secolo scorso, periodo in cui oltre un terzo del totale dei lavoratori stranieri era di origine italiana. Seguivano, in ordine decrescente, cittadini della ex Jugoslavia, spagnoli, turchi, portoghesi, greci e di altre nazionalità. In tale contesto interetnico i lavoratori instaurano tra loro rapporti simmetrici, cioè si trovano in una situazione di sostanziale parità sociolinguistica. La varietà è stata usata per la comunicazione orale, limitatamente al dominio lavorativo, tra lavoratori stranieri e tra questi e la popolazione locale, al posto dello svizzero tedesco. Può quindi essere appresa da parlanti non nativi, che la trasmettono a loro volta ad altri parlanti non nativi. Eccone dei brevi esempi, tratti da interviste a immigrati aventi come madrelingua rispettivamente il serbocroato, il turco, il greco:

> *Intervistatore*: Si parla poco tedesco?
> *Immigrata*: Sì, solo con chefa [caposquadra svizzera]; con altri donne tutti parlare italiano anche portughese parlare italiano, spagnoli, tutti, tutti
>
> *Intervistatore*: con gli jugoslavi parla in tedesco?
> *Immigrato*: no, parla italiano [...] capo anche, parlo capo svissera e italiano ['anche col capo parlo svizzero e italiano']
>
> *Immigrata*: sono turchi, sono portolesi, italiani, spagnoli, greci, tutti insieme parlare italiano...quando fare pausa mezzogiorno, tutti parlare italiano [Berruto 1991, 338]

Il *Fremdarbeiteritalienisch* presenta molti tratti di semplificazione del sistema grammaticale tipici anche delle interlingue iniziali (v. § III.2.7) come la sovraestensione della terza persona del presente (*parla italiano = parlo italiano*) e l'uso dell'infinito come forma polivalente (*quando fare pausa = quando facciamo una pausa*). L'input, seppur limitato, non è drasticamente ridotto come nei pidgin, perché l'italiano è una delle lingue ufficiali della Confederazione, e ha quindi una serie di usi orali e scritti e una buona visibilità nel panorama urbano (per es. su cartelli e manifesti pubblici, insegne plurilingui ecc.).

L'italiano semplificato di Etiopia

Si crea come varietà di *foreigner talk* nel contesto di contatto generato dalla dominazione coloniale italiana (v. §§ III.1.2.5-1.2.7). Nel 1937 A.M. Perbellini scriveva sulla rivista coloniale *Etiopia*:

> gli indigeni non conoscono la nostra lingua e bisogna affaticarne il cervello il meno possibile: evitare, dunque, la complicazione dei tempi e dei modi nei verbi, ridurre allo schema più sommario la costruzione del periodo, spezzettare il discorso nei suoi elementi essenziali [cit. in Siebetcheu 2011, 348].

Tale varietà sopravvive anche nel dopoguerra perché continua a essere usato sia in Etiopia che in Eritrea per la comunicazione tra la popolazione locale, parlante varie lingue non intercomprensibili (amarico, tigrino ecc.) e la popolazione italiana e di altre nazioni europee. Si stima che negli anni Settanta del Novecento fossero ancora presenti tra Addis Abeba e Asmara circa ventimila italiani.

L'italiano semplificato di Etiopia presenta alcuni tratti di semplificazione del sistema caratteristici dei pidgin. Nell'àmbito della fonologia si segnala la neutralizzazione tra /p/ e /b/: *borta* 'porta', *baasto*, 'pasta', la deaffricazione di /tʃ/: [dolʃi] 'dolce' e la tendenza a ristrutturare le sillabe secondo modelli più semplici: *tirobbo* 'troppo', *biranzo* 'pranzo', *ispasola* 'spazzola'. Nella morfosintassi spicca la riduzione del sistema verbale a due forme, corrispondenti all'infinito e al participio passato dell'italiano. Interessanti nel lessico casi di evoluzione semantica degli italianismi: per es. *biyassa* (< it. *piazza*) usato nel significato di 'capolinea' e *taraafik* (< it. *traffico*) usato nel significato di 'vigile urbano'.

Il siculo-tunisino

Si tratta di una lingua a base siciliana ibridata con elementi del dialetto arabo di Tunisia e del francese. Essendo legata alla comunicazione orale non si è mai del tutto stabilizzata. Gli studi sul campo documentano situazioni di *code mixing* (v. § III.2.6) in cui finisce per prevalere, tra le varietà possibili (a base siciliana, arabo-tunisina, o francese) quella parlata nello specifico contesto dal più alto numero di persone. La stessa oscillazione si mantiene nel lessico. Per es. per denominare l'albicocca si oscilla tra termini siciliani (*pricocu*, *piricoculu*, *varcocu*) l'arabo-tunisino *musc'* (o *mesc'*) e le varianti italianizzate *musce*, *mesce*.

Lo sviluppo del siculo-tunisino si deve alla forte presenza di italiani (per lo più provenienti dalla Sicilia meridionale) in Tunisia a cavallo tra Otto e Novecento. Un dato per certi versi sorprendente è che dal 1871 al 1924 emigrarono in Tunisia più italiani di quanti si mossero, negli stessi anni, verso la Libia e il Corno d'Africa.
Lo scambio linguistico tra Sicilia e Tunisia è stato in seguito alimentato da ciò che avveniva sull'altra sponda del Mediterraneo, in Sicilia, dove nel tempo si era andata insediando tra Mazara del Vallo e altri comuni del trapanese una nutrita comunità di lavoratori tunisini, principalmente pescatori. Tale comunità attualmente conta circa tremila persone. L'emigrazione di ritorno dei tunisini di Sicilia contribuisce a tener viva di là dal mare una certa conoscenza della nostra lingua. Gli italianismi sono diffusi in Tunisia e nel resto dell'Africa anche per altre vie: oltre ai consueti canali dell'enogastronomia e della moda, la ricezione televisiva del campionato di calcio italiano ha dato luogo alla penetrazione di italianismi legati a questo àmbito particolare [Zlitni 2006; Lakhdhar 2006].

La lingua franca mediterranea

Per almeno tre millenni, prima che nel XVI secolo il baricentro del commercio marittimo mondiale si spostasse verso le rotte oceaniche, il mar Mediterraneo è stato il centro di traffici commerciali di primaria importanza. Questa straordinaria occasione di contatto tra persone di lingua diversa (greco, arabo, turco, italiano, francese, portoghese ecc.) ha generato una lingua veicolare, detta lingua franca – dall'arabo *lisān al-faranğ*, 'lingua dei franchi' – con il secondo termine che designa in generale tutti gli europei cristiani. Si tratta di una varietà legata alle esigenze comunicative primarie e alla comunicazione orale, di cui si conserva pochissima documentazione di prima mano. Per la sua conoscenza attingiamo quindi soprattutto a fonti indirette. Per esempio ne accenna Foscolo nei suoi *Discorsi sulla lingua italiana*. Parlando di varietà di lingua passeggere ed effimere, si sofferma su questa in particolare:

> Ne troviamo tuttavia [ancora] una che sussiste da lungo tempo in forme bizzarre, ma non dissimili tra loro, in tutte le coste del Mediterraneo sino a Costantinopoli, sotto il nome di Lingua Franca; e per essa i mercanti di ogni religione e nazione s'intendono nelle fiere, alle quali concorrono a commerciare. Ogni viaggiatore in que' paesi la parla, perché è costretto a parlarla; la impara facilmente, perché consiste di parole necessarie a' bisogni giornalieri e comunissimi della vita[4].

Importanti anche le notizie ricavabili dai resoconti di viaggiatori: per es. la lunga descrizione contenuta nella *Topographia e historia general de Argel* [Algeri] pubblicata – ma probabilmente non scritta – dal benedettino spagnolo Diego de Haedo nel 1612. Altra fonte indiretta è un dizionario della lingua franca, pubblicato nel 1830 e destinato ai soldati del corpo di spedizione francese in Algeria. Riportiamo alcune battute di un dialogo presente nel dizionario:

[4] *Opere edite e postume di Ugo Foscolo*, vol. IV, *Prose letterarie*, Firenze, Le Monnier, 1850, p. 228.

Qui star aqui? Intrar. Unde ti venir?	Chi c'è? Entra, da dove vieni?
Mi venir della casa di mi	Vengo da casa mia
Onde ti andar?	Dove vai?
Mi andar spasseggiar. Mi andar mirar un amigo.	Vado a passeggio. A trovare un amico
[...]	[...]
Ti querir mi andar con ti?	Vuoi che venga con te?
Si, andar sieme sieme.	Sì, andiamo insieme[5].

Come appare già da questo breve esempio, si tratta di una lingua a base romanza, con il lessico modellato sui volgari italiani, in primo luogo il genovese e il veneziano, ma anche con presenze dello spagnolo (*aqui*, *querir*) una grammatica drasticamente semplificata (si noti l'uso dei verbi all'infinito) e altre strutture tipiche dei pidgin, come la ripetizione con funzione intensificatrice (*sieme sieme* 'insieme'). Risultano quasi nulli gli influssi dell'arabo e del turco, sia a livello grammaticale sia lessicale.
La vitalità della lingua franca declina rapidamente nell'Ottocento, quando la progressiva espansione del francese impose questa lingua in gran parte delle coste nordafricane. Oggi è definitivamente scomparsa. Il termine *lingua franca* è però rimasto a indicare, nella terminologia non specialistica, una varietà di lingua semplificata sorta in situazioni di contatto plurilingue o, semplicemente una lingua «terza» (non necessariamente semplificata), cioè una lingua non nativa per nessuno degli interlocutori: lo è stato il latino nei secoli medievali, lo è stato a tratti l'italiano del Levante (v. § III.1.1.1), lo è oggi l'inglese per gli usi internazionali, denominato talora con un italianismo *English as a Lingua Franca*.

L'italiano di emigrazione nei paesi anglofoni
Fra i paesi di lingua inglese, l'ondata migratoria più intensa ha riguardato gli Stati Uniti. Nel complesso circa 6 milioni di italiani si sono spostati nel periodo postunitario, ma con un certo ritardo rispetto al Sudamerica; la massima incidenza dell'emigrazione si ebbe nel primo quindicennio del Novecento, quando raggiunsero la *Merica* (così erano spesso definiti gli Stati Uniti nelle testimonianze degli emigrati) circa tre milioni e mezzo di connazionali. Si stima che la comunità di cittadini di origine italiana negli Stati Uniti conti oggi circa sedici milioni di persone. A differenza del flusso migratorio verso il Sudamerica, che aveva interessato anche molti settentrionali, l'emigrazione verso il Nordamerica ha riguardato prevalentemente italiani del Sud ed è stata caratterizzata dall'emigrazione di gruppo, nel senso che si sono spostati nella stessa località (prevalentemente, ma non solo, New York e il New Jersey) molti individui provenienti dallo stesso Paese, che andavano a raggiungere compaesani già presenti in loco. Questo fatto, unitamente all'alta percentuale di matrimoni interni alla comunità emigrata, ha limitato le opportunità di integrazione. Paradigmatico il caso della comunità italoamericana nel quartiere di *Little Italy* a Manhattan, dove si potevano svolgere tutte le funzioni comunicative primarie senza conoscere una sola parola di inglese.

[5] Cit. in Cifoletti [2004, 23].

Anche in questo caso, come per il *cocoliche*, le difficoltà dell'integrazione linguistico-culturale diventano oggetto di una stereotipizzazione a fini comici. Edoardo Migliacci, noto col nome d'arte di Farfariello, emigrato negli Stati Uniti sul finire dell'Ottocento, costruì la sua fortuna rielaborando in chiave comica il senso di spaesamento che aveva vissuto realmente appena arrivato in America. Ecco alcuni versi di una sua celebre macchietta teatrale (*'A lengua 'taliana*):

> Sono vent'anni e cchiù ca so' arrivato
> Direttamente qua, dal mio paese,
> Anzi vent'uno e nun m'aggio imparato
> Ancora a dì mezza parola ingrese.
> Bicose mi no laiche [Because I don't like] lengue stuorte [lingue storte]
> Ca nun so 'taliane, e dezze uaie [and that's why]
> Io rimarraggio qua 'nfino a la morte
> Ma 'na parola nun ma 'mparo mai
>
> [cit. in Stammerjohann 2013, 105].

Nell'*italiese* (o *itangliano*), la parlata della comunità italo-americana newyorchese[6], sono evidenti tratti di koinè basata sul conguaglio di forme presenti nella maggior parte dei dialetti meridionali, per es. la sovraestensione dell'ausiliare *avere* sia con i verbi pronominali (*m'aggio imparato*) sia coi verbi intransitivi inaccusativi (*Mario ha venuto; quello c'ha successo*), l'uso di *tenere* per *avere* (*tengo 'na buona notizia*), la prima persona singolare dell'imperfetto in *-a* anziché in *-o* (*io te vuleva di'*), tratti di semplificazione della morfologia (il clitico *ci* sostituisce i dativi *gli*, *le*, *loro*, dell'italiano standard: *alle mie figghe cio insegnato a parlare americano*), l'uso del *che* relativo invariato e di altri fenomeni caratteristici anche in Italia dell'italiano popolare. Questa varietà ha permesso agli emigrati dialettofoni delle prime generazioni di comunicare tra loro superando la barriera linguistica.
I medesimi procedimenti di adattamento di parole ed espressioni inglesi da parte delle comunità di emigrati italiani newyorchesi si sono verificati anche nel resto del mondo anglofono raggiunto dall'emigrazione italiana (Canada, Australia, Nuova Zelanda). Hanno riguardato principalmente:

a) referenti ignoti o poco noti in Italia: *pinabarra* (< *peanut butter*) o, viceversa, molto italiani ma denominati diversamente (*aiscrima* 'gelato');
b) adattamenti di parole e espressioni d'uso comune: *giobba* < job 'lavoro', *ariappe* (< *hurry up*; 'sbrigati'); *sharappe* (< *shut up* 'sta zitto'); *donguori* (< *don't worry*; 'non ti preoccupare'); *taimanahaffe* (< *time and a half* (*pay*); 'straordinario'), *tencsalotto* (< *thanks a lot* 'grazie mille');
c) falsi amici: *gioco* (< *joke*, 'scherzo'); *messa* (< *mess* 'pasticcio, subbuglio'); *accidente* (< *accident* 'incidente'); *graduato* 'laureato' (< *graduate*); *straccare* 'scioperare' (< *to go on strike*, con probabile riferimento paretimologico a *stracco* 'stanco').

[6] Gli esempi seguenti sono tratti da Haller [1993].

QUADRO III.1.2.

Pidgin e creoli

Quando parlanti di più lingue entrano in contatto per relazioni di tipo commerciale, militare o coloniale, e al tempo stesso manca una lingua condivisa che possa svolgere il ruolo di piattaforma comunicativa comune, si creano i presupposti per la creazione di lingue di contatto. Queste varietà sono denominate *pidgin* (la parola deriva probabilmente da *pitsin*, adattamento cinese dell'inglese *business*) e si sono sviluppate principalmente in area caraibica, asiatica e africana in seguito all'espansione coloniale delle nazioni europee tra il Cinquecento e l'Ottocento. Pur differenziate tra loro sulla base delle circostanze sociali e storiche che ne hanno determinato la nascita, i pidgin presentano le seguenti caratteristiche comuni:

- le varietà da cui scaturiscono non sono paritarie: si distingue una lingua dominante, detta anche lingua di superstrato, tipicamente quella del Paese colonizzatore;
- la lingua dominante è detta lingua lessicalizzatrice, perché fornisce la base lessicale, che viene inserita in una struttura grammaticale che presenta forti tratti di semplificazione. Per es. in àmbito fonologico si riduce l'inventario dei fonemi della lingua dominante con la perdita dei fonemi più «difficili» e dei tipi sillabici più complessi, che sono ricondotti a quelli più semplici come CV e CVC;
- un pidgin non è lingua nativa per nessuno dei suoi parlanti, ma una varietà appresa spontaneamente, dunque legata alla dimensione orale;
- i pidgin si differenziano dalle interlingue (di cui ci occuperemo nel § III.2.6) perché non costituiscono delle varietà di transizione verso la lingua dominante, ma si fossilizzano in una fase intermedia e con esiti maggiormente indipendenti dalla struttura grammaticale della lingua dominante;
- non sono utilizzate in tutti i domini comunicativi e sono apprese sulla base di un input drasticamente ridotto;
- sono instabili, e nel tempo tendono a estinguersi o a essere riassorbite dalla lingua dominante, in cui lasciano tracce lessicali e grammaticali.

Quando una varietà pidgin viene trasmessa verticalmente dai genitori ai figli, e diviene quindi per quest'ultimi una varietà nativa, può stabilizzarsi nelle generazioni successive, avere una documentazione scritta e una codificazione grammaticale. In tali casi diventa una lingua *creola* (dallo sp. *criollo* 'meticcio, servo'). Ne sono esempi il creolo di Haiti, a base francese, e il creolo giamaicano, a base inglese.

La scarsa o nulla comunicazione fra la comunità italofona di antico insediamento e la più recente emigrazione italiana qualificata ha condannato questa varietà di transizione a un progressivo declino: già alla fine degli anni Ottanta la gran parte delle ibridazioni lessicali italoamericane che presenteremo tra poco erano presenti solo nella competenza passiva della comunità italoamericana [Haller 1993, 34-35].

III.1.2.5. L'avventura coloniale

In questo capitolo si è fatto più volte riferimento all'italiano come a una lingua senza impero, la cui attrattività all'estero è stata veicolata nei secoli dalla leggerezza della cultura e non dalla pesantezza delle armi. Ebbene, questa immagine trova una parziale smentita a cavallo fra Otto e Novecento. L'avventura coloniale del neonato Stato italiano durò circa un sessantennio: dal 1882, anno dell'insediamento delle prime basi commerciali nei porti eritrei, fino al 1943-44, quando con la progressiva ritirata delle truppe italiane su pressione dell'esercito britannico si compì il disfacimento dei possedimenti coloniali italiani in Africa. Disfacimento che fu sancito, al termine della seconda guerra mondiale, dalla perdita di giurisdizione sugli ex possedimenti coloniali. In questo lasso di tempo l'Italia occupò una fascia territorialmente discontinua del Continente africano, comprendente il Corno d'Africa e la Libia.

In epoca liberale l'espansione coloniale fu intrapresa dai governi di Agostino Depretis e Francesco Crispi, e proseguita dopo un intervallo di circa un quarto di secolo da Giolitti. Tale avventura fu presentata dalla retorica nazionalista come estensione e compimento del processo risorgimentale: si istituiva così un pretestuoso collegamento tra la politica aggressiva e imperialista e taluni spunti presenti nel pensiero risorgimentale circa la «missione civilizzatrice» del popolo italiano.

Un altro argomento su cui fece leva la propaganda colonialista, soprattutto quando il teatro delle operazioni si spostò dal Corno d'Africa alla Libia, fu la preesistente diffusione della lingua italiana sulle sponde del Mediterraneo: si tratta dell'italiano di Levante di cui abbiamo già parlato nel § III.1.1.1. Così Raimondo Battignani in un intervento del 1911:

> Quando la Patria fu riunita, trovò lungo le coste del Mediterraneo le sue colonie, non solo ricche e fiorenti, ma anche calde di patrio sentimento, cementate dal vincolo della lingua, rimasta intatta, circondate dalla simpatia dei governi e dei popoli in mezzo a cui vivevano. Chiunque abbia per poco visitato la Tunisia, la Tripolitannia, l'Egitto, la Siria, la Tracia, la Macedonia, la Morea, le Isole dell'Egeo, la costa adriatica orientale, avrà trovato sicuramente le tracce di questo lavoro fecondo di propagazione della nostra lingua, fatto, nel corso dei secoli, dagli emigrati italiani; ed avrà incontrato commercianti, industriali, professionisti, pubblici ufficiali, indigeni e forestieri, che l'italiano ben comprendevano e con palese soddisfazione e con mirabile scioltezza parlavano [cit. in Ricci 2005, 168].

In realtà la politica d'espansione coloniale ebbe la funzione di scaricare verso l'esterno i conflitti sociali interni, alimentati dalle disuguaglianze sociali e geografiche e inasprite dalle austere politiche economiche e fiscali dei governi.

L'avventura coloniale, se da un lato attirò le critiche di molti intellettuali – che non potevano fare a meno di sottolineare la contraddizione tra il recente passato indipendentista e l'avventura espansionista in Africa – dall'altro suscitò simpatie in coloro che vedevano nella conquista delle colonie un'occasione di riscatto per i tanti concittadini costretti a emigrare per trovare «un posto al sole». Espressione autorevole del primo stato d'animo fu una dura presa di posizione del Carducci. In occasione della battaglia di Dogali, in Eritrea, dove nel gennaio del 1887 trovarono la morte circa cinquecento soldati italiani in una battaglia contro l'esercito abissino, fu chiesto al poeta di realizzare un componimento commemorativo dei nostri militari caduti, a perenne memoria del loro atto d'eroismo.

Il poeta rifiutò l'invito e dopo qualche tempo pubblicò un articolo fortemente polemico sul quotidiano bolognese «Il resto del Carlino». Dopo aver espresso l'umana pietà per i soldati caduti, dichiarò quella d'Eritrea «guerra non giusta» e osservò che «gli abissini hanno ragione di respingere noi, come noi respingemmo e respingeremmo gli austriaci» [cit. in Ricci 2005, 46]. Quanto alle simpatie, se non meraviglia che Gabriele D'Annunzio abbia aderito con entusiasmo alla campagna di Libia, componendo per l'occasione alcune poesie celebrative, è più interessante indagare le motivazioni che indussero a sostenere la guerra un poeta non certo incline alla retorica nazionalista come Giovanni Pascoli. Egli compose per l'occasione un discorso (*La grande proletaria si è mossa*), pronunciato nel novembre del 1911 a Barga. Vediamone i passi iniziali:

> La grande proletaria si è mossa.
> Prima ella [l'Italia] mandava altrove i suoi lavoratori che in patria erano troppi e dovevano lavorare per troppo poco. Li mandava oltre alpi e oltre mare a tagliare istmi, a forare monti, ad alzar terrapieni, a gettar moli, a scavar carbone, a scentar ['estirpare'] selve, a dissodare campi, a iniziare culture, a erigere edifizi, ad animare officine, a raccoglier sale, a scalpellar pietre; a fare tutto ciò che è più difficile e faticoso, e tutto ciò che è più umile e perciò più difficile ancora: ad aprire vie nell'inaccessibile, a costruire città, dove era la selva vergine, a piantar pometi, agrumeti, vigneti, dove era il deserto; e a pulire scarpe al canto della strada.
> Il mondo li aveva presi a opra, i lavoratori d'Italia; e più ne aveva bisogno, meno mostrava di averne, e li pagava poco e li trattava male e li stranomava. Diceva Carcamanos! ['furbone, truffatore', nel portoghese brasiliano] Gringos! Cincali! Degos! [termini spregiativi usati per riferirsi ai lavoratori emigrati italiani].
> Erano diventati un po' come i negri, in America, questi connazionali di colui che la scoprì; e come i negri ogni tanto erano messi fuori della legge e della umanità, si linciavano.
> Lontani o vicini alla loro patria, alla patria nobilissima su tutte le altre, che aveva dato i più potenti conquistatori, i più sapienti civilizzatori, i più profondi pensatori, i più ispirati poeti, i più meravigliosi artisti, i più benefici indagatori, scopritori, inventori, del mondo, lontani o vicini che fossero, queste opre erano costrette a mutar patria, a rinnegare la nazione, a non essere più d'Italia.
> Era una vergogna e un rischio farsi sentire a dir Sì, come Dante, a dir Terra, come Colombo, a dir Avanti! come Garibaldi.
> Si diceva: – Dante? Ma voi siete un popolo d'analfabeti! Colombo? Ma la vostra è l'onorata società della camorra e della mano nera! Garibaldi? Ma il vostro esercito s'è fatto vincere e annientare da africani scalzi! Viva Menelik!
> [...]
> Ma la grande Proletaria ha trovato luogo per loro: una vasta regione bagnata dal nostro mare, verso la quale guardano, come sentinelle avanzate, piccole isole nostre; verso la quale si protende impaziente la nostra isola grande; una vasta regione che già per opera dei nostri progenitori fu abbondevole d'acque e di messi, e verdeggiante d'alberi e giardini; e ora, da un pezzo, per l'inerzia di popolazioni nomadi e neghittose, è per gran parte un deserto. Là i lavoratori saranno, non l'opre, mal pagate mal pregiate mal nomate, degli stranieri, ma, nel senso più alto e forte delle parole, agricoltori sul suo, sul terreno della patria; non dovranno, il nome della patria, a forza, abiurarlo, ma apriranno vie, coltiveranno terre, deriveranno acque, costruiranno case, faranno porti, sempre vedendo in alto agitato dall'immenso palpito del mare nostro il nostro tricolore.

> E non saranno rifiutati, come merce avariata, al primo approdo; e non saranno espulsi, come masnadieri, alla prima loro protesta; e non saranno, al primo fallo d'un di loro, bracchеggiati inseguiti accoppati tutti, come bestie feroci[7].

È evidente il legame che Pascoli vuole istituire tra la piaga dell'emigrazione, a cui aveva dedicato qualche anno prima il poemetto *Italy* [v. Quadro III.1.1], e la necessità di conquistare nuovi spazi per dare ai lavoratori italiani dignità e orgoglio. In tale quadro l'intervento militare in Libia è visto come possibile occasione di riscatto, sia civile sia militare, e teatro di sperimentazione di un improbabile interclassismo («A questo modo là il popolo lotta con la nobiltà e con la borghesia. Così là muore, in questa lotta, l'artigiano e il campagnolo vicino al conte, al marchese, al duca»). Fatto sta che spunti analoghi si ritrovano qualche anno più tardi nella propaganda fascista, che presenterà la ripresa dell'espansione coloniale come legittimo diritto alla conquista di un posto al sole per le masse dei lavoratori italiani. Le guerre di espansione coloniale saranno in effetti riprese e portate a compimento durante il ventennio, sia nel Corno d'Africa sia in Libia: il 9 maggio del 1936, a conclusione della campagna d'Etiopia, Benito Mussolini poteva esclamare: L'Italia ha finalmente il suo impero!

Oltre che limitati arealmente, i territori coloniali non furono mai meta di consistenti movimenti migratori: come abbiamo visto, in Africa settentrionale i flussi di lavoratori italiani verso colonie straniere come la Tunisia, l'Algeria e l'Egitto furono più nutriti, anche durante il periodo coloniale, di quelli verso la Libia. Il regime fascista aveva immaginato l'espansione libica come una colonizzazione di popolamento, arrivando a ipotizzare il trasferimento di 20 milioni di italiani sulla «quarta sponda» (così era definita la Libia dalla propaganda). In realtà il movimento migratorio si concretizzò in poche migliaia di persone, e divenne di una certa rilevanza solo nella seconda metà degli anni Trenta, durante il governatorato di Italo Balbo. A seguito di questi espatri, nel 1939 gli italiani erano poco più di 100.000, pochi in cifra assoluta, ma non se rapportati alla popolazione locale, di cui arrivarono a costituire circa il 13%. Buona parte di questi connazionali rimasero in Libia nel dopoguerra, fino al rientro forzoso imposto loro dal regime di Gheddafi nel 1970.

Anche i movimenti migratori verso il Corno d'Africa furono limitati, sia durante la prima colonizzazione, sia durante il ventennio: nei pochi anni di esistenza in vita dell'Impero il movimento demografico, piuttosto povero in termini assoluti (poco più di 200 mila persone) fa addirittura registrare un saldo negativo, nel senso che i rimpatriati furono leggermente di più degli emigrati [Siebetcheu 2011, 480].

D'altro canto nel dopoguerra non fu rilevante nemmeno l'immigrazione di persone originarie delle ex colonie verso l'Italia. La letteratura d'immigrazione è perciò solo un fatto recente, legato alle dinamiche del contatto linguistico createsi a partire dagli anni Ottanta del secolo scorso, che poco o nulla hanno a che vedere col passato coloniale (v.§ III.2.8).

[7] In G. Pascoli, *Prose*, vol. I, ed. a cura di A. Vicinelli, Milano, Mondadori, 1952.

III.1.2.6. Politiche linguistiche ed educative nelle colonie

Il fatto che l'Italia non abbia avuto una stagione coloniale paragonabile per durata, estensione e radicamento a quella di altre nazioni europee ha impedito che rimanessero tracce linguistiche rilevanti della nostra presenza, come l'italianizzazione delle popolazioni locali attraverso la scolarizzazione e la diffusione di un italiano per gli usi pubblici.

Nell'àmbito delle politiche linguistiche, il fascismo estese anche ai territori dell'Impero la politica linguistica nazionalista e discriminatoria nei confronti delle lingue locali che aveva attuato in Italia nei confronti delle minoranze linguistiche. Furono viste con sospetto anche le altre lingue europee presenti sul territorio: secondo un provvedimento del Governatore dell'Etiopia «All natives who can speak French or English are being arrested and removed to Mogadishu or elsewhere» [cit. in Siebetcheu 2011, 343]. D'altro canto proprio in questi anni rinvigorisce in Italia l'interesse scientifico per le lingue esotiche, non più curiosità per eruditi e missionari, ma strumento per la formazione dei quadri della burocrazia e dell'esercito: l'Istituto Orientale di Napoli, già esistente dal 1732 e specializzato in studi sinologici, viene investito con un Regio decreto del 1937 del compito di insegnare le lingue, le letterature e le istituzioni delle colonie. In questo quadro si inseriscono la creazione presso l'Ateneo napoletano di una scuola per funzionari coloniali e di una laurea in «Scienze coloniali».

Per quanto riguarda le politiche educative, la discriminazione si attuò attraverso l'istituzione di scuole separate per italiani e indigeni. L'insegnamento a questi ultimi era peraltro visto con sospetto, perché si temeva che l'istruzione avrebbe portato con sé il germe pericoloso della consapevolezza del proprio stato. Di fatto l'istruzione venne quasi interamente affidata alle istituzioni religiose, che provvedevano a fornire un livello minimo di alfabetizzazione ai locali. Come avvenne nella gran parte dell'esperienza coloniale europea, i contenuti dell'istruzione furono eurocentrici, per nulla adattati alle esigenze degli scolari. Sull'inadeguatezza dei metodi e degli obiettivi della scuola italiana nelle colonie sono preziose alcune osservazioni di Ferdinando Martini. Lo scrittore, dapprima critico nei confronti dell'avventura coloniale, fu poi nominato governatore dell'Eritrea da Agostino Depretis. Giunto in Africa, dopo una visita a una scuola di Massaua, ironizza sulla mancanza di adattamento alla realtà locale dei manuali in uso. I malcapitati scolari indigeni avevano infatti a disposizione «per la lettura, un volume di racconti intitolati l'uno *il buon parroco*, l'altro *la raccolta delle olive*, adattissimi agli Abissini, che non hanno mai visto né olive né parroci»[8]. Oppure erano costretti a recitare improbabili dichiarazioni improntate al sacrificio patriottico: «Gli alunni, una cinquantina di orfani, ci accolsero a suon di banda, e un di loro lesse il solito indirizzo. [...] Vi si diceva, in sostanza, che quei ragazzi erano tutti pronti a dare il sangue per la salute e la

[8] *Nell'Affrica italiana. Impressioni e ricordi di Ferdinando Martini*, cit. in Ricci [2005, 157].

grandezza d'Italia. De' padri di parecchi fra loro, che di darcelo non si proponevano, l'avevamo già preso. Questo l'indirizzo non lo diceva»[9]. Solo nei primi decenni del Novecento giunsero nelle colonie i primi maestri laici provenienti dalle scuole italiane, anch'essi però privi di formazione specifica per affrontare il particolare contesto educativo.

Nell'àmbito dell'istruzione nel Corno d'Africa va segnalato il caso particolare delle scuole per la formazione degli ascari, cioè dei soldati locali impegnati a sostegno e supporto dell'esercito italiano. Per chi voleva arruolarsi la conoscenza dell'italiano era obbligatoria. Spesso gli insegnanti erano gli ufficiali stessi dell'esercito italiano i quali, a dispetto della retorica antidialettale vigente in patria, usavano un italiano fortemente ibridato col dialetto. Involontariamente comico il caso di un colonnello veneto che, esortando le reclute a parlare italiano, diceva loro: «parlate italiano, fioi dei cani» [Siebetcheu 2011, 489]. Un esempio della parlata ibrida che poteva scaturire da queste occasioni di contatto giunge dai seguenti versi, composti in un miscuglio di napoletano e arabo da un tenente italiano durante la sua permanenza in Eritrea [Ricci 2009, 27]:

Ciccio Scarola parla cu un diavoletto[10]	Francesco Scarola parla con un «diavoletto»
– *Ialla*, Mamette, andare al telegraffe	– Va, Maometto, va al telegrafo
Gavan, gavan, *badèn* venire *in hac...*	svelto svelto, dopo tornerai qui.
– Io non sabbere. – Che vuò quattro schiaffe ?...	– Io non so. – Che ! Vuoi quattro schiaffi?
Quello *bette chetir sava* il *bitac...*	Quella casa grande in paese.
– E torna ampressa, ossà ? Si no *cassura...*	– E torna presto sai ? Se no sono botte.
– Così non bono, *enta batal calam...*	– Ciò non va bene, tu mi parli sempre male.
– *Ialla*, Mamè, s'attacca a nervatura...	– Va, Maometto, mi vengono i nervi.
– Adesso *barra, Alì, salam ! Salam !*	– Adesso vado, Alì, ti saluto
– *Stenni sciuaia*, quanne poi venire	– Aspetta un poco, quando ritornerai
andare in *hac*, là, *sava* 'o canteniere,	andrai là dal cantiniere
calam cavaggia che Scarola dire	e parlerai col padrone, dicendogli che Scarola
Dare *cubbaia*, capisce ?...Un bicchiere.	gli chiede un bicchiere, capisci ?... Un bicchiere.
– *Badèn* venuto qui ?... Si, si va bbene.	– Dopo vengo qui ? – Sì, sì va bene.
– Ma tu berché non dato a mme *bascisc* ?	– Ma tu perché non mi dai la mancia ?
– Se ne parla cchiù ttarde, quanne viene	– Se ne parla più tardi quando vieni,
Adesso andare....- *là, là, la...mafisc !*	adesso va...no, no, no ; ora niente.

Nelle battute del ragazzo, oltre agli elementi lessicali arabi, si osservano tratti tipici dell'interlingua, come la neutralizzazione dell'opposizione tra /p/ e /b/ (per interferenza dall'arabo), l'uso del participio passato senza ausiliare e del pronome tonico in luogo del clitico (*Badèn* venuto qui ? [...] – Ma tu berché non dato a mme *bascisc?*). Nelle battute del tenente notiamo invece l'alternanza

[9] F. Martini, *Diario eritreo*, vol. I, p. 159, cit. in Ricci [2009, 29].
[10] Così venivano chiamati i ragazzi di colore, spesso impiegati come servi.

di italiano e napoletano ed elementi di semplificazione che sopravvivranno nell'italiano semplificato d'Etiopia (v. § III.1.2.4), riconducibili al *foreigner talk*, come l'uso dell'infinito per dare ordini al ragazzo.
Completamente diversa la politica educativa seguita dalle istituzioni italiane nel dopoguerra, tesa a restituire dignità alla lingua e alla cultura somala e a rifondare su nuove basi l'insegnamento dell'italiano in Somalia. Negli anni Settanta-Novanta del secolo scorso vari progetti di cooperazione governativa italo-somala hanno avuto come risultato la descrizione su basi scientifiche della grammatica del somalo, la realizzazione di materiali didattici per l'insegnamento dell'italiano ai somali e iniziative di formazione degli insegnanti locali in Somalia. Tali attività sono state di fatto interrotte a causa del precipitare della situazione somala a partire dagli anni Novanta del secolo scorso.

III.1.2.7. Esotismi d'origine coloniale e presenza dell'italiano nelle colonie

Di là dalle fanfare della propaganda imperialista, che portò anche alla nascita di un genere letterario di supporto, il romanzo coloniale, le temporanee acquisizioni territoriali non hanno prodotto neanche nel dopoguerra una letteratura d'emigrazione (come è avvenuto per la letteratura inglese e francese), ma prevalentemente testi di poveri emigrati che documentano la fatica e il disagio della vita quotidiana in un Paese straniero.
Se usciamo dal dominio delle scritture letterarie, in cui abbondano pagine fitte di stereotipi e retorica, nei documenti degli italiani che operarono come militari o come coloni civili in terra d'Africa emergono due aspetti principali. Da un lato le lettere di soldati impegnati nella campagna d'Africa incrinano lo stereotipo degli «italiani brava gente», del colonialismo dal volto mite e gentile. Così scrive un soldato impegnato nella Libia occupata:

> È per questo che abbiamo cominciato a far fuoco contro gli arabi e noialtri tutti quelli che si vedeva di uomini arabi li abbiamo condotti tutti in una stanza [...] Dal 23 al 30 abbiamo ammazzato 500 arabi e più. Ci legammo le mani e i piedi, tutti in un mucchio e una compagnia a colpi di fucile li ammazzava. Certi che non venivano fuori della casa, li ammazzavano sul posto. Io ne ho ammazzato uno che stava a raccogliere i datteri sulla pianta; ed io ci ho tirato un colpo, l'ho preso nello stomaco, è cascato giù come un uccello [Ricci 2005, 57].

Dall'altro, nei resoconti dei coloni civili emergono gli stessi motivi di disagio presenti in molte lettere di emigrati. Nell'autobiografia di Vincenzo Rabito, scritta in un italiano pericolante e fortemente interferito col siciliano, si racconta così la partenza dal porto di Napoli per l'Abissinia. L'atmosfera è dapprima carica di speranze:

> AnNapole c'era li nave pronte, e abbiammo imparcato [imbarcato]. [...] E abbiammo imparcato in una nave crante [grande] che portava più di 6.000 passaggiere, tra operaie che antavino all'Africa per lavorare e tante donne che antavino all'Africa che avevino stato chiamate delle loro marite, e tante soldate e tanto matriale [materiale] di querra e tante mule, cavalle e scechie [asini], e tante meze [mezzi] e tanto manciare che serviva all'Africa[11]

poi soppiantate dalla disillusione per le misere condizioni di lavoro, che preludono al rientro in patria con un sostanziale fallimento del progetto migratorio. Ecco il resoconto di una giornata di lavoro al cantiere:

> Il lavoro era lontano più di 20 chilomitre, e con un solo camio si doveva partire, e [...] c'era mezza ora di tempo per prenterene [prenderci] una coccia [goccio] di acqua lorda [sporca], che il vero caffè si lo prentevino quelle che non facevino niente [...] Proprie io mi faceva il conto che era alli lavore forzate. Era una vita troppo strapazata, antare e venire con quello camio: antata di matina, venuta per manciare alle ore 12, ci facevino fare 2 ore di riposo e di nuovo partire, e poi alla sera, alle ore 6, retornare. Così faciammo tutti li ciorne [giorni] 80 chilomitre con quel camio, tutta all'impiede. [...].

Considerato il quadro storico finora delineato, si comprende perché non siano moltissimi i lasciti lessicali del periodo coloniale. Fra questi ricordiamo parole legate alla dominazione militare: *ascaro* 'soldato indigeno' dall'arabo *askarī* 'soldato', *madama* 'concubina indigena di un bianco' (in genere un soldato) e *curbascio* (dal turco *kirbaç* attraverso il francese *courbache*) 'scudiscio di pelle d'ippopotamo'. Parola oggi in disuso, il curbascio svolse un ruolo centrale per tenere la disciplina nelle colonie. Un ufficiale di stanza in Eritrea così si esprime a proposito dell'utilità di questo strumento nel trattare con le truppe indigene:

> Non si otterrebbe nulla dal punto di vista dell'ordine e della disciplina, se a cominciare dal colonnello, gli ufficiali non avessero sempre nelle mani il *curbasch*. È il solo mezzo per farsi capire. Un ufficiale di artiglieria, amico mio, non a torto, chiama il *curbasch* il suo dizionario. Esso è realmente il manuale di conversazione più utile in questi paesi[12].

Altri esotismi rinviano a referenti diffusi in varie zone dell'Africa: con questi termini gli italiani sono venuti in contatto per la prima volta grazie ai resoconti degli esploratori e alle descrizioni di ambiente presenti nei romanzi coloniali. Qualche esempio: *ghibli* 'vento che soffia dall'Africa verso il Mediterraneo', *cuscus* 'piatto a base di semola, caratteristico della cucina nordafricana', *narghilè* 'sorta di pipa diffusa in molti paesi musulmani', *suk* 'mercato', *tuareg* 'popolazione nomade del Sahara', *tucul* 'abitazione a pianta circolare con tetto di paglia, tipica dell'Africa orientale'. Altre espressioni legate al colore locale e ancora in

[11] Questa citazione e la successiva sono tratte da V. Rabito, *Terra matta*, Torino, Einaudi, 2007, pp. 196 e 197.
[12] Scardigli [1996, 39].

uso sono *Continente nero* 'Africa', e *mal d'Africa* 'nostalgia degli esploratori o degli ex coloni per lo stile di vita e le atmosfere africane'.

Alcuni termini del lessico politico, entrati in circolazione durante l'epoca coloniale, continuano ad usarsi ancor oggi, ma con accezioni diverse: *africanismo* ha indicato, fino alla seconda guerra mondiale, un atteggiamento politico favorevole all'espansione coloniale in Africa; dal dopoguerra è passato a indicare un atteggiamento favorevole all'autonomia e all'indipendenza dei paesi africani. Parallelamente *africanista*, che indicava il sostenitore dell'africanismo (in senso coloniale), si è conservato oggi per indicare lo studioso di lingue e culture africane. Lo sviluppo delle colonie promuove anche nuovi significati di parole già esistenti: *regnicolo* assume il significato di 'italiano emigrato nelle colonie' e *metropoli* passa a indicare la madrepatria, per distinguerla dai possedimenti coloniali.

Un settore a parte nell'àmbito degli esotismi coloniali è offerto dalla toponomastica «africana», presente ancora in alcune città italiane. A Roma, durante il periodo fascista, è stato dedicato al ricordo delle guerre coloniali un intero quartiere (detto 'quartiere africano'). Le vie ricordano sia i nomi di città e regioni cadute sotto il dominio italiano (Asmara, Bengasi, Tripolitania, Cirenaica, Libia, Somalia), sia nomi legati a episodi vittoriosi delle guerre d'Africa (Adua, Makallè, Senafè). Un processo di tabuizzazione ha invece interessato gli episodi infausti: la sconfitta di Dogali è ricordata, sempre a Roma, non da una via omonima ma dalla *Piazza dei Cinquecento*, con riferimento ai militari italiani caduti in occasione della battaglia.

Specularmente, nei possedimenti coloniali sono presenti odonimi (cioè nomi di vie, piazze ecc.) che rinviano alla storia patria: via Roma, Corso Italia, Corso Vittorio Emanuele. Ma la presenza dell'italiano nel panorama urbano coloniale non fu limitata alla toponomastica. Erano italiani anche i nomi di imprese commerciali come *Albergo Roma*, *Cinema Impero* e simili. Da testimonianze di viaggiatori dell'epoca emerge una forte visibilità dell'italiano nel paesaggio linguistico non solo in Libia, ma nelle principali città del Nord Africa. Lo si ricava dal resoconto di un viaggio ad Alessandria d'Egitto del 1910:

> Una dolce e cara impressione che ho provato in codesta città è stata quella di sentire ad ogni passo ad ogni momento parlare la nostra gentil lingua italiana [...]; e non solo la si ode a parlare dovunque anche da gente non italiana, ma la si vede scritta su quasi tutte le insegne dei caffè, dei bar, e degli alberghi, e financo sugli avvisi affissi alle cantonate. [cit. in Ricci 2005, 168].

Nella scelta della denominazione di città e villaggi dei possedimenti coloniali prevale l'adattamento del nome preesistente (per es. *Tripoli* sostituisce – ma l'adattamento è documentato già in epoca medievale – l'arabo *Tarābulus*). Altre strategie consistono nel ridenominare una località rendendo omaggio al duce e a membri della famiglia reale (per es. il villaggio somalo di *Shalaamboot* prende il nome di *Vittorio d'Africa*) o nel recuperare il nome latino (*Libia*, *Cirenaica*, *Leptis Magna*).

III.1.2.8. La realtà attuale

L'italiano è poco diffuso fuori dai confini come lingua ufficiale: in Svizzera (insieme al tedesco, al francese e al romancio), a San Marino, nella Città del Vaticano. È inoltre lingua coufficiale in alcuni comuni della Slovenia e dell'Istria (Croazia). Ha poi un forte radicamento nel Principato di Monaco, dove convive col francese, lingua ufficiale, e col monegasco, una varietà di tipo ligure. È stato lingua ufficiale in Corsica fino al 1859 e a Malta fino al 1934. Infine è una delle lingue ufficiali dell'Unione Europea (al pari di tutte le lingue ufficiali degli Stati membri). Sebbene in posizione subordinata rispetto all'inglese e al francese, ha dunque una certa visibilità nella traduzione degli atti normativi ufficiali dell'Unione Europea e nella comunicazione istituzionale tra le amministrazioni nazionali e quelle comunitarie.
Tuttavia il retaggio della grande fortuna del passato, insieme allo sviluppo di nuovi canali di diffusione, colloca l'italiano in una felice condizione: quella di essere solo la diciannovesima nella classifica delle lingue più parlate nel mondo, ma di risalire notevolmente questa graduatoria se si prendono in considerazione le lingue più studiate fuori dai propri confini. Le motivazioni per lo studio dell'italiano all'estero sono state messe a fuoco in varie indagini commissionate dal ministero degli Affari Esteri negli ultimi trent'anni. Alle motivazioni tradizionali, che vedono ancora l'italiano percepito come veicolo per attingere alla bellezza e ai prodotti della cultura italiana, una lingua attrattiva e seducente ma pur sempre legata all'àmbito del superfluo, si sono via via affiancate nuove motivazioni, che possiamo definire funzionali e professionali, le quali riflettono l'immagine di una lingua non più ancorata solamente al dominio del bello, ma anche a quello dell'utile. Lo studio dell'italiano rimane poi un obiettivo con cui prima o poi si trovano a fare i conti i membri della vasta comunità di origine italiana presente nel mondo.
La pubblicità tedesca di un'acqua minerale italiana di qualche anno fa recitava: *welche Sprache Sie auch sprechen, leben Sie italienisch!* 'Qualunque lingua lei parli, viva all'italiana'. In effetti proprio l'*italian style* e *l'italian way of life* rappresentano oggi il principale vettore di diffusione dell'italiano nel mondo, la cui forza propulsiva non sarebbe però comprensibile senza tener conto dell'idea di italianità costituitasi all'estero nei secoli passati e da noi esaminata nei paragrafi precedenti.

III.1.2.9. Italianismi e pseudoitalianismi

Esistono due indicatori fondamentali per valutare l'impatto dell'italiano sulle altre lingue: il primo è l'**impronta lessicale**, cioè la presenza di prestiti entrati a far parte stabilmente del vocabolario di altre lingue; il secondo è l'**impronta semiotica**, cioè la visibilità della nostra lingua nelle insegne commerciali e nei manifesti pubblicitari che caratterizzano il panorama linguistico delle città.

Mentre il primo indicatore è prevalentemente il risultato di ciò che l'italiano ha rappresentato fuori d'Italia nei secoli passati, il secondo è più strettamente legato alle ragioni che determinano oggi il successo dell'idea di italianità nella società globale. Si tenga tuttavia presente che in entrambi i casi la dimensione sincronica, come vedremo nel corso del paragrafo, è inestricabilmente intrecciata a quella storica.

L'impronta lessicale dell'italiano è misurabile sulla base del numero di termini presi a prestito nei diversi settori culturali. L'analisi di un recente dizionario degli italianismi in inglese, francese e tedesco [Stammerjohann 2008] consente di stabilire che il ventuno per cento dei lemmi registrati appartiene al lessico musicale, l'otto al settore artistico, il cinque all'enogastronomia [Motolese 2012; Biffi 2012]. Mentre l'ingresso dei termini relativi ai primi due àmbiti rinvia ai secoli scorsi e alle ragioni della fortuna passata (ma ancor viva) dell'italiano, il terzo coniuga una diffusione antica (per es. *lasagne* entra in francese già nel XVI sec.) con il successo recente della ristorazione italiana. Allargando lo sguardo ad altre realtà a noi vicine, hanno accolto molti italianismi il maltese (dove oltre la metà del lessico è di origine italiana), il greco, l'albanese, il serbo-croato e lo sloveno.

Poiché le modalità di formazione, diffusione e adattamento degli italianismi manifestano le caratteristiche generali del prestito lessicale, l'ordine di trattazione e la terminologia che adotteremo in questo paragrafo saranno gli stessi già seguiti nel capitolo I.4 per descrivere i forestierismi nel lessico italiano.

Nella maggior parte dei casi gli italianismi sono parole, ma il prestito può riguardare anche unità superiori (per es. unità polirematiche come *dolce vita*, *mamma mia*, *spaghetti western*) e inferiori, come i morfemi. È invece molto raro il prestito di elementi fonologici. Per quanto riguarda la semantica, anche per gli italianismi vale una tendenza generale del prestito linguistico, vale a dire il fatto che un termine, se dotato di più significati, viene di solito accolto nella lingua ricevente in una sola accezione: *adagio* e *allegro* sono diffusi in molte lingue solo in senso musicale, e *compagnia* è passato nel ted. *Kompanie* solo nel significato di 'società commerciale'. Casi di evoluzione semantica del prestito sono stati esaminati in III.1.2.4 a proposito di *biyassa* [piazza] 'capolinea' e *taraafik* [traffico] 'vigile urbano' diffusi in Etiopia.

I prestiti subiscono un adattamento più o meno evidente alle regole fonologiche della lingua ricevente, soprattutto per quel che riguarda la resa di caratteristiche «difficili» del nostro sistema fonologico, come le affricate prepalatali /tʃ/ e /dʒ/ o l'intensità consonantica. Solo in alcuni casi questo adattamento è registrato nella grafia: per es. *adagio* si presenta invariato in molte lingue, ma è adattato in *adadžo* in lettone, il *chinotto* diventa *quinoto* in spagnolo e i nostri fortunati *ciao* e *spaghetti* conoscono molti adattamenti nelle lingue in cui sono usati. A volte l'adattamento è frutto di un'interpretazione paretimologica e serve a rendere più trasparente il prestito: per es. *cappuccino* si trova in Sudafrica nella variante *cuppuccino* evidentemente perché ricondotto a *cup* 'tazza'. La ridondanza dal punto di vista etimologico – ma la trasparenza dal punto di vista della coscienza dei parlanti – si ritrova anche in formazioni come *Makkaroninudeln* 'maccheroni' (< ted. *Nudel* 'pasta') e *Parmesankäse* (< ted. *Käse* 'formaggio').

Sono **calchi strutturali** il fr. *chou-fleur* e il ted. *Blumenkohl*, fatti sul modello di *cavolfiore*. Si noti che l'ordine dei componenti è quello richiesto dalla lingua ricevente (ted. *Blume* 'fiore'). Un caso di **calco semantico** è *Führer*, che esisteva in tedesco nel significato di 'guida' e che assume quello di 'dittatore' nel secolo scorso per influsso dell'italiano *duce*.

L'adattamento si verifica anche attraverso la perdita del morfema vocalico italiano (ingl. *fascism*, ted. *Kapital*) o attraverso l'inserimento di un morfema della lingua ricevente. Per quanto riguarda l'assegnazione del genere non ci sono problemi in lingue senza genere grammaticale, come l'inglese, e di solito si trova corrispondenza con l'italiano nelle altre lingue romanze. Nelle lingue geneticamente più distanti si può verificare una corrispondenza fortuita. Per es. in arabo, dove *-a* è morfema del femminile, non si registrano problemi nell'assegnazione del genere ai femminili italiani. In somalo, dove invece la *-o* contrassegna il femminile, i maschili italiani tendono a essere riclassificati come femminili. Nelle lingue con tre generi, come il tedesco, per i referenti animati i criteri semantici prevalgono su quelli formali: *Bariton* e *Tenor* rimangono maschili. Per gli inanimati l'assegnazione può essere dovuta all'influsso analogico di un sostantivo sottinteso: per es. *Rucola* e *Mozzarella* sono maschili per ellissi dei sostantivi maschili *Salat* 'insalata' e *Käse* 'formaggio'. L'assegnazione del genere può essere influenzata anche dal corrispondente termine tedesco: per es. *limone* è stato classificato come femminile per influsso di *Zitrone*. Per quanto riguarda l'assegnazione del numero, si conservano invariati gli italianismi con grado di adattamento meno avanzato, mentre prendono il morfema del plurale secondo le norme della lingua ricevente (ingl. *pizzas*, ted. *Pizzen*) quelli con grado di adattamento più avanzato. Si dà anche il caso di ripluralizzazione di termini passati in altre lingue già al plurale, ma non interpretati come tali: ingl. *spaghettis*, fr. *broccolis*.

Esempi di prestiti morfologici sono i suffissi *-esco* (fr. *arabesque*, *grotesque*), *-eria* (il ted. *Brilleria* non indica un negozio di brillanti, ma di occhiali, dal ted. *Brille*). Molto diffusi per coniazioni affettive e scherzose anche i nostri suffissi diminutivi *-ino* e *-ello*. Il suffisso superlativo *-issimo*, diffuso in varie lingue per influsso degli italianismi musicali *pianissimo*, *fortissimo*, ha dato origine a coniazioni scherzose come *weihnachtissimo* (< ted. *Weihnacht* 'Natale').

Un possibile prestito fonetico potrebbe essere offerto dalla pronuncia della ⟨r⟩ come vibrante alveolare [r] nella varietà di portoghese dello Stato di San Paolo, mentre nelle altre varietà del portoghese brasiliano prevale la pronuncia uvulare [ʀ]. La modifica potrebbe essere stata un effetto della massiccia emigrazione italiana nello Stato di San Paolo verificatasi a partire dalla seconda metà dell'Ottocento [Melo Vieira 2007].

Un secondo indicatore, utile soprattutto per valutare il grado di attrattività di una lingua nell'immaginario collettivo, consiste nel misurare il grado di penetrazione dell'italiano sulla base dell'**impronta semiotica** che la nostra lingua è in grado di lasciare nella comunicazione sociale urbana (insegne commerciali, cartelloni, manifesti pubblicitari ecc.). Tolto l'aggettivo etnico *italiano*, gli italianismi più diffusi nel panorama commerciale internazionale sono, come prevedibile, legati all'àmbito della ristorazione: *pizza*, *pizzeria*, *ristorante*, *trattoria*, *pasta*, *caffè*,

espresso, *cappuccino*. Seguono termini legati alla moda e agli accessori: *moda*, *divano* e aggettivi che evocano valori di positività, con riferimento alla sfera della bellezza/qualità/genuinità dei prodotti: *bello*, *carino*, *piccolo*, *pronto*, *fresco*, *buono*, *autentico*. L'aspetto interessante è che insegne italianeggianti campeggiano anche in ristoranti in cui non necessariamente si mangia italiano o in negozi in cui non necessariamente si vendono prodotti *made in Italy* [Bagna e Barni 2007]. Un discorso a parte va fatto per l'uso scherzoso o folcloristico di termini legati alla criminalità organizzata: l'amaro *Il Padrino* o il *Caffè Mafiozzo* che si possono trovare negli scaffali di alcuni supermercati all'estero, o addirittura un sito Internet come *Mama mafiosa*, prodigo di consigli e di ricette all'italiana come la *Mama Mafiosa's Tomato Sauce*, attuano un accostamento che non sarebbe proponibile né culturalmente accettabile in Italia.
Un altro indicatore dell'attrattività dell'italiano è dato dalla coniazione di **pseudoitalianismi**, cioè di termini che suonano italiani senza esserlo: ne troviamo esempi nei nomi di automobili prodotte in Estremo Oriente (*Sorento*, *Picanto*) e nell'enogastronomia internazionale: si pensi alle varietà di caffè *Livanto* e *Volluto* prodotte dalla *Nespresso*, società appartenente al gruppo svizzero *Nestlé*. Sono pseudoitalianismi di ritorno *freddoccino* e *mokaccino* (o *mochaccino*), esempi di neoformazioni dovute alla scomposizione arbitraria di *cappuccino* e all'interpretazione della seconda parte della parola come elemento autonomo. Tali termini, nati all'estero, sono recentemente rientrati in italiano come marchionimi (cioè nomi di prodotti commerciali) attraverso il canale della ristorazione automatica. L'uso promozionale dell'italianismo interessa anche i suffissi. Sfruttando la diffusione del suffisso *-issimo*, di cui abbiamo già parlato, una catena tedesca di caffetterie ha lanciato la pubblicità di una macchina per fare l'espresso denominata *cafissimo*; in Danimarca *rajissimo* è il nome di un gruppo di gelaterie. Anche nella musica leggera sono presenti italianismi e pseudoitalianismi: è uno pseudoitalianismo *tutti frutti*, che in origine indicava il nome di una confettura di frutta mista usata per aromatizzare i gelati (e in questa accezione è attestato dall'Ottocento), ma che è noto in tutto il mondo dal 1955, quando è diventato il titolo di una canzone di Little Richard, ripresa poi da Elvis Presley. E spesso gli italianismi sono utilizzati per dare una spruzzata di italianità a titoli di grandi successi stranieri: *Mamma mia*, degli svedesi Abba, e *That's amore*, dell'italoamericano Dean Martin, sono forse gli esempi più noti.
Altro discorso riguarda la pseudoitalianità non della parola ma del referente. In quest'àmbito il confine tra gli pseudoitalianismi evocatori di italianità positiva e la contraffazione di prodotti alimentari italiani è labile[13]. Nella cucina italiana globale (detta anche spregiativamente cucina *italiese*) sono presenti pietanze inesistenti in Italia: oltre agli *spaghetti alla bolognese*, ricordiamo la *veal parmigiana* (una cotoletta di vitella fritta e ricoperta di pomodoro e finta mozzarella) e altrettanto improbabili varietà di pizza: fra le più fantasiose si citano la *pizza*

[13] Del resto l'uso di dare ai prodotti dei nomi *Italian-sounding* è ormai avvertita da noi italiani non più (o non solo) come un omaggio all'italianità, ma come una pratica commerciale scorretta, da cui derivano conseguenze negative per la nostra economia.

ombrello e la *pizza cono*, che consistono nell'uso di uno strato di pasta di pizza come supporto per vari tipi di ripieno. A un livello più alto della ristorazione invece, la commistione di piatti italiani con quelli di altre tradizioni ha dato origine a interessanti esempi di cucina *fusion*.

ESERCIZI

1. Nel Medioevo i principali àmbiti di diffusione dei volgari italiani fuori d'Italia sono stati:
a) la letteratura e le arti figurative
b) la musica e la commedia dell'arte
c) la marineria e la finanza
d) la diplomazia e, in genere, la comunicazione sovranazionale nel Levante.

2. L'opinione secondo cui l'italiano sarebbe particolarmente adatto al canto:
a) è uno stereotipo totalmente infondato
b) è uno stereotipo che ha un fondo di verità in alcuni tratti della fonologia di questa lingua
c) non è uno stereotipo e si spiega per l'assenza in italiano di vocali turbate e di nessi consonantici complessi
d) è uno stereotipo molto recente, che si accompagna all'associazione tra italianità e teatralità.

3. L'impiego dell'italiano per la stesura di un'intera opera da parte di autori stranieri:
a) è attestato fin dal Medioevo
b) si diffonde dopo il Rinascimento
c) è un fenomeno novecentesco inaugurato da James Joyce
d) è rarissimo ancora oggi, malgrado la fortuna dell'italiano nel mondo.

4. Nell'impero ottomano chi redigeva documenti in italiano erano per lo più:
a) dragomanni turchi
b) traduttori italiani in servizio nel Levante
c) greci ed ebrei sefarditi, che fungevano da intermediari linguistici e culturali
d) persone di lingue diverse, che si servivano della cosiddetta lingua franca mediterranea.

5. L'emigrazione di molti italiani all'estero tra fine Ottocento e Novecento ha favorito l'alfabetizzazione e l'italofonia dei migranti. ☐ V ☐ F

6. Il *vesre*, ossia il procedimento di ricavare parole gergali invertendo le sillabe di parole esistenti, è un procedimento tipico:
a) del *cocoliche*
b) del *lunfardo*
c) dell'italiano semplificato di Etiopia
d) del siculo-tunisino.

7. L'*italiese*, ossia la parlata della comunità italo-americana di New York, è:
a) una koinè a base panitaliana con qualche prestito dall'inglese
b) una koinè a base meridionale con numerosi prestiti inglesi, per lo più adattati
c) una varietà di siciliano con pochi elementi di altri dialetti d'Italia e alcuni prestiti inglesi
d) una varietà ancora oggi molto vitale grazie al suo impiego da parte della comunità italiana di recente emigrazione.

8. La stagione coloniale italiana in Africa ha favorito l'alfabetizzazione delle popolazioni locali e, di conseguenza, la promozione delle lingue indigene. □ V □ F

9. Fra i lasciti lessicali del periodo coloniale, i più numerosi pertengono:
a) agli àmbiti militare e commerciale
b) all'àmbito militare e a referenti locali
c) alla toponomastica locale, prima delle redenominazioni operate in epoca fascista
d) al vocabolario politico indigeno.

10. Si definiscono pseudoitalianismi:
a) quei prestiti che, pur essendo di origine italiana, non sono riconosciuti come tali nella lingua ricevente
b) quei prestiti di origine italiana che vengono adattati graficamente, fonologicamente e morfologicamente al sistema della lingua ricevente
c) alcune parole apparentemente italiane che vengono coniate fuori d'Italia per scopi commerciali o pubblicitari
d) espressioni mistilingui come *That's amore*, frequenti nei titoli di canzoni internazionali.

11. Quali sono state le aree e i principali canali di diffusione dell'italiano all'estero?

12. Quali sono stati e sono in parte tuttora gli stereotipi relativi all'italiano?

13. Quali sono stati gli effetti linguistici dell'emigrazione di molti italiani all'estero tra la fine dell'Ottocento e il Novecento?

14. Quali sono le principali varietà a base italiana nate in situazioni di contatto, dove sono (o erano) diffuse e che caratteristiche hanno?

15. Quali sono state le conseguenze linguistiche dell'esperienza coloniale italiana in Africa?

16. Come si possono classificare gli italianismi diffusi nelle lingue straniere?

NOTA BIBLIOGRAFICA

Sulla storia e gli àmbiti di diffusione dell'italiano in Europa è tuttora fondamentale G. Folena, *L'italiano in Europa*, Torino, Einaudi, 1983. Per un allargamento anche al panorama extraeuropeo all'estero si vedano E. Banfi, *Lingue d'Italia fuori d'Italia*, Bologna, Il Mulino, 2014, F. Bruni, *L'italiano fuori d'Italia*, Firenze, Cesati, 2013, e H. Stammerjohann, *La lingua degli angeli*, Firenze Accademia della Crusca, 2013. Quest'ultimo volume è molto ricco di informazioni anche sui giudizi e gli stereotipi sulla lingua italiana e sugli italianismi. Sugli stereotipi linguistici nella storia italiana si veda anche P. Trifone, *Storia linguistica dell'Italia disunita*, Bologna, Il Mulino, 2010. Sul tema dell'emigrazione e degli stereotipi sugli italiani si veda anche, seppure di impostazione storico-documentale, G.A. Stella *L'orda. Quando gli albanesi eravamo noi*, Milano, Rizzoli, 2003. I risultati delle indagini commissionate dal Ministero Affari esteri sulle motivazioni allo studio dell'italiano sono stati pubblicati, nell'ordine in I. Baldelli, *La lingua italiana nel mondo. Indagine sulle motivazioni allo studio dell'italiano*, Roma, Istituto della Enciclopedia italiana, 1987, T. De Mauro, M. Vedovelli, M. Barni e L. Miraglia, *Italiano 2000. Indagine sui pubblici e sulle motivazioni dell'italiano diffuso tra stranieri*, Roma, Bulzoni, 2002, C. Giovanardi e P. Trifone, *L'italiano nel mondo*, Roma, Carocci, 2012. Sulla diffusione dell'italiano e sulle varietà semplificate di italiano si veda B. Turchetta, *Il mondo in italiano. Varietà e usi interna-*

zionali della lingua, Roma-Bari, Laterza, 2005. Sull'italiano usato dagli scrittori stranieri si rimanda per una sintesi a F. Brugnolo, *La lingua di cui si vanta Amore*, Roma, Carocci, 2009.
Sull'emigrazione è ancora un punto di riferimento imprescindibile T. De Mauro, *Storia linguistica dell'Italia unita*, Bari, Laterza, 1963 (con molte riedizioni successive), integrata ora da M. Vedovelli (a cura di), *Storia linguistica dell'emigrazione italiana nel mondo*, Roma, Carocci, 2011. Sui modelli teorici utilizzati per descrivere gli effetti linguistici dell'emigrazione si veda C. Bettoni e A. Rubino, *L'italiano dell'emigrazione: temi, approcci teorici e metodologie d'indagine*, in «Studi Italiani di Linguistica Teorica e Applicata», XXXIX, 2010, pp. 457-489. Sull'impronta semiotica dell'italiano nella comunicazione sociale si veda C. Bagna e M. Barni, *La lingua italiana nella comunicazione pubblica/sociale internazionale*, in «Studi Italiani di Linguistica Teorica e Applicata» XXXVI, 2007, pp. 529-553. Sull'italiano nelle colonie si veda L. Ricci, *La lingua dell'impero*, Roma, Carocci, 2005.

CAPITOLO III.2

Il mondo in Italia

In questo capitolo esamineremo le dinamiche del contatto tra l'italiano e le lingue che si sono diffuse progressivamente in seguito ai recenti movimenti migratori. Cercheremo di descrivere le conseguenze che tale contatto ha determinato o sta determinando nel ridefinire sia lo spazio linguistico italiano nel suo insieme sia il repertorio linguistico degli individui e delle comunità interessate.

III.2.1. IL NEOPLURILINGUISMO

Nella realtà linguistica italiana al **plurilinguismo endogeno**, dovuto alla ricchezza di varietà dialettali e alla presenza di lingue minoritarie radicate da secoli sul nostro territorio, si è di recente aggiunto un **plurilinguismo esogeno**, dovuto ai fenomeni migratori. L'arrivo prima degli immigrati e poi dei loro figli, i cosiddetti italiani di seconda generazione, ha determinato nuove occasioni di contatto tra l'italiano e un numero elevato di altre lingue; spesso si tratta di idiomi con cui l'italiano nel corso della sua storia aveva avuto occasioni di contatto scarse o nulle. L'ingresso delle comunità immigrate in Italia, a partire dagli anni Ottanta-Novanta del secolo scorso, ha coinciso con una fase in cui la maggior parte della popolazione aveva appena conquistato l'italofonia. Sulla base di questa spinta unificatrice – esito di dinamiche otto-novecentesche che abbiamo analizzato nel § II.1.11 – per la prima volta l'italiano è arrivato a essere lingua materna per la maggioranza relativa della popolazione. Al riparo di questo tetto comune faticosamente conquistato, è stato possibile riscoprire spazi di rinnovata vitalità per i dialetti (almeno in alcuni àmbiti comunicativi: v. § II.3.2.2) e le altre varietà che caratterizzano lo spazio linguistico italiano. Si può parlare quindi di una progressione dell'italofonia avvenuta non a scapito, ma in regime di convivenza con le altre varietà del repertorio: i dialetti, le lingue delle minoranze di antico insediamento, le nuove lingue di minoranza. Tutte queste varietà hanno trovato – proprio al riparo di una lingua nazionale ormai consolidata – il tetto sotto il quale rivitalizzarsi e creare nuovi spazi e àmbiti comunicativi. Tali circostanze hanno innescato un **neoplurilinguismo** [Bagna, Barni e Vedovelli 2007], che probabilmente avrà la forza di «ridisegnare la periodizzazione della storia della lingua italiana» [Morgana 2011, 47]. In questo capitolo, oltre a occuparci delle lingue di minoranza storiche (§ III.2.5) cercheremo di capire in che misura la presenza dei *nuovi italiani* (intesi come persone) sta determinando o determinerà nel medio periodo lo sviluppo di un *nuovo italiano*, cioè la creazione di nuove varietà e un complessivo riassetto del sistema.

III.2.2. LE MIGRAZIONI NEL CONTESTO INTERNAZIONALE

Le migrazioni sono una costante della storia umana e hanno sempre caratterizzato le relazioni tra popoli e territori. Anche la società globale dei nostri giorni è interessata da imponenti movimenti di popolazioni. Secondo l'ONU (*Trends in International Migrant Stock*) i migranti nel mondo erano circa 154 milioni nel 1990, sono saliti a 174 nel 2000 e oggi sono circa 231. Questa cifra, già di per sé considerevole, sale a un miliardo di individui se si considerano anche i movimenti interni alle nazioni. Si tratta di un fenomeno importante che, amplificato dai media, genera una percezione di eccezionalità che produce a sua volta preoccupazioni circa la governabilità del fenomeno da parte di organismi nazionali e sovranazionali. Tuttavia, se analizzata secondo i criteri della demografia e della statistica, l'incidenza delle migrazioni sulla popolazione mondiale nell'ultimo trentennio è con ogni probabilità leggermente inferiore a quella che ha interessato il pianeta durante la prima globalizzazione (dalla seconda metà dell'Ottocento alla prima guerra mondiale), dei cui effetti sull'emigrazione italiana ci siamo occupati nel capitolo precedente [Livi Bacci 2005].
Occorre inoltre rilevare che mentre i flussi migratori del secondo Ottocento e del primo Novecento furono prevalentemente unidirezionali e determinarono un travaso di popolazione dall'Europa verso le Americhe e l'Australia, la migrazione dell'ultimo cinquantennio, pur essendo prevalentemente orientata lungo l'asse Sud-Nord del mondo, assume i caratteri di una mobilità più diffusa. In questo quadro la maggior parte delle nazioni si trova a essere – al tempo stesso – origine, destinazione e transito di flussi migratori. Il nostro continente costituisce un tassello fondamentale in questo complesso scacchiere: se da un lato accoglie circa un terzo dei migranti globali, dall'altro rappresenta il territorio d'origine di circa un quarto delle migrazioni. In Europa, nel 2012, la percentuale di residenti stranieri (inclusi i cittadini di Stati UE residenti in altri Stati dell'Unione) ha raggiunto il 6,8% della popolazione generale. Questa quota va confrontata col 13% dell'America del Nord e con il 19% dell'Oceania.

III.2.3. L'IMMIGRAZIONE IN ITALIA

Come abbiamo visto nel capitolo precedente (§ III.1.2.1), dopo essere stata per oltre un secolo terra d'emigrazione, negli anni Settanta del Novecento l'Italia ha invertito la tendenza e ha iniziato a ricevere immigrati. Per avere un'idea della rapidità del processo, si consideri che al censimento del 1981 gli stranieri residenti in Italia risultavano ancora di poco inferiori alle 100.000 unità (98.985), mentre secondo gli ultimi dati disponibili, relativi al 2013, gli stranieri non comunitari residenti in Italia risultano essere 4.922.085, pari all'8,1% del totale della popolazione [questo e gli altri dati citati nel paragrafo fanno riferimento a Caritas 2014]. Aggiungendo gli stranieri comunitari, si arriva a 5.186.000 persone, pari all'8,7% della popolazione generale. L'incremento rispetto al 1981 è dunque del 4.900 per cento, con un andamento costante negli anni che la crisi economica mondiale iniziata nel 2008 è riuscita a rallentare ma non a frenare. In questo percorso di conversione da terra d'emigrazione a terra d'immigrazione l'Italia ha eguagliato – e poi gradualmente superato – la media di presenze straniere nei paesi dell'Unione Europea (stimata al 6,6% nel 2013).

Nell'analizzare le caratteristiche dell'immigrazione in Italia spiccano due caratteristiche:

1. **l'eterogeneità dei paesi di provenienza**. Le indagini sugli stranieri presenti arrivano ormai a contare ben 191 cittadinanze diverse: se si considera che gli Stati riconosciuti dall'ONU sono 195 si può a ragione capire il senso dell'espressione «il mondo in Italia» che dà il titolo a questo capitolo. Tuttavia le provenienze sono piuttosto polarizzate: le comunità più numerose sono costituite nell'ordine da cittadini della Romania, dell'Albania, del Marocco, della Cina e dell'Ucraina. Nel complesso le prime dieci comunità presenti in Italia costituiscono circa il 40% del totale, come si vede alla tabella III.2.1. Nella tabella III.2.2 sono invece riportati gli stranieri per macroarea di provenienza.
2. **la distribuzione ineguale sul territorio**. Gli immigrati sono concentrati nelle aree economicamente più sviluppate del Centro-Nord. Se analizziamo

TAB. III.2.1. Stranieri presenti in Italia: prime cinque nazionalità

CITTADINANZA	VALORE ASSOLUTO
Romania	796.477
Albania	441.396
Marocco	403.592
Cina	170.265
Ucraina	153.998
Totale	1.965.728

Fonte: Caritas [2014]

TAB. III.2.2. Stranieri presenti in Italia: macroaree di provenienza

CITTADINANZA	VALORE PERCENTUALE
Europa	50,3
Africa	22,2
Asia	19,4
America	8,0
Oceania	0,1

Fonte: Caritas [2014]

per regione il dato nazionale, l'incidenza degli immigrati extracomunitari sulla popolazione totale tocca i valori massimi in Emilia-Romagna (12,0%), Lombardia (11,3%), Umbria (11,1%) e Veneto (10,4%), per scendere ai valori minimi in Molise (2,2%) e in Basilicata (2,9%). Inoltre nelle regioni del Centro-Nord è più equilibrato il rapporto uomini/donne e più alta la presenza di nuclei familiari.
Nell'ultimo decennio si sono stabilizzate alcune caratteristiche sociologiche dell'immigrazione emerse progressivamente negli anni precedenti: il graduale pareggio tra uomini e donne (nella prima fase gli immigrati erano prevalentemente maschi) e l'aumento dell'immigrazione familiare. Tali caratteristiche rivestono un ruolo rilevante sugli assetti demografici e sul futuro radicamento territoriale delle seconde generazioni; in particolare il ruolo dei figli nel determinare la stabilità del progetto migratorio appare con evidenza: circa i due terzi delle famiglie con figli dichiara di voler rimanere in Italia per sempre, mentre solo la metà dei nuclei senza figli manifesta la medesima propensione [Chini 2009].

III.2.4. STRANIERI O NUOVI ITALIANI?

Che rapporto intesse con la nostra lingua questa fetta non trascurabile di popolazione? Nel capitolo precedente abbiamo fatto riferimento all'**impronta linguistica** che una lingua immigrata è in grado di lasciare nella comunità ospite (§ III.1.2.9). Allo stesso modello ci si può riferire per studiare la pressione maggiore o minore che le lingue immigrate esercitano sulla nostra e che non è riconducibile alla semplice dimensione numerica delle comunità, ma va analizzata tenendo conto di più fattori. La prima distinzione necessaria è quella tra **lingue dei migranti** e **lingue immigrate**, che tiene conto del radicamento della comunità nel Paese ospite. Le prime sono transitorie, lasciano poca traccia di sé nel panorama linguistico ma anche nell'immaginario della comunità ospite. Le seconde sono radicate, lasciano traccia di sé, sia nelle scritte, insegne, volantini di promozione di prodotti e referenti specifici, si possono ascoltare nei luoghi pubblici, nella produzione musicale, in trasmissioni radio e TV dedicate. A volte la visibilità sociale di alcune di queste lingue spinge gli italiani ad apprenderle [Bagna, Barni e Vedovelli 2007].
Gli immigrati giunti in Italia da adulti sviluppano una competenza linguistica che segue il percorso tipico di chi apprende spontaneamente una lingua, come vedremo in dettaglio nel § III.2.8. La competenza acquisita spontaneamente può essere poi ulteriormente affinata per mezzo dello studio formale dell'italiano. Tale percorso riesce in alcuni casi a portare l'immigrato a livelli di competenza avanzata. È invece radicalmente diversa la situazione delle cosiddette **seconde generazioni**, cioè dei bambini stranieri nati in Italia o arrivati nei primi anni di vita. Negli studi di sociologia delle migrazioni si usa classificare le seconde generazioni per mezzo di una scala decimale: si considerano G2 (ossia seconda generazione a tutti gli effetti) i bambini nati in Italia da genitori stranieri, G1,75 i bambini arrivati in Italia entro il sesto anno di vita, G1,5 quelli arrivati tra

i 6 e i 12 anni [Dalla Zuanna *et al.* 2009]. Per costoro l'italiano non si può considerare lingua materna in senso stretto, ma non si può nemmeno pensare che sia appresa come una seconda lingua, come avviene per gli immigrati adulti che mettono piede per la prima volta nel nostro Paese senza sapere una parola di italiano. Per descrivere le specificità nelle modalità di apprendimento della nostra lingua da parte di questa fascia di popolazione sono state proposte diverse etichette: **lingua di contatto**, nel senso che l'apprendimento dell'italiano si affianca a quello della lingua d'origine e fa parte integrante della scolarizzazione, della socializzazione primaria, della costruzione identitaria; **lingua adottiva**, nel senso che si tratta di una seconda lingua madre, attraverso cui i bambini nel corso della loro socializzazione primaria «imparano da subito a parlare, giocare, interagire, sognare» [Favaro 2010, 2]; **lingua filiale**, in opposizione a lingua materna, nel senso che sono i bambini a portare dentro le mura domestiche l'italiano e, crescendo, a svolgere una sorta di mediazione culturale nei confronti dei genitori. Occorre infatti sottolineare che l'arrivo di un figlio ha forti conseguenze sull'integrazione linguistica del genitore. Questi, se come adulto potrebbe limitarsi a una competenza minimale e di sopravvivenza, con

QUADRO III.2.1.

Lingua seconda, lingua straniera, lingua d'origine, lingua di contatto

Negli studi di glottodidattica si usa il termine *lingua seconda* (o L2) per indicare una qualsiasi lingua appresa dopo la lingua madre (L1). L'aggettivo *seconda* fa riferimento sia alla dimensione temporale, sia talvolta alla secondarietà di questa varietà nel repertorio e nel grado di competenza dell'apprendente. Per distinguere più dettagliatamente i contesti e le modalità di apprendimento di una lingua non materna, si usa fare riferimento alle seguenti categorie:

– **lingua straniera**: una lingua diversa dalla lingua materna studiata senza spostarsi dal proprio Paese; è il caso, per esempio, delle lingue straniere insegnate in Italia nella scuola pubblica o in corsi di lingua;
– **lingua seconda**: una lingua diversa dalla lingua materna appresa nel Paese in cui quella lingua è impiegata nelle interazioni comunicative quotidiane; è il caso, per esempio, dell'inglese appreso in occasione di un soggiorno di studio in Inghilterra o in un altro Paese anglofono;
– **lingua d'origine**: la lingua della propria famiglia d'origine. Nel caso dell'italiano può riguardare la decisione di apprendere formalmente la nostra lingua da parte di un discendente di italiani emigrati all'estero. Come abbiamo visto nel capitolo precedente molto spesso queste persone hanno avuto come lingua della socializzazione primaria (lingua familiare) non l'italiano ma un dialetto;
– **lingua di contatto**: la lingua appresa da figli di migranti, di diverse fasce d'età. Nel caso dell'Italia, come si è visto, si tratta dell'italiano appreso dalle seconde generazioni, che costituisce, a differenza della lingua straniera appresa da adulti, la lingua della socializzazione primaria[1].

[1] Come si nota, in glottodidattica l'espressione 'lingua di contatto' è usata per definire il contesto di apprendimento di una lingua, non le caratteristiche della lingua stessa. L'espressione ha un significato differente in sociolinguistica, dove si usa per indicare lingue veicolari (come i pidgin e i creoli), nate in situazioni di contatto tra lingue e culture diverse. Di alcune varietà di contatto, intese in questo senso, ci siamo occupati nel capitolo precedente (§ III.1.2.4 e Quadro III.2.2).

l'arrivo di un figlio è spinto a utilizzare l'italiano in una serie di àmbiti e situazioni comunicative più ampi: interazione coi genitori dei compagni di classe, colloqui coi docenti, coi medici curanti, coi servizi pubblici e privati. Questa spinta all'integrazione sociale e linguistica mediata dai figli può innescare un circolo virtuoso, che fornisce al genitore le motivazioni per impadronirsi di una più compiuta competenza dell'italiano.

Per comprendere le dinamiche dell'italianizzazione è decisivo vedere quanti di questi immigrati sono esposti in tutto o in parte alla scolarizzazione. Dall'ultimo rapporto MIUR disponibile, relativo all'anno scolastico 2012/2013 [Colombo e Ongini 2014], gli alunni con cittadinanza non italiana inseriti nel sistema scolastico risultano essere 786.630, pari all'8,8% della popolazione scolastica: una percentuale quasi esattamente sovrapponibile a quella degli stranieri in rapporto alla popolazione generale (8,7%) esaminata nel paragrafo precedente. L'aumento della presenza di stranieri nel ciclo scolastico è da collegare alla maggiore stabilità che ha acquisito negli anni l'immigrazione in Italia.

Ma questi dati vanno maneggiati con cautela. Per pigrizia culturale e inerzia burocratica si continuano a definire «stranieri» bambini e adolescenti che sono nati e cresciuti in Italia, stanno completando il percorso scolastico italiano, ma che non possono risultare italiani nelle statistiche solo perché la legge (la n. 91 del 1992) prevede per ottenere la cittadinanza norme improntate allo *ius sanguinis* (diritto di sangue, un criterio «etnico» che fotografa la nostra condizione storica di Paese di emigranti) anziché allo *ius soli* (diritto legato al luogo di nascita, più consono a un Paese che ospita immigrati e rispettivi nuclei familiari stabilmente residenti, come è attualmente il nostro). In particolare, per i bambini nati in Italia da genitori stranieri, la cittadinanza può essere chiesta solo a partire dal diciottesimo anno di età e richiede il soddisfacimento di condizioni piuttosto restrittive: i genitori dovevano essere regolarmente residenti al momento della nascita, non devono avere perso il diritto al soggiorno per tutto il periodo, e il richiedente deve dimostrare di avere soggiornato ininterrottamente in Italia dalla nascita al raggiungimento della maggiore età. Per finire, i tempi medi di accoglienza della richiesta sono di oltre due anni, e la domanda può venire rifiutata sulla base di una valutazione discrezionale della questura circa il grado di integrazione e «dell'autenticità dell'aspirazione a diventare cittadino italiano»[1]. Pur con tutte queste restrizioni, le seconde generazioni riescono ad acquisire la cittadinanza italiana al ritmo di 50/60.000 l'anno.

Tenendo conto di queste considerazioni, possiamo collocare i quasi 800.000 studenti «stranieri» tra due estremi: i nati in Italia, di fatto sovrapponibili per competenze linguistiche agli italofoni, e i neoarrivati, cioè coloro che sono entrati nel sistema scolastico da meno di un anno. I nati in Italia si avviano ormai a essere la metà, mentre i neoarrivati costituiscono una piccola quota: appena il 3,7% degli alunni «stranieri». Nel mezzo si collocano situazioni diverse per vissuto, progetto migratorio, livello economico e culturale della famiglia, che determinano in buona misura la percentuale di successo scolastico. Nel nudo

[1] Circolare del Ministero dell'Interno n. 60.1 del gennaio 2007.

TAB. III.2.3. Il repertorio linguistico delle seconde generazioni di immigrati

	PUNTO DI PARTENZA	PUNTO D'ARRIVO
Prima generazione	lingua d'origine	lingua d'origine + italiano (competenza parziale)
Seconda generazione	lingua d'origine + italiano	lingua d'origine (competenza parziale) + italiano
Terza generazione	lingua d'origine (competenza parziale) + italiano	italiano (con eventuale riappropriazione per scelta della lingua d'origine)

dato statistico è nascosta un'altra insidia, di segno opposto: i minori adottati con procedure internazionali e i bambini nati da matrimoni misti risultano in queste rilevazioni italiani a tutti gli effetti, mentre la loro biografia linguistica è spesso confrontabile con quella delle seconde generazioni.

Come abbiamo visto nel § III.1.2.3, la trasmissione della lingua d'origine alle generazioni successive a quelle dell'emigrazione è sottoposta a un progressivo processo di erosione che comporta, in parallelo, la ristrutturazione del repertorio sociolinguistico. Gli studi sull'emigrazione italiana tengono in gran conto il peso delle condizioni culturali di partenza nel determinare la gamma delle competenze linguistiche delle seconde e terze generazioni, mentre negli studi sugli immigrati in Italia si tende un po' semplicisticamente ad azzerare le differenze, trascurando il ruolo giocato dal grado di alfabetizzazione e acculturazione dei genitori. Non bisogna invece dimenticare che, se una parte degli immigrati adulti giunge da noi in una condizione di completo analfabetismo o di un sostanziale analfabetismo funzionale, molti altri arrivano con un alto livello di scolarizzazione e portano con sé la conoscenza di una o più lingue diverse dall'italiano. La diffusione di lodevoli iniziative di corsi di italiano per stranieri analfabeti, accanto alla presenza di una letteratura dell'emigrazione – di cui ci occuperemo nel § III.2.8 –, fotografano bene i due estremi di cui occorre tener conto nel valutare il repertorio linguistico degli immigrati. Le modalità di avvicinamento all'italiano da parte delle seconde generazioni sono quindi influenzate, oltre che da altri fattori quali le attitudini individuali, la stabilità del progetto migratorio, la distanza tipologica con la lingua d'origine, da queste differenze di partenza del nucleo familiare. Tenendo conto di queste considerazioni e forzando nei limiti rigidi di uno schema una realtà più fluida, possiamo immaginare in questi termini il processo di ridefinizione del repertorio linguistico delle **seconde generazioni** (già presenti e numerose) e delle **terze generazioni** (in via di arrivo per la realtà italiana).

Come si vede (tab. III.2.3), si possono considerare pienamente bilingui solo gli appartenenti alle seconde generazioni. Le scarse opportunità di mantenere vivo un legame con la lingua d'origine in àmbiti d'uso non familiari porta all'instaurarsi nelle seconde generazioni di un «bilinguismo sottrattivo» (v. Quadro III.2.2), in cui la lingua d'origine viene usata in maniera sempre più limitata, non solo nel tempo ma anche nella gamma delle funzioni. Nella terza generazione, come avviene per gli oriundi italiani, le motivazioni alla riscoperta della lingua d'origine sono legate o alla richiesta dei genitori oppure a un autonomo processo di riappropriazione delle proprie radici.

QUADRO III.2.2.

Il bilinguismo individuale

Quando si parla di bilinguismo in relazione alla competenza di un singolo individuo (per il bilinguismo sociale e le forme che può assumere v. § II.3.1), si può intendere il termine in senso stretto, per riferirsi ai casi in cui l'individuo ha una competenza uguale o molto simile tra due lingue apprese simultaneamente (o quasi simultaneamente) in ambiente familiare nella prima infanzia: il caso tipico è quello dei figli di genitori che parlano lingue diverse. In tal caso si parla di bilinguismo *precoce* o *infantile*. Si parla di bilinguismo *bilanciato* quando la competenza è sostanzialmente allo stesso livello in entrambe le lingue e di bilinguismo *dominante* o *non bilanciato* negli altri casi. In realtà i casi di bilinguismo perfettamente bilanciato sono molto rari poiché, anche quando esiste un sostanziale equilibrio tra le due lingue, il parlante preferisce il ricorso a una lingua piuttosto che all'altra in relazione alle situazioni comunicative e al coinvolgimento emotivo.

Un'altra distinzione rilevante è fra bilinguismo *simultaneo*, *quasi simultaneo* e *successivo*. L'acquisizione simultanea di due lingue da parte dei bambini piccoli è di grande interesse per la neurolinguistica, in quanto ha a che fare con la suddivisione dei compiti linguistici tra i due emisferi del cervello. In particolare è oggetto di verifica sperimentale l'ipotesi che il bilingue precoce elabori i fenomeni grammaticali e lessicali in modo diverso da come gli stessi vengono elaborati nella mente di un adulto impegnato nell'apprendimento di una seconda lingua.

In un'accezione più estesa si può considerare bilingue chiunque abbia una conoscenza anche limitata di una lingua diversa da quella materna, per es. una conoscenza di tipo 'scolastico' di una o più lingue straniere o anche una conoscenza solo passiva di un'altra varietà (per es. quella parlata dai genitori o dai nonni). La condizione di bilinguismo e i rapporti di prestigio tra le varietà linguistiche non sono necessariamente stabili nel corso del tempo e della vita individuale. Una persona può infatti arricchire il proprio repertorio (**bilinguismo additivo**), ma è anche possibile che la competenza in una o più lingue si deteriori in seguito a una riduzione nell'uso, nelle funzioni o nel prestigio della lingua stessa, a vantaggio di altre lingue (**bilinguismo sottrattivo**). Normalmente la condizione che favorisce lo sviluppo di un bilinguismo additivo è il fatto che nel sistema di valori di una determinata società una certa lingua sia valorizzata, le sia attribuito un elevato prestigio ed eventualmente una spendibilità in àmbito professionale: sono queste le motivazioni che nei secoli del Medioevo hanno spinto gli intellettuali europei a studiare il latino, che dal Settecento hanno dirottato il loro interesse sul francese e che oggi spingono ad apprendere l'inglese. Viceversa nei casi in cui una delle varietà sia svalorizzata dalla società e dalla scuola, si creano le condizioni per un'erosione della competenza nella varietà bassa che porta al bilinguismo sottrattivo. È stato così nel caso dell'insegnamento dell'italiano a scapito dei dialetti nella scuola postunitaria (v. § II.1.11), c'è il rischio che un processo analogo si verifichi oggi a danno delle lingue d'origine degli alunni immigrati (v. § III.2.7).

III.2.5. LE NUOVE MINORANZE LINGUISTICHE

Per riferirsi alle comunità di immigrati giunte recentemente in Italia – e distinguerle dalle minoranze linguistiche storiche di cui ci siamo già occupati (v. § II.3.4) – si parla di **nuove minoranze linguistiche**. Trasferire l'apparato metodologico sviluppatosi per lo studio delle minoranze storiche alle nuove minoranze è un'operazione che va condotta con cautela. Prendiamo ad esempio i due criteri fondamentali: la condivisione di *una* lingua e la diffusione su *un* territorio definito.

Quanto al primo aspetto, che cosa significa parlare di condivisione di *una* lingua nel caso di immigrati africani che portano con sé, all'arrivo in Italia, un repertorio plurilingue formato tipicamente almeno da un dialetto locale, una lingua franca di diffusione più ampia, una lingua standard nazionale? Poiché in casi del genere il repertorio dei singoli individui può non coincidere con quello della comunità immigrata nel suo complesso, qual è da considerarsi *la* lingua della comunità? La situazione è per certi versi analoga a quella degli emigrati italiani dialettofoni che, provenendo da varie regioni, dovettero individuare nell'italiano la piattaforma comunicativa comune. Nel caso delle comunità immigrate tuttavia la distanza tipologica tra le varietà può essere tale da rendere impossibile seguire la medesima strada. Questa situazione può incentivare l'uso dell'italiano o di altre lingue ponte per la comunicazione all'interno della comunità, generando contesti comunicativi caratterizzati dall'elevata commistione e commutazione dei codici.

Quanto al secondo aspetto, bisogna considerare che l'immigrazione si è diretta prevalentemente verso i grandi centri urbani. Quindi il criterio della continuità territoriale va applicato non a sub-regioni o piccoli comuni come nel caso delle minoranze storiche, ma a quartieri di città e comuni situati nell'hinterland degli agglomerati urbani. Il concetto di continuità territoriale va poi riconsiderato alla luce del fatto che gruppi appartenenti alla medesima comunità possono fare «rete», pur insistendo su un territorio discontinuo, attraverso gli strumenti della comunicazione a distanza (TV, Radio, Internet). Secondo alcuni la fluidità della moderna società globale imporrebbe addirittura di rivedere il concetto stesso di *comunità linguistica* intesa come entità omogenea, radicata in un territorio e stabile nel tempo [Barni e Vedovelli 2009; Blommaert e Rampton 2011].

Per comprendere le caratteristiche di una comunità immigrata sono inoltre importanti alcuni parametri non quantitativi: l'atteggiamento verso la propria lingua, gli àmbiti d'uso in cui è utilizzata, la qualità e la densità delle relazioni endocomunitarie ed esocomunitarie. Per esempio alcune caratteristiche degli usi linguistici dipendono dalla struttura demografica della comunità stessa: come abbiamo visto nel § III.2.3, se sono presenti nuclei familiari con figli si innescano processi di contatto personali e ufficiali con l'italiano impensabili in comunità immigrate parimenti numerose, ma composte da soli adulti non accompagnati da un nucleo familiare. Torna utile al proposito la distinzione tra lingue dei migranti e lingue immigrate a cui abbiamo già fatto riferimento nel § III.2.3. Mentre le lingue dei migranti sono poco radicate, le lingue immigrate presentano maggiori tratti di vitalità e di stabilizzazione entro un certo territorio «segnalati dall'uso comunitario esteso da parte dei suoi locutori, dalla presenza di testi nella comunicazione sociale (insegne, manifesti, scritte spontanee ecc.), dalla sua presenza in testi di origine italiana destinati agli immigrati della specifica comunità» [Palermo e Barni 2010, 168]. Queste e altre caratteristiche consentono alla lingua immigrata di entrare a far parte in maniera stabile ed organica dello spazio linguistico di un determinato territorio. Il contatto genera la necessità di

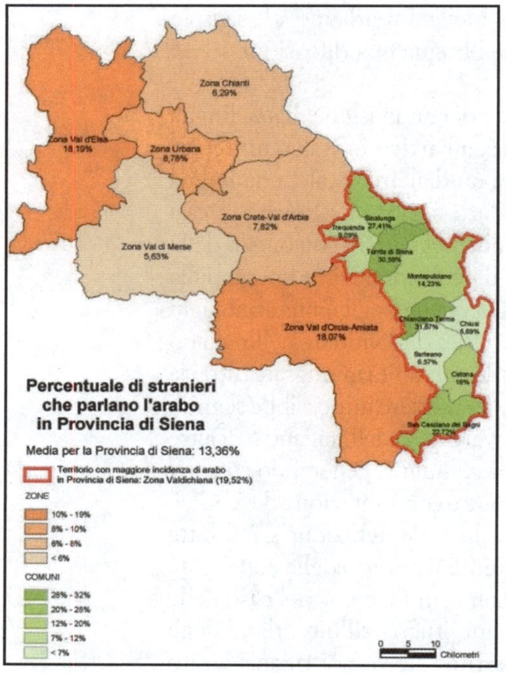

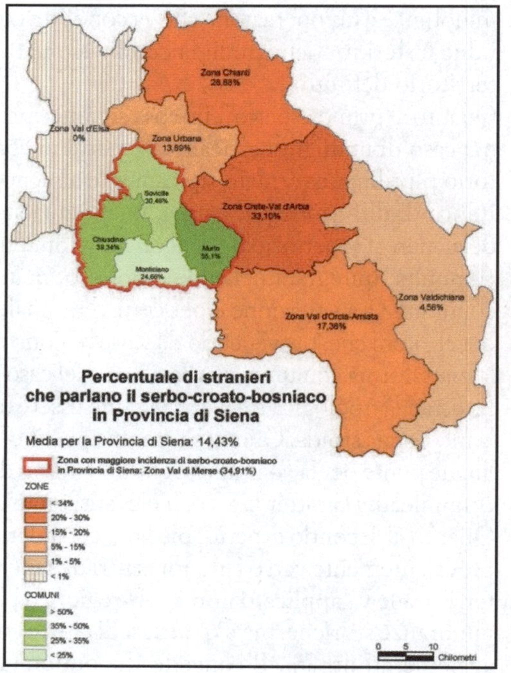

figg. III.2.1-III.2.2. *Esempi di mappatura delle lingue immigrate in Provincia di Siena.*

Fonte: Bagna, Barni e Siebetcheu [2004].

intercomprensione tra italiani e immigrati in una pluralità di contesti (lavorativo, personale, istituzionale ecc.), da cui derivano strategie messe in atto dai nativi improntate alla collaborazione o al rifiuto dell'integrazione. Di conseguenza la pressione esercitata sull'uso degli italiani dalla presenza degli stranieri è molto forte e innesca processi che possono portare (e sicuramente porteranno nel medio periodo) a un riassetto dello spazio linguistico italiano.

Tuttavia, tranne alcune lodevoli eccezioni, ad oggi non abbiamo indagini sufficienti per procedere a una mappatura della presenza, del radicamento e della vitalità delle lingue immigrate sul territorio nazionale. Nelle figure III.2.1-III.2.2 sono riportati due esempi di mappatura della presenza di immigrati in provincia di Siena. Naturalmente solo disponendo di una base più ampia di dati sarà possibile affrontare in maniera fondata il problema della descrizione delle nuove minoranze e del tipo di interazioni con la comunità ospite.

Come s'è visto nel paragrafo precedente, al momento non è prevista alcuna forma di tutela legislativa per le lingue delle nuove minoranze e la grande varietà delle lingue immigrate lascia pensare che anche in futuro questo problema sarà difficile da affrontare. La legge 94 del 2009 prevede per gli immigrati un test di conoscenza della lingua italiana, al cui superamento è subordinato il rilascio del permesso di soggiorno. Il livello linguistico da raggiungere è specificato nel DM 4 giugno 2010:

art. 1. Per il rilascio del permesso di soggiorno Ce per soggiornanti di lungo periodo, lo straniero deve possedere un livello di conoscenza della lingua italiana che consente di comprendere frasi ed espressioni di uso frequente in àmbiti correnti, in corrispondenza al livello A2 del Quadro comune di riferimento europeo per la conoscenza delle lingue approvato dal Consiglio d'Europa.

III.2.6. IL REPERTORIO DELLE NUOVE COMUNITÀ IMMIGRATE

Che lingua usano i membri delle nuove comunità nelle diverse situazioni comunicative? Tra i due estremi teorici del monolinguismo solo su base italiana e del monolinguismo solo sulla base della lingua immigrata si collocano una serie di possibilità intermedie di incroci, sovrapposizioni e compresenze. In Italia il processo di convergenza della lingua verso lo standard è stato caratterizzato da una tradizione altamente normativa. Il forte influsso di modelli letterari, la scuola, la grammaticografia esplicita sono tutte condizioni che hanno favorito un **bilinguismo sottrattivo** (v. Quadro III.2.2), cioè la preferenza per una varietà a scapito delle altre, considerate meno adeguate. In altre aree del mondo i processi di convergenza verso una lingua comune non hanno avuto necessariamente queste caratteristiche, e hanno generato un atteggiamento più tollerante, una maggiore abitudine a far convivere più varietà nei diversi contesti comunicativi. Questa situazione ha portato i neoarrivati ad accogliere senza eccessive difficoltà la diversità endogena del repertorio italiano. Di conseguenza il parlante immigrato, che nella maggior parte dei casi porta con sé un repertorio complesso e stratificato, quando entra in contatto con un repertorio altrettanto complesso quale quello italiano, dopo un iniziale disorientamento inizia a ristrutturare lo spazio funzionale della comunicazione e a riassegnare a ciascun àmbito la varietà opportuna [Molinelli 2004].

Per esempio studi sulla comunità ghanese residente a Bergamo dimostrano l'uso di un repertorio complesso e differenziato nelle interazioni endo- ed esocomunitarie. Per le conversazioni interne alla comunità, vista la varietà di dialetti locali dei componenti, si impiega prevalentemente il *twi*, una lingua veicolare sovraregionale diffusa in buona parte del Ghana. Nelle relazioni con gli italiani o con altri immigrati si alternano invece l'italiano e l'inglese. Ecco un brano da un'intervista, in cui sul tessuto inglese usato dall'immigrato (B) si innestano elementi di italiano in funzione metalinguistica:

/Int/ When italian people speak to you in shops, offices, and so on, they use a language that is difficult, normal or too simple?
/B/ It depends. Some people speak the italian language mixed with *bergamasco*... what do you learn on the books is not what you hear... for example, they say put in *caccia dentro*, that's not italian, isn't it? [Guerini 2002, 76][2].

[2] Nei *corpora* di apprendenti si adottano sistemi di trascrizione diversi, che fanno ricorso a molti segni diacritici. In questo manuale, per favorire la lettura e la comprensione da parte del lettore non specialista, abbiamo adottato una trascrizione semplificata.

Talvolta nel parlato dei ghanesi fanno capolino anche inserti in dialetto bergamasco, chiaramente in funzione espressiva. Nel seguente scambio parlano tra loro due immigrati:

/R/ Domani vai ancora in montagna?
/S/ Sì
/R/ mamma mia... *che òia* [= che voglia] [Guerini 2002, 71].

Se si passa dal repertorio delle comunità agli usi linguistici degli individui che le compongono e delle reti di rapporti sociali e lavorativi che questi individui intessono, una fotografia del cambiamento in atto è offerta dalla dinamica della commutazione e della mescolanza dei codici (v. § II.3.1).
Le indagini sulla commutazione di codice nella realtà italiana hanno in un primo tempo avuto per oggetto il plurilinguismo endogeno, cioè la descrizione delle forme del contatto della lingua coi dialetti da un lato e con le lingue di minoranza storiche dall'altro. L'estendersi del panorama sociolinguistico alle lingue immigrate ha aperto la strada a studi sulla commutazione di codice anche in questa direzione. Negli studi sulle nuove comunità immigrate la commistione è per certi aspetti più interessante della commutazione, perché crea le condizioni per sperimentare nuove forme di contatto tra le lingue. La selezione del codice in un contesto di minoranze linguistiche è governata in primo luogo da **fattori esterni**. I più rilevanti sono:

a) il sistema di valori e relazioni gerarchiche assegnate a ciascuna varietà nel repertorio della comunità;
b) l'atteggiamento della comunità verso la lingua e il dialetto della comunità ospitante. Tale atteggiamento può essere orientato lungo i due poli del desiderio di integrazione e di quello di mantenimento delle proprie specificità culturali;
c) la presenza di lingue ponte utili per assicurare l'intercomprensione. La funzione di lingua-ponte può essere svolta da una lingua europea ex coloniale, da una lingua veicolare regionale o nazionale e anche dall'arabo nel caso di comunità eterogenee (per es. pakistani, bengalesi del Bangladesh, nordafricani).

In secondo luogo occorre tenere in considerazione **fattori interni**, dipendenti dalle caratteristiche dello scambio conversazionale. Se ci si trova in un contesto di **interazione asimmetrica** (interazione medico-paziente, datore di lavoro-lavoratore, interrogazione scolastica) la selezione del codice è governata da chi detiene maggior potere e svolge il ruolo di regista dello scambio. Per esempio a scuola è il professore a governare la scelta della lingua. Spesso nelle interazioni con immigrati che parlano lingue molto distanti dall'italiano si può osservare l'uso di lingue-ponte. Nel seguente esempio, un'insegnante sta chiedendo a un'adolescente indiana quale sport preferisce:

/Ins/ Amina, quale sport ti piace di più?
/Amina/ bad/badminton... Lo so [= lo sai] badminton cosa significa?
/Ins/ No.

/Amina/ Like two persons over there…
/Ins/ Allora dillo in italiano. Prova, due persone sono queste?
/Amina/ due persone qua... eh... c'è... come si chiama, raquet?
/Ins/ Ah, la racchetta! [Progetto di Pavia]

Nella seguente intervista un immigrato adulto cinese cerca di utilizzare l'inglese:

\IT\ cosa ricordi dell'esperienza fatta all'Università come insegnante?
\PE\ what did I teach?
\IT\ no, cosa ricordi della tua esperienza di insegnante
\PE\ what what do I remember about University äh io ricordo ... io ricordo ... äh lavoro, lavora, lavora, io ricordo lavora in Università, io ricordo ... amico e amica in Università äh amico buono ... amica buona in Università io ... anche ricordo – I am sorry – io anche ricordo Giusi in Cardiff emh sì, sì, sì in Cardiff äh [Progetto di Pavia]

In entrambi i casi la negoziazione fallisce perché i registi dello scambio vogliono far usare l'italiano agli stranieri (nel primo caso per sviluppare la competenza comunicativa della bambina, nel secondo per misurare il livello di competenza dell'immigrato) e dunque insistono nell'uso dell'italiano.
I contatti in àmbito lavorativo tra parlanti di madrelingua diversa, costretti a servirsi dell'italiano come piattaforma comunicativa comune, costituiscono un esempio di **interazione simmetrica**. Tali contesti generano occasioni per la sperimentazione di nuove forme di interazione. Un recente studio basato sull'analisi di un corpus di conversazioni sul luogo di lavoro tra stranieri di madrelingua diversa e italiani, impiegati nella società di raccolta dei rifiuti di Siena, mette in luce alcune dinamiche interessanti [Grosso 2014, da cui sono tratti gli esempi che seguono]. I lavoratori stranieri, quando parlano tra loro o con colleghi italiani, usano l'italiano come lingua franca, analogamente a quanto avveniva nel *Fremdarbeiteritalienisch* svizzero di cui ci siamo occupati nel § III.1.2.4. La base della conversazione è un italiano con forte componente regionale, su cui si innestano le L1 dei parlanti e altri codici. L'uso della L1 ha per lo più valore strumentale, serve cioè a colmare lacune nella competenza, ma in alcuni casi può assumere un valore espressivo. Nel seguente scambio, il primo parlante, peruviano, usa la propria lingua per creare solidarietà con un collega moldavo, coinvolgendolo in una discussione sul tempo atmosferico:

\H13\ que calor! mu::cho calor! En la Moldavia ora che fa, freddo o caldo?
\C17\ eeeh quarantadue gradi di caldo!
\H13\ anche là? (stupito) eh porc...
\C17\ mai successo. Mai sucesso! Ha seccato tutto, la gente non mangia! C'hanno messo niente su terra. Un casino, non piove da otto mesi.

Diversa la funzione, che potremmo definire **metaculturale**, dell'inserimento dell'espressione spagnola in uno scambio di battute tra lo stesso lavoratore peruviano dell'esempio precedente e un collega senese. I due stanno compiendo il consueto giro per la raccolta porta a porta dei rifiuti organici:

\B09\ niente?
\H13\ *nada! nada de nada!* (fischietta) non si può, la strada è chiusa (fischietta) non c'è più
\B09\ si guarda il portone?
\H13\ no te sento!

L'espressione *nada de nada* è usata dal lavoratore straniero come strategia indiretta di contrapposizione. Con questa battuta, il cui valore si coglie appieno ascoltando il tono di voce con cui viene pronunciata, egli prende le distanze dall'identità stereotipata che gli viene cucita addosso. È un po' come se un nostro connazionale all'estero, per reagire a un discorso pieno di stereotipi sugli italiani, pronunciasse ironicamente l'espressione *mamma mia*!
In questo gioco di commistione e sovrapposizione consapevole dei codici entrano in campo anche i dialetti. Nei seguenti due esempi, un lavoratore moldavo sta dialogando con un collega peruviano e ricorre nel primo caso (*a*) all'espressione senese *addio Nini*, nel secondo (*b*) a un termine napoletano (*piccerill* = piccolino), evidentemente in funzione espressiva:

a) \C17\ non parliamo proprio di bollo e di cose perché io la macchina ce l'ho avuta e lo so com'è quando si poteva con la patente::
\H13\ con la tua patente?
\C17\ io c'ho la C c'ho la E (.) c'ho la D quella moldava (.) eh vale un anno e non sapevo (.) quando passato sei mesi so' andato in provincia a cambiarlo (.) ADDIO NINI, non si poteva fa' più niente (.) niente niente
b) \C17\ c'è organico laggiù? sto cazz' di lape [= il furgoncino Ape] com'è piccerill';

Nel primo esempio l'espressione *addio Nini* esprime il rammarico per la difficoltà a ottenere la conversione della patente moldava, nel secondo il termine napoletano aiuta a esprimere uno sfogo per la difficoltà a realizzare la raccolta dei rifiuti con un mezzo troppo piccolo. Naturalmente la commistione di codici all'interno di questi enunciati mistilingui è occasionale e non intacca, per ora, il sistema della lingua. Tuttavia tale atteggiamento «attivo» nei confronti della lingua italiana e delle sue varietà potrà nel tempo innescare processi di innovazione lessicale da cui potrebbero scaturire prestiti, estensioni e ridefinizioni di senso.

III.2.7. L'ITALIANO DEI NUOVI ITALIANI: LE VARIETÀ DI APPRENDIMENTO

Del repertorio dei nuovi italiani fanno parte le **varietà di apprendimento**: le ascoltiamo ogni giorno, ne vediamo talvolta anche una rappresentazione scritta, insomma fanno parte integrante del panorama linguistico dell'Italia d'oggi. Si tratta di varietà instabili, provvisorie, che tendenzialmente (ma non necessariamente) evolvono verso una competenza ottimale della nostra lingua. Merita quindi osservarle più da vicino.

A partire dalla seconda metà degli anni Ottanta del secolo scorso si sono sviluppati in Italia gli studi di **linguistica acquisizionale**, che hanno per oggetto l'italiano appreso come L2 dagli adulti. Tali studi mirano a individuare le fasi del processo di **apprendimento spontaneo** di una L2. L'apprendimento spontaneo costituisce un laboratorio privilegiato per studiarne modalità e tempi. A differenza di quanto avviene nell'**apprendimento guidato**, quello cioè che si svolge nelle aule scolastiche, l'apprendente spontaneo non è influenzato dalla sistematizzazione operata dal docente che di solito spiega in maniera esplicita le regole grammaticali. L'idea sottostante è che le produzioni linguistiche degli apprendenti siano il frutto di ipotesi sul funzionamento della lingua di cui si stanno impossessando e della conseguente elaborazione di una **grammatica mentale provvisoria**, che si avvicina per tappe a quella del parlante nativo, fino a coincidere quasi del tutto con essa. Tale sistema può essere definito **interlingua**. Il termine si usa sia in senso sincronico, per indicare il sistema posseduto in un determinato momento, sia in senso diacronico, per indicare il sistema nel suo divenire. Il termine è stato introdotto da Larry Selinker nell'articolo *Interlanguage*, del 1972, ma nell'elaborazione del concetto sono stati fondamentali gli studi di Pit Corder, che nel 1967 aveva pubblicato un lavoro intitolato *The Significance of Learners' Errors*. Proprio su una radicale rivisitazione del significato degli errori degli apprendenti si basano gli studi acquisizionali e le conseguenti applicazioni didattiche. Gli errori sistematici che l'apprendente compie in un determinato momento del percorso sono visti cioè non più come una spia di ciò che l'apprendente *non sa fare* (o non sa ancora fare), ma come spia di ciò che *sa fare* in quel momento, in altre parole del grado di sviluppo della sua interlingua. L'analisi degli errori assume quindi un valore **diagnostico**, nel senso che permette di fare una fotografia del livello di competenza di un apprendente in un dato momento. In certa misura l'analisi degli errori può essere anche **prognostica**, nel senso che aiuta a formulare ipotesi sullo sviluppo futuro della competenza di particolari gruppi di apprendenti.

Storicamente la linguistica acquisizionale ha tentato di superare l'approccio della **linguistica contrastiva**, in voga negli anni Cinquanta e Sessanta, che metteva in risalto il ruolo del **transfer** e dell'**interferenza**. Quando la L1 e la L2 presentano differenze strutturali, l'interferenza genera un *transfer* negativo, poiché l'apprendente è portato a trasferire le proprie abitudini linguistiche alla lingua che sta studiando. Per esempio apprendenti di lingue che abbiano tempi composti formati col solo ausiliare *avere* tendono a sovraestendere l'uso di questo ausiliare quando imparano il nostro passato prossimo. Quando invece le due lingue presentano analogie strutturali si ha un *transfer* positivo, che agevola lo sviluppo di una determinata struttura.

L'interlingua è il frutto di un processo di **elaborazione autonoma** dell'input (nel nostro caso la lingua italiana) e porta l'apprendente a elaborare ipotesi sul suo funzionamento. Gli errori sistematici possono essere ricondotti ad alcune categorie, che testimoniano la messa in campo di altrettante strategie. Tali strategie consistono essenzialmente:

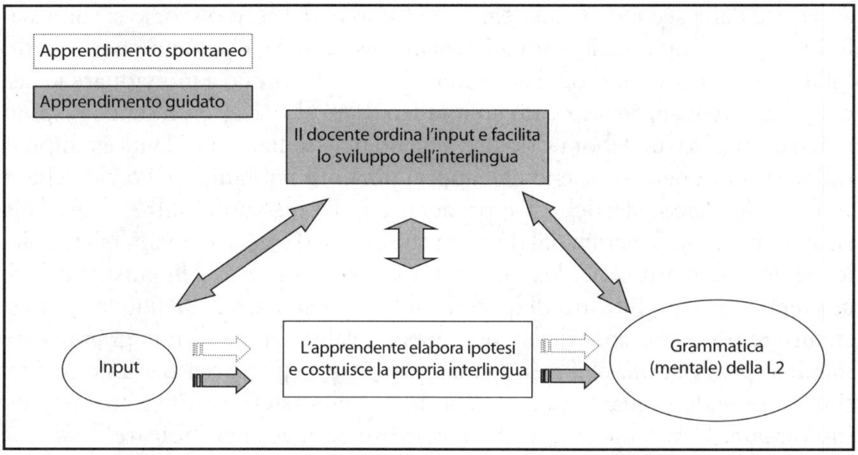

fig. III.2.3. *L'elaborazione dell'interlingua nell'apprendimento spontaneo e guidato.*

a) nella **sovraestensione** di paradigmi, cioè nell'applicazione di una regola di là dal suo àmbito d'uso. Ne risultano forme analogiche come *aprito* 'aperto', l'accordo morfologico 'regolarizzato' di forme irregolari (*una piccola problema*), l'uso indifferenziato dell'ausiliare *avere* (*ho mangiato* ma anche *ho andato*);
b) nell'**evitamento**, cioè nella cancellazione provvisoria di elementi strutturalmente difficili. Fra i casi più frequenti ricordiamo l'omissione dell'ausiliare nel passato prossimo e quella dei pronomi clitici. Un particolare tipo di evitamento è offerto dalla **lessicalizzazione**, un procedimento attraverso il quale si usa il lessico per fornire un'informazione che non si è ancora in grado di esprimere morfologicamente. Se un apprendente dice *anno passato faccio lavoro ristorante* per intendere *ho lavorato in un ristorante* usa l'espressione avverbiale *anno passato* per supplire alla sua momentanea incapacità di coniugare il verbo al passato;
c) nell'**elaborazione di forme assenti dall'input**. Questa strategia manifesta un uso creativo della lingua, in quanto porta a produrre forme assenti dall'input. Esempi possono essere *prendero* per 'prendevo', in cui il morfema *-ero* è una sovraestensione dell'imperfetto del verbo *essere* a verbi non ausiliari e *sono andatiamo* 'siamo andati', in cui l'ausiliare è realizzato nella forma generica *sono* mentre le informazioni personali e temporali sono apposte alla forma lessicale invece che all'ausiliare.

Poiché le strategie appena esaminate sono generali, lo sviluppo dell'interlingua segue tappe relativamente indipendenti dalla L1 dell'apprendente. Vale a dire che sia un parlante arabofono sia un tedescofono o un sinofono passano, in certa misura, attraverso fasi comuni nel percorso di apprendimento dell'italiano. Tutto ciò avviene seguendo un percorso che, a partire dall'input, porta alla formulazione di regole provvisorie. Un percorso simile avviene anche nell'apprendimento guidato, solo che in questo caso entra in ballo la figura del docente che fa da mediatore, seleziona e gradua secondo difficoltà crescenti l'input, velocizza l'operazione di abbinamento tra forme e funzioni, riduce i tempi di sovraestensione delle regole, stimola l'apprendente ad utilizzare pienamente il ventaglio di possibilità offerte dal sistema, gestisce opportunamente il feedback correttivo. In breve, fluidifica e rende più veloce un percorso che deve comunque attraversare le medesime tappe dell'apprendimento spontaneo. È un po' come percorrere un sentiero di montagna da soli o con l'aiuto di una guida: il sentiero è lo stesso, ma lo si percorre in meno tempo perché non si corre il rischio di prendere false piste e di perdersi. Il percorso di elaborazione delle regole nell'apprendimento spontaneo e in quello guidato può essere rappresentato graficamente dallo schema in fig. III.2.3.

Per descrivere lo sviluppo della competenza in una lingua straniera si usa far riferimento ai livelli individuati dal *Quadro comune europeo di riferimento per le lingue*, che prevede tre gradi di autonomia dell'apprendente (A = base, B = indipendenza, C = padronanza), dei quali ciascuno è a sua volta suddiviso due sottolivelli (A1-A2; B1-B2 ecc.). Nell'àmbito degli studi acquisizionali si usa invece distinguere le interlingue degli apprendenti in tre grandi categorie: basiche, postbasiche, avanzate.

Tra i settori più complessi del sistema grammaticale italiano si colloca sicuramente la morfologia verbale. Tale sottosistema, in sé relativamente complesso, deve sembrare ancor più complesso se la L1 dell'apprendente possiede una morfologia più snella. Ecco come un cinese, interrogato sulle differenze tra la sua lingua e l'italiano, mette a confronto i due sistemi verbali:

> \IT\ E il verbo?
> \TU\ verbo, no cambia niente, solo metrono 'n picolo come italiano articolo sempre uguale [= inseriscono una piccola particella come l'articolo italiano]
> \IT\ Sì.
> \TU\ huo su, pasato no? io ho futuro, adesso scien-tze [...] sempre metrono steso articolo + più facile
> \IT\ Per cui il verbo non cambia
> \TU\ no cambiare niente + metono natro 'rticolo, sempre uguale, no come qua, cambiare tropo, de l'ultima [= nella parte finale della parola] sempre cambiare [...] io tu lui loro noi voi, sempre cambiare, no? 'nvece in Cina no cambiato niente, solo metrono 'n 'rticolo come questo, sempre ugu[ale] più facile (TU.09) [Progetto di Pavia 2001].

Con maggiore o minor fatica a seconda della distanza tipologica della propria L1 dall'italiano, l'apprendente scopre gradualmente alcune cose: per esempio che il verbo italiano è una categoria variabile, che alla variabilità sono associabili molteplici funzioni (tempo / aspetto / modo, persona, numero), che l'informazione lessicale è a sinistra, quella grammaticale a destra.

Lo sviluppo dell'interlingua si può descrivere attraverso la formulazione di **sequenze acquisizionali**. Come esempio forniamo di seguito una sequenza acquisizionale dell'italiano, quella relativa alla morfologia del verbo:

> Presente (o Infinito) > (Ausiliare +) Participio passato > Imperfetto > Futuro > Condizionale > Congiuntivo

Tali sequenze hanno un significato sia cronologico (ciascun elemento a destra della scala viene acquisito dopo quello a sinistra) sia logico-implicazionale (per essere in grado di processare un elemento a destra occorre che l'apprendente si sia già impadronito di quello a sinistra). Una volta conquistato un gradino, gli apprendenti lo arricchiscono con un numero crescente di tipi lessicali. Ciò significa che l'apprendente non impara ad usare l'imperfetto in astratto, ma si impossessa prima delle forme degli ausiliari e dei verbi di largo uso, e progressivamente estende questa competenza a forme meno frequenti o irregolari. Su questo modello è stato possibile descrivere altre catene acquisizionali, relative alla morfologia, alla sintassi, alla testualità, al lessico [Giacalone Ramat 2003; Bernini 2010].

Nello sviluppo della fonologia si osserva la tendenza a semplificare la pronuncia di fonemi «difficili» del sistema italiano: le affricate dentali e palatali tendono a essere rimpiazzate dalle corrispondenti fricative (/ts/ > [s], /dz/ > [z], /tʃ/ > [ʃ]), l'opposizione tra consonanti tenui e intense (*fato* / *fatto*) tende a essere risolta usando un solo grado di intensità. Tali semplificazioni determinano in genere una riduzione dell'inventario fonematico dei parlanti. Talvolta si possono determinare delle aggiunte, come nel caso della affricata palatale sonora /dʒ/ resa con la corrispondente fricativa [ʒ] o della fricativa labiovelare /v/ resa con la bilabiale corrispondente [β]. In ogni caso la fonologia è il settore della lingua più sensibile alle interferenze della L1: le parlate di alcune comunità immigrate sono caratterizzate da particolarità nella pronuncia, come la resa di /r/ con [l] da parte di cinesi, la tendenza alla sonorizzazione delle consonanti sorde da parte di sinofoni e arabofoni, la tendenza all'inserimento di una vocale prostetica iniziale da parte di ispanofoni (*come esta*?, *io parlo espagnolo*).

Per ora queste tendenze nella pronuncia sono limitate alla prima generazione di immigrati, non hanno cioè la forza per essere trasmesse alle seconde generazioni, anche perché sono controbilanciate dalla pressione normativa esercitata dalla scuola e dalla società nel suo insieme. Non sembrano insomma sussistere le condizioni che hanno determinato la crisi del sistema vocalico basato sulla quantità nel passaggio dal latino alle lingue romanze. Un'analogia tuttavia sussiste: come si ricorderà, quei cambiamenti avvennero anche sulla spinta delle parlate di popolazioni latinizzate, che non avevano cioè il latino come lingua materna (v. § II.1.1).

Abbiamo detto che lo sviluppo dell'interlingua costituisce un percorso verso una competenza ottimale dell'italiano. Tuttavia alcune circostanze possono determinare l'arresto del percorso. In tali casi si parla di **fossilizzazione**. La fossilizzazione impedisce di raggiungere la competenza del parlante nativo ed è attribuibile a fattori di natura diversa, tra cui le scarse occasioni di un uso elaborato della lingua e la mancanza di motivazioni a migliorare il proprio grado di padronanza della lingua che, sebbene imperfetto, garantisce comunque la comunicazione primaria. La fossilizzazione ha interessato lo sviluppo dell'interlingua di molti emigrati italiani di prima generazione e si riscontra oggi in parte della popolazione immigrata.

QUADRO III.2.3.

Competenze di base e competenze per lo studio

Nel § III.2.8 abbiamo descritto le tappe del percorso d'acquisizione di una seconda lingua da parte di adulti. Il processo di apprendimento dell'italiano come lingua di contatto da parte dei bambini e degli adolescenti segue modalità e tempi in parte diversi. Quando ci si pone il problema dell'educazione linguistica degli alunni stranieri occorre inoltre tener conto che essi, una volta in grado di gestire le esigenze comunicative primarie, non hanno concluso il loro percorso, ma hanno bisogno, come del resto i coetanei nativi, di sviluppare abilità linguistiche specifiche utili per affrontare lo studio delle discipline scolastiche. Il problema è evidenziato dai dati sul successo scolastico, che mostrano percentuali di insuccesso maggiori tra gli adolescenti immigrati rispetto ai coetanei nativi. Tale divario non interessa solo i neoarrrivati, ma anche gli alunni che hanno pienamente compiuto il percorso di alfabetizzazione linguistica primaria. Naturalmente il maggior tasso di insuccesso scolastico può dipendere da fattori socioculturali, familiari, individuali. Tuttavia per comprendere meglio la questione ci viene in aiuto la distinzione introdotta dal canadese Jim Cummins, studioso di psicologia evolutiva applicata all'apprendimento linguistico. Lo studioso distingue tra le *Basic Interpersonal Communication Skills* (BICS), cioè le abilità necessarie per gestire la comunicazione nelle situazioni d'uso informale e quotidiano, e la *Cognitive Academic Language Proficiency* (CALP), cioè la padronanza del codice necessaria per usare la lingua in contesti elaborati e formali quali sono quelli richiesti dall'apprendimento scolastico. Secondo Cummins nello sviluppo delle capacità linguistiche superiori dei bambini e degli adolescenti vale il **principio dell'interdipendenza**: come in un sistema di vasi comunicanti lo sviluppo di competenze linguistiche elevate in uno dei due sistemi linguistici padroneggiati si riversa sull'altro. Purtroppo l'alunno immigrato, una volta nel Paese d'arrivo, spesso smette di studiare la L1 e di usarla in àmbiti d'uso formali per concentrarsi sull'apprendimento dell'italiano. Ciò comporta l'interruzione del processo di sviluppo delle abilità linguistiche complesse nella sua L1 e lo sviluppo di un **bilinguismo sottrattivo** (caratteristico delle situazioni in cui si verifica la svalutazione della lingua madre). Tale interruzione si ripercuote negativamente anche sul percorso di apprendimento della lingua italiana. Per strano che possa sembrare, dunque, il pieno sviluppo delle capacità linguistiche nella L1, anziché costituire un elemento di disturbo, può giovare al pieno sviluppo della competenza in lingua italiana. La ricetta è in apparenza facile da applicare: continuare a fornire all'adolescente stimoli e occasioni di contatto «alto» con la propria lingua d'origine, vale a dire non limitati al contesto informale e familiare. Tuttavia l'adozione di politiche linguistiche conseguenti, sia nella scuola che nel territorio, è complicato dall'alto numero di lingue immigrate presenti in Italia.

III.2.8. L'ITALIANO DEI NUOVI ITALIANI: L'USO ESPRESSIVO DELLA LINGUA

Come abbiamo visto nel paragrafo precedente, l'immigrato compie un percorso che lo porta a padroneggiare la lingua per i suoi bisogni comunicativi primari: lavorativi, familiari, socioaffettivi ecc. C'è chi si ferma a questo punto, soddisfatto, e chi cerca di impossessarsi anche degli aspetti più fini della competenza e di fare il salto verso un uso espressivo della lingua. Se abitare stabilmente in un Paese significa conoscere progressivamente i suoi spazi geografici, «abitare» la lingua significa appropriarsi progressivamente di tutti i suoi spazi, non solo quelli legati ai bisogni comunicativi immediati. La progressiva appropriazione della lingua può culminare, come è già avvenuto per altre lingue, nella nascita di una letteratura della migrazione. A dire il vero questa etichetta non soddisfa i critici e sta un po' stretta anche agli scrittori interessati, che per lo più preferirebbero che le loro produzioni fossero considerate come appartenenti alla letteratura italiana senza aggettivi. Di là dalle etichette, è interessante notare che sotto la punta dell'iceberg costituita dagli scrittori stranieri in lingua italiana che hanno raggiunto il successo editoriale, esiste un'ampia produzione letteraria. La *Banca Dati degli Scrittori Immigrati in Lingua Italiana*[3] contiene ad oggi schede su 481 scrittori di 93 nazionalità. Fra loro troviamo sia persone che hanno vissuto direttamente l'esperienza migratoria, sia immigrati di seconda generazione. Dunque, se nel cinema gli immigrati e le seconde generazioni sono ancora prevalentemente oggetto di rappresentazione, nella letteratura scrittori non autoctoni sono già entrati da protagonisti nel nostro panorama culturale.

Il caso della letteratura della migrazione è solo parzialmente sovrapponibile agli esempi di eteroglossia letteraria a base italiana analizzati nel capitolo precedente (v. § III.1.1.3). Gli scrittori stranieri che nel passato hanno usato l'italiano erano mossi dal prestigio conquistato all'estero dalla nostra cultura. Ma erano per l'appunto *stranieri*, avevano imparato l'italiano in patria, rafforzando il legame con la nostra lingua con soggiorni più o meno lunghi nel nostro Paese, rimanendo tuttavia ben consapevoli di fare un esperimento in una lingua *altra* rispetto alla propria. I nuovi italiani che scelgono la nostra lingua per la narrativa, pur essendo portatori di un'identità multiculturale, vivono immersi nella realtà italiana.

L'adozione di una lingua diversa dalla propria ha interessato in altri luoghi del mondo l'idioma ex coloniale: si pensi all'uso dell'inglese da parte dell'indiano Salman Rushdie e del francese da parte del marocchino Tahar ben Jelloun. In Italia i casi del genere sono evidentemente molto pochi, per esempio quello della scrittrice di origine somala Igiaba Scego. Si verifica invece più spesso il caso di scrittori che vedono nella scelta dell'italiano l'occasione per liberarsi dalla lingua degli ex dominatori. Per esempio l'algerino Tahar Lamri ha dichiarato che per lui sarebbe stato impossibile abbandonare l'arabo per il francese, mentre l'italiano è stato adottato perché percepito positivamente come «una lingua in cui convivono l'Europa della ragione e il Mediterraneo della passione e del cuore [...] una lingua che dà l'idea di riunire ciò che la storia ha separato» [cit. in De Dominicis 2013, 57]: una lingua – aggiungiamo noi – veicolare e intermediatrice delle emozioni, così come l'italiano del Levante era stato lingua veicolare degli affari e della diplomazia (v. § III.1.1.1). In una cornice analoga si colloca la scelta dello scrittore di origine sovietica Nicolai Lilin, autore del fortunato *Educazione siberiana*, che ha usato la nostra lingua per i suoi romanzi e ne ha vietato la traduzione in russo. Possiamo vedere in queste affermazioni

[3] www.disp.let.uniroma1.it/basili2001

un'altra testimonianza della «leggerezza» associata all'italiano fuori d'Italia, in contrapposizione ad altre lingue dai connotati «imperiali».

La scelta della nostra lingua da parte di uno scrittore straniero può assumere significati diversi. La dialettica tra perdita (o rinuncia) alla lingua d'origine e appropriazione della lingua d'arrivo come strumento espressivo non è indolore. Molti autori riflettono su questo aspetto, sottolineando la difficoltà del percorso. Lo esprime efficacemente il senegalese Mbacke Gadji, nella prefazione al suo romanzo *Pap, Ngagne, Yatt e gli altri*:

> Per arrivare a stendere queste righe sotto forma di romanzo, di racconto o di chissà quale altra forma letteraria, la strada è stata lunga e tutta in salita. Sono di madrelingua wolof, dialetto del Senegal, di lingua ufficiale francese, ma scrivo direttamente in italiano (una lingua che ho imparato parlandola, vivendo in questo Paese). Potete immaginare le contorsioni e le sovrapposizioni mentali necessarie per pensare in una lingua (bantu), tradurre mentalmente in francese e produrre in italiano! E così, tra i dizionari – due per la precisione, quello francese-italiano e quello solo italiano – affiancati da un certo numero di frasi fatte italiane – acquisite nel corso dell'apprendimento orale della lingua – i miei pensieri, i miei concetti, le mie sensazioni sono diventati i miei libri. Uno sforzo notevole, ma anche un esercizio singolare e divertente che succede solo nel giardino di chi innesta sull'albero principale (la mia cultura d'origine) un'altra specie definita (quella che mi viene dalla colonizzazione francese) e si ritrova attaccate foglie e ramoscelli di qualcosa in divenire (l'acquisizione ancora in atto della cultura italiana) [cit. in Cartago 2013, 9].

Suggestiva anche la contrapposizione tra *lingua del cuore* e *lingua del pane* a cui ricorre Carmine Abate, un italiano appartenente alla minoranza linguistica *arbëresh*, la cui famiglia ha vissuto l'esperienza della migrazione:

> come quasi tutti gli arbëreshe, ho subito una scolarizzazione esclusivamente in lingua e cultura italiana, cioè straniera, mentre a casa e con gli amici, nel vicinato, per le strade del Paese continuavo a parlare quella che noi chiamiamo *gjuha e zemëres*, la lingua del cuore. L'altra, la lingua che parlavano i maestri prima, i professori poi, e infine i datori di lavoro, era *gjuha e bukes*, la lingua del pane, che per me è stato l'italiano, per mio padre il tedesco, anzi il «germanese» perché è stato emigrato per circa trent'anni in Germania, per mio nonno il 'mericano, essendo emigrato in America agli inizi del Novecento [Abate 2011, 77].

Carmine Abate si è poi talmente affezionato alla sua *lingua del pane* da promuoverla a *lingua del cuore*, diventando un apprezzato rappresentante della narrativa italiana contemporanea.

La scelta può esprimere un tentativo di radicamento culturale. Manifesta questa esigenza Tahar Lamri:

> Per me scrivere in Italia, Paese dove ho scelto di vivere, e convivere, significa creare in qualche modo l'illusione di avervi messo radici. Radici di mangrovia, in superficie, sempre sulla linea di confine, che separa l'acqua dolce della memoria da quella salata del vivere quotidiano [cit. in Perrone 2009, 468-469].

L'immagine delle radici aeree e liquide della mangrovia usata da Tahar Lamri ci interessa per due motivi. In primo luogo evoca il paragone del noto sociologo polacco Zygmunt Bauman sul mutamento della nozione stessa di *radicamento culturale* che contraddistingue l'attuale momento storico: le radici di un individuo – e di un popolo – dopo essere state a lungo immaginate come qualcosa di saldamente e irreversibilmente conficcato nella terra d'origine, tendono oggi a essere percepite come ancore, che possono essere tirate su e rigettate in un posto diverso da quello di nascita senza danni per lo «sradicato». In secondo luogo ci aiuta a capire dove sia opportuno ricercare lo specifico linguistico della letteratura della migrazione. Le opere di scrittori migranti presentano una *facies* linguistica con differenze trascurabili rispetto al filone prevalente della recente narrativa italiana, fondata su una lingua media che nel narrato è fortemente permeata dai tratti dell'italiano neostandard, nel dialogato accoglie anche elementi del substandard, dei gerghi e dei dialetti. L'originalità di questa produzione consiste piuttosto nel mettere in campo un *diverso sguardo sul mondo*. Non si possono ovviamente fare generalizzazioni, proprio in ossequio all'individualità dei singoli scrittori. Tuttavia nella letteratura della migrazione emergono alcuni nuclei ricorrenti.

1. **L'introduzione di nuovi referenti**, legati alle culture locali, che spesso fanno la loro comparsa per la prima volta nella nostra lingua. Tale operazione genera, e genererà nel tempo, nuovi **prestiti**, che si riferiscono per lo più a piatti tipici, vestiti, usanze. Essi offrono a un tempo un colorito locale alla pagina e testimoniano la convivenza o l'attrito tra le culture:

> «Bambini, tranquilli, andate a vestirvi, venite a far colazione, il *kinkeliba* [= infuso ottenuto da una pianta di origine africana] si sta raffreddando».
> «Sei troppo magro, devi ingrassare. Ti cercherò dei buoni *gri-gri* [= amuleti] per proteggerti dalla malasorte e dalle malelingue». «Mamma, non voglio i *gri-gri*, non li metto». «Allora sei diventato *toubab* [termine *wolof* spregiativo usato dai senegalesi per indicare genericamente gli europei]» [P. Khouma, *Io venditore di elefanti*, cit. in Groppaldi 2013, 56].

2. L'attrito interlinguistico e interculturale genera un'**attenzione costante per la riflessione sulla lingua**. Si può giocare sulla difficoltà per lo straniero a cogliere il significato di frasi idiomatiche italiane, come avviene nel brano seguente, tratto da *L'argonauta* dell'uruguaiano Milton Fernandez:

> «Il Languido è incazzato perché il Chino, che è uno stronzo, l'ha mandato dal ferramenta a prendere una bottiglia di *olio di gomito*». «Di che?» «Di gomito. Ti immagini la scena?» «E l'altro?» «Il ferramenta? Ah, quello è ancora più stronzo. Gliel'ha venduto!» [cit. in Groppaldi 2013, 59].

Più frequentemente si ha lo sforzo inverso, teso a trasferire metafore, proverbi e modi di dire della lingua d'origine nella lingua di adozione. Questa fraseologia ci mette di fronte a punti di vista insoliti per un europeo. Ecco alcuni esempi tratti dal romanzo *Prendi quello che vuoi, ma lasciami la mia pelle nera* dello scrittore senegalese Cheik Tidiane Gaye:

> Il nonno mi disse un giorno [...] «Vivere è imparare a morire». «Abbi l'occhio per capire e non solo per vedere». [...] «Non occorre un orefice, l'oro ha meno valore della parola». «Sarai felice solo dopo che avrai vissuto giorni e giorni di sofferenza» [...] «Il cielo non chiede mai a nessuno il permesso di piovere». [...] «La parte dell'antilope va sempre al leopardo». «Ricordati che l'antilope porta sempre nei suoi zoccoli la ragione della sua morte». [...] «la vita è come il tavolo del salone, ci si siede su una sedia senza sapere chi sia la persona che stava seduta prima e si ignora la persona che starà seduta domani»; «Chi vivrà morirà ... Anche la morte morirà un giorno» [cit. in Groppaldi 2013, 59-60].

3. Emerge **un rinnovato (o ritrovato) rapporto tra oralità e scrittura**. Spesso gli autori provengono da culture in cui la storia è ascoltata prima di essere letta. Ci viene di nuovo in soccorso lo scrittore algerino Tahar Lamri:

> Porto con me la cultura orale: io quando ero bambino andavo sempre nei suk (da noi c'è il suk e il bazar: nel bazar si vende la merce, nel suk si vendono anche le parole: vi sono dentisti che tolgono i denti per strada e il loro curriculum è il mucchio di denti che hanno tolto nella loro carriera, anche queste sono parole!). Nei suk raccontavano storie, con tutto il fascino di poterle ascoltare nel proprio dialetto. Nel momento in cui scrivo c'è una selezione, una censura: l'altro non potrebbe capire tutto. Poi bisogna consegnare le parole a un libro. Il passaggio dall'oralità alla scrittura è stato traumatico nella storia. [...] Un tempo si scriveva ma la lettura doveva essere pubblica, era inconcepibile leggere come leggiamo noi senza voce. La voce dà senso alle parole che sono morte dentro un libro [cit. in http://masterintercultura.dissgea.unipd.it].

4. È abbastanza comune la **riflessione sui problemi identitari**. L'io scisso, le riflessioni legate alla necessità di far convivere più identità (e più lingue) sono una tematica ricorrente; tale condizione può essere vissuta come un limite (non sentirsi *né carne né pesce*), ma anche come un'opportunità (avere un bagaglio culturale più ricco rispetto ai nativi). Diamo ancora la parola a Tahar Lamri:

> Spesso parlando di letteratura della migrazione ci si dimentica di una cosa semplicissima, elementare: quando dico «io» in italiano non ha niente a che fare con «io» arabo, non suonano nello stesso modo. Quando scrivi questo «io» non hai più la coscienza che stai parlando in una lingua straniera: si presume che tu abbia interiorizzato la lingua nella quale scrivi e quindi fa parte di te, vivi con una sorta di illusione che è quella di aver parlato sempre questa lingua [*Conversazione con Tahar Lamri*, cit.].

L'attenzione per la convivenza tra le due identità si manifesta talvolta anche nei titoli: Sumaya Abdel Qader, scrittrice di origine palestinese, ha pubblicato un romanzo dal titolo *Porto il velo, adoro i Queen: nuove italiane crescono.*

ESERCIZI

1. Il plurilinguismo esogeno:
a) è da sempre caratteristico dell'Italia, un Paese storicamente ricco di varietà dialettali e lingue di minoranza
b) è un fenomeno che non ha nulla a che fare con il cosiddetto neoplurilinguismo
c) ha ostacolato la progressione dell'italofonia
d) è un fenomeno molto recente dovuto all'immigrazione di stranieri nel nostro Paese.

2. L'immigrazione in Italia si caratterizza per:
a) la relativa omogeneità dei paesi di provenienza (fondamentalmente Romania e Marocco)
b) la relativa omogeneità della distribuzione degli immigrati sul territorio italiano
c) l'eterogeneità tanto dei paesi di provenienza degli immigrati quanto della loro distribuzione sul territorio italiano
d) un flusso senza uguali in nessun altro Paese europeo.

3. Le lingue immigrate:
a) sono transitorie, come le lingue dei migranti
b) sono transitorie, a differenza delle lingue dei migranti
c) non sono transitorie, a differenza delle lingue dei migranti
d) sono tutte appartenenti alla famiglia indoeuropea.

4. Nel repertorio linguistico tipico delle seconde generazioni di migranti:
a) la lingua d'origine convive con l'italiano
b) la lingua d'origine è sostituita dall'italiano
c) l'italiano è presente, ma si contraddistingue per una competenza parziale
d) la lingua d'origine è immune da fenomeni d'erosione.

5. In àmbito lavorativo, laddove siano presenti lavoratori immigrati:
a) sono possibili solo interazioni asimmetriche
b) sono possibili solo interazioni simmetriche
c) sono possibili interazioni simmetriche e asimmetriche, ma senza commutazione di codice
d) sono possibili interazioni simmetriche e asimmetriche, in genere con frequenti fenomeni di commutazione di codice.

6. Per interlingua s'intende:
a) una lingua mista di italiano e lingua d'origine dell'immigrato
b) una lingua internazionale, come l'inglese, di cui si servono gli stranieri digiuni di italiano
c) una varietà iniziale o intermedia di italiano sviluppata da uno straniero che apprende la nostra lingua
d) l'insieme dei fenomeni d'interferenza della lingua d'origine che agiscono sull'apprendimento dell'italiano.

7. Una forma come *sono andatiamo* per 'siamo andati' è ricavata dall'apprendente straniero:
a) per sovraestensione del paradigma
b) per evitamento di elementi strutturalmente difficili
c) per lessicalizzazione di un'informazione che non è in grado di esprimere morfologicamente
d) per elaborazione di forme assenti nell'input.

8. Nella sequenza acquisizionale relativa alla morfologia del verbo italiano:

a) il presente è paradossalmente uno degli ultimi tempi a essere appresi
b) i modi diversi dall'indicativo e dall'infinito vengono appresi relativamente tardi
c) non si dà mai l'apprendimento del participio passato non preceduto dall'ausiliare
d) l'apprendimento dell'imperfetto segue quello del condizionale e del congiuntivo.

9. La fossilizzazione nell'apprendimento di una lingua può dipendere da una mancanza di motivazioni da parte dell'apprendente. □ V □ F

10. Nella letteratura di scrittori migranti in lingua italiana ricorre frequentemente il confronto con i classici della letteratura italiana. □ V □ F

11. Che cosa s'intende per neoplurilinguismo e quali sono le sue caratteristiche?

12. Come tende a ridefinirsi il repertorio delle seconde e terze generazioni d'immigrati?

13. Che cosa s'intende per bilinguismo sottrattivo e quali sono i fattori che lo favoriscono?

14. Quali sono le principali differenze tra i percorsi di apprendimento spontaneo e apprendimento guidato di una lingua?

15. Quali sono i nuclei ricorrenti nella letteratura della migrazione?

NOTA BIBLIOGRAFICA

Sui vari aspetti del plurilinguismo nello spazio linguistico italiano si vedano S. Dal Negro e P. Molinelli, *Comunicare nella torre di babele. Repertori plurilingui nell'Italia di oggi*, Roma, Carocci, 2004; S. Dal Negro e F. Guerini, *Contatto. Dinamiche ed esiti del plurilinguismo*, Roma, Aracne, 2007; C. Consani e P. Desideri (a cura di), *Minoranze linguistiche. Prospettive, strumenti, territori*, Roma, Carocci, 2007; C. Consani *et al.*, *Alloglossie e comunità alloglotte nell'Italia Contemporanea*. Atti del XLI congresso internazionale di studi della Società di Linguistica Italiana (Pescara, 27-29 settembre 2007), Roma, Bulzoni, 2009; M. Palermo e M. Barni, *Multilinguismo in Italia. Nuove minoranze, lingue dell'immigrazione*, in N. Maraschio, D. De Martino e N. Stanchina (a cura di), *Esperienze di multilinguismo in atto*. Atti del Convegno di Firenze (21-23 maggio 2009), Firenze, Accademia della Crusca, 2010, pp. 159-176.
Per le statistiche sull'immigrazione, oltre ai dati Istat (www.istat.it), costituiscono un punto di riferimento obbligato i *Dossier immigrazione* pubblicati annualmente dalla Caritas (ultimo disponibile: *Immigrazione. Dossier statistico 2014*, Roma, Centro studi e ricerche Idos, 2015). Sugli alunni stranieri presenti nella scuola si può far riferimento al rapporto pubblicato annualmente sul sito del MIUR (ultimo disponibile: M. Colombo e V. Ongini (a cura di), *Alunni con cittadinanza non italiana. L'eterogeneità dei percorsi scolastici*, Milano, Quaderni Ismu, 2014).
Sugli aspetti linguistici della letteratura della migrazione si vedano il saggio di C. Perrone, *Loro e noi. L'esperienza letteraria in italiano degli immigrati: la sindrome del ritorno in 'Nonno Dio e gli spiriti danzanti' di Pap Khouma*, in AA.VV., *Italiani e stranieri nella tradizione letteraria*. Atti del Convegno di Montepulciano (8-10 ottobre 2007), Roma, Salerno Ed., 2009, pp. 463-504; il numero monografico della rivista «Italiano Lingua2» (2, 2013); i saggi presenti nel volume a cura di N. Maraschio, D. De Martino e G. Stanchina, *L'italiano degli altri*. Atti del Convegno internazionale (Firenze, 27-31 maggio 2010), Firenze, Accademia della Crusca, 2011.

Riferimenti bibliografici

Riferimenti bibliografici

Abate, C. [2011], *Lingua del cuore, lingua del pane*, in N. Maraschio, D. De Martino e G. Stanchina (a cura di), *Piazza delle lingue 2010. L'italiano degli altri*. Atti del Convegno internazionale (Firenze, 27-31 maggio 2010), Firenze, Accademia della Crusca, pp. 77-82.

Adamo, G. e Della Valle, V. [2008], *Le parole del lessico italiano*, Roma, Carocci.

AIS = Jaberg, K. e Jud, J., *Atlante linguistico ed etnografico dell'Italia e della Svizzera meridionale*, Milano, Unicopli, 1987 [ed. orig. 1928].

Albano Leoni, F. e Maturi, P. [2010], *Manuale di fonetica*, Roma, Carocci [I ediz. 1995].

Alfieri, G. e Bonomi, I. [2008], *Gli italiani del piccolo schermo. Lingua e stili comunicativi nei generi televisivi*, Firenze, Cesati.

Andorno, C. [2003], *Linguistica testuale. Un'introduzione*, Roma, Carocci.

Antonelli, G. [2006], *Lingua ipermedia. La parola di scrittore oggi in Italia*, Lecce, Manni.

— [2007], *L'italiano nella società della comunicazione*, Bologna, Il Mulino.

— [2010], *Ma cosa vuoi che sia una canzone. Mezzo secolo di italiano cantato*, Bologna, Il Mulino.

— [2011], *Lingua*, in A. Afribo e E. Zinato (a cura di), *Modernità italiana: cultura, lingua e letteratura dagli anni Settanta a oggi*, Roma, Carocci.

Antonelli, R. [2008], *Giacomo da Lentini*, edizione critica con commento di R. Antonelli, Milano, Mondadori.

Aprile, M. [2015], *Dalle parole ai dizionari*, Bologna, Il Mulino [I ed. 2005].

Arcamone, M.G. [1994], *L'elemento germanico antico medievale e moderno (con esclusione dell'inglese)*, in *SLIE*, vol. II, pp. 751-790.

Asperti, S. e Passalacqua, M. (a cura di) [2014], *Appendix Probi* (GL IV 193-204). Edizione critica, Firenze, SISMEL-Ed. del Galluzzo.

Avolio, F. [1994], *I dialettismi in italiano*, in *SLIE*, vol. II, pp. 561-595.

— [2010] *Dialetti*, in *ENCIT*, pp. 356-360.

Baglioni, D. [2011], *Lettere dall'impero ottomano alla corte di Toscana (1577-1640)*, in «Lingua e stile», XLVI, pp. 3-69.

Bagna, C. e Barni, M. [2007], *La lingua italiana nella comunicazione pubblica/sociale internazionale*, in «Studi Italiani di Linguistica Teorica e Applicata», XXXVI, pp. 529-553.

Bagna, C., Barni, M. e Siebetcheu, R. [2004], *Toscane favelle. Lingue immigrate nella provincia di Siena*, Perugia, Guerra.

Bagna, C., Barni, M. e Vedovelli, M. [2007], *Italiano in contatto con lingue immigrate: nuovi modelli e metodi per il neoplurilinguismo in Italia*, in C. Consani e P. Desideri (a cura di), *Minoranze linguistiche. Prospettive, strumenti, territori*, Roma, Carocci, pp. 270-289.

Baldelli, I. [1971], *Medioevo volgare da Montecassino all'Umbria*, Bari, Adriatica.

— [1987], *La lingua italiana nel mondo. Indagine sulle motivazioni allo studio dell'italiano*, Roma, Istituto della Enciclopedia italiana.

Baldelli, I. e Mazzetti, A. [1974], *Vocabolario minimo della lingua italiana per stranieri*, Milano, Mondadori.

Balestracci, D. [1984], *La zappa e la retorica. Memorie familiari di un contadino toscano del Quattrocento*, Firenze, Salimbeni.

Banfi, E. [2014], *Lingue d'Italia fuori d'Italia*, Bologna, Il Mulino.

Banfi, E. e Iannàccaro, G. [2006], *Lo spazio linguistico italiano e le «lingue esotiche». Rapporti e reciproci influssi*. Atti del XXXIX Congresso internazionale di studi della Società di linguistica italiana (SLI; Milano, 22-24 settembre 2005), Roma, Bulzoni.

Barni, M. e Vedovelli, M. [2009], *L'Italia plurilingue tra contatto e superdiversità*, in M. Palermo (a cura di) *Percorsi e strategie di apprendimento dell'italiano lingua seconda. Sondaggi su ADIL2*, Perugia, Guerra, 2009, pp. 29-47.

Bazzanella, C. [1995], *Segnali discorsivi*, in *GGIC*, vol. III, pp. 225-257.

— [2005], *Linguistica e pragmatica del linguaggio*, Roma-Bari, Laterza.

— [2009], *Linguistica e pragmatica del linguaggio. Un'introduzione*, Roma-Bari, Laterza.

Beccaria, G.L. [1999], *Sicuterat. Il latino di chi non lo sa: Bibbia e liturgia nell'italiano e nei dialetti*, Milano, Garzanti.

Beltrami, P. [2010], *Duecento e Trecento, lingua del*, in *ENCIT*, pp. 403-408.

Bernhard, G. e Lebsanft, F. [2013] (a cura di), *Mehrsprachigkeit im Ruhrgebiet*, Tübingen, Stauffenburg.

Bernini, G. [2010], *Acquisizione dell'italiano come L2*, in *ENCIT*, vol. I, pp. 19-22.

Berretta, M. [1989], *Sulla presenza dell'accusativo preposizionale in italiano settentrionale: note tipologiche*, in «Vox Romanica», 48, pp. 13-37.

— [1993], *Morfologia*, in *IIC*, vol. I, pp. 193-245.

— [1994], *Il parlato italiano contemporaneo*, in *SLIE*, II, pp. 239-270.

Berruto, G. [1987], *Sociolinguistica dell'italiano contemporaneo*, Roma, La nuova Italia scientifica.

— [1991], *Fremdarbeiteritalienisch. Fenomeni di pidginizzazione nella Svizzera tedesca*, in «Rivista di linguistica», 3, pp. 333-367.

— [2004], *Prima lezione di sociolinguistica*, Roma-Bari, Laterza.

— [2006], *Quale dialetto per l'Italia del Duemila? Aspetti dell'italianizzazione e risorgenze dialettali in Piemonte (e altrove)*, in A. Sobrero e A. Miglietta (a cura di), *Lingua e dialetto nell'Italia del duemila*, Lecce, Congedo, pp. 101-127.

— [2007], *Miserie e grandezze dello standard. Considerazioni sulla nozione di standard in linguistica e sociolinguistica*, in P. Molinelli (a cura di), *Standard e non standard tra scelta e norma*. Atti del XXX Convegno della Società Italiana di Glottologia (Bergamo, 20-22 ottobre 2005), Roma, il Calamo, pp. 13-41.

— [2010], *Fondamenti di sociolinguistica*, Roma-Bari, Laterza, 2010 [I ed. 1995].

— [2011], *Registri, generi, stili: alcune considerazioni su categorie mal definite*, in Cerruti, Corino e Onesti [2011, 15-35].

— [2012], *Sociolinguistica dell'italiano contemporaneo*, Roma, Carocci [I ed. 1987].

Bertoletti, N. [2014], *Un'antica versione italiana dell'Alba di Giraut de Borneil*, Roma, Ed. di storia e letteratura.

Bettoni, C. e Rubino, A. [2010], *L'italiano dell'emigrazione: temi, approcci teorici e metodologie d'indagine*, in «Studi Italiani di Linguistica Teorica e Applicata», XXXIX, pp. 457-489.

Biasci, G. [2012], *Appunti sulla realizzazione del dittongo tonico «ie» nell'odierno italiano di Roma*, in «La lingua italiana», VIII, pp. 171-87.

Biffi, M. [2012], *Italianismi delle arti*, in V. Coletti (a cura di) *Italiano per il mondo. Banca, commerci, cultura, arti, tradizioni*, Firenze, Accademia della Crusca, pp. 53-71.

Blommaert, J. e Rampton, B. [2011], *Language and Superdiversity*, in J. Blommaert, B. Rampton, M. Spotti (a cura di), *Diversities*, «Language», 13, 2, pp. 1-22.

Bonomi, I. [2010], *Manzonismi*, in *ENCIT*, pp. 854-856.

— [2011], *Pasolini e la televisione di ieri e di oggi*, in A. Felice (a cura di), *Pasolini e la televisione*, Venezia, Marsilio, pp. 117-120.

Bonomi, I. e Masini, A. [2003], *La lingua italiana e i mass media*, Roma, Carocci.

Botta, I. [2000], *Manzoni e Fauriel: un dialogo europeo*, Milano, Casa del Manzoni.

Branca, V. [1986], *Mercanti scrittori. Ricordi nella Firenze tra Medioevo e Rinascimento*, Milano, Rusconi.

Brugnolo, F. [2009], *La lingua di cui si vanta Amore*, Roma, Carocci.

Bruni, F. [1992-94], *L'italiano nelle regioni*. I. *Lingua nazionale e identità regionali*; II. *Testi e documenti*, Torino, UTET.

— [2013], *L'italiano fuori d'Italia*, Firenze, Cesati.

Bühler, K. [1934-1983], *Sprachtheorie. Die Darstellungsfunktion der Sprache*, Jena, G. Fischer 1934; trad. it. *Teoria del linguaggio*, Roma, Armando, 1983.

Calaresu, E. [2012], *L'italiano e le altre lingue nella comunicazione scientifica nazionale e internazionale. La pressione per la biliteracy e l'incipienza di nuove forme di diglossia*, in Telmon, Raimondi e Revelli [2012, 521-534].

— [2015], *L'avverbio GIÀ da operatore temporale aspettuale a operatore modale di asserzione. Usi preverbali di Sardegna (sardo e italiano regionale) vs usi olofrastici in italiano standard*, in K. Jeppesen e J. Lindschouw (a cura di), *Les variations diasystématiques et leurs interdépendances dans les langues romanes, Actes du Colloque DIA II à Copenhague* (19-21 nov. 2012), Strasbourg, ELiPhi, vol. I, pp. 113-127.

Canepari, L. [1969], *Introduzione alla fonetica*, Torino, Einaudi.

— [1983], *Italiano standard e pronunce regionali*, Padova, Cluep.

Caritas [2014], *Immigrazione. Dossier statistico*, Roma, Centro studi e ricerche Idos.

Cartago, G. [1994], *L'apporto inglese*, in *SLIE*, vol. II, pp. 721-750.

— [2013], *L'approdo all'italiano: un punto d'arrivo?*, in «Italiano Lingua2», 2, pp. 6-13.

Casapullo, R. [2011], *Origini, lingua delle*, in *ENCIT*, pp. 1006-1011.

Castellani, A. [1952], *Nuovi testi fiorentini del dugento*, Firenze, Sansoni.

— [1993], v. Ventigenovi [1993].

— [2000], *Grammatica storica della lingua italiana*. I: *Introduzione*, Bologna, Il Mulino.

Cella, R. [2010], *Francesismi*, in *ENCIT*, vol. I, pp. 520-524.

— [2015], *Storia dell'italiano*, Bologna, Il Mulino.

Cerruti, M., Corino, E. e Onesti, C. [2011] (a cura di), *Formale e informale. La variazione di registro nella comunicazione elettronica*, Roma, Carocci.

Chini, M. [2009], *L'italiano L2 nel repertorio delle nuove comunità alloglotte. Riflessioni su alcune dinamiche in atto*, in Consani *et al.* [2009, 279-315].

Cifoletti, G. [2004], *La lingua franca barbaresca*, Roma, Il Calamo.

Cignetti, L. [2012], *L'inciso. Natura linguistica e funzioni testuali*, Alessandria, Ed. dell'Orso.

Coletti, V. [2005], *Parole senza fortuna*, in «Lingua e stile», XL, 2005, pp. 187-201.

Colombo, A. [2012], *La coordinazione*, Roma, Carocci.

Colombo, M. e Ongini, V. [2014] (a cura di), *Alunni con cittadinanza non italiana. L'eterogeneità dei percorsi scolastici*, Milano, Quaderni Ismu.

Coluccia, R. [2004], *La Puglia nella storia linguistica meridionale*, in «Bollettino linguistico campano», 5/6, pp. 1-18.

Consani C. *et al.*, [2009], *Alloglossie e comunità alloglotte nell'Italia Contemporanea*. Atti del XLI congresso internazionale di studi della Società di Linguistica Italiana (Pescara, 27-29 settembre 2007), Roma, Bulzoni.

Consani, C. e Desideri, P. [2007] (a cura di), *Minoranze linguistiche. Prospettive, strumenti, territori*, Roma, Carocci.

Cortelazzo, M. [1994], *Lingue speciali. La dimensione verticale*, Padova, Unipress.

— [2010], *Gergo*, in *ENCIT*, pp. 565-567.

— [2012], *I sentieri della lingua. Saggi sugli usi dell'italiano tra passato e presente*, Padova, Esedra.

D'Achille, P. [2003], *Breve grammatica storica dell'italiano*, Roma Carocci.

— [2010a], *L'italiano contemporaneo*, Bologna, Il Mulino [I ed. 2003].

— [2010b], *Lingua d'oggi*, in *ENCIT*, pp. 793-799.

D'Achille, P. e Thornton, A. [2003], *La flessione del nome dall'italiano antico all'italiano contemporaneo*, in *Italia linguistica anno Mille – Italia linguistica anno Duemila*. Atti del XXXIV congresso internazionale di studi della SLI, a cura di N. Maraschio e T. Poggi Salani, Roma, Bulzoni, pp. 211-230.

— [2008], *I nomi femminili in -o*, in *Prospettive nello studio del lessico italiano*. Atti del IX congresso della Società Internazionale di Linguistica e Filologia Italiana (Firenze, 14-17 giugno 2006), a cura di E. Cresti, 3 voll., Firenze, Firenze University Press, vol. II, pp. 473-481.

D'Addio, W. [1988], *Nominali anaforici incapsulatori: un aspetto della coesione lessicale*, in T. De Mauro, S. Gensini, M.E. Piemontese (a cura di), *Dalla parte del ricevente: percezione, comprensione, interpretazione*. Atti del XIX Congresso Internazionale di Studi della SLI, Roma, Bulzoni, pp. 143-151.

D'Agostino, A. [1994], *L'apporto spagnolo, portoghese e catalano*, in *SLIE*, vol. II, pp. 791-824.

D'Agostino, M. [2012], *Sociolinguistica dell'Italia contemporanea*, Bologna, Il Mulino [I ed. 2007].

Dal Negro, S. e Guerini, F. [2007], *Contatto. Dinamiche ed esiti del plurilinguismo*, Roma, Aracne.

Dal Negro, S. e Molinelli, P. [2004], *Comunicare nella torre di babele. Repertori plurilingui nell'Italia di oggi*, Roma, Carocci.

Dalla Zuanna *et al.* [2009], *Nuovi italiani. I giovani immigrati cambieranno il nostro paese?*, Bologna, Il Mulino.

Dardano, M. [1993], *Lessico e semantica*, in IIC, pp. 291-369.

— [1994a], *Linguaggi scientifici*, in *SLIE*, II, pp. 510-511.

— [1994b], *Testi misti*, in T. De Mauro (a cura di), *Come parlano gli italiani*, Firenze, La Nuova Italia, pp. 175-181.

— [2009], *Costruire parole. La morfologia derivativa dell'italiano*, Bologna, Il Mulino.

Dardano, M., Frenguelli, G. e Puoti, A. [2008], *Anglofilia nascosta* in, M. Dardano e G. Frenguelli, *L'italiano d'oggi*, Roma, Aracne, pp. 75-97.

De Blasi, N. [2014], *Geografia e storia dell'italiano regionale*, Bologna, Il Mulino.

De Dominicis, G. [2013], *«Un variegato tessuto»: questioni linguistiche e identitarie in Tahar Lamri, Mihai M. Butcovan, Igiaba Scego*, in T. de Rogatis *et al.* (a cura di), *Identità/diversità*, Pisa, Pacini, 2013, pp. 55-65.

De Mauro, T. [1970], *Tra Thamus e Teuth. Note sulla norma parlata e scritta, formale e informale nella produzione e realizzazione di segni linguistici*, in *Lingua parlata e lingua scritta*. Atti del Convegno (Palermo, 9-11- novembre 1967), Bollettino del Centro di studi filologici e linguistici siciliani, 11, pp. 167-179.

— [1983], *Storia linguistica dell'Italia unita*, Bari, Laterza [I. ed. 1963].

— [1999], *Introduzione* al *GRADIT*, vol. I, pp. I-XLII.

— [2005], *La fabbrica delle parole. Il lessico e problemi di lessicologia*, Torino, UTET,

— [2014], *Storia linguistica dell'Italia repubblicana*, Roma-Bari, Laterza.

De Mauro, T., Vedovelli, M., Barni M. e Miraglia, L. [2002], *Italiano 2000. Indagine sui pubblici e sulle motivazioni dell'italiano diffuso tra stranieri*, Roma, Bulzoni.

De Roberto, E. [2010], *Assolute, strutture* in *ENCIT*, pp. 117-120.

DOP = *Dizionario di ortografia e pronuncia dell'italiano*, a cura B. Migliorini, C. Tagliavini e P. Fiorelli, Roma, RAI-ERI, 1969 (ora consultabile online all'indirizzo www.dizionario.rai.it/).

Durante, M. [1981], *Dal latino all'italiano moderno. Saggio di storia linguistica e culturale*, Bologna, Zanichelli.

Eco, U. [1983], *TV, La trasparenza perduta*, in Id., *Sette anni di desiderio*, Milano, Bompiani, pp. 163-179.

ENCIT = *Enciclopedia dell'italiano* (diretta da R. Simone, con la collaborazione di G. Berruto e P. d'Achille), Roma, Istituto della Enciclopedia Italiana, vol. I: 2010, vol. II: 2011.

Fanciullo, F. [2015], *Prima lezione di dialettologia*, Roma-Bari, Laterza.

Faraoni, V. [2010], *L'origine dei plurali italiani in -e ed -i*. Tesi di dottorato in «Linguistica storica e storia linguistica italiana», Università degli studi di Roma «La Sapienza».

Favaro, G. [2010], *Una lingua seconda e «adottiva». L'italiano delle seconde generazioni*, in «Italiano LinguaDue», 2, pp. 1-14.

Ferrari, A. [2003], *Le ragioni del testo. Aspetti sintattici e interpuntivi dell'italiano contemporaneo*, Firenze, Accademia della Crusca.

— [2008], *L'interfaccia lingua-testo. Natura e funzioni dell'articolazione informativa dell'enunciato*, Alessandria, Ed. dell'Orso.

— [2012], *Tipi di frase e ordine delle parole*, Roma, Carocci.

— [2014], *Linguistica del testo*, Roma, Carocci.

Fiorentino, G. [2010], *Accusativo preposizionale*, in *ENCIT*, pp. 17-19.

Folena, G. [1983], *L'italiano in Europa. Esperienze linguistiche del Settecento*, Torino, Einaudi.

Formentin, V. [2010], *Fonetica storica*, in *ENCIT*, pp. 497-501.
Franzina, E. [1994], *Merica! Merica! Emigrazione e colonizzazione nelle lettere dei contadini veneti e friulani in America latina 1876-1902*, Verona, Cierre edizioni, 1994, I ed. 1979.

Gaeta, L. e Ricca, D. [2009], *Composita solvantur: Compounds as lexical units or morphology objects?*, in «Rivista di Linguistica», 21.1, pp. 35-70.
Galli de' Paratesi, N. [1984], *Lingua toscana in bocca ambrosiana. Tendenze verso l'italiano standard: un'inchiesta sociolinguistica*, Bologna, Il Mulino.
Gensini, S. [2005], *Breve storia dell'educazione linguistica dall'unità a oggi*, Roma, Carocci.
GGIC = Renzi, L., Salvi, G. e Cardinaletti, A. (a cura di), *Grande grammatica italiana di consultazione*, Bologna, Il Mulino, vol. I [1988]; vol. II [1991]; vol. III [1995].
Giacalone Ramat, A. [2003] (a cura di), *Verso l'italiano. Percorsi e strategie di acquisizione*, Roma, Carocci.
Giovanardi, C. [2000], *Interpunzione e testualità. Fenomeni innovativi dell'italiano in confronto con altre lingue europee*, in S. Vanvolsen *et al.* (a cura di), *L'italiano oltre frontiera*. Atti del V Convegno internazionale, (Lovanio 22-25 aprile 1998), Leuven-Firenze, Leuven University Press-Cesati, vol. I, pp. 89-107.
Giovanardi, C. e Trifone, P. [2012], *L'italiano nel mondo*, Roma, Carocci.
GRADIT = *Grande dizionario italiano dell'uso*, ideato e diretto da T. De Mauro con la collaborazione di G. Lepschy e E. Sanguineti, 6 voll. più l'appendice *Nuove parole italiane dell'uso* Torino, UTET, 1999-2003 (le elaborazioni statistiche utilizzate si basano sulla versione su CD-ROM del 2007, che include i neologismi dell'appendice cartacea).
Graffi, G. [1994], *Sintassi*, Bologna, Il Mulino.
— [2012], *La frase: l'analisi logica*, Roma, Carocci.
Grandi, N. [2003], *Fondamenti di tipologia linguistica*, Roma, Carocci.
Grassi, C. [1975], Graziadio Isaia Ascoli, *Scritti sulla questione della lingua*, a cura di Corrado Grassi, Torino, Einaudi.
Groppaldi, A. [2013], *Le parole dell'identità: gli italiani visti dai «nuovi milanesi»*, in «Italiano Lingua2», 2, 2013, pp. 51-62.
Grossmann, M. e Rainer, F. [2004] (a cura di), *La formazione delle parole in italiano*, Tübingen, Niemeyer.
Grosso, G. [2014], *La comunicazione sul luogo di lavoro: strategie pragmatiche in italiano lingua franca*. Tesi di dottorato in Linguistica e Didattica della Lingua Italiana a Stranieri, Siena, Università per stranieri.
Gualdo, R. [2010], *Contenuti o contenitori? Il rapporto tra temi e formato nell'organizzazione del linguaggio televisivo*, in Mauroni e Piotti [2010, 409-439].
Gualdo R., e Giovanardi, C. [2003], *Inglese-Italiano 1 a 1. Tradurre o non tradurre le parole inglesi?*, con la collaborazione di A. Coco, Lecce, Manni.
Gualdo, R. e Telve, S. [2011], *Linguaggi specialistici dell'italiano*, Roma, Carocci.
Guerini, F. [2002], *Plurilinguismo e immigrazione: la comunità ghanese in provincia di Bergamo*, in S. Dal Negro e P. Molinelli, *Comunicare nella torre di babele. Repertori plurilingui nell'Italia di oggi*, Roma, Carocci, pp. 62-77.
Guidotti, P. e Mauroni, E. [2008], *La divulgazione scientifico culturale*, in Alfieri e Bonomi [2008, 97-165].

Haller, H. [1993], *Una lingua perduta e ritrovata*, Firenze, La Nuova Italia.

Iacobini, C. [2010], *Composizione*, in *ENCIT*, pp. 250-253.
IIC = A. Sobrero (a cura di), *Introduzione all'italiano contemporaneo*, 2 voll., Roma-Bari, Laterza, 1993: vol. I. *Le strutture*. Vol. II. *La variazione e gli usi*.

Ježek, E. [2003], *Classi di verbi tra semantica e sintassi*, Pisa, ETS.
— [2011a], *Lessico. Classi di parole, strutture, combinazioni*, Bologna, Il Mulino [I ed. 2005].
— [2011b], *Verbi*, in *ENCIT*, pp. 1562-1568.

La Fauci, N. [2009], *Compendio di sintassi italiana*, Bologna, Il Mulino.
Lakhdhar, A. [2006], *Fenomeni di contatto linguistico in Tunisia: la parlata mista dei siciliani di Tunisi e gli italianismi nella varietà dialettale di arabo tunisino*, in Banfi e Iannàccaro [2006, 371-394].

Leonardi, L. [2000], *I canzonieri della lirica italiana delle origini*, Firenze, SISMEL-Ed. del Galluzzo.

Librandi, R. [2012], *La letteratura religiosa*, Bologna, Il Mulino.

LIF = Bortolini, Tagliavini e Zampolli, *Lessico di frequenza della lingua italiana contemporanea*, Milano, Garzanti, 1971.

LIP = T. De Mauro, F. Mancini, M., Vedovelli e M. Voghera, *Lessico di frequenza dell'italiano parlato*, Milano, Etaslibri, 1993.

Livi Bacci, M. [2005], *Storia minima della popolazione del mondo*, Bologna, Il Mulino [I ed. 1998].

Lombardi Vallauri, E. [2009], *La struttura informativa. Forma e funzione negli enunciati linguistici*, Roma, Carocci.

Loporcaro, M. [1997], *Lengthening and raddoppiamento fonosintattico*, in M. Maiden e M. Parry (a cura di), *The Dialects of Italy*, London-New York, Routledge, pp. 41-51.

— [2006], *Fonologia diacronica e sociolinguistica: gli esiti toscani si -sj- e di -ce-i- e l'origine della pronuncia [ba:tʃo]*, in «Lingua e stile», XLI, pp. 61-97.

— [2012], *Un paragrafo di grammatica storica del romanesco. Lo sviluppo della laterale palatale*, in M. Loporcaro, V. Faraoni e A. Di Pretoro (a cura di), *Vicende storiche della lingua di Roma*, Alessandria, Ed. dell'Orso, pp. 103-132.

— [2013], *Profilo linguistico dei dialetti italiani*, Roma-Bari, Laterza [I. ed. 2009].

Lorenzetti, L. [2002], *L'italiano contemporaneo*, Roma, Carocci, pp. 56-81.

Lubello, S. [2014a], *Lezioni di italiano. Riflessioni sulla lingua del nuovo millennio*, Bologna, Il Mulino.

- [2014b], *Il linguaggio burocratico*, Roma, Carocci.

Luperini, R. [1997], *Giovani e cannibali solo basic instinct*, in «L'Indice dei libri del mese», 3, p. 10.

Maiden, M. [1998], *Storia linguistica dell'italiano*, Bologna, Il Mulino.

Mancini, M. [1994], *Voci orientali e esotiche nella lingua italiana*, in *SLIE*, vol. II, pp. 825-879.

Manni, P. [2003], *Il trecento toscano. La lingua di Dante, Petrarca e Boccaccio*, Bologna, Il Mulino.

— [2013], *La lingua di Dante*, Bologna, Il Mulino.

Manovich, L. [2001], *The Language of New Media*, Cambridge/London, The MIT Press.

Maraschio, N. [2002] (a cura di), *Trattati di fonetica del Cinquecento*, Firenze, Accademia della Crusca.

Marazzini, C. (con la collaborazione di L. Maconi) [2010], *La lingua italiana. Storia, testi, strumenti*, Bologna, Il Mulino.

Marcato G. [2014], *Dialetti e italiano oggi*, in Lubello [2014a, 37-61].

Marotta, G. [2010], *Iato*, in *ENCIT*, pp. 621-622.

— [2011], *Raddoppiamento sintattico*, in *ENCIT*, pp. 1214-1216.

Masini, F. [2012], *Costruzioni verbo-pronominali «intensive» in italiano*, in V. Bambini, I. Ricci e P.M. Bertinetto (a cura di), *Linguaggio e cervello – Semantica. Language and the brain – Semantics*. Atti del XLII congresso internazionale della Società di Linguistica Italiana (SLI; Pisa, 25-27 settembre 2008), Roma, Bulzoni, pp. 1-22.

Matarrese, T. [2011], *Settecento, lingua del*, in *ENCIT*, pp. 1317-1320.

Mattarucco, G. [2003], *Prime grammatiche d'italiano per francesi (secc. XVI-XVII)*, Firenze, Accademia della Crusca.

Maturi, P. [2014], *I suoni delle lingue, i suoni dell'italiano. Nuova introduzione alla fonetica*, Bologna, Il Mulino [I ed. 2006].

Mauroni, E. e Piotti, M. [2010], *L'italiano televisivo (1976-2006)*. Atti del Convegno (Milano, 15-16 giugno 2009), Firenze, Accademia della Crusca.

Melo Vieira, M. [2007], *Influssi fonologici dell'italiano nel portoghese parlato a San Paolo del Brasile*, in «Educazione permanente», n.s. 1, pp. 163-173.

Menduni, E. [2006], *I linguaggi della radio e della televisione. Teorie, tecniche, formati*, Roma-Bari, Laterza.

— [2010], *Il periodo demotico della televisione italiana*, in Mauroni e Piotti [2010, 17-31].

Mengaldo, P.V. [1960], *Appunti su Vincenzo Calmeta e la teoria cortigiana*, in «La Rassegna della letteratura italiana», LXIV, pp. 446-469.

— [1991], *Il linguaggio della poesia ermetica*, in Id. *La tradizione del Novecento. Terza serie*, Torino, Einaudi, pp. 131-157.

— [2014], *Storia dell'italiano nel Novecento*, Bologna, Il Mulino.

Migliorini, B. [1960], *Storia della lingua italiana*, Firenze, Sansoni.

Migrantes [2014] = Fondazione Migrantes, *Rapporto italiani nel mondo 2014*, Roma, Tau editrice.

Miller, J. e Weinert, R. [1998], *Spontaneous Spoken Language*, Oxford, Oxford University Press.

Mioni, A. [1983], *Italiano tendenziale: osservazioni su alcuni aspetti della standardizzazione*, in: AA.VV., *Scritti linguistici in onore di G.B. Pellegrini*, vol. I, Pisa, Pacini, pp. 495-517.

Molinelli, P. [2004], *Parametri della comunicazione nel contesto plurilingue*, in S. Dal Negro Negro e P. Molinelli (a cura di), *Comunicare nella torre di babele. Repertori plurilingui nell'Italia di oggi*, Roma, Carocci, pp. 125-132.

Moretti, B. [2011], *I fondamenti del formale*, in Cerruti, Corino e Onesti [2011, 57-67].

Morgana, S. [1994], *L'influsso francese*, in *SLIE*, vol. II, pp. 671-719.

— [2010], *Manzoni Alessandro*, in *ENCIT*, pp. 851-854.

— [2011], *La storia della lingua e i nuovi italiani*, in N. Maraschio, D. De Martino e G. Stanchina (a cura di), *Piazza delle lingue 2010. L'italiano degli altri*. Atti del Convegno internazionale (Firenze, 27-31 maggio 2010), Firenze, Accademia della Crusca, pp. 45-47.

Mortara Garavelli, B. [2003], *Prontuario di punteggiatura*, Roma-Bari, Laterza.

— [2008] (a cura di), *Storia della punteggiatura in Europa*, Roma-Bari, Laterza.

Motolese, M. [2012], *Italiano lingua delle arti. Un'avventura europea (1250-1650)*, Bologna, Il Mulino.

Nencioni, G. [1976], *Parlato-parlato, parlato-scritto, parlato-recitato*, in «Strumenti critici», 10, pp. 1-56, poi nel suo *Di scritto e di parlato. Discorsi linguistici*, Bologna, Zanichelli, 1983.

Nesi, A. [2013] (a cura di), *La lingua delle città. Raccolta di studi*, Firenze, Franco Cesati.

Nesi, A. e Poggi Salani, T. [2013] (a cura di), *La lingua delle città. LinCi. La banca dati*, Firenze, Accademia della Crusca.

Nespor, M. [1993], *Fonologia*, Bologna, Il Mulino.

ONLI = Osservatorio Neologico della Lingua Italiana, coordinato da G. Adamo e V. Della Valle, consultabile in rete all'indirizzo: www.iliesi.cnr.it/ONLI/.

Orioles, V. [2003], *Le minoranze linguistiche. Profili sociolinguistici e quadro dei documenti di tutela*, Roma, Il Calamo.

Palermo, M. [1987], *Lettere di Maria D.*, tesi di laurea inedita, relatore L. Serianni.

— [1993], *Note sullo scempiamento di «r» nel romanesco pre-belliano*, in «Studi linguistici italiani», XIX, pp. 227-235.

— [1997], *L'espressione del pronome personale soggetto nella storia dell'italiano*, Roma, Bulzoni.

— [1999], *La lingua dei mercanti*, in *Storia generale della letteratura italiana*, diretta da N. Borsellino e W. Pedullà, Milano, Motta, 1999 [ma 1992], vol. I, pp. 482-511.

— [2001], *Vivere, vissuto*, in «Studi Linguistici Italiani», XXVII, pp. 214-227.

— [2010], *L'italiano giudicato dagli insegnanti*, in «Lid'O - Lingua italiana d'Oggi», VII, pp. 241-251.

— [2012], *Tra ipercorrezione e parodia: aspetti della deformazione comica del romanesco dal Belli a Bombolo*, in M. Loporcaro, V. Faraoni e P. Di Pretoro (a cura di), *Vicende storiche della lingua di Roma*, Alessandria, Ed. dell'Orso, pp. 317-336.

— [2013], *Linguistica testuale dell'italiano*, Bologna, Il Mulino.

Palermo, M. e Barni, M. [2010], *Multilinguismo in Italia. Nuove minoranze, lingue dell'immigrazione* (con M. Barni), in N. Maraschio, D. De Martino e N. Stanchina (a cura di), *Esperienze di multilinguismo in atto*. Atti del Convegno di Firenze, 21-23 maggio 2009, Firenze, Accademia della Crusca, 2010, pp. 159-176.

Palermo, M. e Poggiogalli, D. [2010], *Grammatiche di italiano per stranieri dal '500 a oggi. Profilo storico e antologia*, Pisa, Pacini.

Panvini, B. [1955], *La scuola poetica siciliana. Le canzoni dei rimatori nativi di Sicilia*, Firenze, Olschki.

Patota, G. [1987], *L'«Ortis» e la prosa del secondo Settecento*, Firenze, Accademia della Crusca.

— [1996], *Leon Battista Alberti, Grammatichetta e altri scritti sul volgare*, Roma, Salerno Ed.

— [1997], *La grammatica silenziosa*, in AA.VV., *Norma e lingua in Italia: alcune riflessioni fra passato e presente*, Milano, Istituto Lombardo di Scienze e Lettere, pp. 71-112.

— [2007], *Nuovi lineamenti di grammatica storica dell'italiano*, Bologna, Il Mulino [I ed. 2002].

Pellegrini, G.B. [1960], *Tra lingua e dialetto in Italia*, in «Studi mediolatini e volgari», VIII, pp. 137-153, poi in Pellegrini [1975, 11-54].

— [1975], *Saggi di linguistica italiana*, Torino, Boringhieri.

— [1977], *Carta dei dialetti d'Italia*, Pisa, Pacini.

Perrone, C. [2009], *Loro e noi. L'esperienza letteraria in italiano degli immigrati: la sindrome del ritorno in 'Nonno Dio e gli spiriti danzanti' di Pap Khouma*, in AA. VV., *Italiani e stranieri nella tradizione letteraria*. Atti del Convegno di Montepulciano (8-10 ottobre 2007), Roma, Salerno Ed., pp. 463-504.

Pescosolido, G. [2011], *La costruzione dell'economia unitaria*, in *L'unificazione italiana*, diretta da G. Sabbatucci e V. Vidotto, Roma, Istituto della Enciclopedia italiana.

Pieroni, S. [2010], *Latino e italiano*, in *ENCIT*, pp. 754-761.

Pistolesi, E. [2014], *Scritture digitali*, in *SIS*, vol. III, pp. 349-375.

— [2015], *Diamesia, la nascita di una dimensione*, in E. Pistolesi, R. Pugliese e B. Gili Fivela (a cura di), *Parole, gesti, interpretazioni. Studi linguistici per Carla Bazzanella*, Roma, Aracne, pp. 27-56.

Pizzoli, L. [2004], *Le grammatiche di italiano per inglesi (1550-1776). Un'analisi linguistica*, Firenze, Accademia della Crusca.

Poggi Salani, T. [2010], *Italiano regionale*, in *ENCIT*, pp. 726-729.

Prandi, M. [2002], *C'è un valore per il congiuntivo?*, in L. Schena, M. Prandi e M. Mazzoleni (a cura di), *Intorno al congiuntivo*, Bologna, CLUEB, pp. 29-44.

— [2013], *L'analisi del periodo,* Roma, Carocci.

— [2015], *Il posto del testo in una grammatica*, in A. Ferrari, L. Lala e R. Stojmenova (a cura di), *Testualità. Fondamenti, unità, relazioni/ Textualité. Fondements, unités, relations/ Textualidad. Fundamentos, unidades, relaciones*, Firenze, Cesati, pp. 29-41.

Prandi, M. e De Santis, C. [2013], *Le regole e le scelte. Manuale di linguistica e di grammatica italiana*, Torino, UTET Università (I ed. 2006).

Progetto di Pavia [2001] = Andorno, C. (a cura di), *Italiano L2. Banca dati di Italiano L2. Progetto di Pavia*. Cd-ROM del Dipartimento di Linguistica dell'Università di Pavia.

Pullum, G. [1991], *The Great Eskimo Vocabulary Hoax and Other Irreverent Essays on the Study of Language*, Chicago-London, Chicago University Press.

Renzi, L. [1983], *Fiorentino e italiano. Storia dei pronomi personali soggetto*, in F. Albano Leoni *et al.* (a cura di), *Italia linguistica. Idee, storia, strutture*, Bologna, Il Mulino, pp. 223-239.

— [2012], *Come cambia la lingua. L'italiano in movimento*, Bologna, Il Mulino.

Ricci, L. [1999], *La redazione manoscritta del Libro de natura de amore di Mario Equicola*, Roma, Bulzoni.

— [2005], *La lingua dell'impero*, Roma, Carocci.

— [2009], *L'italiano in Africa. Lingua e cultura nelle ex colonie*, in «Carte di viaggio», 2, pp. 15-46.

Rohlfs, G. [1937], *La struttura linguistica dell'Italia*, Leipzig, H. Keller,

Rosina, A. [2014], *La circolazione inceppata dei giovani talenti italiani*, in Fondazione Migrantes, *Rapporto italiani nel Mondo – 2014*, Todi, Tau editrice.

Rossi, F. [2006], *Il linguaggio cinematografico*, Roma, Aracne.

— [2010], *Lingua e media*, in *ENCIT*, pp. 800-802.

Rossi, F. e Ruggiano, F. [2013], *Scrivere in italiano. Dalla pratica alla teoria*, Roma, Carocci.

Rüegg, R. [1956], *Zur Wortgeographie der italienischen Umgangssprache*, Köln, Romanisches Seminar der Universität Köln.

Sabatini, F. [1985], *L'«italiano dell'uso medio»: una realtà tra le varietà linguistiche italiane*, in Holtus G. e Radtke E. (a cura di), *Gesprochenes Italienisch in Geschichte und Gegenwart*, Tübingen, Narr, pp. 154-184 [ora in Sabatini 2011, I, 3-36].

— [1990], *Una lingua ritrovata: l'italiano parlato*, in V. Lo Cascio (a cura di) *Lingua e cultura italiana in Europa*, Firenze, Le Monnier, pp. 260-276.

— [1999], *«Rigidità-esplicitezza» vs «elasticità-implicitezza»: possibili parametri massimi per una tipologia dei testi*, in G. Skytte e F. Sabatini (a cura di), *Linguistica testuale comparativa*. Atti del Convegno Interannuale della SLI, (Copenaghen, 5-7 febbraio 1998), Copenaghen, Museum Tusculanum Press, 1999, pp. 143-172 [ora in Sabatini 2011, II, 183-216].

— [2011], *L'italiano nel mondo moderno. Saggi scelti dal 1968 al 2009*, a cura di V. Coletti, R. Coluccia, P. D'Achille, N. De Blasi e V. Proietti, 3 voll., Napoli, Liguori.

Sabatini, F., Camodeca, C. e De Santis, C. [2011], *Sistema e testo. Dalla grammatica valenziale all'esperienza dei testi*, Torino, Loescher.
Salvi, G. e Vanelli, L. [2004], *Nuova grammatica italiana*, Bologna, Il Mulino.
Sbisà, M. [2007], *Detto non detto. Le forme della comunicazione implicita*, Roma-Bari, Laterza.
Scalise, S. e Bisetto, A. [2008], *La struttura delle parole*, Bologna, Il Mulino.
Scardigli, M. [1996], *Il braccio indigeno. Ascari, irregolari e bande nella conquista dell'Eritrea 1885-1911*, Milano, Franco Angeli.
Scavuzzo, C. [1994] *I latinismi del lessico italiano*, in *SLIE*, vol, II, pp. 469-494.
Schmid, S. [1999], *Fonetica e fonologia dell'italiano*, Torino, Paravia.
Segre, C. [1991], *Intrecci di voci*, Torino, Einaudi.
Serafini, F. [2012], *Questo è il punto. Istruzioni per l'uso della punteggiatura*, Roma-Bari, Laterza.
Serianni, L. [1988] (con la collaborazione di A. Castelvecchi), *Grammatica italiana. Italiano comune e lingua letteraria*, Torino, UTET.
— [1991], *La lingua italiana tra norma e uso*, in C. Marello e L. Mondelli (a cura di) *Riflettere sulla lingua*, Firenze, La Nuova Italia, pp. 37-52.
— [1993], *La prosa*, in *SLIE*, vol. I, pp. 451-577.
— [1994], *Norma dei grammatici e norma degli utenti*, in L. Beccaria e E. Soletti (a cura di), *La storia della lingua italiana. Percorsi e interpretazioni*, Torino, Istituto dell'Atlante Linguistico Italiano, pp. 49-55.
— [1998], *Lezioni di grammatica storica*, Roma, Bulzoni.
— [2001], *Sul punto e virgola nell'italiano contemporaneo*, in «Studi linguistici italiani», XXVII, pp. 248-255.
— [2005], *Un treno di sintomi*, Milano, Garzanti.
— [2007], *Italiani scritti*, Bologna, Il Mulino.
— [2009], *La lingua poetica italiana. Grammatica e testi*, Roma, Carocci.
— [2013], *Storia dell'italiano nell'Ottocento*, Bologna, Il Mulino.
— [2015], *Prima lezione di storia della lingua italiana*, Roma-Bari, Laterza.
— [in stampa], *La grammatica di fronte al tribunale della linguistica*, in M. Benedetti, C. Bruno, P. Dardano e L. Tronci (a cura di), *Grammatiche e grammatici. Teorie, testi e contesti*. Atti del Convegno della Società Italiana di Glottologia (Siena, Università per Stranieri, 23-25 ottobre 2014), Roma, Il Calamo.
Serianni, L. e Antonelli, G. [2011], *Manuale di linguistica italiana. Storia, attualità, grammatica*, Milano, Bruno Mondadori.
Sgroi, S.C. [2013], *Dove va il congiuntivo? Ovvero il congiuntivo da nove punti di vista*, Torino, UTET.
Siebetcheu, R. [2011], *Africa*, in Vedovelli [2011, 477-509].
Simone, R. [1987], *Specchio delle mie lingue*, in «Italiano & Oltre», 2, pp. 53-59.
SIS = G. Antonelli, M. Motolese e L. Tomasin (a cura di), *Storia dell'italiano scritto*. I: *Poesia*, II: *Prosa*, III: *L'italiano dell'uso*, Roma, Carocci, 2014.
SLIE = *Storia della lingua italiana*, a cura di L. Serianni e P. Trifone. I. *I luoghi della codificazione* [1993]; II. *Scritto e parlato* [1994]; III. *Le altre lingue* [1994], Torino, Einaudi.
Sobrero, A.A. [1992], *L'elegante ipotesi*, in «Italiano & oltre», VII, pp. 7-18.
— [2012], *Italiano regionale: fra tendenze unitarie, risorgive dialettali e derive postalfabetiche*, in T. Telmon, G. Raimondi e L. Revelli (a cura di), *Coesistenze Linguistiche nell'Italia pre- e postunitaria*. Atti del XLV Congresso Internazionale di Studi della Società di Linguistica Italiana (SLI; Aosta-Bard-Torino 26-28 settembre 2011), Roma, Bulzoni, pp. 129-145.
Sorianello, P. [2006], *Prosodia. Modelli e ricerca empirica*, Roma, Carocci.
Squartini, M. [2011], *Modi del verbo*, in *ENCIT*, pp. 906-908.
— [2015], *Il verbo*, Roma, Carocci.
Stammerjohann, H. [2008], *Dizionario degli italianismi in francese, inglese, tedesco*, Firenze, Accademia della Crusca.
— [2013], *La lingua degli angeli*, Firenze, Accademia della Crusca.
Stella, G.A. [2003], *L'orda. Quando gli albanesi eravamo noi*, Milano, Rizzoli.
Stussi, A. [1999], *Versi d'amore in volgare tra la fine del secolo XII e l'inizio del XIII*, in «Cultura neolatina», LIX, 1999, pp. 1-69.

Tavoni, M. [2010] (a cura di), *Dante, De vulgari eloquentia*, in *Opere*, ed. diretta da M. Santagata, Milano, Mondadori, 2011, vol. I, pp. 1065-1547.
Tavosanis, M. [2011], *L'italiano del web*, Roma, Carocci.

Telmon, T. [1989], *Standard*, in *Dizionario di linguistica e di filologia, metrica e retorica*, diretto da G.L. Beccaria, Torino, Einaudi.

Telmon, T., Raimondi, G. e Revelli, L. [2012] (a cura di), *Coesistenze Linguistiche nell'Italia pre- e postunitaria*. Atti del XLV Congresso Internazionale di Studi della Società di Linguistica Italiana (SLI; Aosta-Bard-Torino 26-28 settembre 2011), Roma, Bulzoni.

Telve, S. [2013], *L'italiano: frasi e testo*, Roma Carocci.

Tesi, R. [2005], *La lingua moderna e contemporanea*, Bologna, Zanichelli.

— [2007], *La formazione della lingua italiana*, Bologna, Zanichelli.

Testa, E. [1997], *Lo stile semplice. Discorso e romanzo*, Torino, Einaudi.

— [2014], *L'italiano nascosto. Una storia linguistica e culturale*, Torino, Einaudi.

Thornton, A. [2005], *Morfologia*, Roma, Carocci.

— [2010], *Morfologia*, in G. Basile, F. Casadei, L. Lorenzetti e G. Schirru, *Linguistica generale*, Roma, Carocci, 2010, pp. 155-209.

Tomasin, L. [2012], *De Amicis tra riflessione e prassi linguistica*, in «Lingua Nostra», LXXIII, pp. 92-101.

Tonani, E. [2012], *Punteggiatura d'autore. Interpunzione e strategie tipografiche nella letteratura italiana dal Novecento a oggi*, Firenze, Cesati.

Toso, F. [2008], *Le minoranze linguistiche in Italia*, Bologna, Il Mulino.

Trifone, P. [1992], *Roma e il Lazio*, Torino, UTET.

— [2007], *Malalingua. L'italiano scorretto da Dante a oggi*, Bologna, Il Mulino.

— [2010], *Storia linguistica dell'Italia disunita*, Bologna, Il Mulino.

— [2015] (a cura di), *Città italiane, storie di lingue e di culture*, Roma, Carocci.

Trovato, P. [1991], *Con ogni diligenza corretto. La stampa e le revisioni editoriali dei testi letterari italiani, 1470-1570*, Bologna, Il Mulino.

— [1994], *Il primo Cinquecento*, Bologna, Il Mulino.

Turchetta, B. [2005], *Il mondo in italiano. Varietà e usi internazionali della lingua*, Roma-Bari, Laterza.

Väänänen, V. [2003], *Introduzione al latino volgare*, Bologna, Pàtron [I ed. 1971].

Varvaro, A. [1998], *Storia della lingua e filologia (a proposito di lessicografia)*, in N. Maraschio e T. Poggi Salani (a cura di), *Storia della lingua italiana e storia letteraria*. Atti del I Convegno ASLI (Firenze, 29-30 maggio 1997), Firenze, Cesati, pp. 99-108.

Vedovelli, M. [2011], (a cura di) *Storia linguistica dell'emigrazione italiana nel mondo*, Roma, Carocci.

Ventigenovi (= Castellani), A. [1993], *Il monottongamento di* uo *a Firenze*, in «Studi linguistici italiani», XIX, pp. 170-212.

Vignuzzi, U. [2010], *Italia mediana*, in *ENCIT*, pp. 706-708.

Vitale, M. [1990] (a cura di), *Scritti linguistici di Alessandro Manzoni*, Torino, UTET.

Voghera, M. [1992], *Sintassi e intonazione nell'italiano parlato*, Bologna, Il Mulino.

— [2004], *Polirematiche*, in *La formazione delle parole in italiano*, a cura di M. Grossmann e F. Rainer, Tübingen, Niemeyer, pp. 56-69.

Zamboni, A. [2000], *Alle origini dell'italiano. Dinamiche e tipologie della transizione dal latino*, Roma, Carocci.

Zlitni, M. [2006], *Plurilinguisme et contacts de langues entre Italiens et Tunisiens: quelques aspects linguistiques des échanges entre les deux principales communautés de la Tunisie coloniale*, in Banfi e Iannàccaro [2006, 345-369].

Chiave degli esercizi

Gli esercizi sono stati realizzati da Daniele Baglioni

Chiave degli esercizi

I.1

1: *c* - 2: *c* - 3: *a* - 4: V. - 5: *b* - 6: *c* - 7: *a* - 8: *b* - 9: V. - 10: *c* - 11: *d* - 12: F.

I.2

1: *b* - 2: F. - 3: *d* - 4: *c* - 5: *d* - 6: *b* - 7: *c* - 8: V. - 9: *d* - 10: *b*

I.3

1: *d* - 2: *c* - 3: *a* - 4: V. - 5: *d* - 6: *c* - 7: *c* - 8: *b* - 9: V. - 10: *b*

I.4

1: *a* - 2: *c* - 3: *c* - 4: F. - 5: *d* - 6: *d* - 7: *a*G; *b*D; *c*D; *d*G; *e*G; *f*D - 8: F. - 9: *a*S; *b*A; *c*I; *d*I; *e*A; *f*S - 10: *d*

II.1

1: *c* - 2: *b* - 3: *a* - 4: F. - 5: *c* - 6: V. - 7: *a* - 8: *b* - 9: *c* - 10: V.

II.2

1: *b* - 2: *b* - 3: *b* - 4: *a* - 5: V. - 6: *b*. - 7: F. - 8: *b* - 9: *d* - 10: *d*

II.3

1: *d* - **2**: *d* - **3**: 1C; 2D; 3A; 4E; 5A; 6B; 7D; 8E - **4**: V. - **5**: F. - **6**: *c* - **7**: *b* - **8**: *a* - **9**: F. - **10**: *b*

III.1

1: *c* - **2**: *b* - **3**: *b* - **4**: *c* - **5**: V. - **6**: *b* - **7**: *b* - **8**: F. - **9**: *b* - **10**: *c*

III.2

1: *d* - **2**: *c* - **3**: *c* - **4**: *a* - **5**: *d* - **6**: *c* - **7**: *d* - **8**: *b* - **9**: V. - **10**: F.

Indici

L'indice analitico e quello dei nomi sono a cura di Eugenio Salvatore.

Indice analitico

Indice dei nomi

Finito di stampare nel mese di settembre 2016
dalla Litoseibo, via rossini 10, rastignano, bologna
www.litoseibo.it